KB141261

지중해지역원 인문총서시리즈

지중해 문명교류학

지중해지역원 인문총서시리즈

지중해 문명교류학

지중해지역원 지음

이담
Books

이 저서는 2007년도 정부(교육부)의 재원으로 한국연구재단의 지원을 받아 수행된 연구임(NRF-2007-362-A00021)

21세기의 시작과 함께 지구촌의 발전과 변화 속도는 이전 시대의 그것과 비교가 불가할 정도로 너무나 급진적이다. '자고 일어났더니 유명해졌다'는 영국 시인 바이런(George Gordon Byron)의 탄성이 무색할 만큼 자고 일어나면 또 다른 세상이 펼쳐지고 있는 느낌이다.

이러한 변화는 과학과 기술 분야뿐만 아니라, 우리 삶의 전체에 걸쳐 있는 것 같다.

기술(technology)적인 측면에서 오늘의 신기술은 내일에는 이미 다른 기술로 교체되어 있고 그 전파 속도도 상상을 초월한다. 기계로 간주되던 사물들이 인공지능을 장착하여 인간 대신에 상황에 따른 판단을 하는 사물 인터넷 시대가 이미 열렸고, '4차 산업혁명'으로 대변되는 학문 간 융합 현상은 새로운 시대를 여는 신호탄으로 인식되고 있다.

이러한 변화는 과학과 기술 분야뿐만 아니라 지구촌 공동체 삶 전체에 걸쳐 있는 것 같다. 20세기의 가치였던 국가와 민족을 중심으로 한 공동체 의식은 개인주의로 빠르게 교체되었다. 국가 간 경계인 국경도 사실상 유명무실해 지고 있다. 직업을 찾아 전 세계를 휘젓고 다니는 직업 유랑민(working nomad)의 증가로 기존의 민족공동체 의식은 희박해지고 있고 지구촌은 다문화 사회로 재편되고 있다.

'브렉시트(Brexit)'로 불리는 영국의 EU 탈퇴는 영국만의 문제가 아닌 전 세계의 문제가 되어 각종 경제지표를 휘청이게 했고, 지중해를 떠도는 아프리카와 중동 분쟁지역의 난민 문제는 세계적인 이슈가 되었다. 국경을 초월하여 발생하는 각종 질병과 기아 및 범죄는 특정 지역의 사건이 아닌 글로벌적인 대응을 요구하고 있다.

이러한 급격한 지구촌 변화의 핵심 키워드 중 한 가지는 '융합'이라고 판단된다. 20세기의 지구촌은 국가, 민족, 지역 등의 울타리 개념이 지배했고 각각의 단위들은 자신의 공동체의 이익을 보호하기 위해 상호배타적인 사고를 갖고 있었다. 물질과 자본으로 무장하고 개인주의가 지배하는 서구 사회는 정신과 철학을 중시하고, 공동체 의식을 중요시하는 동양 사회를 경시하는 경향마저 있었다. 그 결과 지구촌에는 여러 가지 종류의 울타리가 만들어졌고 블록화되어 각 집단 간 경쟁과 협력의 20세기를 관통하였다.

그러나 21세기의 상황은 전 세기와 비교해 볼 때 그 양상이 확연히 달라지고 있다. 국가와 민족의 경계가 허물어지고 전 지구인이 함께 어울려 사는 다문화 사회로 급속하게 이동하고 있다. 직업과 안정된 삶과 개인의 행복을 찾아 국경을 초월하여 전 지구인이 융합됨에 따라 기존의 가치관과 인식 체계 역시 변화하고 있다. 전통적으로 단일 민족 국가를 추구했던 대한민국에서도 인종과 국적이 다른 이주민들이 한 부분을 차지하고 있다. 거리에서, 학교에서, 우리가 사는 마을에서 피부색이 다른 이주민을 보는 것은 더 이상 어렵지도, 이상하지도 않다.

이러한 지구촌의 갖가지 변화는 기존의 틀과 인식 체계로는 사회 현상에 대한 해석에 한계가 있음을 의미하고 지구촌의 변화된 현상에 대한 새로운 이해와 분석의 틀을 필요로 한다.

지구촌의 각종 이슈들은 마치 옷감의 실줄과 날줄처럼 촘촘히 엮여 있기 때문에 각각의 사건들의 개별화는 사건의 본질에 대한 규명에서 오류를 범하게 된다.

즉, 20세기 블록화된 시대의 지식과 사고 체계로는 21세기의 변화된 시대에 대한 이해에 한계가 있다. 특정 지역에 대한 지식과 이해만으로는 동시다발적으로 발생하고 있는 글로벌 이슈에 대처하는데 한계가 있다. 따라서 21세기적 현상에 대한 이해에는 종합적인 사고력과 전체를 아우를 수 있는 거시적인 안목이 필요하다.

이런 시각은 지역학과 역사학 분야에도 적용된다. 특정 지역과 시대에 대한 연구는 해당 지역과 시대의 이슈로 국한할 것이 아니다. 종합적인 시각에서 그 인과관계를 파악하는 노력이 필요하다.

이러한 21세기의 변화를 해석할 수 있는 학문으로서 문명교류학과 거대사(Big History)를 제안한다.

문명교류학은 인류 공동의 성과물인 문명의 성분과 층위를 밝히는 데 매우 유용하다. 모든 인류 공동체의 발전은 상호 간의 교류를 전제한다. 고립된 지역에서 독자적으로 발전해 온 집단은 그 발전에 한계가 있을 수 밖에 없고 결국에는 그 한계로 인해 소멸되어 갔다. 반면 인류 역사상 찬란한 성취를 거둔 문명들은 예외없이 주변국들과의 끊임없는 교류와 융합을 통해 발전해 왔고 그 성과를 공유해 왔다.

이를 학문적으로 뒷받침해 줄 수 있는 분야가 거대사 연구라 생각한다. 거대사 연구는 달에서 지구를 보듯이 인류의 역사를 거시적, 객관적으로 해석하는 역사학의 새로운 학문 분야이다. 특정 시대의 주도세력에 의해 왜곡될 수 있는 역사를 최대한 객관적 관점에서 냉정하게 파악하자는 것이다.

『지중해 문명교류학』은 상기와 같은 바램을 구체화하기 위한 노력의 일환으로 준비되었다.

인류 문명의 산실인 지중해는 다양한 문명들이 교류하며 발전해 온 역사의 현장이다. 교류와 융합을 통해 축적된 문명의 지층들이 고스란히 노정하고 있는 현장이다. 따라서 지중해에서 발전한 인류 문명들의 발전 과정을 교류의 시각에서 바라봄으로써 지중해 문명의 성격을 보다 정확하게 파악할 수 있을 것이다.

이 책에서는 지중해의 역사 발달 과정을 문명 간 교류를 중심으로 파악하고자 한다. 일반적으로 지중해의 역사는 서구의 관점에서 게르만족에게 로마가 멸망한 AD5세기까지를 고대, 이후부터 비잔틴제국이 오스만 투르크에게 멸망한 AD1453년까지를 중세로 구분하고, 그 이후부터 산업혁명시기까지를 근대로 구분하는 것이 일반적이다.

이러한 서구적 관점의 시대 구분은 서양 역사에서 주요한 국가들의 건국 및 멸망과 관련된 연대기와 역사적 변곡점을 계기로 구분할 때는 타당할 수 있으나, 아시아와 유럽 및 아프리카를 아우르는 지중해 전체의 교류사적인 시각에서는 적합하지 않은 서양중심적 시대 구분이라 하겠다.

지중해 문명은 특정 국가나, 민족의 성과물이 아니라, 지중해 지역에 터전을 내린 전 구성원의 공동의 성과물이다. 따라서 지중해 문명 간 교류의 관점에서는 서양 중심의 시대 구분과 다소 간 차이가 있을 수 있다. 이 책에서는 지중해의 시대 구분을 아래와 같이 하고자 한다.

구분	시기	주요 특징과 사건
고대	기원전~7세기	지중해 문명의 잉태기(오리엔트 문명)
		지중해 문명의 토대 구축기(그리스·헬레니즘문명, 로마·비잔틴 제국)
중세	7세기~15세기	유목 문명 시대(아랍·이슬람제국)
공존기	15세기~17세기	문명 공존 시대(르네상스 유럽, 오스만 투르크 제국)
근대	17세기~19세기	산업 기술 문명의 시대(산업혁명, 제국주의 국가)

상기의 구분은 지중해 문명 발전의 주체와 패러다임을 기준으로 구분한 것으로서, 기존의 서양 중심적 지중해의 시대 구분과는 다소 차이가 있을 수 있다.

고대는 인류 문명의 시원(始原)인 오리엔트 문명을 포함하는 지중해 문명의 잉태기와 국가의 형태를 갖추고 전쟁과 정복을 통한 문화 교류와 전파가 일어난 그리스·헬레니즘 시대와 로마·비잔틴 시대를 포함한다.

문명 교류의 관점에서는 문명이 잉태(오리엔트문명)되고, 문명 발달의 토대가 구축된 시기(그리스·헬레니즘·로마문명)를 고대로 규정하고, 지중해 문명 발달의 2단계에 해당하는 아랍·이슬람 문명이 본격적으로 등장하기 시작한 AD7세기 이후를 지중해 문명 발전의 또다른 단계로 구분하는 것이 보다 타당할 것이다.

따라서 이 책에서 중세는 그리스·로마·비잔틴 문명을 계승한 아랍·이슬람 문명이 지중해 문명발전을 주도한 시기인 7~15세기로 설정했다.

공존기로 명명한 15~17세기는 지중해에서 라틴·그리스 세력의 몰락을 의미하는 비잔틴 제국의 멸망, 서구 고전 문명의 부활을 의미하는 르네상스를 포함하고 있다. 즉, 중세의 어둠에서 깨어나기 시작한 서구 세력과 아랍인을 대신해 지중해의 절대 강자로 부상한 오스만투르크가 공존하는 시대이기 때문에 공존기로 구분했다.

근대는 산업혁명 이후 자본과 기술을 확보한 서방 유럽 국가들이 제국주의로 무장하고서 식민지를 확장하며 강제적인 문명 주입을 한 17~19세기로 구분했다.

20세기 이후는 급속한 통신 및 교통 수단의 발달로 인해 이전 시대와 비교할 때 교류의 방식, 속도 및 유형이 크게 구분된다. 특히 SNS 등의 통신 수단 발달과 대중화는 과거처럼 직접적인 접촉을 하지 않고서도 많은 교류를 유발시키고 있다. 따라서 21세기 이후의 교류는 이

전 시대와 다른 방식의 연구 방법이 필요하다.

이 책의 제1장에서는 지중해를 연구 대상으로 한 문명교류학의 학문적 의미와 시대적 중요성을 제시하였다. 제2장에서는 관계 균형론(또는 경쟁력 협력)의 관점에서 지중해 문명을 진단했다. 제 3, 4, 5, 6장은 이 책의 핵심적인 부분으로서 지중해의 역사를 고대, 중세, 공존기와 근·현대로 구분하고 문명 교류의 측면에서 각 시대가 갖는 역사적 의미를 진단했으며 구체적인 사례도 제시했다. 마지막 보론에서는 국내외의 지중해학 연구 현황과 지역 연구의 성과를 공유하고 확산하는 방안으로 제기되고 있는 디지털학을 지역학에 접목시켜 활용할 수 있는 디지털 지역학(Digital Area Studies)의 개념과 사례들을 제시했다.

이 책은 2007년부터 한국연구재단의 지원을 받아 지중해지역원이 수행한 인문한국(Humanities Korea)지원사업 10년 연구의 성과물이다. 10년 동안 지중해 문명교류학과 관련된 250여편의 연구 성과가 발표되었고, 그중 대표적인 성과들을 이 책에 담았다.

지중해 지역학과 문명교류학을 융합한 지중해 문명교류학을 새로운 학문 영역으로 구축하기에 10년이란 시간은 부족했다. 그러나 '지중해 문명교류학'이라는 새로운 학문 분야를 개척하고 세계적 선도성과 경쟁력을 갖추기 위한 연구 토대를 구축했다는 것은 큰 성과라 믿는다. 아울러 이 책을 통해 지중해 문명의 성격에 대한 우리의 시각을 제안함으로서 학문적 자주성을 갖추고 지중해 문명교류학 발전의 디딤돌이 되었으면 하는 바람이다.

2017년 봄
부산외국어대학교 지중해지역원장
윤 용 수

CONTENTS

지중해의 시대별 문명 교류 (3)
르네상스와 지중해

지중해의 시대별 문명 교류 (4)
근·현대 지중해의 문명 교류

CONTENTS

CHAPTER

01

지중해 문명교류학을 향하여*

문명학적인 측면에서 지중해(Mediterranean)[1]는 매우 특별한 공간이다. 지중해는 인류 최초의 문명 중 하나인 오리엔트 문명, 유럽 문명의 모태인 그리스 문명, 동서양을 잇는 중간지역의 문명인 이슬람 문명의 토대이다. 또한, 세계 3대 계시 종교의 발생지이도 하다. 이는 지중해가 동서양 문명의 중심인 동시에 인류 정신문화의 터전임을 의미한다.

지리적으로 동서 약 4,000km, 남북 약 800km의 넓은 해양인 지중해에 의해 분리되어 있는 것처럼 보이는 지중해 국가들이 끊임없는 교류를 통해 상호간의 문화적 자양분을 전파 또는 흡수하여 이를 발전의 동력으로 삼아 왔다는 것은 이들의 역사 발전 과정에서 이미 입증되었다. 따라서 지중해의 국가들은 외견상 지중해에 의해 분리되어 있는 것처럼 보이지만, 문화적으로는 지중해를 통해 실질적으로 연결되어 있으며 상호 유기적인 관련성을 가지며 발전해 왔다 할 수 있다.

이러한 사실에 근거해 볼 때, 지중해 지역은 지역학 연구의 새로운

---

* 이 글은 2012년 『지중해지역연구』(제14권 제3호)에 게재된 논문("지중해 지역 연구의 과제와 지중해학")의 일부를 발췌하여 수정한 것임.

1) '지중해(Mediterranean)'의 어원은 라틴어 '사이'의 뜻을 가진 'Medius'와 '땅'을 의미하는 여성명사 'terra'의 결합으로 만들어진 형용사이다.

패러다임과 연구 과제를 제시하고 있다. 제2차 세계대전 이후 본격화된 지역학 연구는 미국을 비롯한 서양 학자들에 의해 지극히 실용적인 목적으로 시작되었다. 지피지기(知彼知己)의 정치적, 경제적, 사회적 목적을 위해 시작된 지역학은 전 세계를 지역적 근접성과 경제적, 역사적, 문화적 동질성을 기준으로 지역 단위를 구분하여 미시적인 접근과 연구를 수행해 왔다. 이는 세계를 지역적 편린으로 구분하여 세분화하였고, 세계를 블록화하여 장벽으로 가로 막힌 세계 구조로 이해하게 만들었다. 그 결과 NAFTA, EU, GCC 등의 지역 단위가 만들어졌으며 세계를 이들 지역 중심으로 파악하게 했다.

그러나 2000년대 이후 세계 각지에서 발생하고 있는 지역 분쟁과 금융위기, 질병, 이주와 난민 등의 범인류적 이슈가 지역의 문제가 아닌 전 인류의 공동 문제임을 인식하게 된 이후, 세계는 구분되어 있는 것이 아니라 서로 연동되어 끊임없이 소통하며 교류하고 있음을 깨닫게 되었다. 따라서 세계를 이해하는 주요 키워드로 '소통', '교류', '융합'등의 단어가 등장하여 단절이 아닌 소통, 분열이 아닌 통합의 개념으로 세계를 이해하려는 인식이 확산되고 있다. 그 결과 최근에는 전 세계를 통칭하는 단어로 'international'대신 'global'이란 단어가 주목받으며 폭 넓게 사용되고 있다.

이러한 인식의 변화를 설명하기에 가장 적합한 지역이 지중해이다. 전술한 것처럼, 지중해는 다양한 동서 문명이 소통한 공간이었으며, 이를 통해 새로운 발전을 도모하는 공생의 공간이었다. 외견상 이질적인 문명의 특징으로 인해 지중해는 서북 지중해의 기독교 문명권과 동남 지중해의 이슬람 문명권으로 구분되어 있는 것처럼 보이나, 실제로는 이질성 이상의 동질성을 갖추고 있다.

따라서 현재의 지역학이 지역 단위로 규정하지 않고 있는 지중해를 이질성과 동질성을 동시에 갖춘 단일 지역으로 설정하여 독립된 지역 단위로 파악하는 것은 지역학 연구 분야는 물론, 세계사 해석의 새로운 패러다임이 될 것이다. 또한 교류와 소통의 측면에서 지중해의 문명적 특징을 연구하는 학문으로서 '지중해 문명교류학'을 거론할 수 있을 것이다.

지중해를 독립된 지역 단위로 설정하고 지중해 문명교류학의 학문적 토대를 구축하기 위해서는 해결해야 할 몇 가지 선결 과제가 있다.

첫째, 지중해를 지역 단위로 설정하는 것에 대한 이론적 타당성을 마련하는 것이다. 학문은 기본적으로 사회의 변화와 요구에 답할 수 있어야 한다. 민족주의가 지배적이었던 20세기의 지역학에서는 지구를 블록화하여 특정 지역에 대한 집중적인 연구를 수행하는 미시적 지역연구가 주류를 이루었다.

그러나 21세기는 인류가 국가 간 경계를 넘나들며 소통하고 교류하는 초지역적 현상을 보이고 있다. 통신 및 교통 수단의 급속한 발전은 지리적 거리로 인한 문화적 차이를 빠른 속도로 희석시키고 있고, 직업에 따라 전 세계로 이동(working nomad)하는 인구가 급속하게 증가하고 있다. 질병, 전쟁 난민의 이주, 지역별 경제 위기 등의 글로벌 이슈는 기존의 미시 지역학으로는 대응하는데 한계가 있다. 따라서 보다 거시적인 시각에서 글로벌 이슈를 분석할 수 있는 진화된 지역학이 요구되고 있다.

둘째, 역사적으로 끊임없이 소통해온 지중해 문명 주체(또는 단위)들에 대한 구분이 필요하다. 기본적으로 지중해 문명교류학은 소통과 교류의 학문이다. 지중해 문명 간 동질성을 생성시켜 준 소통과 교류의 관계를 파악하기 위해서는 교류를 수행한 주체들의 구분과 구체화가 필요하다. 이 작업 역시 지중해 문명교류학 구축을 위한 중요한 기초 작업이 될 것이다.

셋째. 지중해 문명 주체들 간에 발생한 교류의 특징과 교류 형태의 유형화 작업이 필요하다. 그 어느 지역보다 역사적으로 복잡하고 다양한 교류를 수행해 온 지중해 문명 간 교류의 특징을 정의하고 교류 형태를 유형화하는 작업은 지중해의 역사를 재구성하고 지중해 문명교류학을 구축하기 위한 필수적인 학문적 기틀이 될 것이다.

지중해를 하나의 지역 단위로 설정하는 것이 또 하나의 지역 블록을 생성한다는 주장이 있을 수 있지만, 지중해는 기존의 미시적, 단절적 지역 단위가 아닌 거시적, 통합적 지역 단위의 모델이 될 것이며, 이를 통해 글로벌 지역 연구의 방향을 제시할 수 있을 것이다.

1. 지역 연구 단위로서의 지중해_윤용수

　지중해 지역은 지리적으로 바다를 사이에 두고 아프리카, 아시아, 유럽의 세 대륙에 분포된 국가들로 구성된 지역이다. 즉 지중해는 바다를 중심으로 형성된 지중해 국가들 간의 특성이 상호 관계하는 공간이라 할 수 있다.

　현대 지역학은 지역의 단위를 아시아, 유럽, 아메리카, 아프리카, 태평양 등으로 구분하고 있으며, 지중해는 기존의 지역 연구 단위에서 배제되어 있다. 지역학에서 지중해를 지역연구 단위로 설정하지 않은 것은 지역 단위를 설정하는 기준 중 동일성에 위배되기 때문이다. 지리학에서 지역(region)은 '하나 또는 여러 가지 현상이 비슷하거나 혹은 같이 분포하는 공간적 범위' 또는 '일정한 기준에 의해 성질이 같은(밀접한) 공간적 관계의 범위'라고 규정된다. 지역학에서 '지역'의 개념도 지리학의 개념에 기초하고 있다고 판단된다.

　이처럼 기존의 지역학에서는 지역 주민들이 갖고 있는 공통된 세계관, 정치적·경제적 목적이 일치되어 조직된 지역, 동일한 종교나 문화를 가지는 지역을 지역 단위로 설정하거나, 자연 생태 환경, 문화,

사회, 언어분포, 인구밀도 분포 등을 기초로 지역을 결정하는 것이 일반적이다. 상기와 같은 기준을 적용할 때 지중해 지역을 독립된 지역 단위로 설정하기에는 많은 어려움이 있다.

또한 서구인들에 의해 설계된 기존의 지역적, 문명적 특징에 기초한 지역 단위도 지중해를 이해하는데 장애가 되어 왔다. 기존의 지역학은 제2차 세계대전 이후 미국을 중심으로 한 서구 국가들이 자국의 이익을 보호하고 신흥 독립국을 통제하기 위한 정책적 수단으로 발달시켰으며 그 중심 내용은 서양중심주의에 입각한 '우월과 멸시', '합리성과 비합리성', '효율성과 비효율성' 등의 대립적 개념이었다. 서구 중심적 사고, 서양의 근대과학과 합리주의에 입각한 단선적이고 지배된 사고 체계를 기저로 하고 있는 현재의 지역학에서는 동양과 서양, 기독교와 이슬람이 공존하는 지중해를 개별 지역 단위로 설정하지 못하였다. 기존의 서구 중심적 시각에서는 동과 서의 문명이 다양하게 공존하는 지중해를 지역연구 단위로서 규정할 수 없었던 것이다.

결국 기존의 지역학이 갖고 있는 지역에 대한 편협한 개념으로는 다양성과 동질성이 공존하고 유럽 문명과 아시아 문명이 혼재하는 지중해를 단일 지역으로 설정할 수 없었다. 특히, 기독교 문명과 이슬람 문명을 하나의 틀에 포함시킨다는 것은 이슬람 문명에 대한 편협한 시각이나 오리엔탈리즘(orientalism)적인 사고를 갖고 있는 서구인들에게는 기본적으로 불가능한 것이었다.

이러한 시각으로는 21세기 지구촌의 상황과 변화를 충분히 설명할 수 없다. 21세기는 기존의 지역 단위 개념보다 발전되고 확장된 인식 체계를 요구하고 있다. 변화된 환경을 가장 잘 노정하고 있는 현장이 지중해이다. 지중해 지역은 지리적, 물리적, 생태적으로 분리되어 있는 공간이지만, 문명사적인 측면에서는 공통의 세계관(문명권, 문화권)을 구축하고 있다. 이는 지리적, 생태적 동질성만을 강조하는 것 보다 발전된 지역 개념으로서, 지중해를 표층적인 생태적 이질성과 심층적인 문화적 동질성을 두루 갖춘 확장된 지역연구 단위로 파악 할 수 있게 한다.

윤명철(2005)은 지중해를 교류의 바다로 부각시키며 지중해를 통해 각 개별 국가가 연결되어 지중해 국가의 공동 문명권이 형성될 수 있었다고 강조한다. 이런 의미에서 지역연구 단위로서 지중해는 민족, 국가, 언어가 다른 경제적, 정치적, 사회적 이질 연합체들, 곧 이문화(異文化) 간의 상호 관계가 형성된 공간이라 할 수 있다. 지중해 지역은 유럽 내 이슬람 인구의 유입, 이슬람 세계에 유입된 기독교도, 몰타 기독교인들의 아랍어 사용, 그리스-로마문화, 십자군 전쟁 등과 같은 종교분쟁, 헬레니즘 문화와 비잔틴 문화의 혼합 등 복합적이고 다원적인 문명권을 형성하였다. 이처럼 지중해 지역은 이문화 간 교류와 충돌, 소통과 대립, 상업적 교류와 인구 및 물질의 이동, 언어와 사상의 교류 장소로서 다양한 문명 주체들의 공통 공간이었다.

이와 같은 지중해 지역의 다원적이고 복합적인 문화는 교류를 통해 생성되었다. 교류는 시공간적 변이의 다양한 상호작용을 통해 이문화 간의 다원성과 복합성을 구성했고, 지중해를 규정하는 특징이 되었다. 상호적이며 복합적인 지중해의 오랜 교류 역사는 이문화가 상호 융합, 수용, 변용, 발전하는 전형적인 모델을 제시하고 있다.

지중해 지역의 교류는 개별 국가의 다양한 가치, 윤리, 국가제도, 공공의 삶과 같은 개별 사회현상을 지중해라는 공통분모를 통해 인식하게 만든다. '공통분모'라는 개념은 지중해처럼 언어, 문화, 종교, 정치, 경제 등 모든 측면에서는 개별적이지만 공통된 특징을 가지고 있는 범지역에 대한 접근 방법으로 여겨진다. 박상진(2005)은 이러한 공통의 성격을 '세계 단위'란 용어로 규정하면서 지중해의 가치와 역할을 부여하고 있다. 그는 세계 단위는 기존의 지역 구분, 즉 국경선에 의해 구획된 지역이나 정치적, 경제적 목적이 일치하여 조직된 지역, 혹은 종교나 문화를 공유하여 구분된 지역 개념에서 한 발 더 나아간 인식으로 평가하고 있다. 이질성을 내포한 각 개별 국가의 문화가 교류를 통해 범지역적 단위로 특징화할 수 있는 지중해의 정체성은 지중해 지역연구의 특징이 될 것이다. 따라서 지중해는 각 개별 국가의 언어, 민족, 종교적 차이로 인해 발생한 이문화 간의 상호 교류를 통해 공통의 세계관(문명권, 문화권)을 공유하고 있는 지역으로 규정할 수 있을 것이다.

이와 같은 지중해에 대한 인식은 지중해를 발전된 개념의 지역 단위로 연구할 수 있는 당위성과 타당성을 제공하고 있다. 또한 지중해는 상호 연동되어 지속적인 인과 관계를 형성하고 있는 21세기의 지구촌을 파악하기에 적절한 틀이 될 것이다.

2. 지중해 문명 교류의 특징_윤용수

지중해 문명의 성격에 대한 담론에 있어 빠지지 않고 등장하는 용어는 '복합성'과 '다양성'이다. 이는 지중해 지역에 살고 있는 햄, 셈, 아마지그, 반달, 도리스, 켈트 등의 인종적 다양성과 함께 이들이 구현한 오리엔트, 그리스, 로마, 비잔틴, 이슬람 문명 등의 성격과 색깔이 외연상 확연히 구분되기 때문이다. 이들은 제 각각의 선명성과 우월성을 주장하며 자신의 문명을 중심에 두고 다른 인접 문명권과의 차별화를 시도해 왔다는 공통점을 갖고 있다.

그러나 역사 순환의 큰 틀 속에서 지중해의 개별 문명들은 상호 간 밀접한 관계를 유지하며 발전해 왔고 그 다양성만큼의 동질성을 공유하고 있다. 지중해는 이들 국가들을 분리시키기 보다는 활발한 해상 활동을 통해 연결시켜 주는 매개체 역할을 수행했다. 교역을 통해 동서 지중해와 남북 지중해의 물자와 문화가 이동했고, 전쟁을 통해 지중해 전체의 문화들이 하나의 큰 틀 속에서 융화되고 용해되었다. 따라서 지중해 문명을 특징짓는 용어는 전술한 복합성 및 다양성과 함께 지중해 문명 전체를 관통하는 동질성 및 교류를 통한 상호 융합성의 맥락에서 파악하는 것이 타당할 것이다.

이러한 문명적 맥락에서 지중해 문명 간 교류의 특징은 아래와 같이 요약될 수 있을 것이다.

첫째, 지중해의 세력들은 상호 교차적으로 지중해를 지배했다.

지중해는 BC 4,000년경 시작된 것으로 추정되는 오리엔트 문명의 태동 이후 그리스→헬레니즘→로마→비잔틴→이슬람→오스만 투르크→르네상스→유럽 제국주의시대의 역사적 단계와 과정을 거치면서 다양한 문명들이 발달해 왔다. 이들 문명들은 연대기 상으로는 일부 중첩되기도 하지만, 지중해 문명의 헤게모니를 장악한 시기는 명확하게 구분된다. 이들 국가와 문명들은 특정 지역의 문명이 발흥하면 다른 지역은 상대적 침체기를 맞으며 지배당하고, 시간의 흐름에 따라 그 갑을 관계가 전환되는 상호 교차적 헤게모니 구조를 보이고 있다.

메소포타미아와 파라오 문명이 주축인 오리엔트 문명이 고대 지중해 문화를 발전시키고 있을 때 지중해 서북부 유럽 지역에서 구체적인 문명 발달의 흔적을 발견하기는 쉽지 않다. 그러나 미케네와 미노아 문명을 모태로 한 에게 문명의 발전된 형태인 그리스 문명이 부상하자 오리엔트 문명은 사실상 사라졌다. 이후 그리스 문명을 계승한 헬레니즘, 로마, 비잔틴 문명 등으로 대변되는 기독교 문명이 서북지중해 지역에서 지중해의 패권을 장악하고 있을 때 아랍인과 아마지그인들의 동남지중해는 침체기를 겪고 있었다. 이후 7세기 이슬람의 등장 이후 지중해의 패권은 아랍·이슬람을 모태로 한 동남지중해 지역으로 이동했고 유럽 지중해는 중세를 맞이했다. 13세기 이슬람 제국인 압바스 제국(750~1258)이 몽골에게 멸망한 이후 아랍·이슬람 세계는 분열 양상과 쇠락의 조짐을 보였고, 16세기에 이탈리아에서는 르네상스를 통한 유럽의 부흥이 이루어졌다. 이후 서북지중해는 학문, 문화, 기술, 과학의 비약적인 발달에 힘입어 지중해의 패권을 차지하게 되었고 이는 19~20세기 유럽 제국주의 시대에 절정에 달했다.

이처럼 지중해 지역의 패권은 특정 세력 또는 특정 문명에 국한되지 않고 다양한 지역으로 이동했고, 이 과정에서 대부분의 지중해 기층문화에는 개별 세력의 문화적 다양성과 함께 지중해 전체를 아우르는 동질성이 생성되었다.

둘째, 지중해 문명 교류는 복합적 순환 구조 형태를 띠고 있다.

지중해의 패권은 전술한 바와 같이 크게 기독교 문명권인 서북지중해와 이슬람 문명권인 동남지중해가 교대로 장악하는 구조를 갖고 있으나, 문명 교류는 상호 교차 형태 보다는 순환 형태를 띠고 있다.

지중해 최초의 문명인 오리엔트 문명은 그리스 문명에 커다란 영향을 주었지만, 그리스 문명은 오리엔트 문명에 별다른 영향을 주지 못했다. 오히려 그리스 문명은 헬레니즘, 로마, 비잔틴 문명에 직접적인 영향을 끼쳤으며, 이들 문명들은 이슬람 문명의 태동에 종교적·학문적·철학적 토대를 제공했다. 이후 이슬람 문명은 북부 아프리카와 이베리아 반도를 중세에 가장 문명화된 지역으로 발전시켰고 중앙아시아, 인도 등의 동방지역과 이탈리아를 중심으로 한 근대 유럽 문명의 태동에 자양분을 제공했다. 이처럼 지중해 세력들의 공급자-수혜자 관계는 상호적이라기보다는 순환적 교류 구조를 갖고 있다.

셋째, 지중해 문명은 기층문화에 외래문화가 흡수되어 축적·동화되는 다층적 문명 구조를 갖고 있다.

문명의 전파와 교류 과정에서 이문화와의 접촉은 필연적으로 발생한다. 이 과정에서 이문화의 정치적·경제적·군사적·사회적 영향력의 정도에 따라 기층문화에 끼치는 외래문화의 영향은 정도의 차이는 있겠지만 영향 그 자체를 부정할 수는 없다.

고대와 중세 및 근대를 거치는 지중해의 문명 교류 과정에서 서북지중해에서 동남지중해 문명의 흔적을 발견할 수 있고 동시에 동남지중해에서 서북지중해 문명의 흔적을 발견할 수 있다. 이베리아 반도가 아랍·무슬림의 지배를 받은 700여년의 기간 동안 아랍·이슬람 문명은 이베리아 반도에 지대한 영향을 끼쳤고, 마침내 무데하르(Mudejar)라는 독특한 문화와 전통을 탄생시켰다. 또한 로마와 비잔틴의 오랜 지배와 영향력으로 인해 동남지중해의 아랍·이슬람 지역에는 로마 양식의 건축물을 쉽게 발견할 수 있고, 그리스 철학과 이성적 사고방식은 이슬람 신학과 아랍어 문법 발달의 토대를 제공했다. 결국, 서북지중해의 유럽문명권 기층에서 이슬람 문명의 증거들을 발견할 수 있고, 동남지중해의 이슬람문명권에서도 서북지중해 유럽 문명의 흔적을 발견할 수 있다.

이들 외래 문명은 기층문화와 혼합되어 지역 전통 문화의 일부분으로 착근됨으로서 전통문화를 더욱 고도로 발전시키는 상승효과의 기폭제 역할을 수행했다. 즉, 서북지중해와 동남지중해 모두 정도의 차이는 있을 수 있으나 공통적으로 이문화적 요소를 내포하고 있으며, 이는 기층문화와 동화되어 개별 문명의 특징으로 흡수되었다.

넷째, 서북지중해의 유럽 문명은 외래문화 수용에 배타적인 입장인데 반해 동남지중해의 아랍·이슬람 문명은 적극적인 입장을 견지했다.

문명 발달의 과정에서 교류는 발전의 주요한 동력임에도 불구하고 유럽인들은 이에 대해 부정적 또는 소극적인 입장을 견지하고 있다. 이베리아 반도의 스페인은 중세 이슬람 700년간의 지배를 부정적인 치욕의 역사로 간주하여 이를 은폐하는 반면, 아랍인들은 이슬람 문명의 모태가 그리스·로마 문명 및 유대교와 기독교에 있음을 부정하지 않는다. 유대교와 기독교처럼, 유일신 사상을 갖고 있는 이슬람에서는 유대교와 기독교의 성인들을 이슬람의 성인으로 수용하고 있다. 이슬람의 많은 종교적 전통들이 유대교와 기독교의 종교적 전통을 계승하고 있다는 점에서 동남지중해의 아랍인들은 외래문화의 수용에 보다 적극적이었다.

오늘날에도 일부 서양 학자들이 서양이 중세 암흑기를 헤쳐 나오는데 이슬람 문명이 학문적, 과학적, 서지학적으로 커다란 기여를 했다는 역사적 사실에 대해 소극적인 자세를 견지하고 있는 것은 서북지중해 유럽인들의 부정적인 문명 교류 의식의 반영이라 할 수 있다. 특히, 사무엘 헌팅턴(Samuel Phillips Huntington)에 의해 제기된 문명 충돌론은 이러한 사고의 결정판이자 구체적인 표출이라 판단된다.

다섯째, 지중해의 문명 교류는 상업 활동과 같은 평화적인 교류보다 전쟁과 정복 같은 강제적 압력에 의해 주도되었다.

지중해의 역사는 전쟁의 역사라 해도 과언이 아니다. 오리엔트 문명시대에 메소포타미아에서 명멸한 세력들 간의 수많은 전쟁을 비롯하여 그리스 폴리스와 페르시아 제국의 전쟁, 알렉산드로스의 동방원정, 로마와 카르타고의 전쟁, 이슬람의 정복, 이슬람 군소 세력들 간의 전쟁, 십자군 전쟁, 비잔틴과 오스만 투르크의 전쟁 등 지중해에서 전쟁이 없었던 시기는 거의 없었다. 육로와 해로를 함께 갖고 있는 지중해의 특성상 끊임없는 교류는 역설적으로 전쟁을 수반했고 이는 바다와 육지에서 동시에 진행되었다. 고대에서 현대에 이르기 까지 인류의 역사가 계속적인 전쟁을 통해 발전해 왔음을 감안하면, 지중해의 수많은 전쟁 역시 인류 문명 발달 과정의 보편적 현상이라 하겠다. 다양한 문명과 수많은 국가들이 공존하고 있었고, 육로와 해로를 통한 이동의 편이성이 빈번한 전쟁의 원인이 되었다는 점은 지중해의 특징이라 하겠다.

교류의 측면에서 볼 때 전쟁은 교류의 중요한 유형임이 분명하다. 전쟁은 과학, 기술, 군사, 경제력 등이 총동원된 총력전이라 볼 때, 전쟁 과정에서 쌍방의 문화는 전면적이며 광범위하게 교류될 수밖에 없고 전쟁의 승패와 무관하게 쌍방에 이문화가 급속하게 보급된다. 중국에서 발명된 종이는 당나라와 압바스제국 간의 탈라스(Talas) 전투

(751)를 통해 아랍세계에 전해졌고, 십자군 전쟁(11~13세기)을 통해 다시 유럽에 전해진 것은 전쟁을 통한 문명 교류의 분명한 증거라 할 수 있다. 따라서 비록 긍정적인 방식이라 할 수는 없지만, 전쟁은 문명 교류의 중요한 유형 중 한 가지이며 이는 지중해의 문명 교류 과정에서 입증되었다.

3. 지중해 문명 교류의 유형_윤용수

오랜 역사를 통해 축적된 지중해 문명들의 교류 형태를 유형화한다는 것은 일견 무모해 보일 수도 있다. 교류의 범위도 물질문명에서 정신문명에 이르기까지 다양하고 복잡하여 그 범위를 한정하기가 매우 어렵다. 또한 유형의 형태는 유형화를 위한 기준, 시대, 위치, 연구자의 성향과 인식에 따라 다양해 질 수 있기 때문이다. 그러나 지중해의 역사 발달 과정을 통시적으로 고찰하면 지중해의 역사는 시대 별로 패권의 주체가 달랐을 뿐 일정한 흐름과 반복의 특징을 갖고 있다.

식민지를 점령한 지배국의 문화가 식민지로 전파된 경우가 다수의 유형(기독교의 중동지역 전파 등)이지만 식민지의 문화가 지배국의 문화로 역류하는 경우도 발견된다(이슬람의 북부 아프리카와 페르시아의 문화수용 등). 또한, 사회 지도층이 외래의 문화를 수용하여 사회 하부 구조로 전파한 경우가 있는 반면 그 반대 유형도 발견되며, 정치적・경제적・사회적 이익을 추구한 집단에 의해 교류가 발생한 경우도 있다.

이처럼 지중해의 문명들이 교류한 방식은 다양하기 때문에 이를 유형화하기 위해서 개별 사례 중심으로 접근하는 것은 많은 시간과 노력을 필요로 한다. 즉, 지중해 문명 교류의 유형화는 귀납적 접근 방식이 타당하다 할 수 있으나, 시간과 인력 등의 현실적 연구 환경을 고려할 때 교류의 본질적인 요소를 반영한 연역적 연구 방식이 보다 효과적인 방식이 될 것이다. 물론 장기적인 관점에서 양자의 연구 방식은 병행되어야 할 것이다. 따라서 지중해 문명 교류의 흐름과 맥락을 파악하기 위해서 연역적 연구 방식을 적용할 때 교류가 발생한 동기(motivation)를 중심으로 접근하는 것이 보다 본질적이며 효과적인 방법이 될 것이다.

교류의 동기를 중심으로 한 문명 교류의 유형화는 제리 벤틀리(Jerry H. Bentley)(1993)에 의해 제시되었다. 그는 실크로드를 중심으로 동양과 서양의 교류 형태를 연구했다. 그의 연구 방법은 지중해 문명 교류의 유형화에도 매우 유용하리라 판단된다. 따라서 본 연구에서는 제리 벤틀리가 제시한 기존의 틀을 지중해 문명 교류에 적용하여 이를 바탕으로 지중해 문명 교류의 유형화를 시도하겠다.

제리 벤틀리는 근대 이전의 사람들이 외국의 문화 전통을 채택하거나 받아들이는 과정을 지칭하는 용어로써 '사회적 개종(social conversion)'이란 용어를 제안했다. 그는 사회적 개종이 근대 이전 세계 문화를 형성한 가장 중요한 과정이라 주장하였고, 문화 간 개종 과정 전반을 설명해 주는 엄격한 해석 원칙이나 변화에 관한 단일한 이론은 있을 수 없다고 주장했다.

그가 사용한 '개종(conversion)'이란 용어는 일반적으로 해석되는 종교적 개종뿐만 아니라, 이문화 교류로 인해 발생하는 사회적 변화 전반을 의미하는 것으로 해석된다. 그는 동기를 기준으로 사회적 개종을 자발적 제휴에 의한 교류, 정치적·사회적·경제적 압력에 의한 교류, 동화에 의한 교류로 구분하였다. 이는 개종의 동기이기도 하지만 교류의 유형화를 위한 기준이기도 하다. 즉, 교류의 동기를 기준으로 적용할 때, 교류가 자발적인가 또는 타의에 의한 것인가로 유형화가 가능하다.

1) 자발적 제휴에 의한 교류

자발적 제휴에 의한 교류는 이를 통해 정치적, 사회적, 경제적, 상업적 이익 등 다양한 형태의 이익이 발생하기 때문에 일어난다. 이러한 교류를 주도하는 세력은 주로 장거리 교역에 종사하는 상인들로서 외부 세계와의 교역을 통해 외부 사정에 익숙한 상인들이 외부 문화를 도입함으로써 본인들의 이익을 극대화할 수 있다고 판단해서 교류를 추진한다. 이들은 자국의 지배 엘리트 계층과의 제휴를 통해 교류를 통한 이익을 극대화할 방안을 강구하고, 지배 엘리트 계층 역시 이들 상인 계층을 통해 부의 축적은 물론 외부 세계와의 소통과 연대를 통해 더 많은 권력과 부를 축적하기를 기대한다. 이들 엘리트 계층은 상인과 외부 세력에게 거주지를 제공하고 상인 집단의 문화, 종교 등과 관련된 자유를 부여하는 대가로 정치적, 사회적, 경제적, 상업적 이익과 정보를 제공받는다.

지중해 지역에서 발생한 자발적 제휴에 의한 교류는 이슬람교가 사하라 이남의 아프리카에 전파되는 과정에서 나타난다. 이슬람 전파 초기에는 이슬람 상인들은 서부 아프리카의 왕국과 잔지(Zanj)의 도시들, 모가디슈(Muqdisho)에서 소팔라(Sofala)에 이르는 동부 아프리카 지역에 이슬람을 전파했다. 이들은 교역권을 쥐고 있던 이 지역의 지배 계층에게 막대한 경제적 이익을 제공했고, 이에 대한 대가로 해당 지역에 이슬람 자치 지역을 건설하여 사법적, 종교적 자유를 부여받았다. 토착 지배 계층은 이슬람 상인들을 통해 외부 세계의 발달된 문명을 접할 수 있었고 이의 수용을 통해 더 큰 정치적·경제적 이익을 확보할 수 있었다. 또한 이들은 북아프리카와 아라비아 반도의 이슬람 국가들을 강력한 후원자로 확보할 수 있었고, 다른 이슬람 국가와의 정치적·군사적·문화적·경제적 연대를 위한 토대를 구축할 수 있었다.

2) 정치적·사회적·경제적 압력에 의한 교류

이 형태의 교류는 지중해 지역에서 가장 빈번하게 발생한 것으로서 주로 전쟁과 이로 인한 군사적 정복에 의해 발생하는 교류 유형이다. 'diaspora'라 불리는 신바빌로니아 제국의 유대인 강제 이주, 이슬람 제국의 군사적 원정과 정복, 19세기 이후 시작된 유럽제국주의 국가의 북부 아프리카 및 중동의 식민지 정복 전쟁이 그 대표적인 사례라 할 수 있다. 이 형태의 교류는 지배 집단이 식민 집단에 대한 조세 차별, 재정 지원의 차별 또는 중단, 종교 행사나 제례 참가 제한, 교회와 사찰의 폐쇄 또는 파괴 그리고 관료 선발에 특정 종교 또는 전통을 선호하는 정책을 집행함으로써 식민 집단에 물리적 압박과 회유를 병행한다는 특징이 있다.

강압적인 교류 형태라는 점에서 식민 집단의 저항이 수반되지만 이러한 교류 형태가 장기간 시행될 경우 완전한 사회적 개종이 이루어질 수 있다. 특히 7세기 이후 군사적 정복에 의해 이슬람화 된 북부 아프리카의 국가들이 1,400여년이 지난 현재까지 이슬람 국가로 남아 있다는 사실이 이러한 점을 입증하고 있다.

3) 동화에 의한 교류

이 형태의 교류는 소수 집단이 다수파의 문화적 기준에 적응하고, 결국은 그들의 가치와 신앙을 수용하는 교류 형태를 말한다. 소수파는 다수파에 동화됨으로써 정치적·사회적·경제적 기회를 확보할 수 있다는 점이 동화에 의한 교류의 가장 큰 원인이라 할 수 있다. 이 형태는 이주 노동자 계층이나 전통 문화와 오랫동안 단절된 경우에 나타날 수 있지만(중앙아시아와 중국의 네스토리우스파와 마니교 등), 교류의 유형이라기보다는 교류 과정에서 나타나는 현상으로 파악하는 것이 타당하다고 판단된다.

제리 벤틀리의 상기 교류 구분은 교류의 동기를 중요한 기준으로 적용한 것으로서 교류 발생의 자발성 또는 강제성이 중요한 기준이 된다. 그러나 지중해의 문명 교류 형태는 전술한 2가지 형태의 교류와 함께 2가지가 혼합된 복합적 형태의 교류가 보다 빈번하게 발생했다 할 수 있다. 지중해에서 문명 간 교류는 평화적인 상업적 교류가 발생함과 동시에 전쟁 등으로 인한 강제적 교류도 거의 동시에 진행되는 사례를 빈번하게 발견할 수 있기 때문이다. 따라서 지중해 문명의 교류 형태는 상기 언급된 자발적 제휴에 의한 교류, 정치적·사회적·경제적 압력에 의한 교류 그리고 복합적 형태의 교류로 구분하는 것이 타당하다고 판단된다.

지중해 역사를 통해 일어난 다양한 교류를 유형화하는 연구는 지중해의 역사를 올바르게 이해하는데 매우 유용한 작업이 될 것이다. 지중해 문명 교류의 유형화는 지중해 문명의 발달이 특정 민족, 세력에 의해 독점된 것이 아니라 지중해의 공동 노력의 산물임을 증명하고, 지중해 역사의 재해석을 위한 실증적 근거를 마련하기 위한 작업이기 때문이다. 즉, 서구 중심으로 기술되고 이해된 지중해 역사를 올바르게 이해함으로써 보다 균형 잡힌 세계관을 갖추고 공존공영의 미래를 개척하기 위한 인식의 토대를 마련할 수 있을 것이다.

4. 지중해 문명교류학의 과제_윤용수

현대 지역학에서는 지리적 근접성과, 문화적 동질성 등을 지역 구분
의 주요 기준으로 설정하고 있다. 이러한 기준에 따라 지중해 지역은
해양에 의해 분리되어 있는 이문화 지역으로 간주하여 지역학의 지역
단위로 설정하지 않고 각각의 개별 지역(또는 국가) 단위로 구분하여
연구하고 있다.

필자는 이러한 시각은 지중해에 대한 이해의 부족임을 밝혔다. 전술
한 바와 같이 지중해 지역은 역사적으로 끊임없는 교류를 통해 생성된
동질성을 갖고 있으며 지중해에 의해 분리된 것이 아니라 연결되어 있
는 지역으로 파악해야 하기 때문이다.

오히려 지중해는 지역학 연구 단위로서 최적의 조건을 갖추고 있다.
21세기는 개별 지역들이 분리되어 있는 것이 아니라 경제적·사회적·
문화적으로 긴밀하게 연동되어 있다. 최근의 그리스, 스페인의 경제 위
기가 한국의 증시와 경제에 영향을 끼치고, 한국의 대중문화에 유럽과
중남미의 젊은이들이 열광하고 있다. 1960년 맥루한(Marshal McLuhan)
이 제시한 '지구촌(global village)'이란 용어와 현재 회자되고 있는 '글

로벌리즘(globalism)'이란 용어는 이질적 성격의 국가들이 밀접하게 연동되어 상호간 영향을 이치는 현재의 지구촌 상황을 반영한 용어라 하겠다.

이런 측면에서 지중해는 이질적으로 보이는 문명들이 서로 긴밀하게 연결되어 있고, 때로는 갈등을, 때로는 교류를 수행하고 있는 현장으로서 글로벌리즘이 적용되는 지구촌의 축소판이라 할 수 있다. 따라서 현대 사회의 변화와 특징을 해석하기 위한 틀로서 지중해는 최적의 조건과 환경을 갖추고 있다.

지중해를 이문화 간 상호교류를 통해 공통의 세계관을 가진 지역단위라고 규정할 때, 지중해의 동질성을 생성시켜 준 문명들 간의 소통과 교류의 관계를 파악하기 위해서 교류를 수행한 주체들을 개별 단위로 구분하고 구체화할 필요성이 있다.

또한 지중해 문명 간 교류 형태의 유형화 작업은 지중해 문명의 특성을 이해하는데 매우 유용한 작업이다. 오랜 역사와 다양한 문명들이 엉켜있는 지중해에서 발생한 문명 교류를 획일적 기준으로 유형화하는 것은 커다란 오류를 불러일으킬 수 있으며 그 자체가 편견일 가능성도 배제할 수 없다. 따라서 개별 사례가 아닌 교류의 동기를 중심으로 지중해 문명 교류의 형태를 파악할 때 그 유형이 보다 선명하게 나타난다고 판단된다.

제리 벤틀리의 연구 방법을 반영할 때, 동기를 기준으로 한 지중해 문명 교류는 자발적 제휴에 의한 교류, 정치적·사회적·경제적 압력에 의한 교류, 복합적 형태의 교류로 유형화가 가능하다. 이 연구 결과는 문명 교류의 유형화를 위한 기반이며, 향후 계속적인 연구를 위한 토대가 될 것이다.

지중해 문명 교류학은 아직 학문적으로 배아기 단계에 있다. 국내는 물론 해외 학자들도 '지중해 문명교류학'이란 용어에 대해 생소해 하거나, 지중해 지역의 개별 세력들과 문명을 대상으로 한 지역 연구의 물리적 총합으로 이해하기도 한다. 그러나 지중해 문명교류학은 지중해의 역사와 문명에 대한 객관적 인식의 바탕위에 상생의 길을 모색하는 열린 학문이며, 오리엔탈리즘과 옥시덴탈리즘(occidentalism)을 극복한 화합과 공생의 학문이다. 무엇보다 지중해 문명교류학은 역사에 대한 올바른 인식과 이해에 근거해야 한다. 일견하기에 상호 이질적으로 보이는 지중해의 다양한 문명들이 실질적으로는 옷감의 날실과 씨실처럼 밀접한 관련성을 갖고 있으며, 어느 한쪽을 배제하고는 전체 지중해 문명을 이해할 수 없다. 또한 전쟁과 정복이 끊이지 않았던 지중해의 역사는 역사적 사실에 대한 다양한 해석이 존재하는 곳이다. 따라서 지중해 역사에 대한 해석은 갈등의 관계에 있지 않은 제 3의 위치에 있는 이의 평가와 해석이 비록 완전하지는 못해도 보다 많은 객관과 타당성을 담보할 수 있을 것이다. 지중해에 인접하지 않은 지역의 연구자들이 지중해 문명교류학을 연구할 수 있는 타당성은 이러한 상대적 객관성을 담보할 수 있기 때문이다.

사물과 지역에 대한 관찰은 미시적인 시각과 함께 거시적인 시각이 함께 공존하며 연구될 때 보다 객관적이며 미래 지향적인 연구 성과를 거둘 수 있다. 지중해 문명교류학은 기존의 지역학 연구 방식인 미시적인 지역 중심의 연구에서 탈피하여 보다 거시적이며 통합적인 시각을 요구하는 발전되고 확장된 지역학이다.

따라서 지중해 문명교류학은 지중해에 근접한 지역의 연구자들이 수행하는 미시적 연구와 함께 한국과 같이 원거리에 위치한 연구자들이 수행하는 거시적 연구가 병행되어야 한다. 나무를 보는 작업과 함께 숲을 보는 시각이 병행되어야만 완성할 수 있는 학문이 지중해 문명교류학이다.

지중해 문명교류학에는 국내외 연구자들의 공동 연구가 필요하다. 지역에 대한 이해와 지중해 전체에 대한 통찰력을 두루 갖춘 연구자들로 양성해야 한다. 특히 지중해 문명의 날실과 씨실인 기독교 문명과 이슬람 문명에 대한 객관적 이해와 이들 문명의 총합으로써 지중해 문명을 파악하는 작업은 지중해 문명교류학의 중요 연구 과제가 될 것이다.

현재 일어나고 있는 전 세계의 분쟁들이 상호 간 불신에서 기인한다는 점을 감안할 때, 지중해 문명교류학은 이를 해소하고 함께 발전하는 상생의 학문이 될 수 있을 것이다.

참고문헌

김병학 역. Jerry H. Bentley. 2006. 『고대 세계의 만남 교류사로 읽는 문명이
    야기』. 학고재, 서울.
박상진(a). 2002. "지중해 지역 연구의 조건과 가능성". 『국제지역연구』제6권
    제1호.
박상진(b). 2005. 『지중해학: 세계화 시대의 지중해 문명』. 살림.
야노토루. 1997. 『지역연구의 방법』. 전예원.
윤명철. 2005. 『지중해 문명의 바다를 가다』한길사.
에드워드 사이드. 2007. 『오리엔탈리즘』. 교보문고.
이전. 2004. "해외지역연구의 방법과 과제". 『한국지역지리학회지』 제10권
    제2호.
정수일. 2001. 『고대문명교류사』. 사계절출판사.
정해조. 2007. "지역학의 정체성과 패러다임 모색 II". 『지중해지역연구』제9
    권 제1호. 부산외국어대학교 지중해 지역원.
하병주. 2007. "지역학의 정체성과 패러다임 모색 I". 『지중해지역연구』 제9
    권 제1호. 부산외국어대학교 지중해 지역원.
하병주. 2011. "지역연구 패러다임을 통해 본 지중해학". 『지중해지역연구』
    제13권 제1호.
한인희 역. 2004. 『이문화교류학』. 건국대학교 출판부.
Bethemont, J. 2001. *Le monde méditerranéen*. SEDES.
Cesari, J. 2002. *La méditerranée des réseaux.* Maison
    méditerranéenne des sicences de l'homme.
CIA-The World Factbook.
Clement, R-W. 2009. "The mediterranean: what, why, how". 부산외국어대
    학교 지중해 지역원 제24회 학술대회.
Fengping Gao. 2006. "Language is Culture: On Intercultural Communication".
    Journal of Language and Linguistics Vol 5, No. 1.
Gilmore, David D. 1982. *Anthropology of the mediterranean Area*, Annual
    Reviews 11.
International Extension Curriculum: Strengthening Extension's Capacity for
    International Engagement, "Unit5, Interculural Communication".

http://www.ces.purdue.edu/iec/default.htm

Schlesinger Jr. 2005. "The necessity of intercultural communication".

http://www.sagepub. com/upm-data/11824_ Chapter1.pdf

http://en.wikipedia.org/wiki/Language_family

지중해 문명 간
교류의 역사연구

1. 비(非)서구 중심적 역사해석의 필요성_김정하

우리는 역사의 이름으로 역사를 연구하지만 매번 해석의 범주에서 벗어나지 못한다. 과거는 그것이 기록된 것이든 기억으로 회고된 것이든 이를 알려고 하는 순간 수많은 선택의 역사퍼즐로 남을 뿐이다. 역사 연구(또는 해석)은 문화적이고 문명적인 배경이 무엇이었든 주관적 판단이라는 현실에서 결코 자유롭지 못하다. 이것은 흔히 말하는 판단의 주관적 치우침을 의미한다. 과거에 대한 우리의 학문적인 관심이 직면하는 일종의 '운명적 주관성'이 아닐까 한다.

역사는 여러 관련요인들이 다양한 양태의 관계를 통해 함께 한 삶의 흔적이기에 어느 한 편을 중심으로 진행된다는 것은 자연스러운 것이 아니라 오히려 역사 자체를 왜곡하는 결과를 초래한다. 관련 주체들의 관계 양태를 어떤 관점에서 바라보는가의 문제는 일방적인 인식을 합리화시키는 것과는 별개이다. 궁극적으로는 관계의 성립에서 새로운 변화의 시작에 이르는 전 과정의 역사적 흔적을 이를 전후한 다른 관계들과의 연관성 차원에서 살펴보는 것이어야 한다.

역사는 수많은 단위의 시간대를 통해 흐르고 그 중첩된 공간들에는 다양한 역사 무늬(文)의 흔적이 새겨진다. 실제로 역사의 흐름이 직선적인지 순환적인지는 알 수 없다. 우리의 역사인식도 판단의 두 범주에 속한다. 하지만 실제 역사의 방향성에 대한 과학적인 논쟁과는 달리, 우리의 관점은 시공의 층위들에 새겨지는 개인 또는 집단적 삶 그 자체의 문화적 또는 문명적 정체성에 따라 달라진다. 그 이유 역시 역사해석의 '운명적 주관성' 때문이다.

그럼 역사의 본질에 접근하기 위한 지난 노력의 전제들은 무엇이었을까? 서유럽의 역사연구는 지난 18~19세기 당시 유럽문명이 그리스-로마 문명에서 기원했다는 사실, 즉 근·현대 유럽이 고대 지중해 문명을 직접적으로 계승한 유일한 역사주체라는 사실을 전제로 성립하였다. 지중해와 유럽지역을 최초로 통일한 로마제국은 고대 그리스 세계의 도시문화, 교역활동, 도시 간 그리고 시민 간의 개인주의적이고 민주적이며 독립적인 관계의 문명적 정체성을 계승한 최초의 유럽제국이었다. 같은 맥락에서 476년 로마의 몰락은 유럽지역과 지중해의 분열 외에도 고대 그리스 문명의 단절을 강하게 암시하는 지중해 문명사의 암울한 사건이었다. 주된 원인은 기원 후 2세기 무렵부터 로마제국을 지속적으로 위협하던 게르만의 대이동이었다. 중세는 암흑시대(Dark Ages)였다고 한다. 이 기간이 1,000년의 암흑으로 정의된 것은 고대 그리스-로마 문명이 14~16세기 르네상스 기간을 거치면서 대서양을 향한 탈지중해 시대의 물질문명으로 화려하게 부활했다는 사실을 강조하기 위한 것이었다. 그렇다면 현대 유럽문명은 고대 그리스-로마 지중해의 거울에 비친 역사의 자화상인 셈이다.

그럼에도 고대 지중해는 그리스-로마의 바다가 아니었다. 고대의 바다를 관통한 문명적 정체성의 한 부분이었을 뿐, 이들을 기준으로 지중해의 역사를 연구하는 것은 균형감을 상실한 역사해석이다. 로마제국의 '우리의 바다(Mare Nostrum)'에 대한 서구적 해석의 경우에도 이것이 지리적인 관점의 제한적인 해석은 될 수 있겠지만 지리와 문화를 동일한 논리로 판단하는 것은 과거사 왜곡의 위험성을 높일 뿐이다. 경계의 의미에서 조차 지리와 문화는 동일한 역사적 가치를 가지지 않는다. 중세의 역사를 고대 그리스-로마 문명과의 단절로 간주하는 것은 접변의 관계구도를 조성하는 경계(Frontier)가 아니라, 불통의 경계(Border) 또는 다른 관계요인들의 배제라는 모순된 논리의 귀결이다. 즉, 이러한 'Border'의 관점을 도입한다면 역사는 대립과 충돌의 논리로 발전할 수밖에 없다. 이는 역사진화론 또는 우열의 유전학적인 관계에 따른 역사의 흥망을 의미한다. 과연 역사는 충돌에 의해서만 진화하거나 몰락하는 것일까? 접변에 의한 역사 정체성 형성은 불가능한 것일까?

역사에 대한 단면(선)적 고찰은 유럽 역사연구의 종교-이념적인 측면에서도 찾아 볼 수 있다. 로마제국을 배경으로 성립된 그리스도교는 이후 유럽의 역사연구에도 지대한 영향을 주었는데 그 중심에는『신국론』을 쓴 아우구스티누스가 있었다. 불교와 힌두교 등 대규모 문명권에서 역사인식이 종시(終始)의 시간 구조, 즉 끝이 곧 새로운 시작이라는 순환적 개념에 기초하는 반면, 기독교 교리의 천지창조에서 최후의 심판까지의 진행은 원인에 의한 결과, 정반합(正反合)의 원리 또는 진화론적 역사해석을 동반한 직선적 구조의 시종(始終), 즉 시작과 끝이 명백한 역사의 방향성을 대변한다. 다시 말해 유럽 기독교 세계의 직선적 역사철학은 원자론적 사고구조, 즉 전체의 성질을 이를 구성하는 부분들로 설명하는, 이른바 부분들의 합이 전체라는 요소론(要素論, Pluralism, Factor Theory)[또는 원자론(原子論, Atomism)]을 따른다. 이것은 사회의 경우 최소 기본단위인 각 개인에게 권리와 의무를 부여하는 것을 집단이나 공동체 전체의 명분보다 우선시하는 것을 의미한다. 고대 그리스 도시국가들 각각의 능력, 도시 국가의 각 시민이 발휘하는 지혜와 행동이 의미하는 개체주의와 개인주의를 상징하는 요소론의 역사철학은 사실상 직선적 역사인식과 그 맥을 같이 한다(김교

빈, 이정우, 이현구, 김시천 2004: 51; 김지하 1985).

　궁극적으로는 역사를 충돌과 대립의 구도로 해석하는 경향도 요소
론적 기반의 직선적 역사철학에서 기원한다. 9.11 테러 이후 주목을
받은 문명 충돌은 과거 11세기에 기독교 유럽 봉건사회가 이슬람을
대상으로 벌인 십자군 전쟁에 대한 역사해석의 연장이었다. 직선적 역
사철학에 따르면 십자군 전쟁은 두 개의 이질적인 문명권 사이에서 벌
어진 전쟁이 아니라 문명권과 비문명의 충돌이었다. 좀 더 소급해 2차
세계대전 이후의 역사를 냉전체제로 간주한 것도 문명의 민주주의 사
회와 이를 위협하는 야만스러운 공산주의 사회의 대립이었다. 사무엘
헌팅턴의 문명충돌론은 문명의 성격과 범위에 대한 애매한 정의에도
불구하고 과거의 역사에 이어 현재와 미래까지도 충돌과 같은 이분법
적인 구조로 예측함으로써 자아중심의 일방적인 역사해석에 명분을
제공했다. 지난 1990년대 초반 <뉴욕 타임스>는 32개의 상이한 문명
간 갈등 중 21개가 이슬람과 관련이 있다는 기사를 실었다. 북아프리
카 난민의 '죽음의 지중해 항해'와 영국의 유럽연합 탈퇴(Brexit) 역시
이슬람을 서구문명을 위협하는 피 묻은 경계의 적들로 간주하는 문명
충돌의 결과였다. 그럼에도 헌팅턴 역시 18~19세기 이후 서구의 많
은 학자들과 마찬가지로 충돌과 진화의 과정 그 이면에 그리고 정반합
의 직선적인 논리구조 그 이면에 경쟁적 협력의 원리, 다시 말해 순환
적 구조의 역사인식에서 드러나는 중재요인들의 작용을 간과하였다.

　다시 말해 근-현대 유럽이 직면하고 있는 일련의 위기는 고-중세 지
중해의 역사를 지리적 관점에서 그리스-로마 중심으로 해석하고 이를
유럽문명의 근원으로 확신한 18~19세기 유럽 지성의 역사철학과 역
사해석 그리고 14~16세기 고대 그리스 문명의 부활로부터 이룩된 세
계적 규모의 물질문명이 드러낸 심각한 결과는 아니었을까?

　직선적 역사인식이 작지만 그 수가 많은 도시국가들의 소규모 문명
권에서 성립되었다면 순환적 역사인식은 거대한 강과 평야에서 성립

된 거대 문명권들에서 공통적으로 형성된 역사철학이었다. 대 문명권에서 역사를 순환적인 구조로 이해하게 된 근본적인 이유는 일정한 변화에 따라 순환적으로 변천을 반복하는 자연의 흐름에 준하여 인간의 삶을 이해하려는 노력 때문이었다. 해가 지면 다시 뜨고, 추운 겨울이 지나면 봄이 오고 여름과 가을을 지나 다시 겨울이 오는 자연의 이치는 태어나 아동기와 성년기를 거쳐 늙고 죽는 인간 삶의 이치를 이해하는 중요한 기준이었다. 하지만 보다 중요한 것은 지난해의 겨울이 새롭게 다가오는 겨울과 그리고 앞으로 오게 될 봄과 가을 역시 이미 경험했던 그 계절들과 원리상 동일하지만 이러한 시간흐름의 곳곳에 남겨진 역사흔적은 더 이상 같은 것이 아니라는 확신, 즉 시공(時空)의 순환적 흐름에 근거한 역사의 순환론에 대한 확신이었다. 이처럼 위대 문명권들이 형성한 공통의 역사인식은 인간 공동체가 거대한 자연의 일부로서 그 기동원리에 순응한다는 것이었다. 자연에 도전하거나 그 이치에 역행하는 것은 인간 공동체의 도덕적 체계와도 대립되는 것으로 이해되었다. 반면 소 문명권의 역사인식은 자연을 극복의 대상으로 전제하는 만큼 그 투쟁의 과정은 인간의 위대함을 가름하는 척도였다.

2. '경쟁적 협력'의 역사해석_김정하

1) 역사해석의 원리

역사는 그 자체로 지나간 과거이다. 미래는 현재의 경험을 거치지 않고서는 시공에 남겨진 '역사'로 정의되지 않는다. 본질적으로 우리는 역사의 이름으로 역사해석을 시도할 뿐이다. 역사는 정체된 것이 아니라 발전이든 퇴보이든 시간과 공간의 거듭된 변화를 통해 다양한 방향성을 가진다. 역사해석의 방법론은 근본적으로 무엇을 목적하는가, 어떻게 해석하는가의 합리적인 추론이다.

그럼 왜 지중해 역사의 순환론적 해석인가? 이미 언급한 바와 같이 특히 고대의 경우, 지중해는 자급자족이 불가능한 바다였다. 바다는 위험이 가득한 미지의 세계였고 연안과 주변의 지역들은 산악과 사막 그리고 힘든 생존을 예고하는 밀림과 울창한 산림으로 둘러싸여 있었다. 끊어진 길들은 목숨을 위협하는 유혹이나 다름없었다. 오직 바다만이 삶의 가능성이었고 이웃한 공동체들과의 교역만이 삶을 지속하는 유일한 선택이었다. 삶은 힘들고 그 자체로 생존이었기에 노동력 확보와 권력을 상징하는 인구의 증가는 실현 불가능한 욕심이었을 뿐이다.

자급자족이 불가능한 바다와 그 주변지역에서 생존의 주체들은 전쟁과 경쟁 그리고 교류와 협력의 복합적이고 다양한 관계들을 통해 주변과의 문명 간 교류에 편입될 수 있었다. 순환론적인 인식에 있어 경쟁(Competition)과 협력(Cooperation)의 두 개념은 역사순환의 핵심적인 원리이다. 이러한 경쟁적 협력(Coopetition)[1], 즉 상생(相生)과 상극(相剋)의 원리는 특히 문명 교류의 관점에서 지중해의 역사적 본질을 이해하는데 매우 유용하다. 소규모 그리스 문명권과 페르시아 대 문명권의 순환론적 접변이 알렉산드로스를 매개하여 지중해-유럽의 로마 문명권으로 발전한 것은 대문명권 사회의 역사인식을 통해 보다 효율적으로 해석될 수 있다. 역사인식에 있어서는 인간이 자연을 극복대상이 아닌 -자연은 인간의 거울이고, 인간은 자연을 균형철학의 터전으로 바라보는- 공존적 삶의 균형을 지향하는 파트너라는 역사철학과 일치한다.

(중재요인의 개입) 순환론적 역사인식, 다시 말해 역사가 순환적 방향성을 지향한다는 점은 역사의 과정에 중재 요인이 개입한다는 사실을 통해 보다 분명하게 드러난다. 페르시아 제국과 그리스 도시국가들의 관계가 대대(待對)-유행(流行)의 구도를 통해 지중해에 본격적으로 영향을 주었다면 그 과정은 알렉산드로스의 역사적 중재덕분에 로마제국의 지중해 통일로, 새로운 문명적 전기로 귀결되었으며 유럽 봉건사회는 이슬람의 등장을 계기로 탈 봉건화의 왕권 국가들로 발전하였다.

역사순환론의 또 다른 특징은 역사가 '궁극적으로 경쟁적 협력의 원리에 따라 균형을 추구하는 과정이라는 것이다. 역사에 있어 비록 그 파편들은 불균형의 조각들처럼 보이지만 오히려 이것은 새로운 변화를 모색하는 단계의 가시적인 모습일 뿐 관련 역사 전체나 또는 최종적인 결과를 의미하지 않는다.

---

1) Coopertition은 협력(Cooperation)과 경쟁(Competition)의 합성어로 경쟁적 협력을 의미한다.

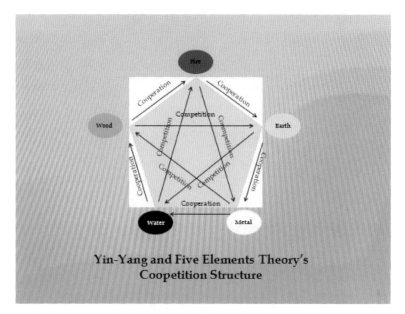

[그림 1] 음양오행(陰陽五行)의 순환 원리

경쟁적 협력의 원리는 음양오행의 구도와 원리를 통해 잘 설명된다. [그림 1]은 음양오행의 상징적 구도를 보여준다. 이 구도는 외부적으로는 생(生)의 관계를, 내부적으로는 극(剋)의 관계를 보여준다. 생과 극의 변화들은 우리 주변에서 순차적 또는 독립적인 단위가 아니라 동시다발적으로 일어난다. 목(木)은 화(火)를 생(生)하지만 동시에 토를 극(剋)하고 금(金)의 견제를 받는다. 같은 원리로 수(水)는 목을 생(生)하지만 동시에 화(火)를 극하고 토(土)의 견제를 받는다. 이처럼 생과 극의 상호 상반된 작동 구조, 즉 경쟁적 협력의 구조는 다섯 개의 요인들 모두에게 적용된다.

[그림 2]는 음양오행의 구도가 어떻게 작동하는지를 보여준다. 목(木)을 상징하는 푸른색 원이 토(土)를 상징하는 노란색 원을 극하면 토는 맞받아 대응하지 않고 목을 극하는 검은색 원의 금(金)을 지원하

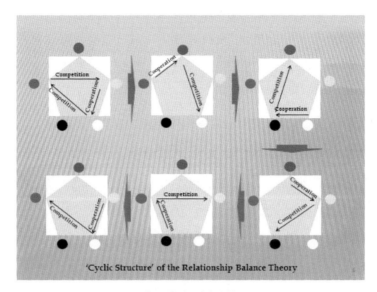

[그림 2] 음양오행의 순환구조

여 자신에 대한 압력을 줄이려고 하는데, 이는 금의 중재로 목과의 관계에서 균형상태를 유지하거나 또는 새롭게 설정하려는 것으로 해석될 수 있다. 이것은 오행이 추구하는 궁극적인 의미의 대표적인 사례이다. 하지만 동일한 원리를 다른 요인들과의 관계에 계속적으로 적용하면, 변화를 반복하면서 전체적인 균형을 추구하는 여러 사이클의 순환 구조가 완성되는데 우리의 역사는 이와 같다고 할 것이다. 금의 견제로 위축된 목은 붉은색 원의 화(火)를 생하여 금을 견제토록 한다. 금은 화의 세력을 약화시키기 위해 흰색 원의 수(水)를 생하여 화를 견제한다. 계속해서 화는 토를 생하여 수의 기운을 약화시키려하고 수는 목의 기운을 생하여 자신을 견제하던 토의 기운을 약화시키려 한다. 그리고 토는 금을 생하여 목의 기운을 견제한다.

　이처럼 오행의 다섯 개 요인이 보여주는 생과 극의 순환적 작용은 끝없는 상호간 작용을 통해 서로를 생하고 극하는 상생과 상극을 반복하면서 궁극적으로 전체구조뿐만 아니라 각 경우의 균형을 동시에 추구한다. 그럼 이러한 상생, 상극의 구도를 역사 해석에 적용하는 것은 가능할까? 물론 가능하며 그 과정 자체가 거대 문명권의 전형적인 역사 해석을 대변한다. 그럼 실제의 사례를 통해 고대 지중해 문명 교류의 역사를 해석해 보자.

2) 관계와 균형의 고대 지중해 역사

지중해 고대사에 있어 그리스-페르시아의 관계는 사건적으로는 그리스 도시국가들의 문명세계와 페르시아 야만인들의 충돌이었다. 문명사적으로는 고대 그리스가 거대한 규모의 야만인들을 상대로 거둔 위대한 승리이자 궁극적으로는 서구 개인주의, 도시국가 문명의 우월함을 증명한 대사건이었다. 과연 당시 페르시아 제국은 18~19세기 기독교유럽이 말하는 야만의 어둡고 사악한 악마와 같은 집단이었을까? 실제는 달랐다. 문명의 수준이나 문화적 발전의 정도, 행정과 법체계 그리고 경제 등 모든 면에 걸쳐 가난한 그리스 도시국가들을 압도하고 있었다. 따라서 그리스-페르시아의 역사를 우열의 논리로 해석하는 것은 실제의 역사에 있어서나 문명 간 관계에 대한 이해에 있어 적절하지 못하다.

그리스-페르시아 전쟁([그림 3]의 오른쪽 부분 1→2)은 후자의 공격으로 시작되었으며 전쟁에는 그리스 도시국가들 전체가 동원되었다. 이 전쟁은 어느 한 쪽의 결정적인 승패 없이 끝났지만 생존한 그리스에게는 승리나 다름없었다. 하지만 페르시아의 재침공 우려하여 아테네를 중심으로 결성된 델로스 동맹은 그리스 세계가 분열되는 결과를 초래하였으며 펠로폰네소스 전쟁으로 몰락한 그리스 세계는 마케도니아의 지중해 진출에 원인을 제공하였다(2→3). 동지중해에서 멀리 인도에 걸쳐 건설된 알렉산드로스 제국은 사실상 그리스-페르시아 문명 간 교류의 결실이자 지중해의 새로운 변화를 위한 원인이었다(3→4).

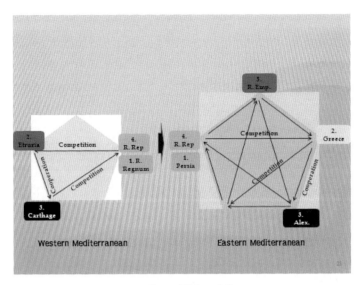

[그림 3] 지중해 고대사

알렉산드로스 제국의 중심은 지중해가 아니었다. 사실상 근동에 위치하였다. 지중해는 권력공백의 상태에 있었고 새로운 세력의 등장을 자극한 것은 아닐까?

한편 서지중해에서는 BC 509년 로마가 에트루리아의 지배에서 벗어나 공화정의 지배체제를 갖추면서 북아프리카 해안, 이탈리아 반도의 북부 그리고 이베리아 반도에서 활발한 정복활동을 전개하였다. 포에니 전쟁은 이를 가능하게 한 결정적인 계기였다([그림 3]의 왼쪽 부분: 1→2→3→4).

옥타비아누스의 악티움 승리는 두 차례에 걸친 위기의 극복이자 공화정 지배체제의 총체적인 한계에서 벗어나 제국으로의 전환이었다. 또한 이것은 유럽지역과 지중해를 로마문명의 이름으로 흡수 통일한 것이다. 지중해 역사에 있어 그 정체성의 변화는 불가피했다. 농업문명권의 로마는 포에니 전쟁을 통해 해상세력으로 거듭났으며 악티움 해전의 승리로 지중해의 경계를 벗어나 육지-해상을 공유한 자급자족

경제와 정치세력의 문명으로 성장하였다. 로마에 의한 '우리의 바다 (Mare nostrum)'는 외부의 인접한 문명들로부터 스스로를 차단하는 성격의 바다가 아니다. 오히려 제국의 붕괴로 문명적 통일성이 해체된 이후, 과거와는 다른 규모와 정체성으로 출현하게 될 외부세계와의 새로운 문명 간 교류를 준비하기 위한 것으로 평가될 수 있다.

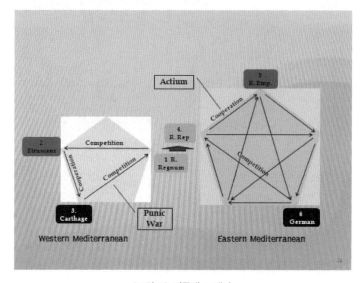

[그림 4] 지중해 고대사

로마가 지중해를 통일했을 당시 특히 근동의 영토에서는 새로운 정치권력의 문명이 이미 대-소문명이 접변된 혼종 문명의 형태로 발전하였다(Van Dam, Raymond 2012: 139-140). 로마는 이 혼종문명을 지중해 전역으로 확산시켰다. 로마제국은 다문화문명의 제국이었다([그림 4]의 5→6). 기원 후 2세기 이후 로마제국은 게르만의 위협 하에 과거의 공격적 정책을 포기하고 수비로 돌아섰다. 이 시점은 로마의 몰락이 시작된 것으로 해석될 수 있다.

제국이 쇠퇴하면서 게르만의 지중해 진출은 본격화되었다. 게르만의 대이동은 유럽의 경계 내에만 머물지 않았다.[2] 훈족의 침입, 즉 유라시아 대륙 차원에서 시작된 거대한 문명 이동의 조짐이었다. 게르만의 유입은 로마제국이 몰락한 명분이지만 결정적인 원인은 아니었다. 이미 소농의 시민계층 몰락과 대농장제의 성립 그리고 부의 양극화, 개혁의 실패가 근본적인 원인이었다. 특히 개혁의 좌절은 공화정의 실질적인 기능상실을 동반했다. 사실상 로마는 정복한 영토의 방대함에 있어서나 또는 통치의 효율성에 있어 공화정체제로는 더 이상 유지될 수 없었다.

제국체제로의 전환은 기정사실처럼 보였으며 2차례에 걸친 삼두정치는 1인 통치에 의한 로마제국의 성립을 재촉한 것은 아닐까? 제국의 성립이 군사적 정복에 따른 지리적 경계와 문화적 경계가 일치하는 시

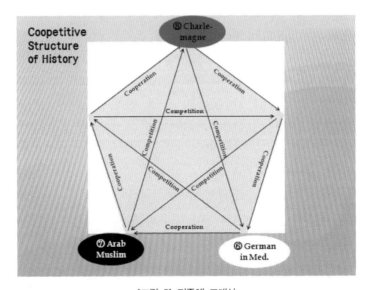

[그림 5] 지중해 고대사

2) Reviewed Work(s): *Cultural Identity in the Ancient Mediterranean* by E.S. GRUEN, Review by: Naoíise Mac Sweeney, Source: The Journal of Hellenic Studies, Vol. 132 (2012), pp. 201-202, Published by: The Society for the Promotion of Hellenic Studies, p. 201.

점이라면 제국의 몰락은 이후 1세기에서 5세기에 이르는 기간의 역사적 변화를 더 이상 수용하지 못한 '지리적 경계'의 문명적 한계였다. 이미 지중해는 유럽대륙과 북아프리카 사이에 위치한 바다가 아니라 유라시아 대륙의 서쪽에 위치한 문명화의 거점들 중 하나였다.

제국의 몰락은 지중해 문명의 몰락이 아니었다. 오히려 지중해 문명의 경계가 유럽과 근동의 문명적 경계로 확대되는 계기였다. 또한 로마제국이 사라진 지중해는 더 이상 Mare nostrum이 아니었다. 게르만의 지중해, 동로마 제국의 지중해, 그리고 무슬림의 지중해가 혼란스럽게 공존하였다. 하지만 극심한 혼란 속에서도 문명 간 교류의 활력은 더욱 확대되었다([그림 5] 6→7).

서로마 제국은 476년 몰락하였다. 대부분의 학자들은 이 년도를 기준으로 고대와 중세를 구분하였다. 기번(Gibbon)은 로마의 몰락이 고대의 종말로 간주된 결정적인 이유로, 중세 1,000년에 대한 평가절하를 통해 14~16세기의 르네상스를 고대 그리스-로마 문명을 계승한 Made in Europe의 순수 문명으로 간주하기 위한 역사적 전제로 설정하기 위한 것이었다는 사실을 지적하였다(Gibbon 2000: 32). 같은 논리에서 로스토브체프(Rostovtzeff)는 로마의 멸망, 즉 고전세계의 몰락이 이미 3세기에 시작되었다고 주장하면서 유럽중심의 연구전통을 재확인하였다.[3]

실제로 게르만의 서유럽 점령과 지중해 진출에도 불구하고 로마의 고전문화와 함께, 유럽대륙과 동지중해의 비잔틴 제국을 연결하는 고전세계의 무역망은 유지되고 있었다. 이와 관련해 피렌(H. Pirenne)는 서유럽의 전통적인 관점에서 벗어나 지중해를 주목하였다. 그는 로마제국에 의한 지중해 통일이 실제적인 평가와는 달리 과도하게 평가 절

---

3) Gibbon, Decline and Fall 참조. Peregrine Horden and Nicholas Purcell, *The Corrupting Sea, A Study of Mediterranean History*, London, Blackwell, 2000, p. 33; 제임스 M. 블로트, 박광식(역), 『역사학의 함점, 유럽 중심주의를 비판한다』, 경기도, 푸른숲, 2008, pp. 23-47; 안드레 군더 프랑크, 이희재(역), 『리오리엔트』, 서울, 이산, 2003, pp. 64-91.

하된 게르만의 문화수준 때문이 아니라 7세기 아라비아 반도에서 발흥한 무슬림이 북아프리카와 중동을 정복한 것과 보다 밀접한 관련을 가진다고 하였다. 다시 말해 그는 서유럽의 역사전통에서 벗어나 7세기 중세의 출범을 주장한 것으로 그 역사적 의미는 지중해 세계의 분열이었다.([그림 5] 6→7).

어쨌든 지중해의 아랍 무슬림 해상세력은 게르만의 지중해 진출과 불가분의 관계에 있었다. 게르만에 의해 정복된 서유럽에는 더 이상의 중앙권력도, 효율적인 행정체계도, 공정한 법 집행도, 강력한 군대도 존재하지 않는 무정부 상태의 극심한 혼란만이 가득하였다. 사실상 지중해 북부는 권력공백의 진공상태나 다름없었다. 관계의 논리상 비워진 공간은 그 자체로 주변의 변화를 동반하면서 다른 무엇으로 채워지기 마련인데 그 무엇은 바로 아랍 무슬림이었고 이들의 등장은 지중해 세계의 실질적인 통일성 상실이었다. 7세기 아랍 무슬림의 지중해 진출은 마치 상공에서 고기압과 저기압이 밀고 당기면서 계절과 기후의 변화를 가져오는 것과 다르지 않다. 하지만 좀 더 들여다보면 고기압과 저기압의 형성과 진로 그리고 그 위력은 주변의 많은 요인들의 개입을 통해 중재된다.

유럽 최초의 게르만 제국이 성립한 것은 아랍 무슬림의 등장을 전제로 가능한 것이었다. 이는 음양오행에 있어 관계를 함께 유행(流行)하기 위한 대대(待對)의 성립이나 다름없었다. 서유럽의 카롤링거와 중동-북아프리카의 아랍 무슬림은 지중해 문명을 실질적으로 양분하였다. 서유럽과 지중해 북부의 농업기반 경제와 아랍 무슬림이 점령한 지중해 남부의 상업기반 경제가 그것이었다. 또한 이러한 남북 간 구도에서 카롤링거의 서유럽 경제는 지중해 경제의 파괴에 따른 영향을 크게 받지 않았으며 오히려 서유럽의 재흥은 교황과의 연합을 통해 가능하였다. 물론 피렌의 주장에 대한 비판이 없는 것은 아니다. 특히 그가 생산과 총수요에 대한 고려에 비해 도시와 원거리 무역의 중요성을

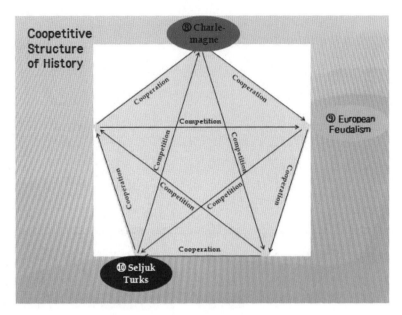

[그림 6] Antiquity 5

지나치게 강조했다는 지적은 제고의 여지를 가지고 있다. 그럼에도 음양(陰陽)의 관점에서 마호메트가 없었다면 샤를마뉴도 없었을 것이라는 피렌의 통찰은 역사의 순환론적인 해석과 상통한다(Peregrine Horden, Nicholas Purcell 2000: 33).

이슬람 문명은, 로마제국을 배경으로 유대교에서 근원된 기독교 문명의 색체가 확연하게 드러나고 있는 시대에 등장한 또 하나의 유일신 종교문명이었다. 7~8세기 무렵 지중해는 종교-이념적으로 대칭관계를 형성한 두 종교문명이 자신들의 공통분모에 해당하는 유대교 문명과 함께 공존한 바다였다. 반면 세속적으로는 게르만 왕국들과 무슬림 제국이 과거 로마제국의 방대한 문화적 경계를 계승한 지중해를 공유하였다.

이베리아 반도를 정복한 이슬람 문명의 유럽 진출은 751년 프랑크 왕국에 의해 저지되었으며 그 결과 피레네 산맥과 이탈리아 반도 그리고 레반트는 오래 동안 두 문명의 지리적 경계로 남았다. 푸아티에 (Poitiers) 전투는, 비록 전면전의 규모는 아니었지만 어쨌든 지중해를 중심으로 경쟁적 협력을 위한 대대-유행의 관계 형성의 이정표였다. 경쟁적 협력, 즉 문명 간 교류는 다양한 형태로 나타났다. 전쟁은 교류의 세속적 통로들 중 하나였다. 십자군이 그것이었다.([그림 6] 8→9→10) 11~13세기까지 8차례에 걸친 무력충돌은 영토정복보다 그 시대적 흐름에서 더 큰 역사적 의미를 가진다. 또한 이 모든 기간에 걸쳐 예루살렘은 지중해와 근동의 문명적 교량이었고 동서교역의 주요 통로였으며, 특히 종교적으로는 세 종교의 구심점이었다. 공사의 영역에 걸쳐 유럽의 북부에서 지중해를 통해 중동-인도양지역에 도달하는 프란치제나 순례길(Via Francigena)에서 보듯이, 로마제국의 몰락에 따른 게르만의 지중해 진출은 새로운 관계의 정립을 위한 계기였다. 아랍제국의 등장은 유럽의 봉건사회를 동반한 프랑크제국의 성립을 자극한 지중해 문명 간 교류의 경쟁적 협력을 중재하였다. 그리고 같은 맥락에서 유럽의 봉건사회는 아랍과의 경쟁을 통해 자체적인 변화의 동력을 획득하였다. 이는 왕권 강화를 통한 유럽의 탈 봉건화, 즉 강력한 왕권과 신흥 상업부르주아가 결탁한 왕권국가의 등장이었다. 지중해의 고대사는 이렇게 마감되었고 새로운 시대를 맞이한 중세 지중해는 유럽기독교문명과 이슬람 문명이 마주하는 문명 간 접변의 무대였다.

참고문헌

김교빈, 이정우, 이현구, 김시천.『기학의 모험』. 서울. 도서출판 들녘. 2004,
    p. 51;『모심과 살림』. 3호(e-book); 김지하. "삶의 새로운 이해와 협
    동적 삶의 실천".『남녘땅 뱃노래』. 두레. 1985.
Van Dam, Raymond. 2012(Jan.-Mar.) "From Hellenism to Islam: Cultural
    and Linguistic Change in the Roman Near East", *Journal of the
    American Oriental Society*; Ann Arbor 132.1.
Peregrine Horden and Nicholas Purcell. 2000. *The Corrupting Sea, A Study
    of Mediterranean History*. London: Blackwell.

CHAPTER

03

지중해의 시대별 문명 교류 (1)
고대 지중해

■ 고대 지중해는 어떤 바다였는가?

지중해의 보편적 이미지는 다음의 두 가지로 요약해 볼 수 있다. 로마제국의 '우리의 바다(Mare nostrum)', 그리스-로마의 엘리트 계층이 추구한 지배의 이념과 가치가 그것인데(Peregrine Horden, Nicholas Purcell 2000: 27), 이는 그리스-로마를 지중해가 잉태한 서양 고전문화의 근원으로 간주하는 서양 역사인식의 발현이었다.

그리스 역사학자 폴리비오스(Polybius)는 제2차 포에니 전쟁에서 승리한 후에 로마가 지중해 세계를 통일하기 위한 긴 여정을 시작하면서 이미 오래전에 망각의 기억 속으로 사라졌던 정복의 위대한 여정을 통해 이탈리아와 아프리카의 리비아를 아시아와 그리스로 연결하는 영웅적 서사시를 완성하였다고 하였다(Peregrine Horden, Nicholas Purcell 2000: 27). 그 중심에 위치한 이탈리아 반도의 로마는 대(大)플리니우스(Pliny the Elder)의 기술에 따르면(Pliny: 3.5.39), 기원 후 1세기에 지중해 제국의 최고 정점에 도달하였다. 이에 대해 헤로도토스(Herodotus)는 로마의 지중해 권력이 환경적 요인들, 즉 이탈리아에서 아프리카에, 스페인에서 리비아 동부의 키레나이카(Cyrenaica)에 이르는 방대한 지역의 수많은 다양성에서 기인한다고 하였다(Herodotus: VIII.I). 이것은 로마의 진정한 위업이 로마의 이름으로 그리고 지중해 문화의 동질성으로 완성되었다는 것을 강하게 암시한다. 하지만 동질성은 로마의 법적 경계에 있어 유효할 뿐, 실제로는 문화적 다양성의 저변위에 구축된 통일성이 보다 타당할 것이다.

러시아 출신의 지중해 역사가인 로스토프체프(Michael Ivanovich Rostovtzeff)에게 지중해가 적어도 고대와 중세에 '교역경로의 네트워크'였다면, 고대세계의 지리학자 스트라본에게는 '안전한' 내해와 '두려움과 공포의' 외해로 경계 지워진 바다였다. 사실상 로마 공화정 당시 지중해를 '우리의 바다(Mare nostrum)'으로 생각했던 로마인들의 자존감에 대한 역설적인 표현은 아니었을까? 이것은 지중해를 정치적이고 지리적인 의미로 이해하려는 노력이었으며 외해보다는 내해의 지중해를 강조한 것이었다(장 카르팡티에, 프랑수아 르브룅, 강인권(역), 『지중해의 역사』: 155-156). 장 카르팡티에와 프랑수아 르브룅은 지중해의 고대사를 분열된 바다가 단일한 지중해로 전환되는 기간으로 인식하였다. 여전히 지중해를 지리적인 관점에서 정신적 우월성과 물질적 발전의 터전으로 보려는 고대 전통의 반복이고 18~19세기 유럽의 서구중심주의적 역사연구전통의 연장이자 지중해를 야만으로 넘쳐나는 외부세계와 격리된 '닫힌 바다'로 선포한 것이다. 하지만 과연 '내해'의 지중해가 외해와의 교류나 연계성이 배제된 채 독자적인 문명의 바다로 발전하는 것이 가능하였을까? 그리고 이 바다의 너머는 진정 야만성으로 넘쳐나는 지역이었을까?

■ 지중해는 자급자족이 불가능한 경제권의 바다였다. 비자급자족적인 현실의 주된 원인은 열악한 자연환경과 이로 인한 농지면적의 절대적인 부족이었다. 또한 이러한 자연환경은 이 지역의 삶의 형태에도 영향을 주었다.

지리적으로 지중해는 산맥과 사막으로 둘러싸여 있어 외부문명권과의 교류가 쉽지 않았다. 북쪽에는 이베리아 반도 북부의 피레네 산맥, 알프스 산맥, 이탈리아의 아펜니노 산맥이 위치하고 있어 유럽지역과의 교통이 쉽지 않았다. 동쪽으로는 대부분이 산악지형인 그리스, 아나톨리아 고원과 타우루스 산맥이 그리고 남쪽으로는 모로코와 알제리 그리고 튀니지의 산들과 거대한 사하라 사막이 외부세계와의 관계를 차단하였다.

지중해의 지리적 폐쇄성은 내해의 거친 바다 때문이기도 하였다. 이로 인해 내부세력들 간의 교역은 지극히 제한적일 수밖에 없었다. 지중해 연안지역은 온대기후와 아열대기후권이 공존하는 이른바 지중해성 기후의 영향권에 속한다. 여름철에는 고온, 건조하고 강수량이 적어 물 부족 현상이 나타나는 반면, 겨울철에는 저온 다습한 날씨에 강수량이 집중된다.

출처: https://www.google.co.kr/#q=mediterranean&*

[그림 1] 지중해의 자연환경

고대 지중해의 역사가 거대한 강과 평야를 끼고 형성된 대문명권의 그것과는 달리, 비교적 소규모의 많은 모(母)도시들과 무역거점들 간의 관계로 점철된 궁극적인 원인도 이 바다의 열악한 자연환경에서 찾을 수 있다. 내부세력들 간의 지속적인 교역은 선박건조의 고대적 한계와 항해술의 기술적 한계로 인한 것이었지만, 보다 근본적으로는 자급자족이 불가능한 도시들이 필요한 물품을 외부에서 공급받아야 하는 현실이 반영된 것이었다.

1. 고대 지중해: 문명 간 교류의 바다_김정하

■ 지중해는 그 누구의 바다가 아닌, 모두의 바다였다. 고대 지중해는 서양의 역사연구를 통해 알려진 것과는 달리 고대 그리스 문명의 바다가 아니었다. 서구문명의 역사적 기원이 고대 그리스-로마에 있다는 주장과 고대 지중해의 문명 간 교류의 본질은 구분되어야 한다.

지중해 문명 간 교류의 역사… 무슨 의미인가? 지중해의 역사는 내해(Inland)의 모든 세력들을 부양한 바다의 의미가 아니라, 열악한 자연환경에도 불구하고 내해와 외해 간의 '경쟁적 협력(Competitive Cooperation)'의 교류가 이룩한 바다였다. 즉, 지리적 관점보다는 지역 문명 간 교류의 관점에서 그 정체성이 보다 잘 설명될 수 있다는 것이다.

문명 간 교류의 관점에서 지중해의 고대는 크게 3 기간으로 구분해볼 수 있다:

제 1기는 대 문명과 소 문명의 접변(기)이다.
제 2기는 로마의 지중해 통일이다.
제 3기는 고대 지중해의 해체와 재구성이다.

1) 대문명과 소문명의 접변(기)

(1) 교역과 경쟁의 시대

그리스-페르시아 전쟁 이전시대에 지중해는 서로의 필요를 위해 교역하면서 무역거점을 차지하거나 확대하기 위한 경쟁이 전개되던 바다였다.

반면 페르시아와 고대 그리스 도시국가들의 전쟁은 생존·정복의 치열한 경쟁을 의미하였다. 이러한 관계의 전환은 어떻게 설명할 수 있을까? 그 대답은 이 전쟁이 대문명과 소문명의 관계구도로 전개되었다는 사실에서 찾을 수 있다.

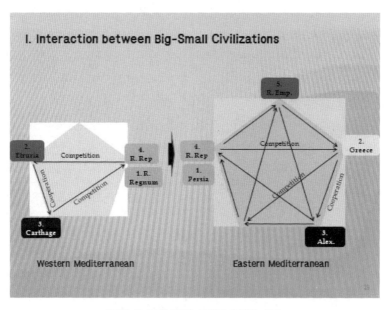

[그림 1] 고대지중해, 교역과 경쟁의 시대

① 페니키아

이미 기원전 4,000년경 기시문명은 지중해 문명과 메소포타미아 문명을 연계하고 있었다. 이 시기에 아프리카 쿠마(Kuma)문명, 나일 강 유역의 쿠쉬(Kush) 문화와도 연결되어 있었으며 북아프리카, 튀니지, 나일 강 유역에 걸쳐 방대한 해상무역거점들을 구축하고 있었다.

최근 연구에서는 페니키아인들의 경제적 기반에 있어 농업의 중요성에 대한 평가가 고고학발굴과 관련 연구를 통해 제기되고 있다. 특히 환경이 경제와 정치의 구조에 미치는 영향에 대한 연구에 있어 페니키아인들의 농업은 피터 반 도멜렌(Peter van Dommelen)과 카를로스 고메즈 벨라드(Carlos Gómez Bellard)의 연구에서 보듯이, 인간 공동체와 이를 둘러싼 자연환경 상호간 영향의 근거로 지목되었다.[1]

헤로도토스(Herodotus)에 따르면 페니키아(Phoenicia)는 기원전 3,000년 경 페르시아 만에서 지중해의 레반트(Levant) 지역으로 진출하여 레바논, 시리아, 이스라엘 북부에 정착하였다. 이들은 오랜 역사를 통해 이집트가 항상 강력한 중앙권력의 단일문화권을 지향한 것과는 달리, 지중해 동부에 위치한 레반트의 항구도시들인 티레(Tyre), 시돈(Sidon), 비블로스(Byblos), 팔레스타인을 중심으로 서로의 정치적 독립성을 누리면서 경쟁과 협력을 추구하는 비교적 느슨한 결속상태의 상업도시국가 연합체로 발전하였다.

가내수공업 분야에서도 뛰어난 능력을 가지고 있었다. 그 대표적인 사례는 조개와 연체동물에서 얻어낸 적자색 염료인데, 이는 사실상 황금보다 더 비싸게 거래되었다. 건축에 있어서도 예루살렘 신전을 건축하려는 솔로몬 왕을 도와 목재와 기술자들을 파견할 정도로 수준 높은

---

1) Zerafa, Renata, *Phoenician and Punic exploitation of territory and resources: agriculture as a case study*, A dissertation presented to the Faculty of Arts in part fulfilment for the degree of Master of Arts in Archaeology at the University of Malta.

기술력을 발휘하였다(John Julius Norwich 2007: 4-5).

이들의 도시들이 항구나 다름없었기 때문에 주민들은 모두 바다와 항해에 익숙한 항해자들이나 다름없었다. 지중해의 모든 연안과 만 그리고 교역 거점의 항구들은 이들의 머릿속에 그려져 있었고 이들의 기억 속에는 이 바다의 경계를 넘어서는 지역들에 대한 기억도 그리고 모든 목적지까지의 날씨와 거리에 대한 경험도 풍부하게 남아 있었다. 페니키아인들은 파라오 네카우 2세(Pharaoh Necho)의 지시 하에 아프리카 대륙을 항해하기도 하였으며 수단과 소말리아의 해안까지 진출하였다.

페니키아 상업세력의 지중해 교역거점들은 아프리카 북부, 지중해 중부의 시칠리아, 지브롤터-이베리아 반도 등의 방대한 지역에 구축되어 있었다. 중부이탈리아 교역에서는 시칠리아 섬의 모치아(Mozia)를 중심으로 반도의 남부지역과 사르데냐, 이베리아 반도 그리고 북아프리카의 무역을 주도하였다. 지브롤터를 넘어 이베리아 반도와 모로코 사이에 위치한 대서양의 항구들은 아프리카 대륙의 서부해안지역과의 교역을 위한 거점이었다. 히밀코(Himilco)라는 한 인물의 기록에 따르면, 페니키아인들은 영국해협을 가로질러 오늘날 콘월(Cornwall)로 알려진 남부해안에 상륙하였다.

페니키아인들의 지중해 교역 및 해상활동은 기원전 1,400~900년 아시리아(Assyria)가 세력을 확대하기 전까지 지중해 무역을 주도하였다. 하지만 기원전 8세기를 지나면서 경쟁에서 밀리기 시작했으며 그리스인들의 서지중해 진출은 페니키아인들의 몰락에 결정적인 원인을 제공했다. 기원전 538년에는 페르시아의 지배를 받았고, 기원전 4세기 무렵에는 그리스의 해상무역을 위한 거점으로 전락하였다. 티레(Tyre)의 경우 기원전 333~332년 알렉산드로스에 의해 정복된데 이어 기원전 64년에는 페니키아 전체가 로마의 시리아 속주로 전락하였다.

페니키아의 배는 돛을 이용해 항해하는 범선이었다. 노를 사용하는

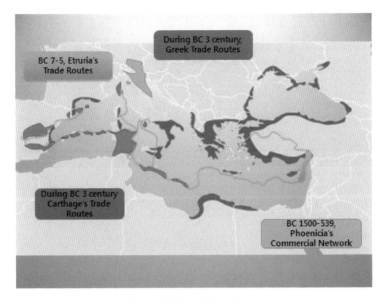

[그림 2] 지중해. 교역과 경쟁의 시대.

배보다 속도는 느리지만 비교적 많은 화물을 적재할 수 있는 장점을 가지고 있었다. 페니키아 도시연맹체의 교역품은 대부분이 값비싼 물품들이었다. 이들은 레반트, 사이프러스, 이집트, 아나톨리아 그리고 메소포타미아로부터 상아와 값비싼 목재, 금과 은으로 만든 잔, 유리잔, 설화석고, 스카라브 보석 펜던트와 인장(印章)이었다. 또한 레바논 지역의 삼나무, 티레와 비블로스(Byblus)에서 생산되는 아마포, 포도주, 소금, 채색유기 등이었다(John Julius Norwich 2007: 6). 그 이외에도 이들은 귀금속, 상아, 공예품 등을 중계 무역하였으며 이베리아 반도와 사이프러스에서는 은과 구리를 생산하였다.

페니키아의 문화는 현존하는 이들의 유적에서 알 수 있듯이, 이집트, 메소포타미아, 에게 해, 시리아 지역의 다양한 문명이 혼종된 것이었다. 그 대표적인 사례는 고대 그리스와 로마를 거쳐 오늘날 서양의 알파벳으로 발전한 페니키아 문자였다.

기원전 1,700~1,500년 경 발명된 것으로 추정되는 페니키아 문자는 신속한 필기가 불가능하며 때로는 어휘들의 의미가 모호하였던 이집트의 상형문자와는 달리, 쓰기 쉽고 그 수가 많지 않은 알파벳으로 구성되어 소통의 언어적 가치는 물론 근동지역을 포함하는 지중해 동부지역과 이집트의 언어문화가 오랜 기간의 교역과 문화적 접변을 통해 이룩된 고대 지중해 문명의 놀라운 진보로 평가되었다. 페니키아 문자는 셈어를 사용하는 지중해 동부지역에서 먼저 수용되었다. 비블로스에서 발견된 한 비문(기원전 11세기)에 따르면, 문자들의 형태는 원시적이었지만 판독상태는 상대적으로 상당히 발전된 것이었다.

② 크레타-미케네 문명

기원전 2,000년경 크레타는 동지중해의 무역요충지로 등장하였다. 봄과 여름에는 에게 해의 바람 덕분에 크레타에서 이집트까지 항해하는데 5일 정도가 걸린 것이 주된 원인이었다. 크레타 문명은 에게 해의 섬들에서 그리고 기원전 1,400년까지 동지중해의 전역에서 상당한 통제력을 유지하였으며 이들의 영향력은 트란실바니아(Transylvania), 다뉴브 지역, 사르데냐, 에올리에 제도(Aeolian Islands), 시칠리아 북동지역까지 확대되었다(John Julius Norwich 2007: 6-7).

이들의 도기 생산은 상당히 유명하였다. 도공들은 물레를 발명하여 식탁에서 사용되는 다양한 형태와 종류의 잔들과 (목이 짧고 주둥이가 작은) 항아리를 생산하였으며 이들을 보관하기 위한 거대한 규모의 창고들도 운영하였다. 도기에는 새, 꽃, 어류의 추상적인 디자인이 적용되었는데, 이들은 지중해의 많은 지역들에서 발견되었다. 의상도 지극히 화려하였으며 때로는 금은세공과 보석류로 장식되기도 하였다. 이는 전례를 찾아 볼 수 없는 것으로 훗날 로마 제국의 방탕한 시대를 생각나게 할 정도였다.

크레타 문명의 몰락은 급작스러웠다. 그 원인도 명확하게 밝혀지지 않았다. 역사가들은 강력한 미케네인들의 침입이 결정적인 원인이었다고 추정할 뿐이다. 또 다른 가설은 기원전 1,470년경 산토리니(Santorini)에서 발생한 화산폭발과 지진 그리고 크레타 섬의 북쪽 해안에 들이닥친 거대한 해일이었다(John Julius Norwich 2007: 8).

역사적으로 어떻게 미케네 문명이 크레타인들에 의해 교체되었는지 역시 명확하지 않다. 미케네인들은 기원전 1,500년경 막대한 부를 바탕으로 강력한 세력을 형성하였다. 발굴된 무덤에서는 수많은 금장식들이 발견되었기 때문이다. 이들에게서는 미노아인들의 영향이 드러나지 않았다.

미케네인들은 이집트 18대 왕조 시대에 용병으로 활동하기도 하였는데 이를 통해 이집트의 '사후의 삶'에 대한 믿음이나 사후의 삶을 위한 죽음의 황금마스크의 풍속을 이어받았다. 기원 전 1,400년경 미케네인들의 문화는 이미 펠로폰네소스 반도(Peloponnesos)의 전 지역으로 확산되었으며 무역망도 빠른 속도로 확대되었다. 기원전 1,500년 말 미케네인들의 정착지는 타란토(Taranto) 만과 아드리아 해의 남부 해안지역에 건설되었다.

기원전 1,300년경 소아시아의 북서부지역에 위치한 트로이에서는 10여년에 걸친 거대한 전쟁이 시작되었다. 이 전쟁은 미케네인들의 소아시아 군사원정이었으며 이곳에서 트로이의 목마를 계책으로 승리하였다. 트로이 전쟁이후 300~400년 동안 이 지역에서는 주목할 만한 문명의 흔적이 발견되지 않았다. 하지만 학자들이 변화와 전환의 시대로 정의한 이 시기는 소아시아의 새로운 그리스 정착민들을 포함한 도리아인들의 침입으로 중단되었다. 그리고 기원전 800년경 에게 해의 지역들에는 같은 언어와 문화를 공유한 새로운 이주민들이 유입되면서 독립적이고 자치적인 관계의 도시국가들이 주도하는 교역과 소통의 새로운 역사가 시작되었다. 당시에 가장 주목할 변화는 모음이 추가되어 표현과 발음 그리고 무엇보다 기록행위를 촉진하는 진보된 알파벳의 등장이었다(John Julius Norwich 2007: 9).

트로인 전쟁이후 얼마 지나지 않아 모세의 인도 하에 이집트로부터 일단의 유대인들이 팔레스타인을 향해 이주를 시작하였다. 12부족으로 구성된 유대인들은 연합을 목적으로 사울을 자신들의 초대 왕으로 선출하였다. 이들의 세력은 후임왕인 다윗과 그의 아들 솔로몬의 치하에서 전성기를 맞이하였다. 이 시기에 유대인은 불레셋인들을 물리치고 이웃부족들을 통합하면서 세력을 홍해로 확대하면서 에시온 게벨(Ezion-Geber)항구를 건설하고 아프리카 교역루트를 개척하였다(John Julius Norwich 2007: 13).

하지만 기원 전 8세기 솔로몬 왕이 죽자 왕국은 아시리아인의 침입을 받아 이스라엘과 유대(Judah)로 분열된 후 몰락의 길로 접어들었다. 이것은 바빌론 제국이 소아시아와 근동 그리고 지중해 동부지역으로 영토를 확장한 것과 시기적으로 일치하였다. 고대 그리스의 역사는 근동의 제국들, 특히 기원전 538년 비빌론 제국을 멸망시킨 페르시아 제국과 연관성을 가지고 있는데, 이는 지중해의 소 문명과 근동의 대 문명 간 접변의 역사라는 새로운 역사의 서막을 의미하였다.

③ 카르타고

기원전 650년 경 카르타고는 페니키아로부터 독립한 이후 BC 3세기까지 지중해 중남부지역의 패권을 유지하면서 서지중해의 교역을 주도하였다. 기원전 5~4세기에는 서지중해 교역의 중심으로 급부상하였으며 하드루메툼, 우티카, 케르코우이네 등 옛 페니키아 식민지와 리비아 해안으로 지배권을 확대하였다. 또한 지중해에서는 사르데냐, 몰타, 발레아레스 제도, 시칠리아 서쪽 지역의 지배권을 유지하였다. 그 과정에서 기원전 6세기에는 에트루리아와 동맹을 맺어 그리스 해상세력과 대치하였으며 기원전 540년에는 코르시카 섬의 지배권을 두고 페니키아와 충돌하였다.

반면 시칠리아의 강력한 세력인 시라쿠사의 참주 디오니시오스와 해상무역의 패권을 둘러싼 전쟁을 벌였으나 히메라 전투에서 패배하였다. 기원전 310년에는 아프리카의 본토를 공격한 아가토클레스의 공격을 막아내고 시칠리아를 정복하는데 성공하였다. 하지만 에페이로스의 왕 피로스의 개입을 계기로 시칠리아에 대한 지배권을 상실하였다. 훗날 로마와 시칠리아에 대한 주도권을 높고 로마와 3차에 걸친 포에니 전쟁을 벌였지만 멸망하였다(기원전 264~146).

이들의 경제는 로마와 마찬가지로 농업과 상업을 병행하였다. 이중적인 경제기반은 자급자족의 정도를 높이는데 기여했지만 내부지배세력을 농업세력과 상업세력으로 양분시키는 부정적인 결과를 초래하였다.

④ 에트루리아

에트루리아인들이 어디서 지중해로 유입되었는지는 확실하지 않다. 이와 관련해 학계의 연구는 크게 두 가지 학설로 구분된다.

헤로도토스에 따르면 에트루리아인들은 소아시아의 서쪽 해안지역에서 기원한 리디아인이었다(『역사』, 1권 94). 반면 할리카르나소스의 디오니시오스는 이들이 본래부터 이탈리아 반도의 토스카나, 라치오 그리고 움브리아에 걸쳐 살던 원주민이라고 하였다(『고대 로마사』 1권: 25-30).

에트루리아 문명 역시 도시국가들의 연맹체였다. 하지만 이 도시들은 그리스의 폴리스들 간 관계와는 달리 왕정이나 과두지배체제로 통치되었다. BC 650년경부터 이들은 자신들의 영향력을 이탈리아 반도의 중부지역에서 북으로는 포강유역으로, 남으로는 라치오 주까지 확대하였는데 이 과정에서 에트루리아는 이탈리아 반도 남부의 고대 그리스 식민지와 직접적으로 무역경쟁에 돌입하면서 카르타고와 동맹을 맺고 그리스에 대항하는 공동전선을 구축하였다.

에트루리아인들의 주요 교역품은 엘바 섬의 철과 본토의 구리였으며 이들은 수준 높은 금, 은, 상아의 세공품을 그리스, 이집트, 레반트 그리고 카르타고로 수출하였다.

⑤ 고대 그리스 도시국가

청동기 시대가 끝나갈 무렵 지중해 북동부의 코린트 지역에서는 이전시대의 통치방식들과는 달리 비교적 민주적인 정부를 형성한 많은 수의 도시국가들이 출현하였다. 이미 기원전 8세기 무렵 도시국가들은 이오니아 해와 에게 해와 이탈리아를 연결하는 무역루트를 이용해 활발한 해상무역을 전개하였다. 시칠리아의 시라쿠사(Siracusa)와 리비아 그리고 기원전 670년에는 코르푸(Corfu)에 무역거점을 확보하였다. 하지만 이들의 번영은 길지 않았다. 기원 전 6세기가 되면서 아테네가 빠르게 성장한 것이 주된 원인이었다.

고대 그리스 도시들의 흔적은 지중해의 전 지역에서 발견되었다. 그리스인들은 이미 당시에 시칠리아를 포함한 지중해 동부의 대부분 지역에 무역거점들을 구축하고 있었다. 뿐만 아니라 그리스 도시국가들의 해상교역은 이베리아 반도의 카탈루냐(Catalonia) 북단에 위치한 암푸리아스(Ampurias)에까지 진출하였다.

고대 그리스의 도시국가들은 방대한 영토와 많은 인구 그리고 강력한 정치권력의 형성이 불가능한 지역에서 성립하였다. 도시들은 그 수가 많았던 반면 전쟁과 같은 위급한 상황에서는 이해관계에 따라 일시적인 동맹을 맺거나 또는 경쟁을 했지만 근본적으로는 서로 간 독립적인 노선을 유지하였다. 따라서 고대 그리스의 역사에서 델로스 동맹의 맹주였던 아테네는 그리스 도시국가연맹체의 수도가 아니라 여러 도시권력 중 하나에 불과하였다.

(페르시아-그리스 전쟁) 도시국가들의 독자적인 노선과 성향, 즉 정치적 통일성의 부재는 문화적 다양성과 건전한 경쟁을 강화시켰지만

동시에 강력한 중앙집권적 정치권력과의 관계에서는 내부분열이라는 심각한 약점으로 작용하였다. 기원전 559년 키루스 2세(Cyrus the Great)는 강력한 군사력을 바탕으로 주변지역의 수많은 종족들을 정복하면서 강력한 페르시아 제국을 세웠다. 기원전 546년에는 크로이소스 (Croesus)를 격파하고 아나톨리아의 해안지역까지 진출하여 카리아 (Caria)와 리키아(Lycia)를 정복하면서 지중해로 영토를 확장하였다. 기원전 522년에는 다리우스 1세가 키루스(Cyrus)의 아들 캄비세스 2세 (Cambyses)를 암살하고 권력을 찬탈하였다. 지중해로 제국의 서쪽 경계를 확장하려는 페르시아의 야심은 기원전 490년 그리스 - 페르시아 전쟁으로 표면화되었다. 이 전쟁은 정치-군사적으로는 정복과 영토의 확장을 위한 것이었다. 반면 문화적으로는 여러 측면에서 이질적인 두 문명권, 즉 에게 해 도시국가들의 소규모 문명과 메소포타미아의 거대 문명이 처음으로 마주하는 문명 간 접변이었다(John Julius Norwich 2007: 17).

페르시아는 강력한 함대와 15,000명의 육군을 동원해 에게 해로 진입하였다. 전쟁이 발발하자 아테네의 밀티아데스(Miltiades)와 스파르타가 이끄는 그리스 연합군은 육지와 바다에서 페르시아의 대군과 운명을 건 힘겨운 일전에 돌입하였다. 전투는 아테네-스파르타의 승리로 끝났다. 하지만 그리스 도시국가들은 전투에서 이겼을 뿐 전쟁에서 승리한 것은 아니었다. 제국의 재침에 대비할 잠시의 시간을 얻는 것에 지나지 않았다.

기원전 493년 아테네의 전쟁영웅인 테미스토클레스(Themistocles)는 바다의 중요성을 강조하면서 강력한 해군의 필요성을 역설하였다. 아테네의 해군력 강화에 따른 재정은 당시 로리움(Laurium) 근처에서 발견된 은광덕분에 해결되었다. 당시 이집트에서 발생한 반란과 기원전 486년 다리우스의 죽음도 아테네에게 유리하게 작용하였다. 그럼에도 페르시아는 지중해 정복의 꿈을 접지 않았다. 기원전 481년, 다리우스의 아들인 크세르크세스 1세(Xerxes)는 직접 10만의 군대를 이끌고 테살리아(Thessaly)를 향해 그리스 원정을 시작하였다. 페르시아 군대는 테르모필레(Thermopylae)의 길목을 지키고 있던 스파르타의 왕 레오니다스의 300인 결사대를 치열한 전투 끝에 물리치고 아테네로의 통로를 확보하는데 성공하였다. 절대 절명의 위기에 직면한 테미스토클레스는 아테네 도시에서 철수하여 인근의 살라미스 섬으로 지휘부를 옮긴 후 최후의 일전을 준비하였다.

스파르타의 육군이 붕괴된 상황에서 그리스 연합군의 유일한 희망은 사로니코스(Saronic) 만(灣)에 정박해있는 378척의 아테네 해군이었다. 600여척의 함선을 보유한 페르시아 해군은 수적인 우위를 이용해 아테네 해군을 포위하였다. 하지만 아테네 해군은 넓은 바다보다는 살라미스 섬의 좁은 해협으로 신속하게 이동해 전력의 불리함을 극복하고 전세의 역전을 꾀하였다. 페르시아의 함대는 거대한 크기의 갤리선들로 구성되었기에 협소한 바다에서는 기동력도, 충분한 전투력도 발휘할 수 없었다. 페르시아의 크세르크세스 1세는 속수무책으로 자신의 함대가 불타고 침몰하는 것을 지켜볼 수밖에 없었다. 그는 테살리아에 3만의 군대를 남겨둔 채 수사(Susa)로 돌아가 다시는 돌아오지 않았다.

그리스-페르시아 전쟁은 어떻게 해석될 수 있을까? 대부분의 서구학자들에 따르면, 이 전쟁은 페르시아의 전제정치와 절대주의에 대한 그리스 도시국가들의 문화적 다양성과 민주정치 그리고 자유시민의 승리였다. 하지만 지중해의 소규모 문명세력과 근동의 거대 문명권의 전쟁이었다는 사실을 고려할 때, 기존의 주장과는 다른 역사해석도 가능해 보인다.

이 전쟁은 승패의 논리를 떠나 서로에게 미친 영향과 결과의 논리로도 해석될 수 있다. 페르시아의 침공이 임박했을 당시 그리스 도시국가들은 내부적인 분열이 심화된 현실에 직면해 있었다. 또한 거대한 제국의 관점에서 그리스 도시국가들은 하나의 단합된 세력을 형성하기 보다는 아테네, 플라테아(Plataea), 스파르타 그리고 이 도시가 주도하던 펠로폰네소스 동맹과 그 밖의 평범한 도시국가들로 양분되어 있었다. 구분의 기준은 귀족과 평범한 도시민들의 신분적 차별이었다. 이는 사실상 그리스 도시국가들의 신분제 사회를 의미하는 것이었고 페르시아가 정복의 의지를 실천에 옮길 수 있었던 여러 이유들 중 하나였을 것이다. 신분제가 각각의 폴리스 내부에서 발생한 것이었다면 그리스 도시들 간의 관계에서는 페르시아의 1차 침공이후 아테네를 중심으로 형성된 델로스 동맹과 스파르타가 주축이 된 펠로폰네소스 동맹의 대결구도에서 보듯이, 보수와 진보의 분열 논리가 팽배해 있었다. 후자의 대표적인 사례는 솔론과 클레이스테네스(Cleisthenes)의 개혁가들로 대표되는 아테네였다. 반면 에게 해 전역에 확산되어 있던 도시들의 보수적인 성향은 페르시아 전쟁을 통해 그리스 세계의 영웅으로 급부상한 아테네의 친 서민적 민주정치를 위한 개혁을 경계하면서 구체제에 대한 의지를 더욱 강화하였다. 그리스 세계는 국가에 대한 그 어떤 이념도 가지고 있지 못한 채 내적인 분열의 극단으로 내몰렸고 일부 도시들은 페르시아 제국의 직-간접적인 지배를 자발적으로 수용하거나 또는 이오니아 해안에 위치한 페르가몬(Pergamum), 에페소스(Ephesus), 밀레토스(Miletus), 프리에네(Priene)의 경우에서 보듯이, 위협에 굴복한 채 페르시아 총독의 탄압적인 지배를 받아들이고 있었다.

기원전 5세기 지중해 동부와 근동의 역사적 구도라는 한계에서 벗어나 문명적 흐름의 관점에서 본다면, 그리스-페르시아 전쟁은 전쟁과 정복을 통한 상호 이질적인 두 문명권 간의 접변이었다. 문명 간 교류에 있어 그 의미는 기원전 5세기를 전후한 역사의 흐름을 비교할 때 명확하게 드러난다. 우선적으로는 교역과 경쟁의 시대가 정복과 지배의 시대로 전환된 것을 지적할 수 있다. 페르시아 제국의 등장 이전에 지중해는 거대한 규모의 문명이 형성되기 힘든 지정학적인 환경에 적응한 소규모 해상세력들이 서로의 경제적 필요를 충족하기 위해 연안무역을 추구하던 바다였다. 자급자족이 불가능한 지중해의 현실은 이들의 행정과 제도를 비롯한 통치체제와 시민 간의 관계구도에도 절대적인 기준이었다.

하지만 그리스-페르시아 전쟁은 지중해 동부지역을 중심으로, 근동 대문명권의 영향이 직접적으로 지중해 지역 세력들의 역사변화에 큰 변수로 작용하는 본격적인 계기를 제공했다. 이러한 맥락에서 전쟁은 이전 시대에 교역과 경쟁을 전제하던 것과는 달리, 이제는 지중해와 근동에 걸쳐 대제국을 건설한 알렉산드로스의 사례에서 보듯이, 정복을 전제하고 영토적 지배를 달성하기 위한 새로운 의미를 동반한 '지중해 문명의 탈지중해'를 위한 수단으로 작용하였다.

(2) 정복과 지배의 시대

① 그리스-페르시아 전쟁

아놀드 토인비는 로마의 그리스 정복을 정복된 그리스의 로마 정복으로 해석하였다. 이는 로마의 군사적 정복을 그리스의 문화적 정복이라는 의미로 재해석한 것이다. 그렇다면 같은 논리를 그리스-페르시아 전쟁에도 소급해 적용할 수 있지 않을까?

서구학자들은 그리스-페르시아 전쟁과 로마의 그리스 정복을 동일한 맥락으로 간주한다. 즉 고대 그리스의 역사를 지중해 세계의 '야만의 어둠(Barbarian darkness)'에 저항하여 문명의 빛을 잃지 않았던 유일한 문명권으로 간주하였다. 뿐만 아니라 그리스 문명을 지중해를 정복하려는 페르시아 문명의 위협으로부터 지중해 내해의 보다 선진적인 문명을 지켜낸 위대한 역사로 묘사하였다. 페르시아 전쟁에 대한 서구의 주된 관점은 그리스의 승리와 번영, 지중해를 향한 페르시아 문명권 영향의 차단 그리고 궁극적으로는 지중해 내해의 그리스적 정체성, 즉 도시국가 중심의 정체성 강화였다.

서구학자들이 주장하는 그리스 도시국가들의 승리는 거대한 페르시아 제국이 지중해 동부에서 바다로의 통로를 확보하고 지중해 무역을 통제하기 위해 벌였던 정복 전쟁의 시도가 잠정적으로 좌절된 것을 의미하였다.

또한 전쟁의 승패가 반드시 문화교류와 교역의 차단을 의미하는 것은 아니며 때로는 단순한 정치적 해석보다는 관계 활성화의 통로일 때도 있다. 같은 맥락에서 그리스-페르시아 전쟁은 그리스의 승리를 전제할지라도 지중해 내해의 정체성을 강화시키는 결과와는 무관하다. 오히려 그리스-페르시아 전쟁 그 자체와 과정이 지중해 내해와 외해의 교류를 강화시키면서 외부 문명의 유입을 통해 지중해 문명이 정체(停滯)의 위기에서 벗어나는 계기는 아니었을까?

그리스-페르시아 전쟁은 대·소 문명 간 접변의 구체적인 계기였다. 지중해 내해의 수준 높은 문명을 상징하는 그리스와, 정복과 탄압 그리고 독재통치를 상징하는 야만 문명 간 정복전쟁도, 위대한 그리스 문명의 승리를 확인시킨 전쟁도 아니었다. 오히려 지중해 동부와 남동부 지역의 대 문명권과 소 문명의 그리스가 접변한 것이다.

그리스-페르시아 전쟁 이후 그리스 도시국가들은 델로스 동맹을 통해 전성기를 맞이하였다고 하지만 이는 그리스가 지중해 주변지역으로 영토를 확장하고 새로운 무역거점들을 배경으로 지중해 교역의 이윤을 독점한 것에서 비롯되지는 않았다. 실제로 그리스 세계의 번영이 아니라 델로스 동맹의 맹주였던 아테네의 번영이었으며 이 도시국가의 번영은 동맹 도시들이 전쟁에 대비하기 위해 납부한 '기금' 덕분이었다.

② 고대 그리스 도시국가들의 몰락

기원전 5세기 고대 그리스 세계가 그리스-페르시아 전쟁을 계기로 맞이한 황금시대의 행운은 정치적인 것이 아니라, 문학이나 예술 또는 사상 등의 분야에 국한된 것이었다(John Julius Norwich 2007: 21). 기원전 525년 출생한 아이스킬로스(Aeschylus)는 마라톤과 살라미스 그리고 플라테아(Plataea)에서 벌어진 전투에 참여했던 인물로, 드라마 분야를 처음으로 개척하였다. 오늘날에는 삼부작 형태의 오레스테이아(Oresteia)를 포함한 7개의 작품이 현존한다. 그의 비극작품들은 최초로 인간성을 탐험하는 지적인 창구로 평가받고 있다. 그 밖에도 소포클레스(Sophocles)와 기원전 484년에 출생하였으며 그리스 3대 비극작가 중 한 명인 에우리피데스(Euripides), 기원전 445년경에 출생하여 54개의 작품을 남긴 아리스토파네스(Aristophanes)가 당대의 지성을 대표하였다. 철학에서는 오늘날 그리스 철학을 대표하는 인물로 알려졌지만 가르치지도, 글을 남기지도 않은 채 선과 악, 진실, 정의, 덕, 종교 등에 대한 대화에만 몰두하였던 소크라테스(기원전 469~399), 스승의 죽음에 충격을 받은 후 이집트, 이탈리아 그리고 시칠리아를 여행한 후 아테네 외곽에 아카데모스(Academus: 오늘날의 아카데미)를 열었던 플라톤 그리고 스승이 죽은 후 아카데미를 떠나 소아시아의 아소스(Assos)에 정착하여 후학을 위해 노력했으며 기원전 342년에는 마케도니아의 필립 2세의 초청을 받아 2년 동안 당시 14살이던 알렉산드로스를 가르친후 아테네로 돌아와 자신의 학파를 열었던 아리스토텔레스가 그리스 황금시대의 지성을 이끌었다. 특히 아리스토텔레스는 철학의 영역을 넘어 윤리학, 역사, 과학, 정치학, 문학과 드라마 비평, 자연, 기상학, 동물학에서도 뛰어난 성과를 남길 만큼 당대를 대표하는 박식한 인물이었다(John Julius Norwich 2007: 21-24).

페리클레스는 페르시아와의 전쟁을 통해 고대 그리스 세계의 전쟁 영웅으로 등장하였다. 그는 34살이었던 기원전 461년부터 전염병으로 사망한 429년까지 사실상 아테네를 지배한 인물이었다. 그의 삶은 자신이 출생한 도시에 대한 열정의 연속이었다. 그리스-페르시아 전쟁 당시에 파괴된 신전들을 복구하고 프로필레아(Propylaea), 오데온(Odeon), 에레크테이온(Erechtheum) 그리고 판테온(Parthenon)의 건축을 적극적으로 추진한 것도 이같은 맥락이었다.

하지만 평화의 시대에 고대 그리스 세계의 정치적인 신념은 도시국가의 민주주의 전통을 따르기 보다는 제국 통치의 그것과 다름없었다. 페리클레스는 아테네를 몰락의 위험에서 구해낸 위대한 전쟁지도자였지만 위기를 극복하고 평화를 회복한 이후에도 당대 그리스인들에게 증오의 대상이었던 독재의 통치노선을 유지하였다. 그 결과 아테네는 기원전 431년, 페리클레스의 통치행위를 정치적 팽창주의로 의심하는 스파르타를 비롯해 펠로폰네소스 동맹의 도시국가들과 충돌하였다(펠로폰네소스 전쟁)(John Julius Norwich 2007: 21).

사실상 펠로폰네소스 전쟁은 도시국가들이 그리스와 아드리아 해를 연결하는 무역루트들에 대한 통제권을 독점하기 위해 벌인 과도한 경쟁의 결과였다. 하지만 보다 근본적으로는 그리스-페르시아 전쟁을 계기로 고대 그리스 세계가 교역과 경쟁의 관계균형에서 멀어지면서 한편으로는 다른 도시국가들과의 관계에서 우월한 권력을 추구하고, 대내적으로는 부의 편중과 신분제 사회를 지향한데 따른 불가피한 결과로 해석될 수 있다.

델로스 동맹과 펠로폰네소스 동맹의 전쟁은 그리스-페르시아 전쟁과는 그 성격이 상당히 달랐다. 전자는 지중해 동부지역의 에게 해를 중심으로 사실상 그리스 도시국가들의 해상무역에 심각한 타격을 초래하였다. 내륙의 스파르타는 내전에서 승리하지만 얼마 지나지 않아 테베에 패배함으로써 그리스 도시국가 문명의 총체적인 위기이자 지중해 동부지역 해상무역의 붕괴를 초래하였다. 그리스 세계의 붕괴로 인한 이 지역의 권력공백은 마케도니아의 그리스 정복과 지중해 진출로 나타났다.

그리스의 몰락은 페르시아의 직접적 공격보다는 사실상 페르시아의 지속적인 분열정책을 배경으로 스스로 분열된 결과였다. 즉, 그리스 폴리스들이 델로스 동맹과 이에 대항한 펠로폰네소스 동맹 간 갈등으로 분열되어 결국 마케도니아의 필립 2세에 의해 정복되었다. 펠로폰네소스 내전과 스파르타의 승리로 이어지는 기간에 이탈리아 반도와 시칠리아에 건설된 그리스 거점들은 카르타고의 위협을 받고 있었다.

③ 마케도니아의 지중해 진출과 알렉산드로스 제국

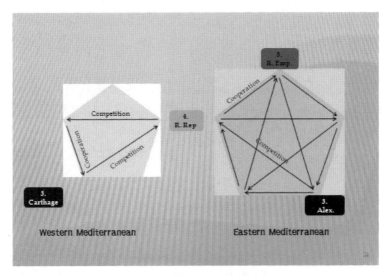

[그림 3] 로마의 지중해 통일

펠로폰네소스 전쟁은 페리클레스의 죽음과 아테네의 패배로 끝이 났다. 스파르타는 이 전쟁을 승리로 이끌지만 오래지 않아 테베에 의해 몰락하였다. 테베 역시 기원전 334년 젊은 알렉산드로스에 의해 철저하게 파괴되었다. 내전으로 인한 분열과 대립 그리고 끝없는 전쟁은 수세기 동안 지중해 무역을 주도하면서 번영했던 고대 그리스 세계의 전반적인 몰락을 동반하였다. 그리고 도시국가들이 사라진 빈 공간에는 전혀 문명화되지 못한 마케도니아 산악지역의 주민들이 등장하였다.

기원전 359년 필립 2세가 왕위를 계승하였을 당시 마케도니아는 극빈의 상태에 있었다. 그가 가장 먼저 취한 정책은 여름에만 소집하던 관습에서 벗어나 년 중 계속된 훈련을 통해 정예군대를 양성하였다. 이러한 전문군대의 양성은 과거 에게 해의 도시국가들에서는 찾아 볼 수 없는 방식으로서, 오히려 제국들의 흥망이 반복되던 근동 지역의 관습에 가까웠다.

마케도니아의 지중해 진출로 동지중해의 권력균형에는 변화가 불가피하였다. 필립 2세의 남하정책은 그리스 도시국가들의 저항을 불러왔지만 이들을 동맹세력으로 흡수하는데 별다른 어려움을 겪지 않았다. 그리스 도시들과의 전쟁에는 18세의 어린 알렉산드로스도 기병을 이끌고 참전하여 승리에 기여하였다. 알렉산드로스는 그리스 세계의 지적문명에 대해 잘 알고 있었다. 그의 스승이었던 아리스토텔레스는 미래의 지도자로서 그리스와 야만의 세계를 지배하게 될 알렉산드로스에게 지도자의 덕목과 신적인 소명을 심어주었다.

알렉산드로스의 야심을 위한 기회는 전혀 예상하지 못한 순간에 찾아 왔다. 기원전 336년 필립 2세가 자신의 재혼을 축하하는 자리에서 경호원에 의해 살해되자, 어린 알렉산드로스는 부왕의 피살에 관련되었다는 의심을 받았지만 마케도니아 군대의 절대적인 지지를 받아 왕으로 추대되었다. 새로운 왕의 지도력에 대한 첫 시험대는 테베에 대한 성공적인 군사원정이었다. 하지만 알렉산드로스의 진정한 위대함은 짧지만 굵은 삶을 통해 역사상 처음으로 동-서양에 걸친 대제국을 건설한 것이다.

헬레스폰트(Hellespont) 해협에서 출정한 알렉산드로스는 페르시아 제국에 복속된 그리스 도시들을 해방시키기 위해 소아시아로 향하였다. 이것이 자신의 힘으로 방대한 영토의 제국을 건설하기 위한 어린 알렉산드로스의 첫 군사원정이었는지는 확실하지 않다. 분명한 것은 가장 먼저 동지중해를 평정해야만 했고 그 과정에서 다리우스 3세가 통치하는 페르시아 제국과 운명을 건 일전이 불가피했다는 점이다. 마케도니아의 왕은 그라니쿠스(Granicus) 강(현재의 Çan Çayi)을 건너 -이스켄데룬(Iskenderun)과 안타키아(Antakya)의 사이에 위치한- 이수스(Issus) 평야로 들어간 후에 계속해서 팔레스타인 해안과 시나이 반도의 북부를 가로질러 이집트로 들어갔다. 하지만 그의 실질적인 정복전쟁은 이듬해 티레(Tyre)를 정복한 다음 다마스쿠스의 산들을 넘어 미지의 근동으로 들어가면서 시작되었다.

알렉산드로스의 성공은 강력한 군사력 덕분이었다. 이후의 역사에서도 유래가 없는 사건이었다. 진정 놀라운 것은 두 가지 관점, 즉 불과 10여년의 짧은 기간(기원전 334~323)에 그리고 아시아, 아프리카, 유럽의 지중해에 걸친 대제국을 건설했다는 사실이다. 하지만 그의 제국은 완성된 것이 아니라 급작스론 죽음으로 인해 중단되었다는 해석이 타당해 보인다.

알렉산드로스는 바빌론으로 돌아온 직후인 기원전 323년 사망하였다. 그의 삶이 정복을 위한 것이었을 뿐 통치를 위한 시간은 아니었듯이, 제국도 여기까지였다. 더구나 그의 아들 헤라클레스(Heracles)는 제국의 분열을 막고 부친의 의지를 이어받아 통치의 제도적 기반을 마련하기에는 지극히 평범한 인물이었다.[2]

알렉산드로스는 부친으로부터 마케도니아 사람들의 강인한 정신과 용맹함을, 스승인 아리스토텔레스로부터는 세련된 지중해 문명의 유산을 물려받았다. 알렉산드로스는 더 이상 마케도니아 산악지역의 야만인도, 지중해의 세련된 그리스인도, 페르시아 대제국의 1인 절대통치권자도 아니었다. 오히려 그는 이 모든 다양성을 물려받았으며 그의 시대가 문명적 다양성의 시루였던 것처럼, 새로워지고 있는 '지중해의 탈 지중해 문명'을 출범시킨 위대한 인물이었다. 다시 말해 알렉산드

---

2) John Julius Norwich, *The Middle Sea*, New York, First Vintage Books Edition, 2007, p. 25

로스는 이질적인 문명들의 접변을 위한 통로를 마련했을 뿐 변화의 여정에는 동참하지 못하였다.

알렉산드로스 제국의 중심은 지중해가 아니라 근동이었다. 분할된 왕국들의 통치자들은 고대 그리스 문화에 익숙한 자들이었지만 정작 통치의 기반은 페르시아 제국의 전통이었다. 페르시아의 옛 영토에는 그리스 전통에 따라 신전과 아고라(Agora), 극장과 김나지움(Gymnasium)을 갖춘 새로운 도시들이 건설되었다. 그리스 문화의 유입은 대 문명권 사회와 제도 그리고 행정의 기반위에서 그 가치를 더욱 드러낼 수 있었다. 당시의 헬레니즘 문화는 동지중해를 통해 그리스 문화의 영향력이 근동으로 확산된 것이 아니었다. 새로운 도시들은 더 이상 독립적이지도 않았으며 보다 부유하고 보다 강력한 정치적 조직체의 일부였을 뿐이다. 그리스적인 요인들은 지중해-아시아(Mediterr-Asian)차원의 장식과 미화(美化)의 기능이었다. 다양성의 공존이 오히려 그 차이들의 가치에 의미를 부여하듯이 관계의 과정에서는 이질적인 문명 요인들이 서로를 보완하고 새로워진다. 알렉산드로스는 전쟁을 통해 제국을 건설하였지만 폭력적인 수단의 진정한 역사적 의미는 대립보다는 상통의 기회를 마련하는 보다 큰 차원의 문화영역에서 평가되어야 한다. 이런 의미에서 그의 제국은 단명했지만 지금까지도 진행되고 있는 '지중해-아시아(Mediterrasian)' 문명 간 교류의 유산이었다.

알렉산드로스 사후 그의 제국은 사실상 3개의 왕국으로 분할되었다. 마케도니아는 서아시아에 대한 영향력을 상실했지만 그리스 북부지역을 포함한 에게 해 지역의 전역을 통치하였다. 황제를 가장 근거리에서 호위했던 셀레우코스(Seleucos)는 실드-베어러스(Shield-Bearers) 가문을 공식적으로 계승한 이후 기원전 72년 로마에 의해 멸망하기 전까지 대략 400년 간 메소포타미아, 시리아 그리고 안티오키아로부터 페르시아 만에 이르는 방대한 영토를 통치하였다. 또 다른 왕국은 기원전 305년 알렉산드로스의 오랜 친구이자 군인이었으며 역사가이기도 했던 프톨레마이오스(Ptolemy)가 스스로를 왕으로 선포하면서 통치한 이집트였다. 그의 왕국의 수도인 알렉산드리아(Alexandria)에는 고대 세계의 지식문화를 대표하는 거대한 도서관이 있었다. 이곳에서는 유대공동체의 율법인 토라(Torah)가 히브리어가 아니라 그리스어로 낭송되었다. 그는 40년 통치 기간에 왕국의 영토를 팔레스타인, 시리아 남부, 사이프러스, 소아시아 그리고 키클라데스 제도(Cyclades)로 확장하였다. 하지만 보다 중요한 평가는 그 자신이 직접 건설한 키레나이카의 도시 프톨레마이스(Ptolemais)가 고대 파라오 전통에 접목된 마케도니아의 상징성을 대변하였다는 사실이다. 이집트 왕조의 기원은 마케도니아였지만 통치자들의 계보는 사실상 이집트 파라오의 전통을 계승하였다. 그의 후계자들은 자신의 여자형제들이나 조카딸과 혼인하였다. 기원전 47년 왕위에 오른 프톨레마이오스(Ptolemy) 14세는 자신보다 21살이 어린 여동생 클레오파트라를 신부로 맞이하였다.

2) 로마의 지중해 통일

그리스-페르시아 전쟁으로 인한 지중해 세계의 정치적 혼란은 알렉산드로스의 등장으로 일단락되었다. 이 기간은 문명교류의 측면에서는 지중해 문명의 탈지중해를 의미하였다. 지리적으로도 지중해 문명의 경계는 동으로는 인더스 강에, 남으로는 이집트에, 서쪽으로는 동지중해와 이집트에 그리고 북으로는 마케도니아에 이르렀다. 하지만 알렉산드로스 제국은 단명함으로써 더 이상의 정치적 변화를 지중해의 내해로 끌어들이지는 못하였다. 어떤 측면에서는 그의 제국이 사실상 근동 지역으로 옮겨감으로써 지중해는 권력상의 공백이 불가피하였다. 이러한 당시의 상황을 고려한다면 반드시 로마가 아니더라도 새로운 세력의 등장은 자연스러운 것이었다.

(1) 로마 공화정

이전 시대의 역사주체들과 마찬가지로, 로마 역시 'Made in Mediterranean' 권력은 아니었다. 로마의 기원은 고대 그리스 도시 트로이의 함락을 피해 이탈리아 반도로 피신한 아이네이아스(Aeneas)로 거슬러 올라간 다. 초기에 로마인들은 사실상 농민들로서 이탈리아 반도의 티레네 해 와 사르데냐를 중심으로 교역하던 상업세력인 에트루리아인들의 지배 하에서 살고 있었다. 사후세계를 믿는 지배세력과는 달리 로마인들은 단순하지만 진취적이고 법을 존중하면서 가족 중심의 삶을 추구하였다. 이들의 공존은 두 종족의 전통이 이질적이었음에도 불구하고 새로운 통 합적인 문화로의 통합을 지향하지 못하였다.

기원전 509년 로마인들은 에트루리아의 마지막 왕 타르쿠이니우스 수페르부스(Tarquinius Superbus)의 지배에서 벗어나 공화정을 수립하 였다. 이탈리아 반도의 남부지역을 향한 로마인들의 영토적 팽창은 그 리스 북서쪽에 위한 에피루스(Epirus)의 저항에 직면한다. 기원전 280 년 헬레니즘 세계의 왕 피루스(Pyrrhus)가 2만의 대군과 함께 타란토 (Tarrantum)에 상륙하자 로마군은 헤라클레아(Heraclea)에서 이들과 대 치한다. 전황은 접전을 거듭했지만 결국에는 피루스가 고향으로 철수 하였다(기원전 275). 로마의 승리는 지중해의 헬레니즘 세계에 처음으 로 자신의 명성을 알린 계기였다.

로마의 가장 두려운 적은 카르타고였다. 과거 페니키아의 무역거점 이었던 카르타고는 북아프리카와 서지중해의 교역을 실질적으로 주도 하던 강력한 해상세력이었다. 따라서 로마가 해상진출을 위해서는 반 드시 극복해야 할 힘겨운 상대였다. 두 세력 간 충돌이 임박했을 때 당시 로마는 바다를 전혀 몰랐던 농민들이나 다름없었기 때문에 카르 타고의 승리는 기정사실화 되었다. 전쟁은 기원전 264년부터 146년까 지 사실상 두 차례에 걸쳐 진행되었다. 하지만 기원전 241년에 벌어진

1차 포에니 전쟁은 모두의 예상과는 달리 로마의 우세로 끝났다. 로마는 승리의 대가로 곡물생산의 주요 산지였던 시칠리아의 대부분을 점령한데 이어 3년 후에는 사르데냐와 코르시카도 차지하였다.

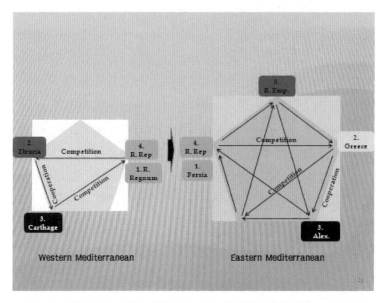

[그림 4] 마케도니아의 등장과 알렉산드로스의 지중해-아시아(Mediterrasian) 제국

하지만 23년 후에 벌어진 2차 포에니 전쟁은 로마에게 커다란 희생을 강요하였다. 이 기간에 카르타고 내에서는 농업세력과 상업세력 간 내분에서 후자가 우세를 점하면서 바르카(Hamilcar Barca) 가문의 하스드루발(Hasdrubal)은 스페인을 공략하여 막대한 부를 축적하여 조국을 재건하는데 노력하였다. 스페인을 사실상 자기 가문의 소유지로 간주한 근본적인 의도는 과거 자신들에게 치욕적인 패배를 안겼던 로마에 복수를 하는 것이었다. 기원전 221년 하스드루발이 이베리아인 노예에 의해 피살되자 26살의 젊은 나이에 권력을 계승한 한니발은 로

마에 대한 부친의 증오심까지 물려받았다.

기원전 218년 2차 포에니 전쟁이 시작되었다. 한니발은 4만의 군대, 37마리의 코끼리와 함께 프랑스 남부 해안을 따라 브히앙쏭(Briançon) 동쪽과 몽쥬네브흐(Mont-Genèvre)를 통과해 이탈리아로 들어가기 위해 알프스를 횡단하였다. 이탈리아 반도의 북부에 도착한 한니발은 두 차례에 걸쳐 로마 군대를 격파하고 이탈리아 북부 지역 전체를 장악하였다. 전쟁은 쉽게 그리고 신속하게 종료될 것 같았다. 기원전 217년 트라시메노(Trasimeno) 호수 근처에서 로마군대에 또 한 번의 승리를 거둔 한니발은 로마를 직접 공격하는 대신 우회하여 풀리아(Puglia)와 칼라브리아(Calabria)로 향했다. 이탈리아 북부에서도 그랬듯이 반도의 남부 그리스 주민들 역시 로마의 탄압에서 벗어나 자신과 동맹을 맺을 것이라 확신했던 카르타고 장군의 기대감은 적중하지 않았다. 하지만 이듬해 한니발은 오판토(Ofanto) 강 근처의 칸나에(Cannae)에서 대승을 거두었다. 하루 종일 벌어진 전투에서 로마는 5만 이상의 군인을 잃었지만 카르타고의 희생자는 불과 5,700명 정도였다. 이 전투로 인해 로마의 전투군단은 사실상 붕괴된 것이나 다름없었고 공화국의 붕괴는 시간문제인 것처럼 보였다.

하지만 한니발에게도 심각한 약점이 있었는데, 그것은 오래 전부터 그 어떤 지원도 받고 있지 않다는 것이다. 카르타고의 장군에게는 보급이 시급하였다. 그는 카푸아로 들어가 동생 하스드루발의 지원부대가 도착하기를 기다렸다. 때로는 기다림이 너무 길어 모든 일이 수포로 돌아가기도 한다. 한니발이 이탈리아 남부에서 시간을 보내고 있는 동안 로마의 젊은 장군 코르넬리우스 쉽피오니스(Gnaeus Cornelius Scipio)는 동생인 푸블리쿠스(Publicus)와 연합하여 두 개의 군단과 15,000명의 동맹군을 이끌고 이베리아 반도로 진격하였다.

로마의 역습은 카르타고의 보급부대를 차단함으로써 이번 전쟁의 행방에 결정적인 역할을 하였다. 한니발의 동생 하스드루발은 서둘러

남프랑스와 알프스를 넘어 보급부대를 이동시켰지만 이를 예상한 로마군대에 의해 안코나 근교에서 차단되었다. 승기를 잡은 로마는 기원전 204년 북아프리카의 우티카(Utica) 해안에 상륙한 후 카르타고에 접근하였다. 카르타고는 공포에 휩싸인 채 풀리아에 머물고 있던 한니발에게 구원을 요청하였다. 기원전 203년 봄 카르타고로 돌아온 한니발은 37,000명의 군대와 80마리의 코끼리로 자마에서 로마와 운명을 건 일전을 시작했다. 이번에는 전투의 양상이 전혀 다르게 진행되었다. 로마군대는 급작스런 트럼벳 소리로 코끼리를 놀라게 해 적의 전열을 무너뜨려 무질서에 빠진 카르타고의 군대를 궤멸시켰다.[3] 한니발은 로마를 상대로 수많은 전투에서 이겼지만 단 한 차례의 전투에서 패배함으로써 조국의 몰락을 지켜보아야 했다. 패배한 카르타고는 여러 세기에 걸쳐 구축한 군사조직과 민간행정의 세련된 경험들 그리고 무엇보다 서지중해의 해상교역 전체를 정복자들에게 넘겨주어야 했다. 그리고 로마의 영웅 쉽피오니스는 로마가 카르타고를 대신해 지중해의 주인이 되어야 한다고 확신하였다.

로마 역시 두 차례의 전쟁을 통해 막대한 희생을 감수하였다. 영토의 전 지역에 걸쳐 피해가 막심하였고 무엇보다 20~30만의 군인이 전사하였으며 조국은 수차례에 걸쳐 절대 절명의 위기를 경험하였다. 카르타고는 여전히 75만 명의 인구와 높은 수준의 문화와 기술을 보유한 두려움의 대상이었다. 카토는 원로원에서 연설을 할 때마다 카르타고가 로마의 미래를 위해서는 반드시 제거되어야 할 대상이라는 사실을 반복적으로 강조하였다(Delenda est Carthago).

패배한 적에 대한 두려움은 그 동안 겪었던 로마의 공포심이 얼마나 큰 것이었는지를 짐작케 한다. 로마는 자신에게 엄청난 희생을 강요했던 카르타고를 완전히 제압하기 위해 더 큰 용기와 결단을 내려야만 하였다. 로마는 카르타고의 멸망을 조국의 좌우명으로 간주하였다.

---

3) John Julius Norwich, *The Middle Sea*, New York, First Vintage Books Edition, 2007, p. 31

이것은 지중해의 제해권과 주변영토를 정복하기 위한 명분에 앞서 카르타고의 존재 그 자체를 용납할 수 없다는 것을 의미하였다.

로마의 의지는 확고했다. 기원 전 151년 카르타고가 주변 부족들의 약탈로부터 도시를 방어하기 위해 토목공사를 추진하자 로마는 이를 전쟁의 명분(casus belli)으로 간주하고 스스로 도시를 파괴한 후 바다로부터 10마일 이내의 지역에 거주하지 말 것을 카르타고에게 요구하였다. 조건은 수용 불가능한 것이었고 카르타고는 최후의 일전에 대비하였다. 결과는 처참하였다. 2년에 걸친 포위 끝에 기원전 146년 카르타고는 카토의 오랜 염원에 따라 지상에서 지워졌다. 카르타고의 몰락은 과거 서지중해의 바다를 지배했던 해상세력의 몰락이라는 의미를 넘어 지중해의 권력판도에 큰 전환점을 제공했다. 포에니 전쟁은 카르타고에 대한 군사적 승리를 넘어 로마가 공화정에서 벗어나 제국으로 성장하는 역사적 전환의 계기로 평가될 수 있을 것이다.

로마의 팽창은 계속되었다. 그 만큼 주변과의 마찰도 계속되었다. 그럼에도 로마는 정복과 팽창의 속도를 멈추지 않았다. 기원전 88년 흑해 남부에 위치한 폰투스(Pontus) 왕국의 미트리다테스(Mithridates)가 아테네와 주변의 여러 도시들을 약탈하였을 때에도 로마는 위기를 기회로 삼아 영토를 확장하였다. 로마 공화정의 역사는 결코 순탄하지 않았다. 외세의 압박과 내분의 정치적 혼란 속에서도 제국을 지향하였다. 군인이었던 마리우스(Gaius Marius)와 술라(Sulla)의 독재 하에서도, 두 차례에 걸친 삼두정치의 시민전쟁 중에도, 노예들의 반란에도[4], 오히려 로마 공화정의 영토는 북으로는 갈리아로, 남으로는 이집트로, 동으로는 시리아 그리고 아나톨리아 고원으로 확장되었다.

기원전 27년 로마는 지중해와 유럽대륙에 걸쳐 방대한 영토를 정복하였다. 기원전 510년 왕정에서 벗어난 지 450년 만에 유래를 찾아 볼

---

4) 대표적인 노예반란은 기원전 73년 카푸아에서 반란을 일으킨 검투사 스파르타쿠스의 반란이었다.

수 없는 강력한 권력으로 성장하였다. 지중해가 단일한 법과 행정 그리고 제도 하에, 서로 다른 종족과 언어 그리고 문화의 20여개 종족들을 포함하는 거대한 권력의 다문화 유기체로 통합된 것도 처음이었다 (Pietro Silva 1927: 15). 이제 로마는 더 이상 공화정이 아니었다.

(2) 로마제국

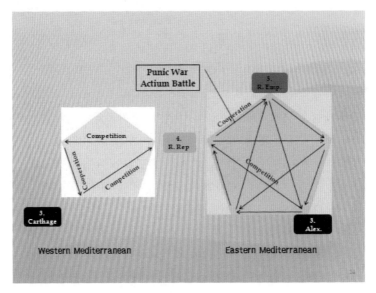

[그림 5] 동서 지중해를 통일한 로마 제국

기원전 54년 카이사르의 딸이자 폼페이우스의 부인인 줄리아(Julia)가 출산 중에 사망하자, 장인과 사위의 위태한 공존체제는 사실상 붕괴되었다. 이듬해 크라수스가 카레(Carrhae, 터어키 남동부의 하란 Harran)에서 파르티아에 패배하여 목숨을 잃자 이들은 과거의 인연과 모든 협약에서 벗어나 로마의 패권을 놓고 격돌하는 적대적인 관계로 돌아섰다. 기원전 49년 1월 10일 카이사르는 무장한 한 개 군단과 함께 루비콘 강을 건넜다. 카이사르의 결정은 로마법 상 반란을 의미하는 것이었지만, 보다 근본적으로는 로마 공화정의 운명을 걸고 폼페이우스와 대결하겠다는 의지의 표현이기도 하였다.

기원전 48년 카이사르가 폼페이우스의 저항을 물리치고 권력을 장악하자, 로마는 공화정의 옷을 입은 독재정의 모습이었으며 카이사르의 권력은 로마민중과 원로원의 전통에 근거한 공화정과 인물에 의한 통치의 비정상적인 공존이었다. 그럼에도 카이사르의 독재권력 하에서 지중해 연안의 모든 지역은 로마에 복속되었다. 로마는 심각한 내전의 와중에서도 영토 확장을 계속하였다. 이것은 로마의 내전상황이 단순한 권력쟁탈이 아니었다는 것을 의미한다. 1차 삼두정치의 경우에도 각 인물은 공동의 지배체제 구축을 위한 상호협정과 병행하여 군사-정치적 세력의 확대를 위해 정복활동을 계속하였다. 로마의 팽창은 이러한 양면정책의 결과였으며 제도적 발전 역시 여기에서 기원하였다.

기원전 44년 공화정-독재정의 불안한 공존은 원로원에 의한 카이사르의 암살로 깨어진다. 하지만 공화정의 회복이라는 원로원의 기대와는 달리 로마는 제 2차 삼두정치의 지배체제로 전환되었다. 인물의 교체일 뿐이었다. 왜 공화정의 복원은 이루어지지 않았을까? 지배영토의 확장에 따른 통치 권력의 집중화로 설명될 수 있을까? 로마의 정복은 과거 지리적인 경계를 달리하던 수많은 민족들, 즉 이들의 다양한 언어와 문화를 하나의 공존체제로 전환시켰다. 뿐만 아니라 영토 정복은 막대한 부의 증가와 인적 자원의 확대 그리고 이를 유지하기 위한 군사력의 확대로 이어졌으며 이들이 보유한 군대의 충성심은 공화정이 아니라 지휘관 개인에 대한 절대적인 복종으로 전환되었다.

2차 삼두정치는 기원전 36년 레피두스의 실각으로 와해되었다. 불안하게나마 유지되었던 3인의 상호견제체제는 2인의 공동지배라는 체제로 전환되면서 카이사르의 조카인 옥타비아누스와 안토니우스는 권력 독점을 위한 최후의 결전으로 치달았다. 이들의 운명은 기원전 31

년 이집트의 앞바다에서 벌어진 악티움 해전에서 결정되었다.

악티움 해전은 두 가지 관점에서 지중해의 문명적 변화를 동반했는데, 이들은 이탈리아가 제국의 틀 속에서 유럽대륙과 지중해 세계의 중심이 된 것과 지중해 역사상 처음으로 가장 방대한 제국이 1인의 절대 권력에 의해 통치된 것이다. 옥타비아누스는 카이사르의 공개적인 전제정치를 계승했지만 자신의 의도를 곧바로 드러내지는 않았다. 그는 독재 권력으로 공화정의 체제에 맞서 실패한 사례를 반복하지 않았다. 또한 권력에 대한 강력한 의지를 드러내기 보다는 공화정 체제의 합법성 내에서, 기원전 23년까지 집정관의 자격으로 실질적인 권력을 유지하였다. 옥타비아누스는 행정과 군사의 두 영역에서 로마의 대내외적인 지배체제를 개편하였다. 한편으로는 제국의 행정 분야를 재조직하였고 대외적으로 북아프리카와 흑해에 해군기지를 건설하여 지중해에 대한 통제를 강화하면서 해상교역의 활성화를 통해 제국 내 자원의 효율적인 유통과 분배 그리고 인적이고 문화적인 교류를 유도하였다. 옥타비아누스는 스페인 북부에 22개의 식민지를 건설하고 주민들에게 로마 시민권을 부여하였다. 남쪽으로는 미트리다테스와 전쟁을 벌여 시리아를 정복하였다.

포에니 전쟁 이후 로마는 아놀드 토인비(Arnold Toynbee)의 말처럼, 자신들이 정복한 그리스 세계의 세련된 문화에 빠른 속도로 동화되었다. 다시 말해 로마는 그리스 문화가 동지중해의 경계에서 벗어나 지중해의 전 지역으로 그리고 계속해서 유럽대륙의 영토로 확장되는 통로로 작용하였다. 로마의 친 그리스문화 성향은 문화적으로 지중해의 동부지역이 근동과 경계가 맞닿아 있는 상황에서 다양한 규모의 문명 간 교류가 오래 전부터 전쟁 등의 여러 수단을 통해 활발하게 전개되고 있었던 역사적 정황을 고려할 때, 자연스러운 것이었다. 『아이네이스 (Aeneid)』를 쓴 베르길리우스(Virgil)는 서사시의 스타일과 언어를 통해 그리고 무엇보다 트로이의 상징성을 로물루스가 건설한 로마 건국의 연장으로 간주한 로마 신화를 통해 그리스 기반의 로마문화를 추구하였다. 기원전 65년에 출생한 호라티우스(Horace)는 자신이 『송가(Odes)』라는 서정적인 작품에서 미틸리니(Alcaeus of Mytilene), 핀다로스(Pindar), 사포(Sappho)와 같은 고대 그리스 서정시인들의 영향을 드러냈다. 시각예술 분야에서도 그리스 조각가들의 영향이 지배적이었다. 고대 그리스의 유명한 조각 작품 대부분이 오늘날 이에 상응하는 로마인의 작품들을 통해 전승되었다는 사실이 이를 증명한다. 회화 분야, 예를 들어 장례용 초상화의 경우에도 카이로 남서쪽의 파이윰(Fayum)에서 기원 후 1~2세기에 제작된 것으로 추정되는 작품들을 볼 때, 고대 그리스의 영향은 모방의 수준에서 벗어나지 못하였다.

로마인들은 군사부문이외에도 법과 과학, 건축과 토목을 비롯한 다양한 기술에 있어 자신만의 발전을 실현하였다. 특히 도로와 군사에 있어서는 유럽-지중해의 통합 네트워크를 구축하여 군대의 이동과 인적-물적 자원들의 신속한 이동을 가능하게 함으로써 로마제국의 번영을 약속하였다. 기원전 312년에 건설된 아피아 도로(Appian Way)이외에도 포스투미아 도로(Via Postumia)의 완성(BC 147)은 티레니아 해의 제노바와 아드리아 해의 아쿠일레이아를 연결하여 주변 도시들의 발전을 촉진하였다. 또한 로마시대의 건축에서 처음으로 등장한 아치와 이를 발전시킨 아치형 천정의 기술은 건축물의 견고함과 심미적 가치의 상징인 콜로세움(Colosseum)으로 집약되었다.

기원 후 98~180년 로마는 영토의 방대함과 주민들의 수에 있어 그리고 문명화된 지역의 분포도에 있어 고대 세계 최대의 제국으로 성장하였다. 트라야누스 황제의 시대에 제국의 경계는 다치아(현재의 루마니아)로, 영국으로, 아라비아 서북부의 시리아 사막지대로 그리고 홍해의 북부지역까지 확대되었다. 제국의 도시들도 황제의 품위와 확고한 의지 하에서 제국의 번영을 상징하는 다양한 건축물로 장식되었다. 그리고 황제 마르쿠스 아우렐리우스는 게르만 종족들의 반란을 진압하던 전쟁터에서 그리스어로 『명상록(*Mediations*)』을 집필하였다.

하지만 로마의 운명은 정체된 연못의 물이 썩듯이 오랜 평화의 선상에서 새로운 국면을 맞이하였다. 역사적으로 콜로세움은 황제들의 타락을 대표하는 상징이었다. 옥타비아누스가 추구했던 검소하지만 강력한 중앙권력의 확립은 이것이 실현된 직후부터 전례를 찾아보기 힘들 정도의 잔인한 폭력성, 가학적 성향(Sadism), 근친상간과 남색(男色)의 변태적인 성향 그리고 로마사회 전반에 만연된 온갖 종류의 부정부패를 동반하였다. 통치세력의 과도한 소비도 기번(Gibbon)의 말처럼, 오늘날에 비유해 7개월에 6백만 달러를 식탁의 즐거움을 위해 사용할 정도로 무절제하였다(John Julius Norwich 2007: 48).

이러한 침체의 상황에서 제국의 역량은 영국과 발칸반도 그리고 적대적인 외부세력들의 위협에 더 이상 효율적이지 못했으며 이에 대한 대처도 커뮤니케이션 체계의 붕괴로 인해 역부족이었다. 디오클레티아누스 황제는 안팎의 우환으로 몰락해가는 제국을 효율적으로 통치하기 위해 분할통치를 실시하였다. 하지만 기원 후 306년 그가 사망하자 제국은 통치권자들의 대립과 외부세계의 압력 하에서 오히려 더 큰 혼란에 빠져들었다.

콘스탄티누스는 전임 황제의 사두정치체제 하에서 부제(副帝)였던 부친이 병사하자 306년 부하들에 의해 정제로 추대되었다. 하지만 로마제국은 두 명의 황제를 허용하지 않았다. 운명은 324년 리키니우스에 승리한 콘스탄티누스를 새로운 황제로 선택하였다. 내우외환에 빠진 제국을 재건하기 위한 그의 첫 조치는 지난 313년 동방의 정제 리키니우스와 여동생 콘스탄티아의 결혼을 계기로, 이미 제국 전체에 확산되어 있던 원시 그리스도교를 공인하여 종교 활동의 자유를 인정한 것이었다. 역사적으로 그리스도교는 옥타비아누스, 즉 아우구스투스(Augustus) 황제의 통치 기간에 팔레스타인에서 성립하였다. 예수의 십자가 처형이후 그의 제자들의 포교활동을 통해 급속하게 교세를 확장한 그리스도교는 제국 말기의 극심한 사회적 혼란과 게르만을 비롯한 외세의 침입 그리고 부의 편중으로 인해 극빈층을 중심으로 빠르게 확산되었다. 콘스탄티누스는 기독교 신앙에는 관심을 가지고 있지 않았다. 밀라노 칙령도 원시 그리스도교를 이용해 제국의 분열을 봉합하려는 정치적인 계산이었을 뿐이었다. 하지만 콘스탄티누스의 선택은 비록 의도된 것은 아니었지만 훗날 그리스도교가 세계의 문명적 정체성을 구성하는 중요한 종교로 자리 잡는 계기가 되었다.

이번에는 원시 그리스도교의 내부에서 심각한 종교적 분열의 조짐이 발생하였다. 알렉산드리아의 아리우스(Arius)는 성자가 성부의 세계를 구원하는 수단이며 예수의 본성이 신보다는 인간에 속한다고 주장하면서 아타나시우스의 성 삼위일체론을 거부하였다. 교리를 둘러싼 분쟁은 겉으로는 교리적 갈등이었지만, 근본적으로는 지역 간 역사적인 전통과 주민들의 문화적 다양성에서 기인하였다. 교리분열의 위기가 심각해지자 황제는 325년 니케아 종교회의를 소집하고 후자의 주장을 채택하여 교리 논쟁을 불식시키려 하였다. 하지만 기독교를 통해 제국의 정신적 균형을 원했던 황제의 의도는 기대와는 달리 중세의 교회분열에 빌미를 제공하였다.

콘스탄티누스 황제는 제국의 수도를 로마에서 콘스탄티노플로 이전함으로써 제국의 중심을 고대 동지중해와 근동의 경계로 옮겨갔다. 이미 오래 전부터 로마는 디오클레티아누스 황제를 비롯한 제국의 권력자들로부터 외면 받고 있었다. 콘스탄티노플이 로마를 대신해 제국의 새로운 수도로 선택된 이유는 무엇이었을까?

콘스탄티누스 황제 시대에 제국의 동쪽은 가장 위험한 지역이었다. 다뉴브 강 하류에서는 사르마티아 주민(Sarmatians)들이 준동하고 있었고 동고트족은 흑해 북부에 출몰하여 약탈을 일삼았다. 가장 큰 위협은 사산조 페르시아 제국이었다. 이들은 과거 로마의 영토였던 아르메니아를 정복하고 메소포타미아를 넘어 힌두쿠시(Hindukush)까지 진출하였다. 하지만 제국의 수도이전은 전략적인 차원에서 고려된 것이 아니었다. 당시 문명의 중심은 지중해의 동부지역에 집중되어 있었다. 지적으로나 문화적으로 로마는 헬레니즘 세계의 변두리에 위치하였다. 그리고 제국의 교육중심지와 도서관들은 모두 알렉산드리아, 페르가몬(Pergamum) 또는 안티오키아처럼 지중해 동부지역에 집중되었다. 경제적으로도 농산물과 광물자원은 주로 근동지역에서 생산되었다. 당시 이탈리아 반도에는 말라리아가 만연하였으며 도시들은 침체되고 주민들도 그 수가 지속적으로 줄어들고 있었다. 기독교 제국의 새로운 중심에서는 로마 공화정과 이단의 전통을 위한 여지가 없었다.

비잔티움의 전략적인 이점이 없었던 것은 아니다. 우선적으로는 오리엔트와 인접해 있고 아시아의 문턱에 자리잡고 있으면서 남으로는 마르마라(Marmara) 해에, 북동쪽으로는 넓고 수심이 깊어 항해가 가능한 만(灣)이 형성되어 있었다. 군사적으로는 남쪽지역의 방어를 강화한다면 길고 좁은 두 해협[보스포루스 해협과 다르다넬스 해협(Hellaspont)]으로 인해 난공불락의 천연요새나 다름이 없어 바다로부터의 어떤 공격도 막아낼 수 있었다. 수도의 이전은 로마 제국의 정체성 변화에 지대한 영향을 주었다. 330년 5월 제국의 수도가 콘스탄티노플로 결정된 이후 수세기에 걸쳐 고대 그리스 문명의 영향이 강화되자 통치자들은 스스로의 '로마인' 정체성을 확신하면서도 로마 라틴어를 대신해 그리스어를 황궁의 공식 언어로 사용하였다.

콘스탄티누스 황제는 끝까지 제국의 통일성을 유지하였다. 하지만 395년 테오도시우스 황제가 사망하자 제국은 더 이상 유지되는 것이 불가능해 보였다. 제국의 권위는 사실상 동로마 제국에 있었던 반면 서로마, 특히 이탈리아는 일련의 허수아비 황제들로 인해 무정부상태에 빠져들면서 야만족의 침입에 속수무책이었다. 제국은 다시 양분되었고 그 모습은 가쁜 숨을 몰아쉬며 죽음을 기다리는 지친 노인과 같았다. 476년 서로마 제국의 몰락은 로마문명 그 자체의 분열이자 몰락이었다. 제국의 영광이 떠나버린 파괴된 도시들과 황폐해진 농촌 그리고 지중해 연안의 인적 없는 항구들은 게르만의 거친 저속함으로 채워졌다.

하지만 이것이 종말은 아니었다. 분열은 공간의 재편으로 이어졌고 몰락은 새로운 요인들에 의한 새로운 역사로 재개되었기 때문이다.

3) 고대 지중해의 해체와 재구성

(1) 게르만의 지중해 진출(유입)

고대의 지중해 역사에서 에트루리아인들이 알프스 이북의 게르만에게 기념비적인 유적과 예술적 디자인 등에 걸쳐 문화적 영향을 미친것은 분명하다. 실제로 에트루리아인들의 문화는 그리스 도시들과 로마에 비해 상당히 사치스러울 정도였다.[5]

서로마 제국이 사라진 빈 무대에 등장한 게르만은 은퇴한 노장 배우를 대신하는 신인배우와 같았다. 연기의 세련됨은 없지만 'Dark Ages'의 무대에서는 나름의 역사적 역할에 충실하였다. 하지만 로마 제국의 관객들에게는 문명의 세계에서 빗겨나 있는 야만스러운 무리였을 뿐이다.

---

5) *Cultural Identity in the Ancient Mediterranean* by E.S. GRUEN, Review by: Naoíise Mac Sweeney, Source: The Journal of Hellenic Studies, Vol. 132 (2012), pp. 201-202, Published by: The Society for the Promotion of Hellenic Studies

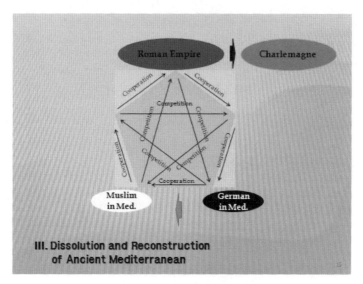

[그림 6] 고대 지중해의 해체와 재구성

기원 후 3세기경 고트족은 로마제국의 붕괴이후 지중해 문명에 가장 큰 영향을 주었다(Janet L. Abu-Lughod 1989: 43-44). 4세기 말 고트족은 다른 게르만 부족들에 비해 상대적으로 조금은 문명화되어 있었다. 이들 대부분은 아리우스파 기독교를 믿는 아리안 족이었다. 이들 중에 서고트족(비지고트)은 지역부족장의 지배체제하에 있었고 동고트족은 중부유럽의 중흥에 일정부분 기여하고 있었다.

한편 훈족(Huns)은 상당히 파괴적인 부족으로 기원 상 몽고인이었으며 중앙아시아의 스텝지역에 흩어져 살고 있었다. 훈족과 고트족은 서로 다른 시기에 로마제국의 큰 위협이었다. 4세기말 비지고트의 부족장인 알라리크(Alaric)가 콘스탄티노플에서 펠로폰네소스 반도의 남부에 이르는 지역을 휩쓴데 이어 401년에는 이탈리아 반도에 침입하였다. 실제로 알라리크은 알려진 사실과는 달리, 제국의 영토를 파괴하기 보다는 동족의 정착을 위한 영토를 얻기 위해 전쟁을 하였으며 독자적인 삶을 추구하였다. 만약 로마제국의 황제 호노리우스와 로마 원로원이 이러한 사실을 간파했다면 최악의 재앙은 피할 수 있었을 것이다. 408~409년에 알라리크은 3차례에 걸쳐 로마를 포위하였다. 첫 번째 포위 때 로마는 금 5,000파운드와 은 30,000 파운드를 지불하였다. 두 번째에는 황제를 폐위시키라는 요구를 수용해야만 했고 세 번째에는 로마가 철저하게 약탈되었다. 당시 기독교인이었던 알라리크은 부하들에게 3일간의 약탈을 허용했지만 교회와 종교시설에 대한 파괴는 엄격하게 금지하였다. 이후 알라리크은 남쪽으로 내려가 코센차(Coscenza)에서 말라리아로 사망하였다.

반면 고트족과는 달리, 훈족은 전혀 문명화되지 못한 종족이었다. 376년 처음으로 서유럽의 역사에 등장한 이후 동고트족의 왕국을 멸망시켰다. 이들은 노숙생활에 익숙하였으며 농업을 거부하고 요리도 하지 않았으며 날것을 먹고 말 타기에 능숙해 잠도 말을 탄 채로 잤다고 한다. 이들의 왕 아틸라는 서방세계에 가장 끔찍한 공포의 대상이었다. 그는 452년 이탈리아에 침입하여 베네토 지역의 도시들을 파괴하였다(파비아, 밀라노). 하지만 로마로 진격하던 그는 갑작스럽게 방향을 바꾸어 돌아갔다고 하는데, 그 이유는 오늘날까지도 미스터리로 남아 있다.

5세기에는 훈족의 공격에 쫓긴 반달족이 서유럽으로 밀려들어왔다. 하지만 이들은 서로마를 위협하기 보다는 지중해 세계에 더 큰 영향을 끼쳤다. 반달족은 아리안계의 게르만 족이었다. 409년경 골 지역을 약탈한 후에 스페인에 정착하여 428년까지 머물다가 새로운 왕 가이세리크(Gaiseric)의 지휘 하에 북아프리카로 건너갔다. 11년 후에는 카르타고를 정복하고 이곳을 중심으로 강력한 함대를 조직한 후에 해적활동을 전개하면서 로마를 약탈하여 많은 전리품을 카르타고로 가져왔다. 470년에는 시칠리아를 정복하고 서지중해의 바다를 장악한 후에는 이탈리아 반도 남부의 캄파냐를 공격하고 발레아레스(Balearis) 제도, 코르시카, 사르디니아를 점령하였으며 자신들의 세력을 그리스 남부 해안까지 확대하였다.

서로마는 죽은 것이나 다름없었다. 결국 476년 어린 아우구스툴루스 황제를 끝으로 서로마제국은 역사의 뒤로 사라졌다. 로마 몰락 5년 전인 471년, 17살의 테오도리쿠스(Theodoric)는 부왕이 사망하자, 10년 동안 인질로 잡혀있던 콘스탄티노플에서 돌아와 동고트족의 왕으로 선출되었다. 그의 통치목표는 자신의 부족을 위한 정착지를 확보하는 것이었다. 이후 20년의 통치는 이러한 목표를 실현하기 위한 노력의 시간이었다. 그는 489년 동로마제국의 황제 제노(Zeno)와 합의하여 자신의 부족을 이끌고 이탈리아로 들어와 493년에 오도아크레를 제거하고 동고트 왕국을 세웠다. 이후 30년의 통치기간에 그는 동고트와 로마의 공존을 위해 노력하였다. 그가 자신을 위해 제작한 석관은 로마와 게르만 두 세계의 특징들이 모두 공존하는 훌륭한 예술작품이었다. 그는 526년 사망했다. 그의 정치적 비전과 통치력은 다른 야만족의 사례와는 확연하게 구분되었다. 또한 지중해 문명의 일부이기를 원했지만 동고트인으로서의 고유한 전통도 유지하려고 했다. 테도리쿠스의 오랜 통치기간은 두 이질적인 세계를 매개하는 시공(時空)이었다.

로마의 몰락에서 게르만의 유입과 7세기 무슬림의 지중해 진출에 이르는 기간에도 비잔틴 문명의 수준은 서지중해와 유럽대륙의 그것을 압도하고 있었다. 이 기간에 로마제국 권위의 유산을 둘러싼 게르만과 비잔틴의 충돌은 문명교류의 여정이기도 하였으며 문명의 서풍을 타고 신의 형상에 대한 묘사, 아이콘, 모자이크 그리고 프레스코 기법 등이 전해졌다. 비잔틴 문명의 영향은 지중해로만 국한된 것이 아니었다. 유스티니아누스 황제에 의해 추방된 그리스 철학자들은 티그리스 강 유역의 크테시폰(Ctesiphon)으로 피신한 후 이란을 통해 중국에 도달하여 명성을 드높였다(Fernand Braudel 1993: 44).

동로마제국의 유스티니아누스 황제 치하에서 지중해는 과거 1～2세기와는 전혀 달라져 있었다. 동로마 황제와 게르만의 침입은 그 과정의 변화를 이끈 동력이었다. 비잔틴 제국은 옛 로마제국을 되찾으려는 노력을 지속했지만 변화의 바람은 과거 아우구스투스와 그의 후계자들의 로마제국에서 더욱 멀어지게 하였다. 제국의 권위와 권력은 이미 오래전부터 로마에는 존재하지 않았다. 지리적으로 고립된 동로마제국은 '로마'의 서지중해로 돌아가지 못하였다. 지중해와 주변지역은 더 이상 '유일한 하나(Unus)'의 권력으로 모여들지 않았으며 '로마의 호수'는 지중해-아시아(Mediterr-Asian)의 호수가 되었다. 유스티니아누스의 이탈리아 정복도 역사의 흐름을 되돌리지는 못하였다. 이 조차도 변화의 속도에 묻혀버리고 말았다.

(2) 지중해. 무슬림제국과 프랑크 왕국

7세기 전반 이전에 아라비아 반도는 기독교 세계에 아무런 존재감도 드러내지 못하고 있었다. 내부적으로도 부족 간 분쟁으로, 통일된 권력의 등장이나 문명화의 가능성은 전혀 보이지 않았다. 또한 척박한 환경과 외부세력에 대한 적대적인 성향은 유럽-지중해 상인들의 교역을 저해하는 원인이었다. 하지만 6세기 후반 이후 동지중해와 근동의 정치적인 상황은 더욱 심각하였다. 유스티니아누스 사후 비잔틴 제국이 침체에서 벗어나지 못한 채 파르티아를 정복한 사산조 페르시아의 심각한 위협에 직면한 것이 그것이었다.

다른 한 편, 동지중해-근동에 초래된 지정학적 권력 관계의 불균형은 인접한 지역들, 특히 아라비아 반도의 변화에 영향을 주었다. 유럽-지중해 상인들과 근동지역 대상들의 관심은 홍해와 아리비아 해의 해로와 육로를 통해 지중해와 인도양을 연결하는 루트로 옮겨갔다. 이것은 메카에게도 커다란 행운이었으며 무엇보다 새로운 종교문명의 등장에 결정적인 역할을 하였다.

고대 지중해 문명은 예언자 무함마드의 출현으로 새로운 시대로 접어들었다. 622년 무함마드는 추종자들과 함께 자신에 적대적인 메카를 떠나 메디나로 성천(聖遷, Hijra)하였다. 630년 군대를 이끌고 메카를 정복한 순간은 이슬람 문명의 건설을 위한 진정한 환호였다.

이슬람은 형제애와 통일을 중시하였다. 과거에 아랍부족들은 극심한 분열상태에 있었다. 새로운 종교는 이들을 알라의 종이자 모두가 하나라고 가르치면서 자존감을 심어주었다. 아랍인들은 신이 자신들과 함께 한다고 확신하였다. 전투에서 전사하는 것은 천국으로 가는 것이라고 생각했다. 꾸란은 전쟁이 자신을 지키는 수단일 뿐 자신의 이익을 위한 것이 아니라고 가르쳤다. 또한 유대교와 기독교 신자들에게는 이들이 자신들과 마찬가지로 완벽한 신의 계시를 받은 자들이었기에 다른 신앙을 강제하지 않았다. 그 밖에도 술과 향이 강한 음료를 금하였고 주기적인 금식과 하루 5번의 기도를 엄격하게 지킬 것을 주문하였다. 무함마드의 가르침은 극심하게 분열되어 있던 아랍인들을 무슬림의 공통된 이름하에 하나의 정신문화로 통일하려는 취지로 해석될 수 있었다. 하지만 문제는 지중해 문명을 공분(共分)하고 있던 유럽-기독교 문명과의 관계구도에서는 접변의 여지보다는 대립과 충돌의 가능성이 더 많았으며, 무함마드의 본 의도는 상대방의 투쟁의지를 더욱 자극할 수 있는 상대적인 가치로 폄하될 수 있었다.

무함마드의 시대가 종식되자(632, 메카), 선지자의 종교-정치권력은 오랜 친구이자 칼리파(예언자 무함마드의 대리인)인 아브 바크르(Abu-Bakr)가 계승하였다. 4명의 칼리파가 통치한 정통 칼리파 시대(632~661)에 이슬람은 다마스쿠스(Damascus), 예루살렘, 시리아, 팔레스타인 그리고 이집트에 이어 사산조 페르시아 제국도 무너뜨렸다. 이집트 정복이후 북아프리카 공략이 답보상태에 빠져들었다. 사막의 특수한 환경도 문제였지만 보다 근본적인 원인은 메디나의 정치적 위기였다. 정치적 혼란의 결과, 정통칼리파 시대가 끝나고 우마이야 왕조(661~750)의 통치가 시작되었다.

우마이야 왕조 하에서 무슬림의 정복활동이 재개되었다. 튀니지와 카르타고가 함락된 데 이어 이집트와 시리아의 기독교인 선박기술자와 선원들의 도움을 받아 함대를 구축한 후에는 사르데냐, 시칠리아, 사이프러스, 발레아레스 제도를 정복하여 이집트에서 대서양에 이르는 지중해 남부 해안에 대한 제해권을 완성하였다.

비잔틴제국과 사산조 페르시아의 극한 대립이 무슬림 군대가 배후의 강력한 적대세력 없이 지중해의 남부 해안지역을 따라 대서양에 도달하는데 일정 부분 기여한 것은 사실이었다. 711년에는 지브롤터 해협을 건너 이베리아 반도에 상륙하였다. 학자들에 따르면(John Julius Norwich 2007: 73) 기독교 유럽과 아랍-무슬림의 푸아티에 전투는 알려진 것과는 달리, 프랑크 중무장 기병들이 본진에 앞서 정찰 중이던 소규모 무슬림 정찰부대에 거둔 작은 승리에 불과했다. 무슬림 군대는 피레네 산맥을 넘어 716년, 721년, 726년 세 차례에 걸쳐 프랑스 지역을 공략했지만 교두보 확보에는 실패하였다. 이질적인 기독교 유럽세계와의 경계가 정해진 셈이다. 하지만 우마이야 왕조의 이베리아 반도는 이슬람교, 유대교, 기독교의 세 종교와 이에 따른 인종적, 언어적, 문화적 대대(待對)가 유행(流行)하는 문명 간 교류의 실험실이었다. 이후 750년 동안 세 문명의 경쟁적 협력은 지중해-아시아(Mediterr-Asian) 문명의 정체성 형성을 이끌었다.

우마이야 왕조의 몰락은 내부 균열에서 시작된 이후 40년 동안 21명의 통치자가 교체될 만큼 극심한 혼란을 동반하였다. 내분의 끝은 왕조의 교체였다. 아바스 왕조(750~1258)는 수도를 바그다드로 이전하여 권력의 중심을 근동으로 옮겨갔다. 천도(遷都)는 후우마이야 왕조의 성립 이후(756~1031) 이슬람 문명이 지리적으로 대서양에서 인도양까지, 이베리아 반도에서 멀리 펀자브(Punjab)지역까지 확장되는 전환의 계기였다면, 정치와 종교 그리고 문화적으로는 이베리아-유럽과 비잔틴-근동이라는 대대(待對)적 관계의 공존체제를 동반하였다. 지중해는 내해의 지리적 한계를 넘어 유라시아의 문명시루들 중 하나가 되었다.

지중해 문명 간 교류에 있어 이슬람 문명과 유럽지역 기독교 문명의 성립은 고대 지중해 세계의 종식이자 동시에 새로운 시대의 서막을 의미하였다. 하지만 새로운 관계를 위한 구체적인 구도는 아직 성립되지 않았다.

800년 예수 탄생일에 교황 레오 3세는 로마 베드로 성당의 대관식에서 프랑스 왕족 카롤링거 가문의 카를루스를 새로운 로마제국의 황제로 선포하였다. 고대 로마제국 권위를 승계한 최초의 게르만 황제였다. 그의 신성로마제국은 비잔틴 제국이 의도적으로 배제된 유럽제국이었다. 아울러 이슬람과도, 유대문화와도 차별화된 게르만-라틴 문화의 기독교 제국이기도 하였다. 지중해의 동쪽 극단에 위치한 옛 로마제국의 지정학적 위치와 경제를 포함한 문명 정체성 전반을 고려할 때, 프랑크 제국과 이슬람 제국은 사실상 지중해 문명교류를 위한 관계구도의 완성이자 중세의 출범이었다.

지중해의 로마화는 476년 동서의 두 제국으로 분열되었다. 경제적, 지리적, 사회적 그리고 정치적인 단절이자 중세 유럽이 탄생하는 순간이었다. 벨기에의 역사학자 피렌에게 5세기 게르만의 서로마 제국의 가지는 보다 근본적인 의미는 중세의 탄생보다는 7~8세기 무슬림의 북아프리카, 중동 정복에 있었다. 지중해 세계의 통일성 차원에서 476년 고대세계의 몰락이며 동시에 중세의 출범이었을까? 로스토프체프 (Michael Ivanovich Rostovtzeff)가 3세기 로마제국의 실질적인 몰락을 언급한 것과는 달리, 7세기까지 지중해의 통일성이 유지되고 있었다는 주장이 더 큰 설득력을 가지고 있는 것은 아닐까?

무함마드가 없었다면 샤를마뉴의 출현은 불가능하였을 것이다. 7세기 고대 로마제국의 문명적 유산은 지중해 동부와 근동의 경계로 옮겨갔으며 샤를마뉴의 제국은 서유럽의 제국이 되었다[…] 카롤링거 제국은 […] 중세의 발판이었다(Pirenne 1939: 234).

실제로 유럽지역에 게르만이 등장한 이후에도 지중해와 비잔틴 제국의 전통적인 교역관계는 붕괴되지 않았다. 하지만 프랑크 제국이 등장한 이후 유럽지역의 경제적 기반과 부의 원천은 대륙의 북서지역에 집중되어 있었으며 동로마에서 주조된 금화가 아니라 토지에 기반하였다. 그리고 메로빙거 시대와는 달리, 신성로마제국은 중세 초기 지중해의 정치적, 경제적 상황의 재편과도 거리가 있었다.

참고문헌

John Julius Norwich, *The Middle Sea*, New York, First Vintage Books Edition, 2007.

Pietro Silva, *Il Mediterraneo, dall'Vnita di Roma all'vnita d'Italia*, Milano, A.Mondadori, 1927.

Janet L. Abu-Lughod, *Before European Hegemony*, Oxford, Oxford University Press, 1989, p. 43-44.

Fernand Braudel, *A History of Civilizations*, New York, A Penguin Book, 1993, p. 44.

2. Interchanges of Ancient Mediterranean Cultures: the 'Greek Colonization' in the Magna Graecia

_Sebastian Müller

1) Preliminary Remarks

The Phoenician and Greek colonizations in the Mediterranean starting in the ninth/eighth century B.C. were two partly intertwined processes that led to the formation of a network that spanned across the entire Mediterranean for the first time in human history. It was this emerging network that laid the foundation for the interconnected space that is one of the crucial characteristics of the Mediterranean in later times. Understanding these colonization movements in all their aspects is in this sense a quite significant issue for the discipline of Mediterranean Studies.

Generally the Greek colonization has been in the center of interest since the beginning of research into Ancient History and it is, thus, an extensively discussed topic[1]. The publications dealing with the subject area on a large scale or with particular aspects of it are accordingly numerous and highly diverse. Even though there has been a significant increase in knowledge, not least through the growing importance of archaeological studies, recent research on the matter seems to be stagnating or even to be in a crisis(de Angelis 2010, 18f). The reasons for this situation can, at least partly, be found in the limitations of the available sources and the reluctance to introduce concepts and theoretical frameworks that might be capable of shedding new light on several aspects of the phenomenon.

In the following the Greek colonization in one of its main areas, the Magna Graecia, will be closer investigated on the macro- and micro-level. First of all it will be suggested to approach the phenomenon of the Greek colonization from a more neutral position as a migration movement. In fact theoretical models developed for modern migration movements are, if modified, capable in explaining a number of features accompanying the movement of Greek people to South Italy and Sicily in antiquity.

Another topic related to the foundation of Greek settlements in the entire Mediterranean has been the question on the predominance of Greek culture on the local peoples. It is undeniable that Greek products and partly customs were adopted by local communities but it remains disputed to which extent and in which pace these adoptions took place. A statistical comparison of the burial customs as one of the most group specific expressions of cultural affiliation in the archaeological

---

1) For a comprehensive overview of the state of research and a bibliography, see Tsetskhladze. 2006, xxxiii-lxxxiii.

record including locations of the Magna Graecia and the Greek homeland offers first hints to answer these questions.

On the micro-level the evidence of Greek presence outside the colonial settlements will be discussed by examining the archaeological remains, particularly the burials, of the ancient city of Morgantina in Sicily.

2) Geography and Historical Background

The Magna Graecia that became one of the main destinations for Greek settlers in course of the colonization movement encompasses according to the ancient geographer Strabo(6.1.2.) the island of Sicily and the southern part of Italy including the regions of Apulia,

[Fig. 1] Map of the Magna Graecia.

Basilicata, Campania and Calabria (fig. 1). Geographically these regions are characterized by the typical Mediterranean features but show in detail a huge diversity in terms of natural resources, microclimate etc.

As proven on different instances, people in the mentioned areas were organized in rather small, regional communities during the early Iron Age(Whitley 1991, 342. 344; Coldstream 2001, 87-275). Archaeologists distinguish for each area a number of archaeological cultures and at times with help of ancient written sources also particular tribal group s[2]. Despite the fact that our picture of that time is quite fragmented, it seems that from the viewpoint of technological and cultural achievements or essential life conditions, there was not an extreme difference between the people living in the Greek Archipelago and those in the Magna Graecia(de Angelis 2003, 28). The obvious advance of the Greek communities was the ability of inter-regional seafaring, a sophisticated pottery and metal production, the adoption of the alphabet from the Phoenicians and connections with cultures from Anatolia, the Levantine coast and Egypt(Coldstream 2001, 341-350). All the usually acknowledged accomplishments of Greek culture were at the beginning of the big colonization movement not or just slightly developed. The awareness of a particular inter-regional group identity, e.g. in regard of language or ethnicity, was only marginally established(Morgan 2003, 26; 29). Generally, a high diversity regarding cultural and political circumstances is assumable. Important to consider is, moreover, the inevitably differing degree of connectivity among the sites and thus a disparate access to trade goods, raw materials etc.

---

2) See for a comprehensive overview: Burckhard, 2008. 109-110; 194-206.

According to historical sources the permanent settlement of people from the Aegean Sea along the shores of South Italy and Sicily began in the eighth century B.C. which is the end phase of the so called Dark Ages in the Greek world(Coldstream 2001, 52-85). Settlements or colonies outside the Greek speaking area were basically founded until the fifth century BC(Tsetskhladze 2006, table 6). The first settlers were either citizens from one Greek mother-city or a mixed group from different places(Burckhard 2008, 50).

3) Problematic Terms

The character of the movement known as Greek colonization has been the subject of extensive discussion. There is a broad agreement among scholars that terms such as colonization and colonialism, derived from the ancient Roman colonial practice or the numerous modern examples, are not adequate to define the movement of people from the Aegean to locations in the western and eastern Mediterranean from the eighth century BC onwards(Greco 2006, 169; Hodos 2006, 14; Descoeudres 2008, 291f.)[3]. However, in the absence of more appropriate definitions the mentioned terms are being used with minor or major restraints[4] and at times the problematic predispositions connected more or less implicitly with the usage of them seem to

---

3) It has been stated in many studies that the Greek term *apoikiai*, used as a more or less contemporary term for the newly founded settlements abroad, has by no means any connection to the term colony or its implications (Greco, 2011, 233).

4) F. de Angelis advocates the usage of the term apoikism in order to draw a clear distinction between the Greek migration movement and the loaded term colonialism (F. de Angelis "Ancient Greek Colonization in the 21st Century: Some Suggested Directions". In: *Bollettino di Archeologia* online I 2010/ Volume speciale C / C1 / 5, 2010, 20f.).

remain. The basic element inherent in terms related to colonization is the perception that those people who colonize are dominant and those people who are being colonized are subordinate in a particular way. Considering the fact that the cultural and technological progress of Greek people was, as mentioned above, compared to the local peoples not very dramatic and the settlers were in a must have been in a minority in the places of their arrival(de Angelis 2003, 28) their options for imposing their will on the local population were clearly limited, although hostile encounters are mentioned in the ancient sources(Thucydides 6.3-5).

4) Greek Colonization Seen as a Migration Movement

In order to avoid as many presuppositions as possible and to examine the case of the so-called Greek colonization from a more general and impartial perspective, the following considerations begin with a very banal insight: the phenomenon described as Greek colonization is in its basic features a migration movement[5]. In this sense it might be beneficial to see whether the insights from studies on migration offer any perspectives to understand the movement of Greek people within the Mediterranean.

---

5) As banal as this assertion might be, a check of recent publications shows in several cases the absence of the term migration to describe the Greek movement, whereas colonization is frequently used with the mentioned restraints. The comprehensive discussion and weighing of numerous definitions used in the context of Greek colonization led T. Hodos to the final definition: "Colonization, therefore, is not an institutional or political manifestation but a movement of people or individuals who collectively identify themselves with a certain social coherence." (Hodos, 2006, 22). From this perspective it makes sense to speak neutrally of a migration movement first and, when indicated, specify the definition according to the available information later.

Models related to migration studies have been developed on basis of modern migration events making it difficult to apply them one-to-one on prehistoric or ancient times. However, S. Burmeister created a model for investigating prehistoric migrations that includes all the information from studies of recent migration movements that are potentially of use for earlier times(Burmeister 2000, 539-567). Actually meant to be a guideline for tracing migratory movements within the archaeological record, it provides an overall understanding of the basic features of migrations and is, thus, also applicable for the structured examination of those migrations whose existence is without any dispute.

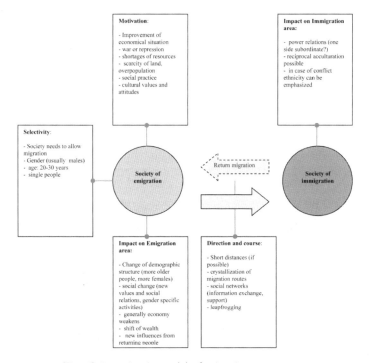

[Fig. 2] Burmeister's model of migration movements.

Burmeister's framework has two poles: on one side the area or society of emigration and on the other side the area of immigration (fig. 2). Both poles need to be examined in order to get a comprehensive insight into the migration process and several categories for each pole need to be considered. Additionally Burmeister refers to particular principles or universal rules that have been recognized by scholars concerned with migration studies. Especially these rules seem to explain a number of phenomena connected to the ancient Greek migration movement. It is also of relevance to highlight that most of the answers for understanding the migration movement are not to be found in the area of immigration but in the home region of the settlers. Although on basis of the limited available sources not clearly determinable, the, among scholars, highly disputed motivations of the Greek settlers for leaving their home to a foreign land are certainly not explainable by a single reason for instance the economic situation (Müller 2013, 41-44). Burmeister clarifies that poor economic conditions constitute a strong push factor for migrants but other elements do always play a role as well(Burmeister 2000, 543). Another point is the selectivity of the migrants which matches very well with the scattered remarks from ancient sources that at least the first arriving settler groups were mainly men. It remains, however, unclear whether and how many women from the Aegean were among later arriving settlers(Müller 2013, 44-45).

Regarding the course and direction of the ancient Greek migration movement there are strong hints that the location for the Greek cities in the Magna Graecia was chosen according to a number of considerations but the settlers were certainly not in all instances free to decide where to settle without the agreement or cooperation of the local communities(Müller 2013, 45-48). Additionally it is very likely that the already established cities were the starting for new foundations. Despite being in competition with each other it is assumable that all Greek settlers were part of a network that allowed for new arriving people from the Aegean to gain a foothold into the new area(Müller 2013, 45-48) which, as mentioned above, was not so much different from their home.

Regarding the impact of the migration movement on the region of immigration, the modes of exchange between the arriving Greek settlers and the inhabitants of Sicily have been described with terms such as acculturation and hybridity(Dommelen 1997, 309; Hodos 2006, 17). the former almost exclusively in such a way as to emphasize the superiority of the Greek settlers(de Angelis 2003, 22). There is no doubt that the Greek migrants had a strong influence on the local communities in Sicily and it can easily be stated that the newly-arriving settlers in general did not take an underprivileged position.

It has already been mentioned above that the historical sources report on cooperation and warfare between the Greek settlers and the local people(Thucydides 6.3-5). The different modes of interaction described by Thucydides illustrate the fact that neither the locals nor the Greek settlers can be seen as monolithic blocks(de Angelis 2003, 31 with reference 88). Accordingly the responses of these diverse groups to influences from the outside were in each case as potentially multitudinous as their number. There is, however, no doubt that the local communities were deeply influenced by the Greek presence and that a number of cultural elements were integrated in the local culture. But how much time did this process take and to which extent where Greek elements adopted to the local culture?

5) Acceptance of Greek Cultural Elements by the Local Population

In order to observe the degree of cultural change several subjects of investigation and a number of approaches seem to be applicable. In the following the cultural links between communities of Greece and the Magna Graecia will be evaluated from perspective of their burial customs. Comparative approaches of this kind have been already pursued but mainly focused on selected elements and not so much on the combination of a large variety of factors that are observable in the burial context[6].

Burials are an abundant archaeological source in the area of examination and they can be considered as the material remnants of rituals and religious activities that were deeply rooted in the customs and, thus, identity of the local communities. Research on settlements increased over the years but despite promising results(Hodos 2006, 99-112; Champion 1989, 103-104) graves still hold the highest chance to answer a wide range of questions. Moreover, burials are usually better dateable and offer at least potentially the opportunity to analyze individual aspects of the interred person. The following observations rely on the presupposition that burial sites of the Aegean Archipelago are distinguished from each other and from the cemeteries of the Magna Graecia through the presence or absence of a number of

---

6) Compare for instance Shepherd, 1999. Shepherd, 2005. 115-136.

particular features regarding the construction and equipment of the graves.

In order to simultaneously examine the wide range of information that are deducible from burials and to reveal potential patterns or relations among the cemeteries a multifactorial approach seems to be the most promising. Among the numerous methods that might help to analyze the data, the statistical method known as correspondence analysis (CA) has been selected since it allows the handling of huge datasets and a comprehensible visualization of its results. The dataset used for the following examination has been taken and slightly modified from the in 2008 presented PhD thesis of N. Burkhardt dealing besides other topics with the question how Greek settlers in the Magna Graecia influenced the local culture(Burckhard 2008 a and b). Burkhardt chose, however, to evaluate the data in a qualitative way without focusing on statistical approaches. As a basis for the CA Burckhardt's tables that summarize the occurrence of particular burial elements for each site in a particular region from the ninth to the fourth century B.C. will be used. These tables include information on burial construction, body-treatment, body-bedding and on classes of grave goods observed at burial sites from areas in the Aegean (Euboea, Rhodes, Crete) and the Magna Graecia (Sicily, Apulia, Basilicata, Campania). The CA is arranging the cases in the tables, which are the single geographical locations, within a graph according to their similarities in terms of shared elements[7]. If locations from the Aegean and the Magna Graecia are very similar on basis of these elements they

---

7) For an extensive discussion of the dataset, an explanation of the CA and more see Müller 2014. 1-41.

will appear in the graph in closer proximity to each other. In order to understand the changes through time the data has been divided in three time slices (1.: ninth-eighth century B.C.; 2.: seventh-early sixth century B.C.; 3.: sixth - fifth century B.C.).

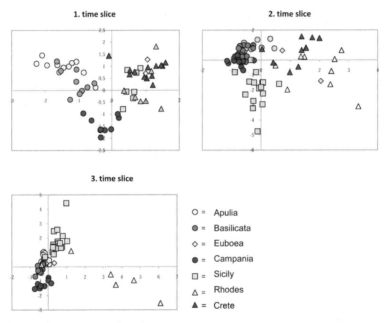

[Fig. 3] Graphs of the correspondence analysis for the three time slices.

The comparison of the graphs created for each time slice provides interesting insights (fig. 3). Whilst the 1. time slice is related to the earliest stage of Greek occupations in the Magna Graecia the 2. time slice covers the time of the highest settlement activities in which the first Greek cities had been already established. What stands out is that the regions are more or less clearly divided from each other, though overlapping does exist. The structure of the first graph resembles a parabola with Greek locations on one side and South Italian places on the other side whereas the Sicilian sites show a strong resemblance with the Greek locations which has to be understood at this early stage of contact as rather coincidental (fig. 3). The graph of the second time slice shows a separation of Sicilian sites and a closer affiliation of locations from Apulia, Basilicata and Campania. The third time slice reveals again a separation of the locations by region with partial overlapping. From perspective of the CA it can be concluded that local sites did indeed include Greek elements but never to an extent that changed the cultural affiliation of their communities. They are in fact more or less clearly identifiable by their own regional traits. In this sense Greek elements were adopted and integrated in the local culture in a very specific way that cannot be simply explained as one-sided acculturation. It is rather the appropriation of foreign elements and their integration in the local setting under the conditions of the local people. Additionally, it turns out that this process lasted over several generations and was by no means a sudden and dramatic event.

It is clear that this examination is only a first step to understand the complex situation in the Magna Graecia at the time of the Greek migration and that a quantitative approach is naturally focusing on the broad generalities than on specific developments in particular sites. This will follow in the next section by looking at the case of Morgantina, a local city in the hinterland of Sicily.

6) The Integration of Greek Cultural Elements in a Local Community - the Case of Morgantina

Morgantina is located in east central Sicily close to the modern city of Aidone on a mountain ridge, the Serra Orlando, at the western border of the plain of Catania. Although the site was already known in the nineteenth century and partly examined by the famous Italian archaeologist Paolo Orsi at the beginning of the twentieth century, regular excavations did not take place before 1955 under the guidance of several American institutions such as the University of Illinois or the University of Virginia(Lyons 2006, 7). The settlement consists of two parts which seem to have been inhabited consecutively. A large settlement area stretching along the Serra Orlando is the younger part. It is characterized by an orthogonal street grid, an agora with *stoas*, a theatre and many other features usually related to Greek cities(Walsh 2011/2012, 126-127).

At the eastern end of the Serra Orlando rises a hill called the Citadella that has been identified as the location of the older part of the town which was covered with loosely scattered longhouses typical for the Ausonian culture during the Iron Age(Leighton 1993). In the sixth century B.C. new houses and streets were constructed in a city-like configuration and the settlement was subsequently fortified with a massive wall. Although the structure of the archaic city has been still not sufficiently investigated, several architectural features of Greek origin are observable: *naiskos*-buildings, terrace walls constructed in the Greek *anathyrosis*- technique, painted terracotta revetments and tiles, remains of monumental altars, as well as the so-called Four Room Building

(Antonaccio 1997, 173-173). The latter has been interpreted as a construction for public banquets due to its remarkable shape of four rooms arranged in a row and the discovery of huge amounts of fine imported Greek pottery. The archaic city on the Citadella was destroyed between 460 and 450 B.C. which is possibly related to the capture of Morgantina in 459 B.C. by the Sikel leader Doucetius as narrated by the ancient author Diodorus Siculus(Antonaccio 1997, 186).

Although the archaic settlement layer of Morgantina holds valuable information on the transformation processes of the society at this time, the contemporary chamber tombs are according to the current state of research the most significant sources. The tombs were cut into the partly steep slopes of the Citadella hill outside the city walls(Lyons 1996, 6). Several burial plots have been observed (fig. 4) but it is assumable that not all cemeteries have been detected so far.(Lyons 1996, 6) The American excavations discovered a total of sixty-seven tombs in the course of several campaigns. Most of the tombs date to the Archaic period, with a few older examples from the eighth and seventh century B.C. Some of the tombs were empty, others were discovered intact or partly cleaned out. From the sixty-seven tombs only thirty-one held actual burials and grave goods(Lyons 1996, 7). In the majority of cases multiple burials were placed in one tomb leading often to the intermixture of the equipment. The tombs show an astonishing variety of ways how the deceased's bodies were treated and placed. There are cremations, usually deposited in urn vessels, and inhumations. Latter were placed inside the tombs on the floor, on wooden biers, on stone benches, also called *klinai*, in stone sarcophagi, or in grave constructions such as *fossa*, soil, tile and so-called *enchytrismos* graves that consist of a large vessel that contained often the remains of children(Lyons 1996, 24).

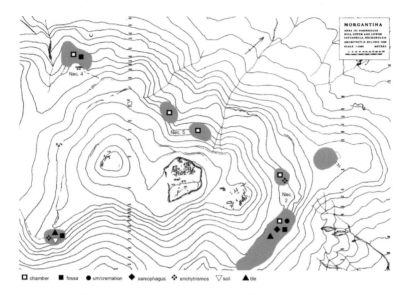

[Fig. 4] Morgantina, Citadella area with cemeteries and distribution of burial types.

Although there is no doubt that the chamber tombs are the product of a local tradition, particular burial types occurring inside or nearby the tombs can be traced back to the colonial cities at the Sicilian coast or even to the Aegean. Among this foreign types are *fossa* graves which are in context of the archaic chamber tombs, except for the richly furnished grave 4-4, mainly connected to meagerly equipped child interments(Lyons 1996, 21-22). Another Greek burial type is represented by tile graves which occur in Morgantina not very often but always in connection with children(Lyons 1996, 22). Sarcophagi belong likewise to the sphere of the colonial cities, particularly Gela. Other than the two grave categories mentioned before, it seems that sarcophagi were used for adult individuals of a comparatively high status(Lyons 1996, 22-24). The two clearly identified *enchytrismos* or jar burials of Morgantina were both the last resting places of children. Jar burials are in opposite to the aforementioned grave types of local tradition(Lyons 1996, 24). While all these grave categories were connected to inhumations, a few cremations deposited in hydria-vessels are considered to be of foreign origin(Lyons 1996, 26).

The grave goods in the tombs encompass to the largest extend pottery vessels. These vessels are the most obvious indicators of the complex cultural entanglements of the community residing in Morgantina. Pottery in the local tradition includes before all storage, cooking and food offering vessels. Other functional types are mainly represented by imitations of Greek shapes such as pouring and drinking vessels or containers for unguents and cosmetics. Drinking and mixing vessels as well as pouring vessels and the smaller containers for unguents and perfumes stem also from the colonial cities in Sicily or were imported from the Aegean(Lyons 1996, tab. 6). Furthermore the deceased were equipped, among others, with their personal adornment including fibulae, different kinds of rings, hair spirals, earrings, necklaces and pendants as well as bracelets(Lyons 1996, tab. 2). Moreover, sporadically weapons such as spearheads or tools occur in the grave context albeit without a clear pattern(Lyons 1996, 108-110).

As this brief description demonstrates, Morgantina was characterized by a number of domestic and funerary elements that belonged to the Greek cultural sphere and the question is raised whether Greek people were living in the archaic city. This leads, however, to the issue of tracing ethnic identities on basis of artefacts that has a long tradition in archaeology but is highly disputed against the background of the multidimensionality of human identity[8]. Nevertheless, a crucial hint on where to look for ethnic markers comes again from the above mentioned work of S. Burmeister on prehistoric migrations. Based on his evaluations of early modern and modern cases he points out that ethnicity is less likely expressed in the funerary sphere and even more so if migrants join an already established community(Burmeister 2000, 542) which is certainly the case for Greek people who supposedly lived in Morgantina. Whilst the public field - to which the performance of funerary rituals clearly belongs - is too much entangled with group related conventions and expectations, the private sphere is a place in which behavioral patterns connected to ethnic identity can survive for a long time. Thus, Burmeister suggests, archaeologists should turn their eye to domestic contexts in order to ascertain the presence of particular ethnic groups(Burmeister 2000, 542). However, this approach is in case of Morgantina yet not applicable due to the lack of completely published artefact assemblages from the archaic houses. However, Burmeister also discusses one possible instance in which ethnicity might be observable in the funerary context. Surprisingly he does not advocate the examination of elite burials but the detection and study of burials of individuals of low rank, for example of small children, because these individuals were not strictly bound to be buried in a representative and regular way(Burmeister 2000, 542). In case of

---

8) An extensive discussion on this matter and Morgantina in: Müller, 2016, 161-198.

Morgantina it has been noticed that indeed a number of grave types that can be traced to the Greek tradition were occupied by infants or children. Particularly the burial plot at the south slope of Citadella was apparently reserved for these burials (fig. 4). From perspective of Burmeister's explanations it is assumable that the child burials in Greek grave types do indicate the presence of Greek people in Morgantina. This idea has been already expressed by other scholars, for instance J. Neils, who suggested that Greek traders or salesman were living in Morgantina on a temporary basis using the city as an *emporion*(Neils 2003, 47). children who died during this stay were, according to Neils interpretation, buried at the south slope. This analysis bases upon the fact that unambiguously identifiable Greek adult burials are not observable among the known tombs at Morgantina. However, this notion presupposes that Greek adults were always buried according to Greek rituals without considering the possibility that Greeks may also have adopted local traditions. Since the chamber tombs were the last resting places of the local elite, it is very likely that deceased members of the Greek community - as long as they were integrated in the local society - adjusted to the local customs in order to adapt to public expectations and to express their high status in the local style. In light of Burmeister's approach, it is therefore very likely that the parents of the deceased children were constantly living in Morgantina but the way they were eventually buried resembled more the local customs making them unrecognizable from archaeological perspective.

7) Conclusion

Based on three different levels of investigation regarding the phenomenon of the so-called Greek colonization in the Magna Graecia, it can be concluded that there are good arguments to speak more neutrally of a migration movement. At least the scattered information in historical sources and the archaeological record are from this perspective better understandable as from the biased notion of a colonial movement that puts the Greek settlers in the role of a dominant power that moved out with an overall plan to occupy and conquer wide areas of the Mediterranean. The empirical analysis on the adoption of Greek cultural elements demonstrates that the local communities integrated Greek products and partly customs in their own culture and thus made them their own. This process was comparatively slow spanning several generations. Furthermore, as the case of Morgantina seems to suggest, people of Greek origin also lived in settlements of the local communities. They did not only spread their own culture but adopted local customs. In this sense the interaction of Greek people and locals in the Magna Graecia is understandable as a two-sided acculturation process with a number of hybrid developments which stands exemplarily for a number of situations in later times that shaped the cultural outline of the Mediterranean region in subsequent periods.

Reference

Antonaccio, Carla 1997. Urbanism at Archaic Morgantina, in H. D. Andersen, H. W. Horsnæs; S. Houby-Nielsen (eds), *Urbanization in the Mediterranean in the ninth to the sixth centuries B.C.* Copenhagen: Museum Tusculanum Press, 167-193.

Burckhard, Nadin 2008 (a). *Zwischen Tradition und Modifikation. Kulturelle Austauschprozesse in den Bestattungssitten der griechischen Kolonien in Unteritalien und Sizilien vom 8. bis zum 5. Jh. v. Chr.* ‐ text, (PhD thesis: University Köln, 2008). ‐ online publication: 2014.01.15, http://kups.ub.uni-koeln.de/id/eprint/5050

Burckhard, Nadin 2008 (b). *Zwischen Tradition und Modifikation. Kulturelle Austauschprozesse in den Bestattungssitten der griechischen Kolonien in Unteritalien und Sizilien vom 8. bis zum 5. Jh. v. Chr.* ‐ catalog, (PhD thesis: University Köln, 2008). ‐ online publication: 2014.01.15, http://kups.ub.uni-koeln.de/id/eprint/5050.

Burmeister, Stefan 2000. Archaeology and Migration. Approaches to an Archaeological Proof of Migration. *Current Anthropology* 41, no. 4, 539-567.

Coldstream, John Nicolas 2001. *Geometric Greece 900-700 BC* . London, New York: Routledge.

de Angelis, Franco 2003. Equations of Culture. The Meeting of Natives and Greeks in Sicily (ca. 750-450 BC), *Ancient West & East* Vol. 2, No. 1, 19-50.

de Angelis, Franco 2010. Ancient Greek Colonization in the 21st Century: Some Suggested Directions". *Bollettino di Archeologia* online I 2010/ Volume speciale C / C1 / 5, 18-30.

Descœudres, Jean-Paul 2008. Central Greece on the Eve of the Colonisation Movement, in G. R. Tsetskhladze (ed), *Greek Colonisation. An Account of Greek Colonies and other Settlements Overseas Vol. 2.* Leiden/Boston: Brill, 289-382.

Dommelen, Peter van 1997. Colonial Constructs: Colonialism and Archaeology in the Mediterranean. *World Archaeology* Vol. 28, No. 3, 305-323.

Greco, Emanuele 2006. Greek Colonisation in Southern Italy: A Methodological Essay, in G. R. Tsetskhladze (ed), *Greek Colonisation. An Account of Greek Colonies and other Settlements Overseas Vol. 1*. Leiden/Boston: Brill, 169-200.

Greco, Emanuele 2011. On the origin of the Western Greek Polis. *Ancient West & East Vol. 10*, 233-242.

Hodos, Tamar 2006. *Local Responses to Colonization in the Iron Age Mediterranean*. London/New York: Routledge.

Horden, Peregrin; Purcell, Nicholas 2000. *The Corrupting Sea: A Study of Mediterranean History*. Oxford; Malden: Blackwell Publishers Ltd.

Leighton, Robert 1993. *Morgantina Studies, Volume IV: The Protohistoric Settlement on the Cittadella*. Princeton: Princeton University Press.

Lyons, Claire L. 1996. *The Archaic Cemeteries. Morgantina Studies V.* Princeton, New Jersey: Princeton University Press.

Morgan, Catherine 2003. Ethnic Expression on the Early Iron Age and Early Archaic Greek Mainland. Where should we be looking?, in Ton Derks and Nico Roymans (eds), *Ethnic Constructs in Antiquity: The Role of Power and Tradition*. Amsterdam: Amsterdam University Press,11-36.

Müller, Sebastian 2013. Away from Home: Ancient Greek Migration Seen as a Migratory Process. *Mediterranean Review* 6-2, 33-57.

Müller, Sebastian 2014. Greek Influence on the burial customs in the Magna Graecia (8th-5th century BC). 서양사학연구 제31 집, 1-41.

Müller, Sebastian 2016. Revisting the Archaic Chamber Tombs of Morgantina, Sicily. Ethnicity and identity transition in an Ancient Intercultural Setting. 역사와 세계 49, 161-198.

Neils, Jenifer 2003. City versus Cemetery: The Imported Pottery of Archaic Morgantina, in B. Schmaltz and M. Söldner (eds), *Griechische Keramik im kulturellen Kontext*. Münster: Scriptorum, 46-48.

Shepherd, Gillian 1999. Fibulae and Females: Intermarriage in the Western Greek Colonies and the Evidence from the Cemeteries, in Gocha R. Tsetskhladze (ed), *Ancient Greeks West & East*. Leiden; Boston: Brill, 267-300.

Shepherd, Gillian 2005. Dead Men Tell no Tales: Ethnic Diversity in Sicilian Colonies and the Evidence of the Cemeteries. *Oxford Journal of Archaeology* 24, 115-136.

Walsh, Justin St. P. 2011/2012. Urbanism and Identity at Classical Morgantina. *Memoirs of the American Academy in Rome* 56/57, 115-136.

Tsetskhladze, Gocha R. 2006. Revisiting Ancient Greek Colonisation, in G. R. Tsetskhladze (ed), *Greek Colonisation. An Account of Greek Colonies and other Settlements Overseas Vol. 1.* Leiden/Boston: Brill, xxxiii-lxxxiii.

Whithouse, Ruth. D.; Wilkins, John B. 1989. Greeks and natives in south-east Italy: approaches to the archaeological evidence, in T. C. Champion (ed), *Centre and Periphery Comparative Studies in Archaeology.* London. Unwin Hyman, 102-126.

Whitley, James 1991. Social Diversity in Dark Age Greece, *The Annual of the British School at Athens* 86, 341-365.

CHAPTER

04

지중해의 시대별 문명 교류 (2)
중세 지중해

서구 유럽인들에게 중세의 역사는 암흑의 역사이자 감추고 싶은 역사이기도 하다. 유럽의 중세는 고대 그리스·로마제국의 빛나는 문화유산이 잊혀지고 야만과 주술, 마녀가 활개치던 시대였다. 실제로 중세의 유럽인들은 가난과 기아, 무지, 질병, 폭력, 배신, 불결에 시달리고 있었다. 그들은 흙으로 만든 오두막집에 거주했고, 도시의 하천도 정비되지 않아 질병의 온상이 되곤 했다. 심지어 피부의 손상을 염려하여 목욕도 자주 하지 않았다는 기록도 있다.

　중세 유럽인들에 대한 아랍인들의 인식은 아랍의 역사가이자 지리학자인 아부 하산(Abu Hasan al-Masudi, 956년 사망)의 아래와 같은 기록에서도 알 수 있다.

　"북쪽의 사람들은 춥고 습기진 곳에 살고 있다. 얼음과 눈이 끝없이 계속되어 있다. 그들 사이에는 따뜻한 유머가 부족하고, 몸은 크고, 성격은 거칠며 예의는 세련되지 못하다. 그들은 이해력이 부족하고 언어도 발달하지 못했다. 그들의 종교적 믿음은 견고하지 못하다. 그들 중 가장 북쪽에 살고 있는 사람들은 어리석고, 야만적이다".

　아부 하산의 언급처럼 아랍인들은 중세 유럽인들을 세련되지 못한 야만인으로 간주하고 있었다. 고대 시대와 중세 시대의 야만의 대상이 뒤바뀐 것이다.

현대의 일부 유럽 지식인들사이에서는 그들이 야만시하던 아랍인들이 문명의 꽃을 피우고 지중해의 역사를 주도했으며 유럽인들보다 앞선 선진 문화를 누리고 있던 중세의 상황을 부정해왔고, 중세 역사를 외면하는 경향이 적지 않았다.

일부 서구 학자들은 중세를 유럽의 암흑기로 규정하는 것에 대한 부정과 반발로, '문명의 휴지기'로 평가하고 있다. 기번(Gibbon)은 중세를 고전 문명과 계승한 근대의 중간기간으로 인식하였다. 또한 일부 현대 유럽 사가들은 중세가 근대의 발전을 준비하기 위한 과정이며 결코 암흑과 야만의 시대가 아니라고 항변하고 있다.

역사의 발전은 잉태기와 성장기, 발전기와 쇠퇴기를 반복하는 것이 일반적인 과정이기 때문에 유럽 학자들의 중세 유럽에 대한 평가는 상당부분 자기 주관적 역사 해석이라 하겠다. 이는 역사와 문명의 발전이 유럽인에 의해서만 가능했다는 유럽중심주의의 반영이기도 하다.

인류 문명의 발달은 그 어느 한순간에도 중단되지 않았고, 유럽인들이 인류 문명의 무대에서 물러나 있을 때 인류 문명의 주역은 아랍인들이었다. 아랍·이슬람 문명에 의해 암흑의 시대에서 벗어날 수 있었음을 유럽 지식인들은 인식할 필요가 있다.

아랍인들은 7세기 무함마드 사후(死後) 이슬람의 선교와 세력 확장을 통해 중앙아시아에서 이베리아 반도에 이르는 광활한 영토를 차지했고 지중해는 아랍인들의 호수가 되었다. 불과 100여년 만에 아랍인들에 의해 이룩된 이러한 영토 확장은 알렉산드로스의 동방원정에 견줄 만했다.

유목 문화의 전통으로 인해 발전된 문화와 체계적인 지식 체계를 갖고 있지 못했던 아랍인들에게는 넓은 제국의 통치를 위한 높은 수준의 학문이 요구되었다.

중세 이슬람 제국 칼리파들의 지식에 대한 욕망과 적극적 후원은 이슬람 문명이 황금기를 구가하는데 결정적인 뒷받침이 되었다. 종교적으로 이슬람의 교리는 하나님의 활동 증거로서 하나님이 창조한 물질세계에 대한 인식을 권장하고 있다. 하나님을 이해하기 위해서 하나님이 창조한 모든 것을 연구하는 것이 요구되는 것이다. 전통적인 이슬람 신앙에서 이러한 이해와 노력은 지상에서 인간의 목표인 정당하고 의로운 삶을 구하는데 필수적이다. 하디스(Hadith, 교조 무함마드의 언행록)에서도 '요람에서 무덤까지 지식을 구하라', '지식을 구하기 위해 중국까지 가는 한이 있더라도 지식을 찾아라', '학자의 잉크는 순교자의 피보다 더욱 신성하다' 등의 격언은 이슬람 세계의 지식에 대한 자세와 인식을 잘 대변해 주고 있다. 지식 추구에 대한 이슬람의 이러한 입장은 이슬람 세계의 최고 통치자인 칼리파들이 지식 융성을 적극 후원할 수 있는 배경이 되었다.

무슬림들의 사물에 대한 지적 호기심은 학문 융성과 문화 발달의 주요 동기가 되었다. 제국이 확장됨에 따라 접하게 된 새로운 문명과 종교, 세상에 대한 꾸란의 가르침, 신세계의 혜택을 누리고픈 욕망, 지적 표현 능력을 갖추고 중세 지중해 세계에서 문명어가 된 아랍어 등은 무슬림으로 하여금 주변 세계를 탐구하도록 자극했다.

이슬람 문명의 성장과 발전에는 아랍계 무슬림뿐만 아니라, 마왈리(mawali, 비아랍계 이슬람교도)와 기독교, 유대교, 조로아스트교 등 다양한 인종과 종교적 배경을 가진 세력들이 결정적인 기여를 했다. 이는 이슬람 문명이 아랍인들만의 전유물이 아니라, 세계인이 공유할 수 있는 보편성을 지녔음을 의미한다.

아랍인들의 외래 문명 수용은 이슬람시대 초기부터 다양한 지역에서 꾸준히 지속되었다. 아랍 최초의 왕조인 우마이야 왕조(660~750)의 다마스쿠스, 아랍 이슬람 문명의 정점이자 황금시대인 압바스 왕조(751~1258년)의 바그다드, 파티마 왕조(909~1171)의 카이로, 아랍 안달루시야 왕조(711~1492년)의 코르도바와 그라나다 등 연대기의 차이는 있지만 아랍·이슬람 문명의 중심지는 전 지중해 세계에 골고

루 분포되어 있었다. 이런 분포는 아랍·이슬람 문명을 살찌우고 세계화하는 주요 요인이기도 하다.

우마이야 왕조에서는 아랍인 우월주의가 지배한 반면, 압바스 왕조에서는 아랍인 우월주의가 퇴색하고 모든 무슬림은 이슬람의 우산 하에서 평등하다는 평등사상이 팽배해짐에 따라 다양한 국적의 무슬림들이 왕조의 운영에 직접적으로 참여했고 이들의 문화적 역량은 압바스 왕조의 문화와 학문의 발전에 공헌했다. 또한 이들의 참여는 이슬람 문화를 지중해 전 지역에 확산시키는 배경이 되기도 했다.

특히, 페르시아 출신의 마왈리들이 압바스 왕조의 지배층을 차지함에 따라 고대 페르시아제국의 왕정제, 관료제 및 행정제도가 압바스 왕조의 통치 제도에 커다란 영향을 끼쳤고, 페르시아계의 바르마크 가문은 여러 명의 재상을 배출하는 등 압바스 왕조의 핵심 지배 계층으로 부상했다.

8세기부터 13세기까지 압바스 왕조의 수도였던 바그다드는 당시 전 세계의 상업과 학문, 예술의 중심지였다. 바그다드에는 전 이슬람 세계와 중국에서도 지점이 개설된 은행이 있었고 병원, 약국, 도서관, 학교와 서점이 있었다. 종이는 중국인들이 만들었지만, 바그다드에는 제지공장이 설립되어 종이를 대량으로 공급하고 있었다. 12세기까지 유럽인들은 양피지를 사용하고 있었지만 십자군전쟁을 계기로 종이의 사용을 본격화하였다. 또한 당시 바그다드에는 농사를 위한 관개 수로시설과 하수시설이 이미 사용되고 있었다.

무슬림 상인들은 해로를 개척하기 시작했다. 아랍의 선박들은 인도, 중국, 마다가스카르 등으로 항해하는 등 해상 실크로드를 개척하는데 앞장섰다.

칼리파들의 학문에 대한 의지는 아랍인들이 세계 최초의 대학을 설립한 것에서도 알 수 있다. 859년 모로코의 페즈(Fez)에 세계 최초로 까이라완(Qairawan) 대학이 설립되었고, 970년에는 이집트 카이로에 알 아즈하르(Al-Azhar) 대학이 세워졌다. 이는 유럽 최초의 대학인 이탈리아의 볼로냐(Bologna) 대학이 1088년에 세워진 것과 비교하면 200년 이상 앞선 것이다.

이슬람 제국과 중세 유럽의 접촉은 주로 스페인의 안달루시아 왕조를 통해 이루어졌다. 유럽에 전달된 이슬람 문명은 학문과 과학뿐만 아니라 종교적 관용, 인종 간 화합, 개인과 공공의 청결과 같은 문명사회의 기본적인 부분까지 포함하고 있었다. 아랍인들이 스페인에 머문 781년 동안 고도로 발전된 이슬람 문명의 전파 중심지는 코르도바와 그라나다였다.

코르도바는 10세기 초 안달루시아 왕조의 수도로서 50만이 넘는 인구가 거주하고 있었다. 당시 유럽의 주요 도시 인구가 10,000명을 넘지 않았다는 점을 감안할 때 코르도바는 유럽에서 가장 큰 도시였다.

당시 런던과 파리같은 유럽의 대도시와는 달리 코르도바의 도로는 포장되어 있었고 가로등을 갖추고 있었다. 화장실과 하수 시설을 갖춘 주택은 유럽의 다른 도시에서는 찾아올 수 없었다.

또한 코르도바는 700개의 이슬람 사원, 300개의 공중 목욕탕, 70개의 도서관, 많은 서점과 공원과 궁전을 갖추고 있었다. 코르도바의 도서관은 440,000권의 장서를 보유하고 있었는데, 이는 당시 프랑스의 도서관 전체가 보유하고 있던 장서의 수보다 많은 것이었고 대부분의 유럽인들이 양피지를 이용해 기록을 하고 있을 때 이 도서관에서는 종이를 사용하고 있었다.

스페인 기독교도들의 공격으로 인해 안달루시아의 수도가 코르도바에서 그라나다로 옮겨진 후에도 아랍인들의 문화활동은 계속되었다. 그라나다는 비단 무역으로 크게 번영을 누렸으며, 아랍인들이 건축한 알함브라 궁전은 전 세계에서 가장 아름다운 건축물로 남았다.

이외에도 세비야(Seville)와 톨레도(Toledo)는 아랍 안달루시아 왕조의 지적 요람이었는데 특히 톨레도는 과학 문헌을 아랍어에서 라틴어로 번역하는 중심지였다.

아랍 이슬람 문명의 중세 유럽에 대한 영향은 학문과 문화의 전 영역에 걸쳐 나타나고 있었으며, 그 문화적 흔적은 지금도 쉽게 발견할 수 있다. 특히, 800년에 가까운 이슬람 문명의 영향력으로 인해 스페인어와 포르투갈어 등의 유럽어에 남아 있는 아랍어 차용어와 문학 작품, 철학과 수학, 천문학 등의 자연 과학 분야에서 이슬람 문명의 영향은 서구 세계가 오랜 침체에서 벗어나 문예부흥으로 향하는 학문적, 문화적 기반이 되었다.

이슬람 문명은 이슬람 제국의 발흥과 함께 시작되었으며 그 모태는 아랍인과 아랍 문명이었다. 그러나 이슬람 제국이 확장되어 가는 과정에서 다양한 외부 문화와 인종이 이슬람 문명의 형성과 발전에 기여했기 때문에 이슬람 문명의 성격은 국제적인 성격을 가진 인류 공통의 문명이라 할 수 있다.

서양학자들은 이슬람 문명을 기존의 동양과 서양문명의 복사 또는 변형이라고 주장하지만 이는 서구중심주의(Eurocentrism)에서 비롯된 아집이다.

이슬람 문명이 포함하는 이집트, 페르시아, 비잔틴, 인도 등 다양한 요소들은 궁극적으로 이슬람의 용광로 속에 용해(melting pot)되어 재생산된 혼종 문화의 상징이었다.

이처럼 중세 이슬람 문명은 고대 그리스와 로마, 비잔틴 제국, 페르시아 제국 등의 문화적 자양분을 흡수하여 아랍인들만의 독특한 방식으로 재탄생시킨 혼종 문화의 성격을 지니고 있다.

또한 역사적으로 고대 문명과 르네상스 시대를 연결해 주는 연결고리의 역할을 하면서도 기존의 지중해 문명을 더욱 승화 발전시킨 중세 아랍 이슬람 문명의 역사적 공로와 기여는 평가받아야 할 것이다.

참고문헌

김호동(역). 2004. 이슬람 1400년. Bernard Lewis. 서울: 까치.

손주영외(역). 2002. 캐임브리지 이슬람사. 서울: 시공사.

윤용수. 2004. 아랍의 외래 문화 수용에 관한 연구. 한국외국어대학교 외국학 종합센터. 중동연구.

정규영(역). 2002. 이슬람의 과학과 문명. 서울: 르네상스.

조희선. 1999. 아랍문학의 이해. 서울: 명지출판사.

Anderson Clifford N.. 1972. *The Fertile Crescent: Travels in the Ancient Footsteps of Ancient Science.* Fort Lauderdale. Florida: Sylvester Press.

Gibb H.A.R.. 1998. *The History of Arabic Literature.* Cosmo Publication.

Hitti Philip K.. 2002. *History, of Syria including Lebanon and Palestine.* Gorgias Press.

Lewis Bernard. 1993. *The Arabs in History.* New York: Oxford University Press.

Mehdi, Mohammad T.. 1989, *Islam and Intolerance: A Reply to Salman Rushide.* New York: New World Press.

Philips Wendell. 1986. *The Arabs and Mediaeval Europe.* Singapore: Librairie du Liban Publishers.

Rom Landau. 1958. *Arab Contribution to Civilization.* San Francisco: The American Academy of Asian Studies.

Sindi Abdullah Mohammad. 1999. Arab Civilization and its Impact on the West. *The Arabs and the West: The Contributions and the Inflictions.* Daring Press.

Standard David E.. 1992. *American Holocaust: The Conquest of the New World.* New York: Oxford University Press.

1. 서부 지중해 I : 코르도바의 메스키타를 통해 본 문명 교류_권미란

1) 스페인 이슬람 왕국 '알 안달루스' 탄생의 의미

스페인 서고트 왕국의 멸망과 동시에 이슬람 군대가 이베리아 반도에 진입하고 완전히 장악하는 데는 수십 년이 걸리지 않았다. 이슬람 정복자들이 거의 8세기 동안 반도에 머무르는 동안 원주민인 기독교인들과의 문화 교류는 다양한 분야에서 이루어졌다. 결과적으로 중세 시대 이베리아 반도에는 기독교와 이슬람교, 두 개의 종교를 기반으로 서로 대립하는 구도의 다른 문화적 배경이 동시에 전개되었다. 각 공동체 움직임에서 사회적·문화적 차이를 뚜렷이 구분할 수 있는 가운데, 전쟁, 평화, 공존, 거래, 음모, 협약 등의 교류는 지속해서 존재하였다. 명확하게 설정된 국경이 없었던 시대이기에 각자의 영역과 영향력을 넓힐 목적으로 끊임없이 전쟁을 치를 수밖에 없었다.

이슬람 전성시대의 정복자들은 기독교, 유대교 등 다른 종교에 대해 관용과 포용 정책을 유지하며 종교적인 압박은 가하지 않았다. 알 안달루스(Al-Andalus, 이베리아 반도의 이슬람 지역)의 서고트인들은 기독교인들로서 이슬람인들보다 500배나 많았다.[1] 기독교인들의 수는 비교가 안될 만큼 월등히 많았으나, 정복자인 이슬람인들에 대응할 군사력은 턱없이 부족하였다. 많은 서고트인들은 기나긴 세월 속에 정치적·경제적·사회적 이유 등으로 자신의 종교인 기독교를 버리고 이슬람교로 개종하여 아랍화 된 삶을 선택하였다. 이슬람과 기독교의 혼합된 사회에서 로망스어와 아랍어, 이중 언어를 사용하는 것이 보편적이었지만, 일부 기독교인들은 유대인들과 마찬가지로 자신의 신앙을 고집하며 '모스아라베(mozárabe)'라는 이름으로 소수의 그룹을 형성하며 열악한 환경에서 고립된 채 살았다.

한편, 이베리아 반도에서 알 안달루스라는 이슬람 왕국의 탄생은 유럽의 다른 기독교 왕국들과 교류가 중단되는 것을 의미했다. 그와 동시에 알 안달루스는 스페인 북부 지역에 피신한 기독교 세력들과 이베리아 반도에서의 동거를 지속하면서도, 시리아, 이라크, 이집트 등 동쪽의 다른 이슬람 국가들과의 교류를 활기차고 다양하게 전개해갔다. 수도 코르도바가 바그다드, 콘스탄티노플과 견주는 높은 수준의 문화 도시로 형성되는 과정에서 철학, 문학, 의학, 과학, 농업, 천문학 등 여러 방면에서 발전과 부를 이루었고 이슬람 왕국의 명성을 보여 주었다. 지적, 예술적 창작물을 형성한 이면에는 그들의 지도자인 에미르들과 칼리프들의 헌신적인 기여를 간과할 수 없다. 이슬람 지도자들의 집념과 강한 의지가 뒷받침되어 코르도바의 메스키타와 같은, 오늘날 세계적 명성을 지닌 건축물들이 완공될 수 있었다. 지도자들은 메스키타를 건설, 확장, 장식하는 것을 자신들의 업적과 동일시하며, 그것이 곧 이슬람 종교에 대한 믿음을 확신하는 것이라 여겼다.

---

1) 정복 초기에 이슬람 정복자들의 숫자는 5-6만 명에 불구하였지만 서고트 원주민들의 수는 5-6백만명에 도달하였다.

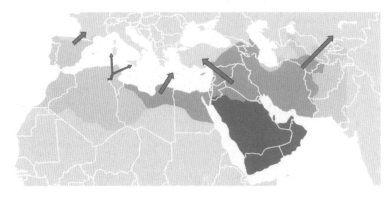

[그림 1] 750년경 이슬람 세력 팽창 구도

2) 이베리아 반도의 이슬람 정복과 문화

아라비아 반도에서 이슬람교를 토대로 민족 단결을 끌어낸 아랍인들은 기세등등한 모습으로 북부 아프리카에 진출하였고, 마침내 유럽 남서쪽에 위치한 이베리아 반도에 진입할 기회를 얻게 되었다. 로마인들에 이어 이베리아 반도를 정복한 서고트인들은 군주 선출 방식에 있어서 세습제가 아닌 선출제를 채택하고 있었다. 후자의 방식은 왕위 세습제와 달리 사회의 불안정을 일으키는 요인이었다. 전쟁은 종종 일부 귀족들이 고질적인 왕위 다툼에서 우위를 차지하기 위해 외부로부터 도움을 요청하기 때문에 발생하였다. 아타나길도(Atanagildo, 554~567)는 비잔틴 제국을,, 시세난도(Sisenando, 631~636)는 프랑크족을 불러들였고, 프로야(Froya, 649)는 레세스빈토(Recesvinto, 653~672)를 군주로 임명하는 데 반대하여 바스크족의 개입을 요청하였다.

서고트 시대 말기에는 왐바(Wamba)가문의 가족들이 북부 아프리카의 아랍인들에게 도움을 요청하였다. 당시 흉작과 흑사병에 뒤따른 기근 현상으로 사회적 불안이 고조되어 있던 상황에 왕위 선출은 경제적, 사회적 문제들과 결합하여 심각한 정치적 위기를 만들었다. 그것은 곧 이슬람인들이 공식적으로 이베리아 반도에 발을 디딜 수 있는 계기가 되었다. 711년 이슬람교도들에 의한 이베리아의 침략과 정복은 지중해 서부 지역에 이슬람의 특성을 알릴 수 있는 절호의 기회였다. 이미 이슬람인들은 지중해 동부로 진출한 상태였지만 그 반대 방향인 서쪽으로는 이슬람교의 확장을 위한 교두보를 확보하지 못한 상황이었다. 이제 서고트인들의 위기는 이슬람인들에게 기회가 되었다.

우마이야 왕조의 북아프리카 군 행정관 무사(Musa ibn Nusair, 640 ~716)의 부관, 타리크(Tariq ben Ziyad)가 이끄는 이슬람 군대는 구아달레떼(Guadalete) 전투에서 로드리고(Rodrigo) 서고트 왕이 이끄는 군대와 치열한 격전 끝에 승리를 거두었다. 그 결과 안달루시아 지방의 에시하(Écija), 코르도바(Córdoba), 그라나다(Granada), 말라가(Málaga) 등의 남부 지역을 점령하였다. 그 다음해 무사는 직접 18,000명의 병력을 이끌고 이베리아 반도 북쪽을 향해 큰 저항 없이 빠른 속도로 중부 지역의 톨레도(Toledo)를 비롯하여 서북부 지역의 갈리시아(Galicia), 레온(León) 등을 지나고 피레네 산맥을 통과하였다. 그러나 프랑스의 샤를 대제(Carolus Martell)가 푸아티에(Poitiers) 전투에서 승리를 거둠으로써 이슬람 군대의 북진은 중단되었다. 이슬람인들은 유럽 내부로 깊숙이 세력 확장을 하고자 했던 북진 계획을 수정하고 이베리아 통치를 안정적으로 이끌어 가기로 하였다.

이슬람 정복 초기인 8세기 초부터 11세기까지 이슬람 군대는 이베리아 반도에서 군사적 우위를 차지하였다. 그 이후, 특히 13~15세기에는 북쪽 지방에 주둔하였던 기독교 왕국들의 공조 속에 레콩키스타가 성공을 거두면서 점차 이슬람 세력은 축소되기 시작하였다. 최종적으로 1492년 가톨릭 왕들(Reyes Católicos)이 그라나다의 이슬람 나사리 왕국을 이베리아 반도에서 완전히 축출해 내는 데 성공하였다. 완전한 스페인 통합이 이루어질 때까지 이베리아 반도는 기독교와 이슬람교라는 두 종교의 기치를 내걸고 만들어진 지속적인 대립과 상호 접촉으로 풍요로운 문화를 만드는 풍토를 제공하였다. 시대를 반영하고 이해하는 데에서 중요한 가치를 지닌 예술적 사조가 만들어지는 것처럼 알 안달루스 지역에서 이슬람인들은 생활 속에서 이슬람 이전의 문화와의 융합과 조화를 이루면서 자신들의 고유한 특징들을 강조하며 독자적인 유형을 만들어갔다. 종교적·예술적 작품들은 알 안달루스 지역에서 폭넓게 자리 잡아갔고 다른 이슬람 지역들과는 차별된 모습을 드러냈다.

현재 완벽한 모습으로 남아있는 코르도바의 메스키타는 동양적인 특징을 가진 주요한 이슬람 건축물이면서 이베리아 반도에서만 찾을 수 있는 건축적인 요소를 간직한 대표적인 모델이다. 750년 아라비아 본토에는 우마이야 왕조가 아바시 왕조로 바뀌면서 대량 학살을 피해 이베리아 반도에 들어온 압데라만 1세(Abd al-Rahman I, 756~929)는 코르도바에 에미르국을 설립한 이후 자신의 건재함을 알리기 위해 메스키타를 건설하였다. 그 이후 에미르, 칼리프, 타이화(소왕국), 알모라비데스, 알모아데스, 나사리 시대 등 여러 단계를 통해 메스키타는 변천을 겪으면서 내부 구성 요소들의 독특하고 특색있는 모습으로 이슬람 문화를 반영하였다.

(1) 이슬람 건축물: 메스키타

중세 이슬람인들은 자신들의 사원을 지을 때 비잔틴의 성당 건축물을 응용하였다. 대개 둥근 지붕과 원주, 첨탑을 자랑하는 모스크를 스페인어로는 메스키타로 표현하고 있다. 메스키타란 용어는 '마스지드(maschid)'라는 아랍어에서 유래하고 있으며, '신 앞에 무릎을 꿇는 장소'라는 의미를 갖고 있다(Oleg Grabar 1981: 111). 꾸란에서는 메스키타에 관련하여 어떤 구체적인 특별한 건물을 지적하며 건축을 위해 참고해야할 사항들을 언급하거나 단서를 제공하지 않았다. 그런데도 꾸란은 모든 이슬람교도에게 메스키타 건축을 위해서 예배하는 의무를 중요한 원칙으로 제시하였다. 즉, 예배를 실천하는 방법을 두 가지로 구분하고 있다. 하나는 신도의 개인 예배이고, 또 다른 하나는 공동체가 함께하는 집단 예배이다. 그러나 진정 이슬람 성전에서 요구하는 엄격한 잣대의 예배는 후자에 해당하는 집단 예배이다.

이슬람 예배 예식들은 622년과 632년 사이 이슬람 공동체 생활의 실습과 경험의 결과로 만들어졌다(Oleg Grabar 1981: 112). 즉, 개인은 하루 5번씩 기도를 실천해야 하며, 이슬람 공동체를 위한 집단 예배는 금요일 정오 시각을 기해 이행해야 했다.[2] 이슬람 초기에 공동체를 위한 기도 장소는 구체화하지 않았지만, 예배 장소로 유일하면서 분명한 조건은 공동체를 모두 수용할 수 있는 넓은 장소이어야 했다. 이 조건에 부합된 곳으로 아라비아 반도 메디나에 있는 예언자 무함마드의 집이 알려져 있다. 즉, 예배하기에 가장 적합한 장소가 되었다. 일시적으로 뜰에 야자수 나무 두 그루를 일정한 간격을 사이에 두고 세웠다. 그리고 나무 기둥 위에 볏짚을 덮어 지붕으로 사용함으로써 그늘을 만들었다. 햇볕을 피하고자 그늘에서 이슬람 공동체가 예배를

---

2) 이슬람교에서는 신도들이 지켜야 할 5개의 기둥이 있다. 알라가 유일신임을 증명하는 신앙 증언, 하루 5번 기도, 종교적 헌금 납부, 라마단 기간 동안 금식, 메카 순례가 이에 해당된다.

실시한 것이 바로 초기 메스키타 건립을 위한 아이디어로 형성된 것이다.

메스키타에 관련하여 구체적으로 공동체의 예배장소를 위한 건축의 구성 형태나 건축 요소를 언급하는 정보를 접하기는 어렵다. 그러나 무함마드의 집과 같이 초기 이슬람 종교 건축물의 중요한 요소는 '그늘'이 있어야 하며, 넓은 개방된 '공간'이 있어야 했다. 이슬람 사회는 예배를 거행하는 방식에 있어서 이슬람인들과 비이슬람인들을 분리했다. 또한 개인 예배를 위해서는 먼저 어떤 특정한 장소를 찾기보다는 어느 방향을 향해 예배를 하는가가 중요했다. 기도의 방향을 알려주는 공간인 끼블라(벽면, La Quiblah)는 메카를 향해 있는 것이 일반적이다. 사원에서 예배를 인도하는 이맘은 설교대(민바르, minbar)에서 예배를 주도했다. 지역마다 집단 예배를 위해 적합한 장소를 물색했지만 이상적인 건축 유형을 찾을 수 없었다.

일반적인 메스키타 건축에는 기둥을 많이 세우는 다주식 건축 방법을 선택한다. 건물을 원하는 방향으로 의도에 따라 증축해갈 수 있었기 때문이었다. 몇 개의 기둥을 추가로 더 세우면서 예배실을 크게 만들 수 있다는 판단에서 융통성 있으며 훌륭한 방안으로 여겼다. 그러나 다주식 구조를 가진 예배실의 천정은 수평적 면적에 비해 높지 않았지만, 내부에 기둥, 아치, 아케이드 등 같은 형식의 구성 요소들이 일정한 간격으로 배열되어 있음으로써 전체적으로 통일감을 부여하며 내구성이 강한 내부 공간을 만들어 낼 수 있었다.

특히, 코르도바 메스키타의 경우에는 이전 이슬람 시대의 건축자재들을 재사용하였다. 건축을 위해 많은 수의 기둥들이 필요하였고 이미 완성된 재료들을 사용함으로써 공사 기간을 훨씬 단축할 수 있었다. 대부분 메스키타의 내부는 다양하고 의미 있는 공간들로 알려진, 미나렛, 미흐랍, 막수라, 보물실, 벽감, 민바르 등으로 구성되어 있다. 코르도바의 메스키타를 더욱 더 잘 이해하기 위해 일반적인 이슬람 특성을 지닌 건축물의 구성 요소들을 분석할 필요가 있다. 예배실과 주랑에서 광범위하게 세워진 기둥들 사이에서 이런 공간들이 맡은 기능과 역할은 다음과 같다.

① 미나렛(Minarete)

일반적으로 높은 탑은 평평한 지형에서 메스키타의 위치를 잘 알릴 수 있는 중요한 건축 요소로 되어 있다. 무아딘(Miezzin)은 뜰에 세워진 미나렛으로 불리는 첨탑에 올라가 신도들에게 큰 소리로 예배를 공지하였다. 이슬람 초기에는 건물 지붕 위에서 예배 시간을 알렸지만, 점차 시간이 지나면서 건축물 형식이 첨탑으로 바뀌었다.

② 미흐랍(Mihrab)

미흐랍은 무슬림들의 예배 방향, 즉, 메카를 가리키기 위해 사원 바닥의 움푹 들어간 모양의 벽감이다. 즉 메디나의 무함마드가 있던 곳을 가리키는 벽감(Alquibla) 중앙에 위치하는 아치이기도 하며 움푹패인 곳이 마치 열쇠 구멍 모양으로 설계된 기도실이며 금으로 화려한 장식을 하고 있다.

③ 막수라(Macsura, maqsurah)

막수라는 칼리프들의 암살 위협을 차단하기 위해 왕자 등 주요 인물들이 머무는 공간이다. 일반적으로 벽감 옆에 위치하거나 또는 미흐랍 앞에 화려하게 장식한다. 금요일 집단 예배 시 에미르나 칼리프 등과 수행원들이 머무는 장소로서 주로 문짝이 있는 그물 격자창으로 구성되어 있다.

④ 보물실(Bayt al-mal)

보물실은 모든 메스키타의 건축 구성 요소가 아니다. 다만, 이 공간은 초기 이슬람 공동체의 보물 보관실 역할을 하였다. 미흐랍 왼편에 위치하는 방으로서 헌금 또는 기부금, 꾸란, 가지 장식 촛대 등과 같이 귀중품을 보관하는 곳이다.

⑤ 벽감(Alquibla)

메카의 방향 즉, 예배의 방향을 제시한다. 메카를 향하는 벽으로서 신도들이 예배할 때의 방향을 가리킨다. 코르도바 메스키타의 경우는 확장을 거듭하며 벽면의 방향이 남쪽에서 남동쪽을 바라보고 있다.

⑥ 민바르(Minbar)

이슬람 메스키타 내부의 건축 요소로서, 미흐랍 오른편인 계단 형식의 설교대를 일컫는다. 금요 합동 예배 의식을 마친 후 종교 지도자인 이맘이 올라가 설교하는 장소이다. 원래는 예언자 무함마드가 세 개의 계단으로 구성된 곳에 올라가 설교한 것이 시초가 되었다.

이와 같은 메스키타의 건축 구성 요소들은 시대에 따라 디자인과 구성이 지역에 따라 변화를 겪었다. 주민들의 수가 증가하면서 건물 내부에 세워지는 기둥 숫자도 늘어나고 건물의 크기도 달라졌다. 그런데도 문화 영역에서, 모스크, 미나렛, 미흐랍, 막수라, 보물 보관실, 벽면, 민바르와 같은 공간들은 시대가 바뀌어도 채택되며 계승되었다. 이 공간들은 원래 각자의 역할을 그대로 유지하며 이슬람의 전형적인 유형으로 정착시켜 나갔다.

(2) 메스키타 장식 문화

일반적으로 메스키타의 외부는 장식 없이 만들어진다. 이슬람 종교 건축물은 건물 자체의 견고함과 웅장함으로 시선을 끌지만, 건물의 특성을 보여주는 상징적인 형상을 나타내지 않는다. 9세기 말부터 메스키타에 입구나 주랑 현관이 세워지기 시작하였고, 건물 내부에 기둥이나 원주들이 구조적으로 만들어졌다. 메스키타에는 신도들이 신전 안으로 들어가기 전에 손을 씻어야 하는 샘을 가진 앞마당이 있다. 내부는 별다른 장식 없이 '아라베스크'라 불리는 무늬로 꾸며져 있다. 원래부터 이슬람 특성상 기독교 건축물과는 달리 생명체를 상징하는 표현을 제한하고 있다. 이슬람인들에게 알라는 유일하며 비교될 수 없는 존재이기에 그 어떠한 방식으로도 표현할 수 없다는 믿음으로 우상이나 영혼이 있는 생명체를 상징하는 조각상이나 그림은 이슬람 범주에서 예술적 가치를 상실하였다.

이슬람 문화는 로마와 그리스 등의 지중해 문화와 페르시아, 인도, 중국 등의 동아시아 문화라는 두 문화를 하나의 사회 속에 통합시켰다. 그리고 아랍어와 종교를 통해 다양한 문화를 표현하고자 장식미술을 응용하는 건축물들을 지었다. 식물의 줄기와 잎, 덩굴 같은 자연의 형태를 응용하며 복잡한 기하학적 문양으로 재해석해낸 독특한 장식인 아라베스크 무늬는 이슬람 장식미술의 진수라고 할 수 있는 공간예술를 만들어냈다. 이 안에서 실용성을 살리고 장식적인 목적으로 상징화, 추상화 등 도식화시키는 방안을 채택하여 정밀성과 세부 묘사의 완벽성을 꾀하고자 하였다.[3)]

모자이크로 처리한 화려한 내부의 장식은 많은 기둥과 반원형 아치들과 조화를 이루고 있다. 코르도바 메스키타의 경우 모자이크 장식의 제작에는 비잔틴 제국의 장인들이 직접 참여하였다. 이미 우마이야 왕조 시대부터 타지 장인들의 이동이 존재했다. 8세기 초 이슬람 제국 영토를 극대화한 칼리파 알-왈리드 1세(Al-Walid, Abd al-Malik, 668~715)는 메디나의 모스크를 보수 또는 복원하고자 그리스 동방 정교회 신자들과 뛰어난 건축가라는 명성을 지닌 콥트족 장인들을 동원하였

---

3) 식물문양, 기하학문양 등 예술적으로 융합한 벽면장식을 사용하거나 아라비아 문자를 내부장식으로 이용하였다. 장식내용은 꾸란의 구절이나 초기의 네 칼리프의 이름 같은 것이었다.

고, 다마스쿠스 모스크를 설립하고자 이집트 장인들을 강제로 차출하기도 하였다.[4] 세공과 석고칠 처리는 주요 건축 요소들을 강조하기 위해 사용되었다. 때론 미흐랍, 미나렛, 막수라에서는 나무를 자제로 빈번하게 사용했다. 창가에 유리를 사용하기도 하고 카펫 또는 직물로 짜인 발이 이용되기도 하였다. 이슬람 초기에는 메스키타 내부를 장식하는데 정해진 규정이 없었기에 장식의 기교나 다양성에 상징적인 의미를 부여하지 않았다. 총체적으로 장식을 상징처럼 해석하지 않고 단지 아름답게 꾸미는 역할을 맡는 장식 문화가 전개되었다.

이에 관련하여 장식의 목적은 두 가지라고 언급할 수 있다. 우선, 건축물의 어떤 구체적인 모습이나 중요성을 강조하고자 하는 목적이 있고, 또 다른 목적은 내부의 동질적인 모습을 보여주기 위해, 즉 통합 또는 단일화하고자 하는 의도에서 사용된다. 이 두 가지의 역할은 다르면서도 서로가 상반되는, 차별화와 단일화인 것이다. 이에 관련하여 이슬람 초기에는 일반적이지 않았던 아랍어 필체는 갈수록 빈번하게 장식 내용을 채워갔다. 그러면서 다른 문화적 요소들과 함께하는 과정에서 매우 중요한 요소로 두각을 나타냈다. 아랍어 문자를 예술적인 경지로 끌어올리면서 장식수단으로써의 서예는 가장 전형적이고 광범위한 예술 양식으로 정착될 수 있었다. 즉, 기독교 형상의 의미와 달리, 이슬람 신앙의 구체적인 의미를 표현하고 있어 이슬람 건축장식에서 없어서 안 되는 중요한 요소가 되었다. 아랍 글씨체의 장식이 현란함과 우아함을 자랑하며 성스러운 꾸란을 찬미함으로써 이슬람 상징의 심미성을 강조하는 역할을 하였다.

---

4) 건축가나 공예가 또는 장인들의 이동은 칼리프나 고관대작들에 의해 강제로 차출 또는 징발되었다. 또는 조금 더 윤택한 생활을 추구한다거나 예술적 취미를 지닌 후원자 칼리프의 초대에 의한 자발적으로 이루어지기도 하였다.

3) 코르도바의 메스키타

코르도바의 메스키타는 스페인의 이슬람 유적 중 현존하는 가장 오래되고 훌륭한 종교 건축물로 알려져 있다. 길이 180m, 폭 130m의 크기로, 19개의 주랑을 갖춘 거대한 직사각형 건물이다. 또한 신도 2만 5천 명을 수용할 수 있는 사원으로서 9세기와 10세기에 계속 확장되고 아름답게 장식되었다. 예전의 기독교 예배당을 이슬람식으로 고쳐 지은 곳으로 첨탑, 면제의 문, 오렌지 정원, 종려의 입구 등 무데하르 양식을 따르는 종교 건축물이다. 마리안느 바루캉드가 주장하는 바와 같이 "실제로 금요일 메스키타는 왕국의 국기처럼 불멸의 사적인 정치권력을 표현한다(Marianne Barrucand, 1992: 40). 메스키타는 성인이 된 모든 남성 신도들을 금요일 정오에 집단 예배를 위해 모이게 하였다. 이곳에서 통치자는 종교적·정치적 임무를 동시에 맡은 지도자로서 설교 또는 연설을 하였다. 메스키타 건축을 통해 구체적인 성과를 알리며 자신의 권력 확립을 구현하는데 지속적인 노력을 하였다.

(1) 메스키타 확장

압데라만 1세는 785년 코르도바를 에미르국 수도로 결정한 이후, 로마 시대에는 야누스 신전이, 서고트 시대에는 기독교를 상징하는 산 비센트(San Vicente) 성당이 있던 장소에 메스키타를 건립하였다. 그 이후 수 세기동안 많은 우여곡절을 겪으면서 이슬람교 사원의 모습은 변해갔다. 그러나 메스키타는 세 차례의 확장 공사를 진행하면서도 원래 고유의 모습을 보존하며 지속해서 의미 있는 전개를 펼쳐나갔다. 첫 번째 메스키타는 787년에 건립되었다. 공사기간이 짧았던 이유로는 두 가지로 꼽을 수 있다. 첫째로 압데라만 1세는 자신의 명성과 품위에 어울리는 메스키타를 신속하게 주변에 알리고 싶어 완공을 독려하며 서둘렀다. 두 번째로 사용된 건축 자재들은 이슬람인들이 기독교인들과의 전쟁에서 승리의 대가로 쟁취해낸 것이었다. 로마와 서고트 시대의 신전과 교회에 이용된 기둥과 원주들이 건축에 활용되었다.

① 첫 번째 확장: 압데라만 2세(821~852)

코르도바는 이미 유럽과 동양에서 평화와 번영이 공존하는 도시로 알려져 있었다. 압데라만 2세는 자신의 치세 기간 코르도바를 바그다드보다 더 훌륭한 도시로 만들고자 예배당 내부에 천2백 개에 달하는 석조 기둥을 세웠다. 833년 원래 초창기 메스키타 내부에 8개 구간을 증설하면서 남쪽을 향하여 상당한 면적을 확보하였다. 일부 기둥들은 코린트 양식의 화려한 장식을 지닌 기둥머리(주두)를 지니고 있는 모습에서 로마인들로부터 계승한 서고트인들의 건축적 특징을 보여준

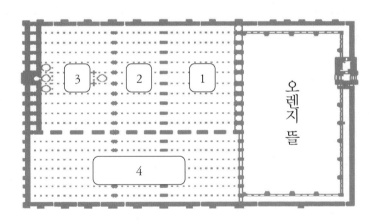

[그림 2] 코르도바 메스키타의 확장 설계도

1. 압데라만 1세
2. 압데라만 2세(첫 번째 확장)
3. 알하칸 2세(두 번째 확장)
4. 알만소르(세 번째 확장)

다.[5] 결과적으로 압데라만 2세 시대에 초기 메스키타의 남부 영역을 확장하였다.

② 두 번째 확장: 알하칸 2세(Al-hakan II, 961~976)

10세기경 알 안달루스의 수도 코르도바는 50만 명의 인구를 자랑하는 거대한 도시였다. 그 무렵 유럽에는 인구 3만이 넘는 도시가 많지 않았다. 따라서 코르도바와 견줄 수 있는 도시는 콘스탄티노플 이외는 없었다. 알하칸 2세는 점차 증가하는 인구에 대비하여 예배실을 12구간으로 확장하고자 하였다. 예배실 내부에 위치한 아치들은 압데라만 1세의 모델을 반복하였고, 건물의 안정감을 보여주기 위해 교차하는 형태로 아치들을 만들었다. 우마이야 왕조의 부와 권력을 상징하기 위해 미흐랍 위에 웅대하고 아름다운 돔을 세웠다. 후 우마이야 왕조의 칼리프들은 자신들 조상이 세운 바위의 돔이나 다마스쿠스 사원과 같은 찬란한 건축물에 버금가는 사원을 이곳 코르도바에 건립하고자 하였다.

특히 비잔틴 제국의 니체포라스(Nicephoras II) 황제는 메스키타 건립에 도움을 줄 수 있는 예술가들과 장식할 금을 알하칸 2세에게 선물로 보내 주었다. 황제가 보낸 금으로 미흐랍 정면과 기도실 천장 처마 등 주요한 부분을 모자이크로 장식했다.[6] 결과적으로 알하칸 2세는 압데라만 2세와 마찬가지로 남쪽으로 47m 확장하면서, 지붕에 낸 창문, 비잔틴식 모자이크로 장식한 미흐랍, 3개의 돔과 교차하며 입체적으로 꾸민 아치들과 구간 구분을 하는 막수라를 갖춘 메스키타를 건립하였다.

---

5) Marianne Barrucand. op.cit. p.45.

6) Fernando Chueca. 1979. *Historia de la arquitectura occidental.* Madrid. Dossat. p.35.

③ 세 번째 확장: 알만소르(Almanzor, 987~990)

알만소르(Almanzor, 987~990)가 실시한 확장 공사는 다른 시기에 이루어진 것보다 가장 광범위하게 이루어졌다. 신도 2만 5천 명을 동시에 수용할 수 있도록 메스키타의 크기는 기존의 것보다도 두 배나 컸다. 그러나 예전처럼 메스키타를 더 이상은 남쪽으로 확장하지 못했다. 이미 메스키타가 구아달끼비르(Guadalquivir)강에 근접하여 있기에, 방향을 동쪽으로 진행할 수밖에 없었다. 최대한 기존 메스키타의 건축 구성 요소들의 비율을 유지하려고 고심하였지만, 동쪽으로 확장을 하다 보니 미흐랍은 메스키다의 중심지역을 벗어나게 되었다. 페르난도 추에까(Fernando Chueca)는 "알만소르 시대 확장 공사를 시작함으로써 이미 예술적 창작의 상징인 유적지의 역사는 끝이 났다. 메스키타의 확장은 단순히 이미 존재한 형태의 반복이었다"[7]라고 지적했듯이, 이 세 번째 확장은 건축적인 면에 있어서 새로운 견해를 제공하지 않았다. 단순히 지도자 알만소르는 권력을 과시하려는 정치적 의도로 메스키타 확장을 추진한 것이었다. 수백 개의 원주가 늘어서 있는 예배실, 모자이크로 장식된 미흐랍 등을 갖추며 초기의 메스키타 중에서 가장 웅장한 모습을 갖춘 건축물이 되었다.[8]

코르도바의 메스키타는 786~988년 사이 4번에 걸쳐 완성된 이슬람 사원이었다. 이후 1236년에 메스키타는 교회당으로 바뀌었고, 1523년에는 사원 중심에 주랑의 일부를 허물고 기독교식 성당이 세워졌다. 스페인 국왕 카를로스 1세(합스부르고 왕가의 카를로스 5세)는 새로 꾸며진 메스키타를 방문하여 "이전의 것을 알았더라면, 그 건물을 수정하라고 지시하지 않았을 텐데. 너희들은 세상천지에 널려 있는 것을 만들려고 세상 유일한 것을 무너뜨렸구나!"[9]라고 탄식하며 안타까운

---

7) Ibid.

8) 메스키타의 크기는 남북 길이가 178m, 동서에 해당하는 폭이 125m, 면적은 오렌지 뜰을 포함하여 22,250m²에 도달하였다.

마음을 표현했다는 일화가 남아있듯이 메스키타는 이슬람인뿐만 아니라 기독교인들 사이에서도 그만큼 유명하였다. 앞서 일반적인 이슬람 건축 요소들의 특징과 코르도바 메스키타의 건축 진행 과정을 설명하였다.

(2) 말굽형 아치의 건축적 전개

코르도바 메스키타 내부로 들어가면 거의 모든 공간에서 말굽형 아치가 무수히 많다. 이런 유형의 아치는 단순한 반원형보다 아래쪽이 둥글게 좁아지는 모습이 말발굽 같다고 하여 붙여진 이름이다. 이론적 관점에서 말굽형 아치는 장식적인 가치를 가진 주요한 건축 요소로서 수평적 지름 아래로 길게 연장되는 곡선을 나타내고 있다. 에밀리오 깜스(Emilio Camps)에 따르면 아치가 그리는 곡선이 대략 수평을 향한 반원보다도 더 길어 선을 더 높여주는 효과를 주지만 건축적 가치에 있어서는 건물 내부 구도와의 관련성이 떨어진다.[10] 이 말굽형 아치는 이베리아 반도에서 이슬람 건축의 특징적인 요소로 알려져 있다. 그러나 말굽형 아치의 출처는 이슬람 전통 안에서 보다는 이슬람 침략 이전 시대의 이베리아 반도의 건축물에서 발견할 수 있다.

---

9) Markus Hattstein. 2000. *El islam: el arte y arquitectura*, Barcelona. Konemann. p. 222.

10) Emilio Camp., 1953. *Módulo, proporciones y composición en la arquitectura califal cordobesa*, Madrid. Instituto Diego Velásquez. p.19.

[그림 3] 산타 에울랄리아 데 보베다 신전의 주랑 현관[11]

[그림 4] 산 후안 데 바뇨스 교회[12]

---

11) https://es.wikipedia.org/wiki/Santa_Eulalia_de_B%C3%B3veda#/media/File:Santa_eulalia_de_boveda_
   fachada.jpg (검색일자: 2017년 1월 20일)

12) https://es.wikipedia.org/wiki/Iglesia_de_San_Juan_(Ba%C3%B1os_de_Cerrato)(검색일자: 2017년 1월 20일)

스페인 서북부 지방에 위치한 루고(Lugo)에서 가까운 산타 에울랄리아 데 보베다(Santa Eulalia de Bóveda) 신전은 후기 로마 시대의 건축물로서 [그림 3]과 같이 주랑 현관에서 내부로 향한 입구 윗부분에 말굽형 아치가 만들어져 있다. 서고트인들이 이베리아 반도에 정착하면서 로마인들이 사용했던 이 말굽형 아치를 건축 요소로서 그대로 수용하면서 사용이 확대되기 시작했다. 또 다른 서고트 시대의 대표적인 건축물로 빨렌시아(Palencia) 지방의 세라또(Cerrato)에 있는 산 후안 데 바뇨스 교회(Iglesia de San Juan de Baños)에서 이 유형의 아치가 사용되었음을 볼 수 있다. 건물 내부에는 레세스빈토(Recesvinto, 649~672) 국왕에게 바치는 시기가 661년이라 표기되어 있다. [그림 4]의 교회의 입구 문과 그 윗부분에 말굽형 아치의 존재를 확인할 수 있다. 이후 이슬람인들이 자신들의 종교 건축물에 서고트인들이 사용하던 이 말굽형 아치를 모방하듯 적용하였지만 자신들만이 갖고있는 창의적인 방법으로 작품의 독창성을 표현하였다. 이처럼 코르도바 메스키타에서 주목받은 말굽형 아치들은 이슬람 전통에는 존재하지 않았던 건축적 요소로 이베리아 반도에서 로마와 서고트의 문화적인 요소들을 포용하며 자신들의 이슬람 특성으로 소개하였다. 이슬람 이전 서고트 시대에 서고트인들이 즐겨 사용하던 건축 양식으로 이미 정착되어 있었고, 서고트 석공들이 지속해서 알 안달루스 시대에 자신들의 기술을 전수하며 작품 완성에 기여하였다.

이런 종류의 아치는 건축적 용도로 사용되었다기보다는 장식적인 목적으로 제작되었다. 아치 형태가 완전 180도의 반원형이 아니라 원중심에서 아래로 향해 있으므로 위를 떠받는 힘이 반원형 아치보다도 강도가 약할 수밖에 없다. 따라서 장식적인 용도로 말굽형 아치가 사용되었다는 설에 무게가 실린다. 코르도바 메스키타의 지붕은 기둥에 의해 지지되는 건축 방식을 따르고 있다. 이 방법은 코르도바뿐만 아니라 다른 동부 지역에서도 자주 채택되어 응용되고 있었다. 다만 이베리아 반도의 이슬람인들은 그들 이전 시대의 건축물과 자재들을 재활용하며 창의적인 기법으로 다주식 메스키타를 세웠다. 즉, 기독교 요소가 가미된 독창적인 이슬람 건축을 만들었다. 에밀리오 깜스의 "로마인들이 만든 개선문과 수로에서 볼 수 있는 아치들은 바깥 둘레를 포기하지 않았다"[13]라는 주장은 마치 아치가 지지하는 벽과 같은 역할을 맡은 것을 의미했지만, 코르도바의 메스키타 안에서 목격되는 말굽형 아치들은 그런 역할을 하지 않았다. [그림 5]에서 보듯이 내부를 자세히 살펴보면 말굽형 아치들은 윗부분에 얹혀있는 반원형의 아치가 이중으로 포개져 있는 독특한 구도이다. 즉, 두 종류의 아치가 공존하고 있다: 반원형 아치와 말굽형 아치. 그러나 후자인 말굽형 아치는 반원형 아치와 비교한다면 맡은 역할에 있어서 분명한 차이가 있다. 윗부분은 반원형 아치로 지붕을 떠안고 있지만 아랫부분의 말굽형 아치는 선이 반원 밑으로 연장되고 있는 모습을 보인다.

[그림 5] 코르도바의 메스키타 예배실: 이중 아치[14]

---

13) Camps, Emilio, op.cit. p.23.

14) https://es.wikipedia.org/wiki/Mezquita-catedral_de_C%C3%B3rdoba#/media/File:Mosque_Cordoba.

코르도바 초기 메스키타에는 기둥 사이에 연속적으로 전개된 말굽형 아치들이 서고트 시대의 것들과 거의 일치한다고 보기 때문에 혁신적이거나 새로운 건축 요소를 찾아내기는 어렵다. 그러나 메스키타 내부에 2층 아치 용법을 사용한 것은 이슬람 건축에서도 보기 드문 예에 속한다. 메스키타의 위층 아치들은 벽에 연결되지 않은 채 걸린 피어를 받고 있다. 2층 아치에 있어서 두 번째 아치를 첫 번째 아치의 높이보다도 더 높게 천장을 떠받칠 수 있도록 만들었다. 이중적인 아치 사용은 건축물의 높이와 관련된 문제를 해결해 주었다. 즉, 이 부분에 있어서 이슬람 건축가들이 구조적이고 기능적인 필요성을 뛰어난 디자인으로 해결하였다.

붉은색과 하얀색의 돌을 번갈아 사용하며 만든 이 아치들은 벽옥, 마노, 대리석, 화강암으로 만든 850개가 넘는 기둥 위에서 19개 주랑을 구성하고 있다. 메스키타 내부에서 돌기둥들이 숲과 같이 서 있는 모습을 연출하며 마치 영원한 미로와 같은 이슬람의 심미성을 자아내는 시각적 효과를 연출하는 기법이 매우 뛰어났다. 메스키타의 공간은 인구가 증가할수록 커질 수밖에 없었고, 수평적인 구도의 높은 천정을 위해 이중 아치가 필요했다.[15] 이런 아치 구조는 동부 지역의 다마스코와 같은 대도시에서도 볼 수 있듯이 동서양를 아우르는 공통적인 건축 요소의 문화 교류를 의미했다.

4) 서지중해 문화 교류의 장: 메스키타

이베리아 반도의 이슬람 역사기간에(711~1492) 이슬람교와 기독교의 두 종교 세계가 대립과 동거를 반복하였다. 이슬람인들이 점령한 알 안달루스에서 서고트인들의 아랍화는 빠른 속도로 기존의 생활 방식을 바꾸게 하였고 정신적 지주 역할을 하는 이슬람교 확산을 촉진하

jpg(2017년1월 20일 검색)

15) Oleg Grabar. op.cit., p.142.

였다. 에미르나 칼리프들은 자신들의 영광과 명예를 위해 코르도바의 메스키타를 종교 건축물로 만들고자 했다. 따라서 이슬람 역사 전개에 따라 메스키타는 시대 요구에 따라 변천되어 갔다.

금요 예배에 참여하는 신도들의 수가 많아지자, 이슬람인들은 메스키타 건립을 위하여 지주식 건축 방법을 선택하였다. 먼저 자신들의 종교 문화에 직접 반대되는 요소들을 배제하였고 이슬람 전통 방식을 계승한다는 원칙을 세웠다. 그러면서도, 이베리아 반도에서 이슬람 이전 시대가 물려준 문화적 자산, 즉, 로마나 서고트 시대의 건축 자재들을 그대로 사용하는 재치를 보이며 공사 기간을 단축하는 실리를 챙겼다. 초기 코르도바 메스키타에 적용된 서고트 건축 요소의 지속성은 말굽형 아치를 통하여 확인할 수 있다. 특히, 예배실의 확장을 위해 천정을 높게 떠받칠 수 있는 이중 아치의 디자인을 채택했다. 말굽형 아치를 인용하면서 그들만의 독창적인 건축 양식을 만들어낸 것이다.

결과적으로 코르도바 메스키타는 종교 건축물이기에 앞서 중세라는 시간과 공간을 초월하여 이슬람교와 기독교 문명이 서로 간 영향을 주고받으며 발전한 풍부한 문명 교류의 결과물임을 입증한 것이다. 교류의 과정에서 에스키타는 스페인의 독창적인 정체성 확립에도 크게 기여하였다. 코르도바 메스키타는 동서양을 연결하는 매개체로서 시대를 초월하여 이슬람 확산의 핵심적인 역할을 담당한 문화 교류의 장이었다.

참고문헌

Arié, Rachel. 1981. *España musulmana (siglos VIII-XV)*. vol. 3. Barcelona: Labor.

Barrucand, Marianne. 1992. *Arquitectura islámica en Andalucía.*. Colonia: Taschen.

Camps, Emilio. 1953. *Módulo, proporciones y composición en la arquitectura califal cordobesa*. Madrid: Editorial Instituto Diego Velásquez.

Chueca, Fernando, 1979. *Historia de la arquitectura occidental*. Madrid: Dossat.

García de Cortázar, José Ángel. 1980. *La época medieval.* Historia de España Alfaguara. Madrid: Alianza.

González Ferrín, Emilio. 2006. *Historia general de Al Ándalus*. Córdoba: Almuzara.

Grabar, Oleg. 1981. *La Formación del arte Islámico*. Madrid: Cátedra.

Hattstein, Markus, 2000, *El islam: el arte y arquitectura*. Barcelona: Konemann.

Mackay, Angus. 1985. *La España de la Edad Media, desde la frontera hasta el imperio (1000-1500)*. Madrid: Cátedra.

Martín, José Luis. 1984, *La Península en la edad media*. Barcelona: Teide.

Pierre, Guichard. 1995. *La españa musulmana: Al-Andalus omeya (siglos VIII-XI)*. Información e Historia, Madrid: Historia 16, Temas de Hoy.

_____. 2001. *Al-Andalus frente a la conquista cristiana: los musulmanes de Valencia(siglos XI-XIII)*. Madrid: Biblioteca Nueva.

Suárez Fernández, Luis. 1978. *Historia de España: edad media*. Madrid: Gredos.

https://es.wikipedia.org/wiki/Santa_Eulalia_de_B%C3%B3veda#/media/File:S
anta_eulalia_de_boveda_fachada.jpg(검색일자: 2017년 1월 20일)

https://es.wikipedia.org/wiki/Iglesia_de_San_Juan_(Ba%C3%B1os_de_Cerrato)
(검색일자: 2017년 1월 20일)

https://es.wikipedia.org/wiki/Mezquita-catedral_de_C%C3%B3rdoba#/media/F
ile:Mosque_Cordoba.jpg(검색일자: 2017년 1월 20일)

2. 서부 지중해Ⅱ: 중세 랑그독-루씨옹 변경지역의 언어 교류 유형화*_장니나

1) 남프랑스 랑그독-루씨옹의 옥시탄어 및 카탈로니아 어 병용

사회언어학자 뷜로(Th. Bulot)는 프랑스 언어들에 관한 연구(Bulot 2006: 11-13)에서 언어는 사회적 지배성을 지니며 특히 언어 변경지역에서 다양하고 혼합된 사용의 결과로 화자들 간 상호 체계가 구성된다고 정의하고 있다. 또 언어학자 세르키글리니(B. Cerquiglini)에 따르면 (Cerquiglini 1999: 107-110) 프랑스 언어사에서 지역 언어들(P. Miller 외 2010: 3-11)[1]과 문화 교류는 빈번하게 이루어져왔다. 더구나 중세에는 여러 언어를 구사하는 것이 보편적인 사회현상으로 간주될 정도

---

* 본 원고는 "중세 랑그독-루씨옹 변경지역 언어 간 통섭 연구-알비파 십자군 전쟁을 중심으로-" (『한국프랑스문화연구』 제25집)를 인용 및 수정하였음.

1) 프랑스의 지역어는 크게 언어권별로 로망어 계열(랑그 도일어, 프랑코프로방스어, 옥시탄어, 카탈로니아어, 갈로-고대이탈리아어), 게르만어 계열(뤽상부르그 프랑크어, 모젤 프랑크어, 로렌 프랑크어), 브르타뉴어, 로마니어, 바스크어, 코르시카어 계열(코르시카어, 리구리아어, 카쥐스의 그리스어), 해외령 계열(카리브, 레위니옹 크레올어, 아메리카 인디언어, 몽어, 카낙어, 폴리네시아어들, 마요트어)로 정의하고 이외 소수어(베르베르어, 아랍 방언들, 이디시어 등)로 구분하고 있음.

로 라틴어, 옥시탄어, 카스틸라어, 카탈로니아어, 이탈리아어 교육이
균등하게 이루어졌다고 주장한다. 특히 남유럽을 이해하는데 중요한
언어로 카탈로니아어와 옥시탄어[2]를 든다. 옥시탄어를 사용하는 남
프랑스 지역 중 랑그독-루씨옹 지역은 카탈로니아어와 병용되는 언어
변경지역이다.

고·중세의 지중해 역사에서 바다를 통해서 뿐만 아니라 육지를 통
한 교류 역시 상호보완적으로 검토되어야 될 사항이다. 한 변경지역에
서 이루어진 여러 민족들 간의 침입과 전쟁, 정복은 언어를 비롯한 이
문화 간 상호 교류를 촉진하게 되는 계기가 되기도 했다. 특히 사회
변동 속에서 나타나는 언어 접촉현상은 문화·종교적인 파급 효과가
크게 부각된 중세의 전쟁[3]을 통해 잘 살펴볼 수 있다(육군사관학교 전
사학과 2005: 65).

중세 유럽 사회는 봉건제도와 교회를 통한 종교적 권위가 보편적인
문화였던 곳이자, 동방을 향한 서방의 침략과 약탈의 역사로 기록되기
도 했다[4]. 그러나 그 이면에는 기록되는 문예가 있고 언어의 교류를
촉진했던 트루바두르의 역할이 존재했다.

이 시대 프랑스의 경우 당대 지적·사회적 흐름에 따라 서유럽 수
도원 운동의 중심지인 클뤼니 대수도원을 비롯한 종교에 대한 관심이
극대화되고 남부 프랑스 랑그독 지역에서 시작된 알비파라는 이교도
에 대한 응징으로 표면화된다. 초기 십자군의 성격[5]과 다른 랑그독 지

---

2) 옥시탄어는 프랑스, 스페인, 이탈리아, 모나코에서 사용되고 있고 스페인에서는 공식어 위상임.

3) 특히 중세 십자군 이야기는 성지를 향한 전투만큼이나 서방과 동방의 서로 다른 문화권 간의
   접촉을 다루는 경우가 많았으므로 언어 간 접촉이 많았을 것으로 추정됨.

4) 특히 11세기 말 중세는 동쪽의 이슬람 세력과 서쪽의 서유럽 봉건 국가와 이 둘 사이에 자리
   잡은 비잔틴 제국의 견제와 갈등이 있었음. 비잔틴 제국과 서유럽은 기독교 신앙을 통해 두 문
   화 간 결속을 다졌고 그 결과 종교적 이질성에 따른 이슬람 세력과의 무력 충돌이 불가피하게
   되었던 것임. 이후 스페인의 국토회복전쟁은 서유럽 지도자들에 대한 교황의 독려로 종교적 명
   분이 더해져 십자군전쟁이라는 서구 팽창주의가 시작되는 계기가 됨. 이로써 당대 많은 사람들
   이 여러 차례의 십자군 원정(1096-1270)에 가담하게 되었고 그 영향으로 이문화의 접촉이 이루
   어졌을 것임. 본 논문에서는 이 점에 주목하고 있음.

역의 알비파 십자군 전쟁은 이 지역이 프랑스에 편입되는 역사적인 계기가 되는 사건이자 언어적으로 볼 때 북부 프랑스인 랑그 도일어권과의 접촉 내지는 이 지역 언어들 간 교류 유형을 도출하게 되는 접점에 있다. 결국 중세 프랑스 지중해 지역의 문화는 복합성을 띄게 되었으며 다양한 형태로 통섭의 과정을 겪었다.

랑그독(Languedoc)은 이미 7세기부터 프랑스 남부지방에서 통용된 랑그 독(langue d'oc)계열 언어들의 시원이자 지중해 영향을 받은 지역이다. 고대 이곳은 켈트족의 정착 이전에 이미 이베리아족이 점령했던 곳으로 언어 역시도 골 어 이전에 이베리아어를 비롯한 여러 토착 언어들이 복합적으로 이동한 흔적이 남아있다.

본 장에서는 중세 이 지역에서의 언어 이동성 및 교류 현상이 전쟁과 정복의 요인뿐만 아니라 문화적 교류라는 평화적인 요인으로 이루어졌으며 그 결과 이 지역에 끼친 사회언어적 영향과 변화가 무엇인지 살펴보려 한다.

전쟁과 정복은 지중해지역의 문화 교류유형을 전달하는 중요 요인 중의 하나였으며 스페인 북서부와 남프랑스에 걸쳐 있었던 나바르 왕국 출신의 음유시인들은 프랑스로 이동함으로써 언어 교류의 직접적인 역할을 하였다.

2) 중세 랑그독 및 변경지역을 중심으로 한 언어사회상

지리언어학에서 랑그독 지역은 남부 프랑스의 대표적인 지역어인 옥시탄어(l'occitan)를 사용하던 곳으로 현재 프랑스의 미디-피레네, 랑그독-루씨옹, 론-알프스, 오베르뉴 지역 전체를 포함한다. 중세 랑그독은 스페인, 이탈리아, 남프랑스를 포괄하여 옥시탄어를 사용하던 옥시

---

5) 초기 십자군의 목표가 순수 종교적 감정 확산으로 인한 예루살렘 성지 해방과 수호였다면 후반기로 갈수록 정치권력에 대한 야심으로 변질되는 과정을 겪었음.

타니아의 중요 부분이기도 하다.

이곳은 철기시대에 이베리아족이 점령하여 살았고 기원전 3세기말에 와서 골(Gaule)을 형성했던 켈트족의 이주가 본격화되었던 곳이다. 이후 골 족이 남하하면서 두 민족의 교류가 시작되었고 이탈리아를 침략하기 위한 카르타고 군대가 이 지역을 통과하게 되었으며 그리스 선원이 지중해 연안의 아그드(Agde)에 식민지를 세움으로써 지중해를 통한 이문화 접촉도 있었던 지역이다. 즉 육지와 바다의 교류가 모두 이루어졌던 곳이다.

랑그독 사회는 5세기에 침입한 서고트족에 의해 고트(Gothie)라 명명되고 이후 8세기에는 사라센족이 점령하기도 했다. 이곳이 프랑스로 편입되는 과정은 바로 알비파 십자군으로 알려져 있으나 이전에 이미 프랑크족의 침입으로 인식되는 견해도 있다. 여러 이민족의 상업, 문화 교류 장소였던 이곳은 전투력으로 무장된 샤를르 마르텔, 페펭, 샤를르마뉴에 의해 완전히 이민족과 결별하게 되고 프랑크족의 단일 지배하에 들어가게 되어 통일된 지역문화를 이루었기 때문에 알비파 십자군 결과 프랑스로 편입되는 과정이 용이했을 것으로 생각한다. 이후 10세기부터 툴루즈의 백작이 관여하게 되고 알비파 십자군 전쟁 이후 급변하는 언어사회상을 보이게 된다.

나아가 랑그독 지역의 문화적 급변요인으로 전쟁을 언급할 수 있다. 그러나 전쟁만이 이문화 교류의 매개가 된 것은 아니라는 점에 주목하고자 한다. 언어 간 교류 흔적은 어휘차용을 비롯한 통사구조 등 복합적인 언어 현상을 야기하는 데 어느 특정한 시기에 구별되는 문화 도입이 어휘 수용으로 설명되는 경우가 있기 때문이다. 언어 간 접촉의 주요 사회상으로 이곳은 4세기에 기독교를 수용했다는 점이다. 여러 언어 간 접촉으로 인한 충돌과 수용에 앞서 종교의 수용은 문화 교류의 중심으로 설명될 수 있으며 랑그독 지역의 종교 성향이 수 세기에 걸쳐 이룩된 다양한 문화 교류의 결과로 인식될 수 있는 부분이기 때문이다. 이 요인 또한 알비파라는 종교 성향을 고수하고자하는 지역성을 낳게 된 것으로 해석할 수 있다.

프랑스 언어사측면에서 중세를 살펴보면(Theis L. 1992: 전체 참조) 다음과 같은 시기로 나뉘게 된다(Zink 2007). 첫째, 여러 민족들과의 침입과 정주가 있은 뒤 프랑크왕국(486~678)의 출현이 있었고 이후 샤를르마뉴(678~771)의 등장, 카롤링거왕조(771~840), 서프랑크왕국(840~888)을 거쳐 하나의 왕조에서 여러 왕조로의 분열(888~999)되는 시기이다. 바로 클로비스왕에서부터 위그 카페왕의 시기를 통틀어 지칭할 수 있다. 이는 중세 초기인 로마 멸망직후 골(Gaule)지역의 언어분열시기로 각 지역에서 사용된 라틴어가 쇠퇴하고 민중 로망어로의 이동이 이루어져 고대 프랑스어 탄생을 예고하던 언어상황이다. 둘째, 카페 왕조를 중심으로 한 왕국(999~1226)이 건설된 시기이다. 필립 1세(996~1108)를 시작으로 루이 6세와 루이 7세(1108~1180)를 거쳐 왕국의 혁신을 이룬 필립 오귀스트에서 루이 8세(1180~1226)까지가 이 시기에 속한다. 언어적으로는 각 지역별로 민중 로망어의 발달 속에 지역어들이 생성되어 사용된다. 셋째, 프랑스 왕국의 황금기가 시작된 시기로 성 루이 왕부터 샤를르 4세의 죽음(1226년~1328년)까지를 말한다. 크게 북쪽인 랑그 도일(langue d'oïl) 언어권과 남쪽의 랑그 독 언어권(langue d'oc)으로 나뉘고 다시 여러 지역어로 분화된다. 넷째 시기는 일련의 사회적 위기를 겪은 후 안정화 단계를 거쳐 서서히 국가가 새롭게 재정비되던 시기(1328~1483)로 왕권 확립을 위해 다양한 지역어가 쇠퇴하고 프랑스어에 대한 강화 정책이 싹튼 시대다.

프랑스 중세 언어 간 접촉 과정에서 주목할 부분은 중세 초기 언어 단계인 5세기부터 8세기까지로 여러 언어들 간 교류의 결과로 고대프랑스어 탄생을 돕는 지역 언어들이 출현했다는 점이다. 골에 정주한 여러 토착민들의 구술언어와 이를 기록한 문자 언어인 고대그리스어,

라틴어 그리고 지역별로 흡수하여 발달한 민중 로망어의 발전과정은 언어 간 접촉상황에서 수용, 차용, 변용 등 교류가 이루어졌으며 이는 문화의 이동성과 복합성의 결과로 고찰될 수 있다. 그 중심엔 전쟁, 종교와 같은 사회적 요인이 있었다고 본다. 이후 9세기를 기점으로 13세기까지의 고대 프랑스어(l'ancien français) 생성과 14세기에서 15세기의 중세 프랑스어(le moyen français) 역시도 일련의 중세 언어 간 접촉과정의 결과로 간주되고 있다.

특히 랑그독 지역은 오래전부터 지중해 연안을 중심으로 페니키아인, 고대그리스인과 선민족 간 융합이 있었으며, 또 동서에서 침입한 리구리아 인, 에트루리아 인, 이베리안 인, 게르만 인과 골 인 간의 충돌 및 공존으로 그들의 문화인 언어들 간 접촉은 당연한 귀결이다. 중세에 이르러 이 지역은 프랑스 북쪽의 랑그 도일 언어권역과 맞물려 남쪽의 랑그 독 언어계열로 각각 다르게 발전해 나가게 되는 접변점이 되었다.

[그림 1] 프랑스 지역어 권역6)

---

6) http://www.tlfq.ulaval.ca/axl/francophonie/hist_fr_s3_ancien-francais.htm

그림에서와 같이 몇몇 언어접변지역의 언어들을 제외하고 프랑스 지역어 권역은 북쪽의 랑그 도일 지역어권(dialectes d'oïl)과 남쪽의 랑그 독어인 옥시탄 지역어권(dialectes occitans)[7]으로 양분될 수 있으며 중세부터 오늘날까지도 그 명맥이 유지되어 지역어 수호 및 전통 보존에 대한 각 지역의 요구와 프랑스 정부의 '우리 문화 다양성' 가치 차원에 입각한 유럽 언어정책의 일환이자 부분적으로 인정하고 있는 실정이다. 당대 사용되었던 각 언어권역의 언어들을 다시 세분화하면 다음 도표와 같다.

[표 1] 프랑스 지역어 계열별 구분

언어권	계열 언어들
랑그 도일어 les langues d'oïl	le françois, le picard, le gallo, le poitevin, le saintongeais, le normand, le morvandiau, le champenois 등
랑그 독어[8] les langues d'oc	le gascon, le languedocien, le provençal, l'auvergnat-limousin, l'alpin-dauphinois 등
프랑코-프로방스어[9] le franco-provençal	le bressan, le savoyard, le dauphinois, le lyonnais, le forézien, le chablais 등
게르만어 les germaniques	le francique, le flamand, l'alsacien
브르타뉴어 le breton	le breton
바스크어 le basque	le basque

이렇게 나누어지게 된 역사적 배경으로는 987년 카페 왕조의 시조인 위그 카페가 프랑스 최초의 왕위에 오르고 봉건제였던 당대 프랑스

---

7) 랑그독 지역의 언어 표기로 옥시탄어권이라고 부를 수 있음.

8) 이외에 스페인의 카탈란어(le catalan)도 사용되었음.

9) 이외에 스위스의 le genevois, le vaudois, le neuchâtelois, le valaisan, le fribourgeois 어와 이탈리아의 le valdôtain 어도 사용되었음.

는 20여개의 지역 영주가 다스리게 되었기 때문이다. 그중 북쪽의 플랑드르 백작, 노르망디 공작, 동쪽의 부르곤뉴 공작, 남쪽의 아키텐느 백작이 위세를 떨쳤는데 각 영지에서 사용된 언어들이 그 주변 지역으로 전달되어 언어권을 형성하고 지세가 고립된 곳은 소통의 부재로 전통을 고수하여 고착화될 수밖에 없었다고 해석된다. 이 시기 프랑스는 외부의 침입뿐만 아니라 종교의 역할도 언어 간 접촉의 요인이 되었다는 견해가 있다. 로마 교회의 언어인 라틴어와 일 드 프랑스지역을 중심으로 확산된 왕의 언어이자 지역어인 프랑스어는 넓은 프랑스 전역으로 보급되지 못하였다. 오히려 이단적 종교로 인식되었던 남부 프랑스의 카타르파는 동일한 언어권 주변 변경지역으로 확산되었으며 민중이 손쉽게 사용할 수 있는 여러 언어들이 생성되고 활용되어 랑그독어 계열 지역어로 발전하는 사회적 배경이 되기 때문이다.

한편 랑그독 지역은 언어권으로 규정될 뿐만 아니라 중세 시대부터 꽃피웠던 옥시탄 문화(la culture occitane)가 지배했던 곳으로 여러 문화가 혼종·통섭 되었고 특히 프랑스 남부를 중심으로 스페인, 이탈리아, 모로코와 관련이 있다는 견해도 있다. 이는 공통된 언어를 바탕으로 공통의 문화 공간이 이동되는 데 중요한 어떤 역할이 존재했을 것으로 추정되는 부분이다. 이 지역은 프랑스 지역어뿐만 아니라 스페인, 스위스, 이탈리아의 지역어가 모두 사용되었고 옥시탄어[10]는 이 곳을 시발점으로 전 유럽으로 퍼져나가 오늘날에도 프랑스 지역어들 중 가장 강력한 위상을 유지하여 세계적인 연대를 결성하고 있다.

결국 고대의 구술언어는 중세로 접어들자 문자 언어로의 병용표기가 활성화되었고 역사에 대한 기록도 빈번해졌다. 특히 십자군 전쟁 때는 사회문화에 대한 기록이 많아져 연대기와 무훈시가 등장하기도 했다. 이것은 알비파 십자군 무훈시로 이베리아 반도에서 건너온 프랑

---

10) 이 곳 지역어인 옥시탄어로 작품을 쓰는 작가(F. Mistral)의 노벨상 수상으로 지역어 보존 운동이 있어 왔음.

스 남부 음유시인 트루바두르의 이동성에 따른 다양한 문화적 배경에 힘입은 언어를 통한 문화 간 이동의 흔적이었다. 이런 점에서 랑그독 지역의 무훈시는 당대 여러 언어 접촉이 자연스러웠던 배경과 언어 간 교류의 근거로 기록 자료가 될 수 있다.

3) 랑그독-루씨옹과 스페인 간 언어문화 교류

랑그독- 루씨옹과 스페인 간 언어 교류 흔적은 두 지역에서 공통적인 언어로 기록된 문예를 통해 한 역사적 사건을 부각시켰다.

알비파 십자군 전쟁은 12~13세기 프랑스 남부 알비를 중심으로 한 랑그독 지역에서 발생한 카타르파(catharisme)[11]를 이단으로 규정하여 이 지역에 십자군(1209~1249)을 투입시킨 사건이다[12]. 기존 십자군이 일으켰던 전쟁과 완전히 다른 성격의 십자군 전쟁으로 역사적 의의가 있다. 그리스어로 순수하다는 의미인 카타르파는 3세기 마니교에서 유래된 교의로 가톨릭 교리와 다른 면이 있었고 선(신)과 악(악마)을 주요 가치로 삼고 있었으며 청빈한 삶과 완벽한 영적 신앙생활에 도달할 것을 강조했다. 로마 가톨릭 교회와 대립하여 반성직자파를 결성하였고 당대 성직자들의 부패를 끊임없이 비판하게 되었다. 이에 교황은 아르노-아말리크 수사의 주도하에 1209년 십자군을 출범시켜 이 지역을 처단하고 특히 시몽 드 몽포르는 카타르파를 가차 없이 박해했다.

위의 십자군 전쟁 과정을 살펴보면 첫째, 알비 중심의 카타르파에 대한 종교적 회심전략이 있었다. 카타르파 교회가 급성장하자 종교적 영향력이 커졌으며 교황은 가톨릭으로의 개종을 권유하였으나 받아들

---

11) 카타르파는 1176년 프랑스 남부 도시 알비에서 시작되었기 때문에 알비파로 부르기도 함.

12) 예루살렘 성지 수호라는 초기 십자군의 대의와 달리 그리스도의 이름으로 수치스러운 약탈이 자행되자 서구 사회는 십자군의 윤리에 대해 충격이 거세지고 교황에 의해 무슬림이 아닌 이단 그리스도교의 처벌을 시작하게 되었는데 알비파 십자군이 대표적인 사건임.

이는 이가 적어 이 지역에 투쟁을 선포하게 된 것이다. 둘째, 교황은 카타르파의 축출을 위해 이 지역 남작들이 주도하는 십자군 전쟁 (1209)을 선포한다. 셋째, 십자군의 랑그독 지역 침입(1209~1213)이 후 대대적인 저항(1216~1223)이 거세어졌고 왕의 개입(1226~1229) 으로 파리에서 평화를 위한 협상이 시작된다. 넷째, 위의 역사적 배경 을 바탕으로 알비파 십자군 무훈시(la Chanson de la croisade albigeoise ou Canso de la Crosada)가 작성되어 유럽 전역으로 퍼져 나가고 이후 에도 이 십자군 전쟁은 지속되어 툴루즈 백작의 독립 말기(1233~ 1255)에는 다른 이교도에 대한 투쟁으로 확대된다.

이 사건은 카타르파뿐만 아니라 스페인과 프랑스 남부를 아우르는 옥시탄인들을 무수히 죽인 전쟁으로 기록되어 있다. 알비파 십자군 무 훈시는 랑그독 지역 언어 저항성의 상징이며 카타르파와 옥시탄인을 몰살한 사건에 대한 문헌 기록이라는 의의를 가진다. 이 지역에서 『십 자군의 노래』라고 불리기도 하는 이 무훈시는 9578행의 역사서정시로 나바르 왕국 출신의 음유시인 트루바두르인 기욤 드 튀델13)과 작자 미상14)에 의해 1209년부터 1218년 또는 1219년까지 지속된 비극을 기록한 문예작품이다. 이는 스페인 아라곤 왕국과 프랑스 남부 툴루 즈, 그리고 옥시탄인의 연합이 서로 다른 언어를 사용하는 프랑스 북 부 프랑스인들에 대한 저항의 표현인 것이다. 무훈시의 내용은 크게 두 부분으로 나뉘는데 첫 부분은 툴루즈 백작인 레이몽6세와 옥시탄 인, 아라곤왕이 연합하여 십자군에 저항한 뮈레 전투(1213)15), 보두앵

---

13) 전반부의 130 laisse의 저자인 기욤 드 튀델은 몬토방에 거주하며 1210년부터 쓰기 시작하여 1214년에 절필했다. 십자군의 무훈을 상세히 기술하여 중요 역사자료가 될 수 있었음.

14) 후반부를 기술한 작가는 미상으로 1213년에서 1218년까지의 역사적 이야기를 기록하였는데 전반부와 달리 십자군에 반대하는 시각이 두드러졌고 문체는 웅변적이고 열정적인 시 형식을 갖추었다고 알려짐.

15) 1213년 9월 12일, 툴루즈 남쪽 25km 평원에서 일어난 알비파 십자군의 전투로 스페인 아라곤 왕은 1212년 모레스인들을 축출한 Las Navas de Tolosa전투 이후 카타르파에 우호적이었으므 로 프랑스 툴루즈와의 연합을 통해 참여함.

의 죽음(1214)과 북부 프랑스인에 대한 격렬한 저항을 다루고 있다. 작가인 튀델은 프랑스어가 아닌 랑그독 지역 언어인 옥시탄어로 시를 쓰는 시인이자 십자군 전기 작가로 언어의 순수성을 표현했다고 평가된다[16]. 두 번째 부분은 툴루즈의 레이몽 7세 백작의 시각으로 적혀졌으며 중세 옥시타니아에 대해 신화적인 요소를 가미한 글로 작자 미상의 작품이다. 그러나 역사가들에 의해 작가는 툴루즈 레이몽 7세 백작의 보호아래 있던 성직자로 추정되고 있다. 또 후대의 기록으로는 옥시탄어로 기록된 역사상 가장 저명한 작자미상의 문헌으로 알려져 있기도 하다.

알비파 십자군 전쟁에 대한 기록은 당대 랑그독 지역의 사회 상황인 주변과 동일한 옥시타니아 문화를 반영하고 있으며 무훈시의 저자가 스페인에서 건너온 트루바두르라는 점에서 랑그독-루씨옹 지역과 스페인 간 옥시탄어의 이동과 교류라는 사실에 주목하지 않을 수 없다. 또 언어 교류 전달자를 통한 언어 교류 방식과 사용 언어가 문화 교차로의 역할을 했음은 주지의 사실이다.

나아가 알비파 십자군에 대한 역사적 기록은 옥시탄어로 집필된 알비파 십자군 무훈시 이외에도 두 문헌에 의존하고 있다. 첫째, 세르네(Pierre des Vaux de Cernay)가 집필한 『알비의 역사(l'Histoire albigeoise)』가 있다. 이 역사서는 프랑스어도 옥시탄어도 아닌 라틴어로 기술되었다. 저자는 제4차 십자군(1202~1204)에 직접 참여하였고 작가의 삼촌이 1212년에 프랑스 카르카손의 주교가 되었으며 실제 의회 참여 등의 사회 활동으로 역사서를 집필하는 데 충분한 경험을 가졌다. 그는 1214년 시몽 드 몽포르를 따라 십자군 군대에 합류했다는 기록을 남겼다. 이후 1218년에 자취를 감출 때까지 십자군 공식 전기 작가로 알려져 있다. 둘째, 쀠로랑(Guillaume de Puylaurens)이 저술한 『연대

---

16) 훗날 1337년 석회 제조공의 손에 들어간 원고는 프랑스국립도서관을 거쳐 1837년 소르본대 교수인 Claude Fauriel에 의해 출판되었음.

기』(la Chronique)는 1200년경에 태어난 것으로 추정되는 성직자이자 작가의 공식 자료로 평가 받고 있다.

위에서 언급한 이 지역에 관한 문헌의 특징은 하나의 언어가 아니라 다양한 언어로 기술되어 전파되었다는 사실이며 당대 언어 간 교류가 존재했다고 추정할 수 있는 부분이다. 이런 중세 언어 교류는 집필자인 성직자, 연대기 작가[17]와 음유시인[18]에 의해 이루어졌음을 알 수 있다. 특히 트루바두르의 언어 교류자로서의 역할은 중세 중요한 문화 이동 매개체로 평가받을 수 있다. 또 여러 민족들이 정주하였고 프랑스, 스페인, 이탈리아로 향하는 교차로 역할을 했던 랑그독-루씨옹 지역은 여러 문화가 모이는 곳이자 다양성에 대한 수용과 변용의 형태로 발전할 수 있는 언어 통섭상황일 수밖에 없었을 것이다.

이렇듯 중세 언어 교류자의 역할은 성직자, 음유시인뿐만 아니라 랑그독-루씨옹 지역의 툴루즈 백작 레이몽과 같이 귀족도 기여한 점이 있다. 스페인의 레콩키스타에 참가하는 등 스페인 왕실과 잦은 교류를 했고 프로방스에서 주로 군대를 모집하여 동맹 전쟁에 참여함으로 접촉을 이루기도 했기 때문이다. 한편 이 지역의 다른 도시인 님, 나르본, 베지에 등과의 협력 하에 예루살렘을 탈환하러 출발한 첫 십자군(1099)에 중요 인물로 참여하였으며 1102년 레바논에 트리폴리 백작령을 만들고 동양과의 접촉을 통하여 프랑스 남부 음유시인 트루바두르의 탄생과 궁중 연애로 대표되는 옥시탄 문화를 생성해 내는 데 적지 않은 역할을 했다고 알려져 있다. 이 지역에서 발생한 언어 교류 유형이 사회에 끼친 영향으로는 공통의 언어 옥시탄어를 기반으로 옥시탄 문화가 발생하였고 프랑스와 스페인을 중심으로 유럽 전역까지

---

17) 연대기 작가들은 지휘관의 후원을 받아 역사 기록을 작성하는 경우가 많았고 사건이 지난 후 수년 내지는 수십 년이 지난 후에 묘사하기도 했기에 십자군을 기술하는 데 객관적일 수 없었을 것으로 추정되고 있음.

18) 오히려 트루바두르에 의해 당대 기술된 십자군 무훈시는 사료만큼이나 생생한 기록으로 평가 받음.

확산되는데 기여를 했다는 점이다.

4) 프랑스의 랑그 독어와 스페인의 카탈로니아어 간 교류 유형화

앞서 살펴본 바와 같이 랑그독-루씨옹 지역에서 발생한 중세 알비파 십자군 전쟁은 서로 다른 언어로 적힌 세 문헌에 의해 그 역사적 사실을 전하고 있다. 여기서 기록된 언어들은 한 지역에 들어와 언어간 수용을 통해 서로 접촉했음이 드러난다. 특히 알비파 십자군 무훈시는 랑그독 언어인 옥시탄어로 작성되었으므로 스페인 간 언어 교류의 근거가 될 수 있는 점이다. 두 지역에 공통적으로 사용된 언어는 옥시탄어이며 언어 발생학에서 볼 때 스페인 나바르쪽에서 발전되어 간 카탈로니아어와의 유사성이 있다. 또 집필 작가의 출신이 랑그독이 아니라 스페인에서 건너온 트루바두르이므로 그의 이동성으로 볼 때 언어접촉 방식이 스페인과 남부 프랑스 일부인 아라곤 왕국에서 출발하여 랑그독에서 크게 활약하였으며 이후 전 유럽으로 전파되었음을 알 수 있다.

실제로 남프랑스, 스페인, 이탈리아로 합류되는 지중해 문화의 다양성과 복합성은 랑그독-루씨옹에서 싹트고 확산된 하나의 문화 접변이며 언어 간 통섭의 예로 알비파 십자군 무훈시의 옥시탄어 원본과 후대에 작성된 프랑스어판을 통해 확인해볼 수 있다.

[표 2] la Canso de la Crosada 첫 시편 옥시탄어 원문[19)]

El nom del Payre e del Filh e del Sant Esperit

Comensa la cansos que maestre Guilhelms fit,

Us clercs qui fo en Navarra, a Tudela, noirit;

Pois vint a Montalba, si cum l'estoria dit.

S'i estet onze ans, al dotze s'en issit,

Per la destructio que el conog e vic

En la geomancia, qu'el a lonc temps legit,

E conoc que l país er ars e destruzit,

Per la fola crezensa qu'avian cosentit,

E que li ric borzes serian anpaubrezit

De lor grans manentias, don eran eriquit,

E que li cavalier s'en irian faizit,

Caitiu, en autras terras, cossiros e marrit.

Per so s'en issit il, cum avez oït;

Al comte Baudoï cui Jesus gard et guit !

Vint el, a Brunequel, que mon joi l'aculhit,

Puis lo fist far canonge, ses negun contradict,

Del borc Sant Anthoni, qu'el avoit establit,

Ab maestre Taecin, que fort o enantit,

E Jaufre de Peitius qui lui pas non oblit.

Adonc fit el cest libre es el meteish l'escrit.

Pos que fo comensatz, entro que fo fenit,

No mes en als sa entensa neish a penas dormit.

Lo libre fo be faits e de bos motz complit,

E si l voletz entendre, li gran e li petit,

I poires mot apendre de sen e de bel dit,

Car aisel qui le fe n'a l ventre tot farsit,

E sel qui no l conoish ni no l'a resentit

Ja no so cujaria.

---

19) http://www.chanson-de-geste.com/la_croisade_albigeoise.htm

[표 3] la Chanson de la croisade albigeoise 첫 시편 프랑스어 번역본20)

CHANSON

DE LA CROISADE

CONTRE LES ALBIGEOIS.

I.

AU nom du Père et du Fils et du Saint-Esprit commence la chanson que fit maître Guillaume, un clerc qui fut élevé en Navarre, à Tudèle. Il est très-savant et preux, selon ce que dit l'histoire ; [5] des clercs et des lais il fut chaudement accueilli, des comtes, des vicomtes aimé et écouté. Pour la destruction qu'il connut et vit en la géomancie, car il avait longtemps étudié, et pour ce qu'il connut que le pays serait brûlé et dévasté [10] à cause de la folle créance à laquelle ils (les habitants) avaient consenti, et que les riches bourgeois seraient dépouillés des grands biens dont ils s'étaient enrichis, et que les chevaliers s'en iraient bannis, misérables, en terres étrangères, tristes

et marris, [15] il résolut en son cœur, — car il était habile, et à tout ce qu'il voulait prêt et dispos, — de faire un livre qui fût ouï par le monde, pour que son savoir et son sens en fussent répandus. Alors il fit ce livre et l'écrivit lui-même[1]. [20] Depuis qu'il fut com-

1. La bonne leçon est évidemment celle du fragment de Raynouard, reproduite en note aux pages 1 et 2 du tome précédent. Voici la traduction du morceau auquel ce fragment apporte

II   1

2   CROISADE CONTRE LES ALBIGEOIS.

mencé jusqu'à son achèvement il ne mit en autre chose son entente, à peine même dormit-il. Le livre fut bien fait et composé de beaux mots ; et si vous le voulez entendre, les grands et les petits vous y pourrez[1] beaucoup apprendre de sens et de beaux dires, [25] car celui qui l'a fait en a le ventre tout farci, et quiconque ne le connaît pas et n'en a fait l'épreuve ne pourrait se l'imaginer.

그렇다면 프랑스어로 번역이 빠르게 진행되지 않았던 이유가 이 지역 언어의 횡적 교류는 빈번했으나 종적 교류는 드물었는가 하는 언어교류에 대한 재고의 여지가 있다. 프랑스 남부의 옥시탄어와 북부의 프랑스어는 확연히 다른 언어이고 프랑스 지역어인 옥시탄어는 스페인에서 사용되는 동시에 카탈로니아어와도 유사하다는 점이다. 한편, 어원학적으로 볼 때 옥시탄어와 카탈로니아어에 대해 이견이 있으며 라틴어에서 발생한 로망어 중 각각 갈로-로망어21)와 이베리아-로망어22)에 속하는 서로 다른 계통의 언어지만 프랑스에서는 중세까지 하나의 언어로 인식되었다. 이는 로망어 언어학자 본판테(Bonfante 1999)

20) Meyer P., *La chanson de la croisade contre les albigeois*, Librairie Renouard, 1878.(gallica.bnf.fr/Bibliothèque nationale de France). pp.1~2.

21) 속하는 언어 계열로는 프랑스 지역어들, 옥시탄어, 레티아어를 포함하고 있음.

22) 속하는 언어 계열로는 스페인어, 포르투칼어, 안달루시아어를 포함하고 있음.

가 지적한 것처럼 옥시탄어와 카탈로니아가 라틴어라는 동일한 뿌리에서 발전하여 서로 다른 계열의 로망어로 파생되었다는 점이다. 중세의 언어 사회 환경에서는 주변 언어 간 접촉을 통해 서로 영향을 받았기 때문에 유사한 언어로 비춰졌던 것으로 해석할 수 있다.

또 이 지역은 중세 지중해 서편 스페인의 도시들과 교류를 시작하여 아라곤의 왕 피에르 2세, 바르셀로나, 제보당, 루씨옹 백작, 몽펠리에 영주, 툴루즈 백작, 베지에, 카르카손, 알비 자작이 모두 하나의 봉건령에 속하였기에 서로 상이한 언어를 사용했지만 의사소통은 가능했을 것이며 언어 간 차용이 이미 이루어졌을 것으로 추정할 수 있다.

다른 한편, 오일어인 프랑스어와 남쪽의 옥시탄어는 언어학적으로 차이가 있는데, 특히 음성학과 형태론에서의 차이가 크다. 두 언어는 민중 라틴어와의 혼종 시기를 지나 민중 로망어 형태로 발전을 하는 과정에서 남쪽은 더 이상 크게 변형되지 않았고 북쪽은 게르만 발음의 영향을 받았다고 알려져 있다[23]. 또 게르만의 악상에 영향을 받아 선율적인 악센트인 라틴어와 달리 기식음이 첨가된 조음 양상을 보이게 된 것이라 한다. 이런 점으로 볼 때 횡적 교류인 랑그 독어와 카탈로니아어 간 교류가 더 빈번하였고 종적 교류인 오일어와는 다른 양상으로 발전되었다고 해석할 수 있을 것이다.

나아가 언어 교류의 근거인 문예로 기록된 알비파 십자군 전쟁의 결과 이곳에서 일어난 사회 변화는 첫째, 랑그독 지역의 이단분파인 카타르파가 전멸되고 도미니크 수도회가 창설되었으며 중세 종교재판이 만들어졌다는 점[24]과 둘째, 이 지역이 이론적으로는 프랑스 왕에 종속되었으나 아라곤 왕궁의 영향을 동시에 받았다는 사실이다. 이에 랑그독-루씨옹에서 사용되는 옥시탄어는 종적인 교류 즉 프랑스왕의

---

23) sapere→saber처럼 [p]가 [b]로 변화한 것임.

24) 이교도에 대한 집단 박해와 종교재판이 이어져 많은 사람들이 희생된 반면 지역 성직자들의 개혁을 이끌어 내기도 했음.

언어인 프랑스어에 영향을 받아 상호 교류 과정을 겪기 보다는 변경지대를 중심으로 아라곤의 카탈로니아어와 더욱 밀접하게 수용되었으며 두 지역에 두 언어가 모두 사용되는 재차용 현상을 야기하게 되었다. 이후 프랑스 왕권 확립을 위한 언어정책(장니나 2009)으로 지역어에 대한 국가적인 조사가 있었을 당시, 북부 프랑스어를 사용하는 화자수에 비해 남부 프랑스의 옥시탄어 화자수가 훨씬 많았다는 점이 알비파 십자군 전쟁이후 이 지역이 프랑스왕에 종속되기는 했지만 언어는 유지하고 있었다는 근거가 되고 있다. 또 알비파 십자군 전쟁 이후 지역 내 변화를 겪는데 첫째, 북쪽 랑그독 지역과 남쪽 카탈루나 지역으로 나뉘게 되어 서로의 언어에 영향을 주게 되는 계기가 급증한다. 둘째, 프랑스 왕과 아라곤 왕궁의 대외정책에 있어 국토 남쪽으로는 관심이 덜 했던 프랑스 왕은 이 지역을 거점으로 피레네지역과 지중해지역으로까지 그 영향력을 펼치게 되었다.

언어 간 통섭은 당대 통용되는 언어로 기술된 중세 무훈시[25]가 대표적인 사례로 고대 서사시를 이어받아 북부의 프랑스어[26]와 남부의 옥시탄어로 기술되었다. 궁정 연애와 같은 서정시는 유일하게 옥시탄어로만 기술되었는데 이는 스페인, 남프랑스의 옥시탄 문화가 낭만적인 요소를 포함하고 있기 때문으로 보인다. 작자 미상인 경우도 많았으나 정확한 출신 지역을 알 수 없는 트루바두르에 의해 랑그 독어로 집필된 경우가 많았다고 한다. 다른 한편, 오일어권의 음유시인인 트루베르도 서정시 집필에 참여하였으나 샤를르 마르텔과 샤를르마뉴 시대의 영웅과 기사들의 무훈에 대한 기술이 오히려 많았다.

또 무훈시는 구술문학의 성격도 띠고 있었으므로 한 지역에서 빈번하게 의사소통되는 언어로 기록되고 전수되었다는 점이 분명해진다.

---

25) 중세 무훈시는 11세기 말엽부터 출현했으며 십자군의 행적을 표현하였고 그 출발점은 스페인을 배경으로 한 샤를르마뉴 군대의 무용담이었으며 프랑스에서 15세기까지 이어짐.

26) 11세기 『롤랑의 노래』는 북부 랑그 도일어로 기술되었음.

랑그독-루씨옹 지역의 중심은 툴루즈였고, 남부 프랑스와 스페인을 아우르는 옥시타니아란 용어는 중세 때 시작되었으며 중세 프랑스의 두 언어 형태는 랑그 독어와 랑그 도일어였으나 이 지역 만큼은 카탈로니아어와 교류를 빈번하게 했다는 점에 주목하고자 한다.

이후 옥시탄어는 자료가 많지는 않으나 북부 프랑스어와 전혀 교류가 없었던 것은 아니었다. 옥시탄어는 남부 프랑스, 스페인, 이탈리아, 북부 프랑스, 전 유럽으로 이동하였으며 12세기 중세 인문학과 신학의 명성을 파리로 가져오게 했다고 한다. 한편 스페인의 톨레도는 그리스어와 아랍어로 된 과학저서의 번역으로 저명하게 되었다. 또 지중해를 중심으로 여러 언어들이 전파되고 통섭되는데 특히 연안 도시들인 살레르노와 몽펠리에의 의학, 볼로냐의 법률학은 파리, 오를레앙, 몽펠리에로 다시 전파하게 되고 오를레앙은 고전 저작에 몰두하는 지역으로서의 역할을 하게 되었다(존 볼드윈 2002). 이는 언어 교류가 단순한 통사적 영향으로 그치는 것이 아니라 지역으로의 확산과 더불어 사회 문화 전반에 끼치는 통섭의 과정으로 나아간다고 볼 수 있다.

결국 랑그독-루씨옹 지역은 스페인, 이탈리아, 프랑스 간 여러 언어 재차용 현상을 통한 문화 교차로 역할을 하게 되었고 서로의 학문을 발전시킨 교두보였다고 볼 수 있다. 저서와 문서를 통한 언어의 재차용 현상은 서사적 무훈시, 서정적 연가, 기사의 로맨스, 도시민들을 위한 우화집을 낳게 하고 특히 십자군 무훈시를 기술한 트루베르와 트루바두르를 통해 언어는 이동을 하게 되었으며 다시 각 지역에서 재차용되는 선순환적 구조를 가져왔다고 해석할 수 있다.

5) 종교와 전쟁을 통한 언어 교류 유형화 결과

복합적인 문화를 누렸던 중세 지중해연안지역에서의 언어 교류 유형화를 통찰하기 위해 바다뿐만 아니라 육지 변경지역인 남프랑스 랑그독-루씨옹에 초점을 맞추어 종교와 전쟁을 통한 언어의 이동성을 사회 속에서 해석할 수 있었다. 나아가 문예를 통한 언어 교류 방식인 옥시탄어로 집필된 알비파 십자군 무훈시는 당대 언어사회를 추정할 수 있는 중요 기록 자료가 될 수 있으며 이후 프랑스어판, 스페인의 카탈루니아어판을 포함한 주변 언어 간 호환성과 재차용 현상으로 변경 지역 언어 통섭은 지속 되었다.

자입트의 견해처럼 중세에는 국경이라는 개념이 모호하여 변경지역을 중심으로 구성원 간 이동이 자유로웠으며 특히 십자군 전쟁을 계기로 모험이라는 기사도적인 이상, 이교도의 탄압에 이르기까지 여러 세기를 거치면서 언어의 수용 내지는 융합의 경우가 적지 않았다(자입트 2002: 303). 이런 언어의 이동성은 제1차 십자군 연대기인『프랑스인들을 통한 신의 계시』에서 라틴어를 서유럽 그리스도교의 표준어로 설정하게 되었고 한편 프랑스 음유시인들은 알비파 정벌 십자군 전쟁으로 인해 옥시탄어로 쓰여진 무훈시를 보게 되었다(자입트 2002: 311) 사실은 프랑스가 각 지역의 고유한 특성을 가진 독립적인 언어 간 분쟁이 있기보다 왕래가 잦았던 변경지역을 통해 자유로운 언어 수용이 이루어졌으며 랑그독-루씨옹 지역이 중심이 되었던 것을 살펴볼 수 있었다. 더구나 프랑스 남과 북의 언어 교류 보다는 스페인의 카탈로니아어와의 옥시탄어 교류가 더욱 많았음을 보았다. 이런 언어 교류의 주체는 빈번한 인적 이동이었고 전쟁과 종교의 간섭은 오히려 프랑스의 다양한 언어 통섭 환경면에서는 도움이 되었던 것이 아닐까 하는 생각도 해볼 수 있었다. 이후 13세기경에는 지중해연안을 중심으로 교류가 폭넓게 확산되어 동맹과 대립의 상호 갈등의 상황도 존재했으나 남프랑스, 아라곤, 이탈리아의 해양도시가 주도하여 하나의 옥시타니아 문화권을 형성하며 언어 간 이동을 그대로 이어가게 된다. 여러 변경지역을 포함한 중세 옥시타니아는 남부 프랑스와 스페인 북부 해양 왕국 아라곤을 통합하였고 프랑스 음유시인들의 근원지로서 지중해

연안의 백작령들과 결합하여 바르셀로나에서 마르세유에 이르기까지
서로 접촉했다. 한편으로, 문예 교류의 경로를 놓고 볼 때 당대 프랑스
북부의 영웅적 서사시는 직접적으로 전해지기 보다는 시간적인 유예
가 있었고 언어 교류가 빈번했던 이곳엔 공통 문화코드를 기반으로 한
사랑과 모험을 다룬 기사 발라드와 지역의 것을 유지하고자 하는 저항
이 출현했다고 볼 수 있다.

끝으로, 이문화 교류 관점에서 전쟁과 종교는 언어 교류 유형화의
단초가 될 수 있으나 인적이동에 따른 언어 간 수용도 사회에 끼친 상
호 영향을 볼 때 직접적인 역할이 될 수 있다는 점이다. 동일한 맥락
에서 알비파 십자군 무훈시는 스페인과 남프랑스 간 교류인 옥시타니
아 문화의 바탕이 되며 언어의 이동 및 수용은 당연한 귀결일 것이다.
중세 십자군이 갖는 문화 교류는 전쟁의 다른 이권 다툼만큼 획일적이
지 않으며 랑그독-루씨옹 지역에서 일어난 사회역사적 배경은 상대적
으로 변경지역 문화가 흡수된 지역의 전통과 가치를 존중하는 언어 교
류의 양상을 지향했다는 점에 주목할 수 있다. 이러한 문화접변 교류
를 언어 간 통섭의 결과로 볼 때 첫째, 알비파 십자군 전쟁은 종교적
견해 차이로 인한 북프랑스의 남프랑스를 향한 강제적인 교류였다. 둘
째, 간섭과 획일적 체제의 통일인 교류에 맞서 저항의 의미가 강했다
기보다는 거리가 먼 북부 프랑스 보다 변경지역을 중심으로 한 스페인
지역과의 교류가 훨씬 더 용이했을 것이고 자발적인 부분이 존재했다.
셋째, 언어 교류의 지역성이 고정적이지 않고 자유로운 이동성에 따른
언어 간 통섭은 이웃 문화와의 교류에서 출발하여 하나의 주된 문화권
으로 발전하는 계기가 될 수 있었다.

참고문헌

김희중. 「교회의 역사적 과오들(1) 십자군 전쟁」. 『가톨릭 신문』. 2000년 4월 9일자. 2000.

W.B. 바틀릿, 서미석 역. 『십자군 전쟁』. 한길사. 2004.

육군사관학교 전사학과, 『세계 전쟁사』. 황금알. 2005(개정판 2쇄).

장니나. 「프랑스 지역어 정책과 교육 방안에 대한 고찰-옥시탄어 사례-」. 『지중해지역연구』. 11권 2호. 지중해지역원. 2009.

존 볼드윈, 박은구, 이영재 역. 『중세문화이야기』. 혜안. 2002.

페르디난트 자입트, 차용구 역. 『중세의 빛과 그림자』. 까치. 2002.

Bonfante, (G.), *The Origin of the RomanceLanguages: Stages in the Development of Latin*(ed. L. Bonfante), Heidelberg, 1999.

Bulot (Thierry), *La langue vivante: l'identité sociolinguistique des Cauchois*, L'Harmattan, 2006.

Calvet (L.-J.), *La sociolinguistique*, PUF, 2006(6è édition).

Clairis (Ch.), Costaouec (D.), et Coyos (J.-B.), *Langues et cultures régionales de France: Etats des lieux, enseignement, politiques*, L'Harmattan, 1999.

Conservatoire du patrimoine de Gascogne, *Langues d'oc, langues de France*, Edition des régionalismes, 2010.

Miller (Frederic P.), Vandome (Agnes F.), McBrewster (John), *Langues régionales ou minoritaires de France: variétés régionales du français, Français, Langue d'oïl, Francoprovençal, Occitan, Catalan, Palers gallo-italiques, Haut allemand, Langue mixte*, Alphascript Publishing, 2010.

Garabato (C. A.), *Actes de résistance sociolinguistique: les défis d'une production périodique militante en langue d'oc*, L'Harmattan, 2008.

Goetschy (H.) et Sanguin (A.-L.), *Langues régionales et relations transfrontalières en Europe*, L'Harmattan, 1995.

Hagège (C.), *Le français et les siècles*, Editions Odile Jacob, 1987.

Mandet (F.), *Histoire de la langue romane, roman preovençal, depuis la conquête des Gaules par César jusqu'à la Croisade contre les*

Albigeois:-suivie d'une histoire de la littérature et des poètes au Moyen Âge, d'un chapitre sur les cours d'amour et de considérations, Chez Dauvin et Fontaine, 1840.

Merle (R.), *Visions de «l'idiome natal» à travers l'enquête impériale sur les patois (1807-1812): langue d'OC, catalan, francoprovençal(France, Italie, Suisse)*, Trabucaire, 2010.

Meyer (P.), *La chanson de la croisade contre les albigeois*, Librairie Renouard.(gallica.bnf.fr/Bibliothèque nationale de France), 1878.

Wright (R.), *Latin and the Romance Languages in the Early Middle Ages*, The Pennsylvania State University Press, 1996.

Theis (L.), *Chronologie commentée du Moyen Age français: de Clovis à Louis XI(486-1483)*, Perrin, 1992.

Tourtoulon "de" (Ch.) et Bringuier (O.), *Étude sur la limite géographique de la langue d'oc et de la langue d'oïl*, Imprimerie nationale (BiblioBazaar), 1875.

Zink (G.), *L'ancien français*, PUF, 2007(6é édition).

Walter (H.), *L'aventure des langues en occident: leur origine, leur histoire, leur géographie*, Robert Laffont, 1994.

_____, *L'aventure des mots français venus d'ailleurs*, Robert Laffont, 1997.

_____, *Arabesques: l'aventure de la langue arabe en Occident*, Robert Laffont, 2006.

3. 서부 지중해Ⅲ: The Western Mediterranean: Civilizational Exchange at the Borderland between Europe and Africa_Yuen-Gen Liang

1) Introduction: a distinctive corner in a basin of exchange

The Mediterranean Sea has received much deserved attention as a zone of contact and exchange between different peoples. Among its many waters and shores, the western corner harbors a particularly distinctive history of exchange even for the sea basin. Here the Iberian Peninsula and North Africa bound a reduced area of the Mediterranean called the Sea of Alborán where distance between the two landmasses starts to shrink. At its eastern-most extent, the Sea of Alborán separates the Spanish city of Cartagena and its Algerian counterpart of Oran by some 215 kilometers of water. Moving westward, the peninsula and the Maghrib move closer together until they almost converge at the Strait of Gibraltar, only 14.3 kilometers wide. In the early modern period, a

sixteenth century vessel could sail from Cartagena to Oran overnight –
in about 16 hours(Alonso Acero 2000, 8). The proximity of the two
shores and the relative ease of transport and communication between
them incited Fernand Braudel, the father of Mediterranean studies, to
call this region of the sea basin a "frontière insuffisante."(Braudel 1928, 193)

Augmented by particular characteristics of geography, the western
Mediterranean is further distinguished by serving as the longest-lasting
political boundary between Islamic and Christian states in world
history. Since Muslims conquered the Maghrib and crossed the Strait
of Gibraltar into the Iberian Peninsula in 711, this corner of the sea
basin has been the site of political contestation and cooperation
between the two religious communities. Of course Christian and
Muslims states maintained contact on other frontiers, for example in
Anatolia during the early and high Middle Ages or the Balkans from
the late medieval period down to the present. However, after 400 years
as a borderland, Seljuq Turks defeated the Byzantines at the Battle of
Manzikert in 1071. This feat opened Anatolia to further Turkish
conquests and colonization. The Balkans later emerged as a frontier in
the fourteenth century after the Ottomans forded the Gallipoli
narrows, entered into Greece, and pushed further to the gates of
Vienna in 1529 and again in 1683. While the Balkans remains a
crossroads between Christian- and Muslim-populated states today, this
borderland still postdates that of the western Mediterranean. From 711
down to today – a period of more than 1300 years – the Iberian
Peninsula and North Africa have been a zone of political and military
interaction, as well as religious, cultural, intellectual, and material
transmission.[1] As such, the western Mediterranean can shed

considerable light on the "civilizational exchange" that forms the focus of this volume.

This essay restores knowledge of what has been called the "forgotten frontier," the memorable title of Andrew Hess' book on the sixteenth century history of the region. We will come to understand that far from being forgotten, the western Mediterranean has long played a crucial role as a site of civilizational exchange between peoples and cultures of Europe and North Africa. At the outset, this essay will briefly outline the political history of Christian and Islamic states in the region with a focus on the late medieval and early modern periods of the fifteenth and sixteenth centuries. It is through the competition between states that empires spanning both sides of the strait emerged. These trans-Gibraltarian polities both fostered exchanges and created the framework under which connections as well as disconnections took place. Next, this study will examine several approaches – both historical and recent – that seek to analyze the range of interactions in this zone of contact. From convivencia and its critiques, the field has since taken up new interpretations of violence and networks to describe the socio-political relations and landscape of the region. Finally, in a volume that develops out of the Institute of Mediterranean Studies' twenty years of work on the sea from its base in East Asia, I will proffer some methodological points in order to continue to extend western Mediterranean studies into the future.

---

1) For a survey of broad themes of this history, see Liang et al. 2013; Aragão Soares 2012.

2) Emirates, kingdoms, and empires that spanned the western Mediterranean

Though not always continuously, North Africa and the Iberian Peninsula have long been connected by emirates, kingdoms, and empires that were, in essence, western Mediterranean states. Such unities between the two shores have been so consistent that the recent bifurcation at the Strait of Gibraltar into Spain and Portugal on one side and Morocco on the other could almost be considered anomalous.[2] The Roman Empire was the first to bring these two shores together through state power. In the aftermath of Roman collapse, Vandal migration and Visigothic claims, though more tenuous, also spanned the narrows(Bravo Castañeda 2007; Collins 1983). In 711, Arab Muslims consolidated their conquest of the far Maghrib and a mixed force of Arabs and Berbers crossed the Strait of Gibraltar and landed in the Iberian Peninsula thus inaugurating a new era of connections, particularly between the Christian and Muslim worlds(Collins 1989; Kennedy 1996). In this new land, they installed Umayyad power and over the following decades integrated southwestern Europe, now known as al-Andalus, into a nascent Islamicate world centered in the east.[3] When the Abbasids terminated the Umayyad dynasty in Damascus, a scion of the family Abd al-Rahman I fled westward to al-Andalus. From 756 to 1031 a Umayyad state – later a self-proclaimed caliphate – would luster as an independent center of the Islamicate world. Though

---

2) Spain still controls the enclaves of Ceuta and Melilla on the Maghribi coast. Contested by Morocco, these African lands are nonetheless considered a part of the European Union, thus reaffirming the power of political "subjectivities" to override geographic "objectivities."

3) Al-Andalus is a play off the word "Vandal."

North Africa was fragmented into a number of states and movements such as the Shii Idrisid state in Fez and the Khariji-derived Berber movements of the Ibadi Rustumids and Sufri Midrarids, the Umayyads continued to maintain close ties to North Africa, the Middle East, and sub-Saharan Africa.[4] The collapse of the western caliphate fragmented the political landscape of al-Andalus into contentious Taifa states, but consolidating forces such as the Almoravids and Almohads would emerge out of North Africa in the eleventh and twelfth centuries to renew the political unity between both shores of the Mediterranean.[5]

Following the waning of Almohad power on both sides of the strait in the thirteenth century, Christian states would come to play a greater role in bridging the two shores under their political control. Though the Muslim invasion of 711 quickly led to the disintegration of the Visigothic Kingdom, Christian communities such as Asturian and Pamplonese proto-states emerged in the rugged Cordillera Cantábrica mountains and the Pyrenees foothills, respectively, in the eighth century(Reilly 1993; Collins 2012). Through centuries of development, including processes of disaggregation and reconsolidation, the kingdoms of Portugal, Castile-León, and the Crown of Aragon emerged as the main expansionist Christian states on the Iberian Peninsula by the twelfth century. In the thirteenth century, all three would realize territorial conquests following the Almohad defeat at the Battle of Las Navas de Tolosa in 1212. On the Atlantic seaboard, Portugal would reach the Algarve in the far southwest of the Iberian Peninsula(Boissellier

---

4) For a summary of Khariji-based emirates in North Africa, see Gaiser 2013.

5) There has been an increase in interest on the Almoravids and Almohads in recent years. See: Bennison 2014 and 2016; Fierro 2012; Gómez-Rivas 2015; and Marcos Cobaleda 2015.

2004). On the Mediterranean littoral, the Jaume I "the Conqueror" king of the Crown of Aragon captured Valencia in the southeast in 1238(Barreras and Durán 2015). Having expanded to the outer edges of the peninsula, these two states soon looked overseas in their activities. Portugal directed its attention toward an emerging Atlantic world and began exploration of the Moroccan coast south toward sub-Saharan Africa. In 1415, it seized the strategic Moroccan town of Ceuta opposite Gibraltar, thereby restoring a political connection between the peninsula and the Maghrib. The Crown of Aragon set its sights on expansion in the Mediterranean, hopping between the Baleares Islands, Sicily, Sardinia, and as far east as Greece(Fancy 2016; Sesma Muñoz 2013). Castile-León, like its Portuguese and Aragonese cousins, also seized a vast swath of territory in the thirteenth century, conquering the rich and fertile Guadalquivir River Valley including the former Umayyad capital of Córdoba and the recent Almohad capital of Sevilla. Even though Sevilla served as a port city, Castile remained buffeted by Granada, the last-surviving Islamic emirate in Iberia. Descending into a protracted civil war from the mid-fourteenth century to the end of the fifteenth centuries, the central Iberian kingdom did not participate in overseas endeavors, locked down between its neighbors and its own troubles.

In the early modern period, Iberian expansion into North Africa would grow apace. Portugal, having established a beach-head in Ceuta, ranged down the western Moroccan coast, capturing a number of towns including al-Qasr al-Saghir (1458), Tangiers (1471), Arzila (1471), Safi (1488), and Azamor (1513). It would also establish presidios at Mazagan (1485), Anfa (1515), Agadir (1505), and elsewhere. Castile-León, having combined with the Crown of Aragon through the marriage of Queen Isabel and King Fernando, embarked on a twelve-year war from 1480 to 1492 and ultimately vanquished the Emirate of Granada. Having now secured port cities on the southern coast of the Iberian Peninsula such as Málaga and Almería, Spaniards launched a series of campaigns of their own that would capture Melilla in (1497), Mers el-Kebir (1505), Peñón de Vélez de la Gomera (1508), Oran (1509), Algiers (1510), Bugía (1510), and Tripoli (1511)(García-Arenal and Bunes Ibarra 1992; Alonso Acero 2006; Gutiérrez Cruz 1997). The phenomenon of political connections between the north and the south thus resumed, this time with Christian Iberian kingdoms moving south and controlling a series of towns that stretched at its height from Tripoli in the east to the southern coast of Atlantic Morocco.

Though Spain would retain control of Melilla and gain Ceuta from the Portuguese, both kingdoms gradually lost their North African possessions. Among Spain's outposts, Oran was the crown jewel. The city, immortalized later by the twentieth-century French existentialist author Albert Camus in his novel *La Peste,* was located on the border between Ottoman Algiers, Tlemcen (a Zayyanid successor state of the Almohad Empire), and Morocco. By the eighteenth century, it was guarded by thick walls, an astounding five fortresses, the "twin" presidio of Mers el-Kebir, and other towers and bulwarks. Well-watered and possessing some agricultural lands, Oran was itself a population center, unlike many other presidios. From Oran, Spanish soldiers sallied forth to intervene in the internal affairs of Tlemcen and other local North Africa communities(Alonso Acero 2000; Bunes Ibarra 2011; Véronne 1983). Oran endured under Spanish rule until it was conquered by Algiers in 1708, retaken in 1732, and then finally ceded in 1792 after a devastating earthquake caused considerable damage in the city.[6]

Following Spanish withdrawal from Oran, a swath of North Africa fell under French influence. Napoleon Bonaparte's brief conquest of Egypt in 1798 presaged ambitions on the southern shores of the Mediterranean. France invaded Algeria in 1830, Tunisia in 1881, and Morocco in 1912.[7] French intervention took the form of settler colonialism in Algeria. The disruption and brutality that resulted continue to exercise relations between France and Algeria, overshadowing Spain and Portugal's prior assaults on the region and hence Hess' moniker of a "forgotten frontier." However, Spanish imperialism would return to the region through the occupation of Ifni (1860-1969), Western Sahara (1893-1975), and northern Morocco (1912-1958). In the aftermath of World War II and decolonization movements, Spain withdrew from these territories. And though Spain and Morocco now see each other as its most important neighbors, tensions persist over Spain's continued control over Ceuta and Melilla, migrants who seek to cross from North Africa to the Iberian Peninsula, North African immigrants in the Iberian countries, the status of Western Sahara, and other issues. Recent revolutions of the "Arab Spring" have also increased instability in the region, overthrowing the governments of Tunisia, Libya, and Egypt, and bringing pressure on Algeria and Morocco. Through it all, the western Mediterranean remains a key

---

6) Of Portugal's Moroccan towns and presidios, Mazagan lasted the longest under Lusitanian rule, until 1769.

7) Italy also entered the competition for imperial possessions by taking Libya in 1911.

frontier in the interaction between Christian and Muslim communities, one that has endured for more than 1300 years.

3) The study of exchange in the western Mediterranean

The Muslim conquest of the Maghrib and the Iberian Peninsula brought the two regions into a vast Islamicate zone that stretched as far east as Central and South Asia. Though this area's cohesiveness varied through time, a web of trade, travel, and communication connected a variety of landscapes. The western Mediterranean belonged to this expansive world that encompassed the rest of the sea basin, lands far beyond to the east, and also sub-Saharan Africa to the south. What began as a political connection to the Damascus-based Umayyad empire morphed into one of exchange.

When Arabs and Berbers landed in Iberia, they found irrigation works originally laid out by the Romans in Valencia. They repaired this infrastructure and enhanced it. For example, by importing waterwheel technology, they could raise water from the lower levels of a river or cistern in order to irrigate fields(Glick 1970, 1995, 1996). Muslims cultivated flourishing agricultural lands and planted them with crops that came from the east. It was through Iberia that grains including rice, hard wheat, and sorghum entered Europe. Fruits such as oranges, lemons, limes, pomegranates bananas, and watermelons also arrived on the peninsula. These crops were further enhanced with spinach, eggplants, artichokes, and sugarcane. Cotton was introduced to an European market that largely clothed itself with linen and wool(Fletcher 1992). Exchange, then, brought a cornucopia of agricultural products coming from points further east, an infusion that would be unmatched until the Columbian era hundreds of years later. Al-Andalus, however, did not merely consume goods from the south and the east. Its major cities also developed a flourishing crafts industry that produced fine metalwork, ceramics, woodwork, leather goods, silk and woolen textiles, carved ivories, and books.[8] These products along with rare metals such as mercury from cinnabar mines and agricultural crops were exported all over the Islamicate world(Fletcher 1992; Constable 1994; Gaiser and Ali-de-Unzaga 2014).

The history of conquests and colonizations naturally meant the constant flow of peoples between North Africa and the Iberian Peninsula. Over the course of Muslim rule in al-Andalus, hundreds of thousands (and maybe more) of Arabs, Berbers, and sub-Saharan Africans settled in the north. They came as part of the initial invasion of 711 as well as later Almoravid and Almohad ascendancies. Others moved northward through processes of immigration, trade, travel, slavery, and captivity. Migration and the formation of Muslim communities in the Iberian Peninsula initiated a constant movement of people across Muslim and Christian political frontiers, and a recent book even examines in detail the exchange of women – brides and concubines – in the Iberian Peninsula(Barton 2015). Migration, moreover, was a two-way street, and large waves of people also flowed southward particularly after Castile-León's conquest of the Guadalquivir River Valley. Initially expelled from the cities, Muslims were uprooted from their homes in the countryside in the 1260s as well. Many would

---

8) For the finery produced by the artisans and artists of al-Andalus, see Dodds 1992.

go into exile by crossing into North Africa(Harvey 1990). Another wave of expulsions took place at the dawn of the early modern period. The Catholic Monarchs Fernando and Isabel expelled the Jews in 1492, with King Manuel I of Portugal enacting a similar measure in 1497.[9] Though they headed for other parts of Europe or the Ottoman Empire, many also settled across the strait(Corrales and Ojeda Mata 2013). The Catholic Monarchs also broke the terms of the Surrender Treaty of Granada and expelled the Muslims of the vanquished emirate in 1499-1501. Later waves of Conversos, Jews forcibly converted to Christianity and persecuted by the Spanish Inquisition, would leave the peninsula, some again for North Africa. King Philip III of Spain ordered the final expulsion of the Moriscos, Muslims forcibly converted to Christianity in the aftermath of 1499, in 1609. The religious refugees again numbered to the hundreds of thousands. They were joined in their southward movement by Christian soldiers, administrators, artisans, clerics, and family members who headed to the Iberian presidios in North Africa. And while Jews/Conversos and Muslims/ Moriscos were forced to depart the Iberian Peninsula, Muslim notables and captives entered Spain, though of course for very different purposes.[10]

Within this broad framework of exchanges – political, material, and corporeal – certain trends have emerged to help better analyze and interpret a world of interactions in the western Mediterranean.[11] These

---

9) Historiography on Jews in medieval Iberia and their expulsion is extensive. For recent works, see Ray 2006, 2012, 2012.

10) For relations between the Spanish monarchy and North African notables, some who visited Iberia on embassies or under the protection of aristocrats, see Alonso Acero 2006.

11) In an essay that focuses more closely on the political and social dimensions of exchange, intellectual, artistic, and religious transmissions, another important form of exchange, falls outside the scope of this discussion. For intellectual transmission from a more literary angle, see

relationships were once exemplified by the word and the concept of "convivencia." Popularized in the first half of the twentieth century by Spanish historian Américo Castro, the term describes Christians, Muslims, and Jews "living together" over the eight centuries of Islamic rule in Iberia. According to Castro's vision, the largely peaceful – almost halcyon – engagement between the three Abrahamic communities made the peninsula a uniquely tolerant society in the history of Muslim, Jewish, and Christian relations(Castro 1948; Menocal 2002). This term has attracted much popular attention, and numerous books and films have contributed to popularizing Castro's take on medieval Iberia to almost the status of a stereotype.[12] Castro's interpretation, however, provoked skepticism from a contemporary scholar Claudio Sánchez Albornoz. Castro's foil, Sánchez Albornoz argued that an essential, nationalistic Spanish character predated the Muslim invasion of 711 and remained intact throughout the centuries of the Middle Ages. Muslims and Jews, in this conception, were viewed as interlopers, rather than natives who were integral members, shapers, and contributors of Iberian society and culture(Sánchez Albornoz 1956). Complementing Sánchez Albornoz's approach was the idea of the *Reconquista*. This point of view manifested a vision that the quasi-mythical Pelayo's uprising in the eighth century was directly continuous with the Visigoths. Consequently, the battle at Covadonga in Asturias manifested a vision of "reconquering" the entire Iberian Peninsula that had been under Visigothic rule. Furthermore, the Christian states that

---

such works For art including the concept of hybridity, see. For religion, see.

12) For examples of how "convivencia" has been attacked from the right, see Fernández-Morera 2016; Paris 2015)

emerged in the north shared this monolithic goal, despite the many instances when Christian and Muslim states allied with each other to counter a rival Christian or Muslim state. The Reconquista approach to history resembles teleology, as historians found the seeds of the conquest of Granada deep in the beginnings of the Middle Ages.[13]

Recent trends in research have worked to revise these paradigms and reconstruct our knowledge of Muslim, Jewish, and Christian interactions, often times through meticulous archival research, close readings, and sophisticated applications of theory. Among the most influential works in the last twenty years is David Nirenberg's *Communities of Violence*(Nirenberg 1996). Side-stepping convivencia, nationalism, and Reconquista, Nirenberg examines the quotidian and long-term interactions between members of the three communities in the medieval Crown of Aragon. He focuses on incidences of violence and is able to detect certain patterns. He writes that though peaceful relations characterized the interactions of these neighbors, there were certainly instances of spontaneous and unpredictable violence. While this may not be unexpected, he also identifies forms of violence that were systemic and structural. One particularly vivid example was Christian attacks on the Muslim quarter of Valencia during Holy Week celebrations. Though the violence was repeated year-after-year, he does not find evidence that individual Muslims were actually targeted for injury. Rather this, and other forms of violence, were meant as symbolic ways to reinforce the boundaries between Christians and Muslims. The violence may have reaffirmed Christian dominance over Muslims but they also reconfirmed

---

13) The exemplar of this approach is Lomax 1978. For a recent critique, see Ayala Martínez, Henriet, and Palacios Ontalva 2016.

a structure of relations that permitted the two communities to live in the same city. Furthermore, the evidence also corroborates that Christian-Muslim interactions took place on a daily basis so that it was necessary to reemphasize boundaries annually. Nirenberg's contribution crucially helps us understand the mechanisms of exchange – in this enactment of force and power by one community onto another – that supported intercommunal relations in this western Mediterranean crossroads of Muslim, Jewish, and Christian contact.

Another recent approach to understanding exchanges in the western Mediterranean focuses on networks. Networks were groups of people connected through shared ties or affinities. Networks came in different forms including families, merchant groups, or even empires themselves. Affinities included blood ties or shared interests. Networks overlapped; family affinities could also map onto merchant or aristocratic networks. Ties and connections facilitated, negotiated, and mediated contact between members. Networks were elastic; they could expand to include new members or shrink as members decreased. They transcended time and space; members could be situated in disparate, far-flung places while ties could be passed down from one generation to another. Perhaps critically, networks mediated between boundaries. For example, the ruler of a state could not singlehandedly implement policy – he or she relied on officers on multiple levels for assistance. Networks could connect members up-and-down on a vertical scale, but they could also knit together peers of comparable social status on a horizontal plane.

Networks can help us understand the mechanisms that structured exchanges in the western Mediterranean. For example, as states expanded to both sides of the Strait of Gibraltar, the need to administer new territories relied on networks of military and administrative officers with experience to manage critical frontiers. Thus, when the sixteenth century Spanish empire grew to abut France on the north and the Ottoman Empire and the Moroccan kingdom on the south, the emperor Charles V, the councils of War and State, and his royal secretaries turned toward a network of aristocrats who had gained military and military experience through generations of defending Spain's southern frontier with the Emirate of Granada in the late Middle Ages. These nobles, centered on cadet branches of the Fernández de Córdoba clan, came from the middle-lower rungs of the high nobility. In other words, it was a specific group within the nobility whom, due to social position, wealth, and career orientation, had developed ties with like-minded nobles. This social network of officers came to administer key viceroyalties, governorships, and outposts, including the Viceroyalty of Navarra in the north and the Captaincy General of Oran, the capital of Spain's North African empire. In a time before professional schools of public service, administration, diplomacy, and even military training, it was the members of networks that gathered experience, expertise, and skills in one theater of the empire and transferred them to other territories. It was networks that passed these talents on to the next generation of officers. In order to enact administration and enable multi-territorial empires to function, networks that came from the imperial center also came to encompass members from local communities on the peripheries. By building social ties, local elites could be coopted, their interests enfolded, and their talents harnessed. Thus, the Fernández de Córdoba governors of Oran provided protection to various claimants to the throne of neighboring Tlemcen including offering them refuge within the walls of the enclave or even hosting them on their estates in southern Spain while the Muslim notables sought audiences with Charles V(Liang 2011).[14]

Along with networks that mediate connections are also individuals who moved between networks. The study of this type of interaction has recently turned toward microhistory as way to explore compelling experiences of curious individuals who crossed and lived between different communities in the region. This approach is able to peer deeply into the identities of such "in-betweens" and explore, at the same time, how they related to other individuals, people, and the social milieux around them. One recent work by Natalie Davis explores the life of Leo Africanus, né al-Hassan al-Wazzan, a Granadan Muslim who fled to Morocco after 1492. On the other shore of the Strait, he trained as a *faqih* (legal scholar) and served as a diplomat of the Wattasid sultan of Fez. Christian pirates captured Africanus as he was traveling from the eastern Mediterranean back to the west, and he was gifted to Pope Leo X. In captivity, Africanus entered learned circles, penned the widely read *History and Description of Africa*, and contributed his knowledge of Arabic to other intellectual projects. He also converted to Christianity, taking on the name of his master when he was baptized. Later on, Africanus was able to leave Rome in 1527 and return to North Africa where he presumably resumed the Islamic faith. Through microhistory, Davis explores not only how Africanus navigated the many lands of the Mediterranean, but also how he

---

14) For other social network approaches to Mediterranean history, also see Trivellato 2009; Hathaway 1997; Peirce 1993.

entered and participated in social networks that formed part of these worlds. In particular, she is able to closely examine the shifting nature of his identity in Morocco, Rome, and then back to North Africa. As such, this and other works of microhistory paint complex and compelling portraits of individuals and the ways that participation in networks affected their identities(Davis 2006; García-Arenal and Wiegers 1999).

4) New methods for the study of the western Mediterranean

Since its foundation twenty years ago, the Institute of Mediterranean Studies at the Busan University of Foreign Studies has sought to advance the study of this critical field by moving beyond the discourses and traditions of Euro- and western-centrism. The final section of this essay echoes such a call for reflection by reconsidering methodologies in the study of the western Mediterranean. By reexamining periodization; the western Mediterranean's ties to global history; and the way that institution-building can foster collaboration and interdisciplinarity, we can continue to advance the field of Spanish and North African research, teaching, and learning.

Just as the Strait of Gibraltar has been considered a border between East and West and Islam and Christendom, the year 1492 seems to mark an important rupture in the history of the western Mediterranean and the wider world. After all, Spain's conquest of Granada and its expulsion of the Jews is thought to represent a closing of medieval "convivencia" and the tolerance, diversity, and interaction that the term suggests.[15] Instead, with the implementation of each expulsion decree and with the erection of the Spanish Inquisition, Spain was thought as ever-more fervent, homogenous, and xenophobic. While it is hard to deny the virulent nature of expulsions and persecutions and their devastating effects on pluralistic society and culture, a consideration of the larger region shifts attention away from the European shores of the Strait of Gibraltar towards the continued world of exchange that was taking place in North Africa. With the arrival of Jews/Conversos, Muslims/Moriscos, and Spanish and Portuguese colonial personnel in the Maghrib, it is North Africa that is preserving the legacy of medieval multiculturalism in the western Mediterranean. We should be cautious in applying the term and preconceptions of "convivencia" to describe society and culture in North Africa. After all, local North Africans at times looked upon Iberian Muslims and Moriscos with suspicion. Immigrants were thought of as "insufficiently Muslim" or they were considered "fifth columns" for Spanish power. As such, they were often settled in separate quarters of North African cities(García-Arenal and Wiegers 2014).[16] Nevertheless, it is true that North Africans accepted these exiles from Iberia into their communities. In fact, because of the arrival of new settlers, the constant coming and going of merchants and sailors, the holding of captives and slaves, and of course corsairs that roamed the seas, places such as Algiers were among the most diverse in the entire Mediterranean.[17] Though 1492

---

15) The other event of 1492, Columbus' voyage and exploration of the Americas, of course made worldwide impact.

16) For a study of the Morisco enclave of Salé on the outskirts of Rabat, see Staples 2009). For Jews/Conversos, see note 9 above.

17) For descriptions of Algiers through the life of Miguel de Cervantes Saavedra, see Garces 2002; Martínez de Castilla Muñoz and Benumeya Grimau 2006. Cervantes was a captive in Algiers and his plays also reveal insights into the culture and society of the corsair capital. See especially

may have marked a turning point for contact between Muslims, Jews, and Christians in the Iberian Peninsula, relations persisted elsewhere in the western Mediterranean. 1492, then, represents a more localized rupture in time and we should take a closer look at demographics and individual experiences in North Africa that may reveal fascinating stories of continuing exchange.[18]

Along with the year 1492, the seventeenth century is also considered to be an era of change for the entire Mediterranean basin. In the sixteenth century, two empires on opposite ends of the Mediterranean underwent parallel processes of imperial expansion. While the Spanish and Ottoman empires respectively represented Catholic and Islamic power, both sailed into the Mediterranean seeking to dominate the sea basin. Spain consolidated control over the Maghrib, the Italian Peninsula, and the islands of the western Mediterranean. The Ottomans swept south from Anatolia taking over the Levant and Egypt in 1516-17 and from there moved into North Africa, establishing Algiers as its most power naval base in the western half of the sea basin. Spain and its allies of the Holy League would fight a series of battles and skirmishes against the Ottoman Empire in both halves of the Mediterranean. The Battle of Lepanto in 1571 was considered a culmination of the hostilities. Here, off the eastern coast of Greece, the Holy League won a smashing victory that destroyed the Ottoman fleet. Though it is true that the Ottomans were able to deploy a new

---

Cervantes Saavedra 1984.

18) For a collection of studies on the continuing exchanges between the Iberian Peninsula and North Africa after 1492 and in particularly the persistence of pluralism in North Africa, see the articles in Liang and Fuchs 2011.

armada into the Mediterranean the following year, both sides sought a détente. The Ottomans were facing increasing pressure from the Safavid Empire on their eastern borders. Spain also confronted the growing challenge of Protestants in the Netherlands, Germany, France, and England. In the western Mediterranean, scholars such as the Hess also observed a similar dynamic of disengagement. Though Spain and Portugal had seized a series of presidios in North Africa, their attention to the southern border waned as the Maghribis, splintered by political fragmentation, were in no danger of invading and reconquering the Iberian Peninsula. Drawn to the new riches of the Atlantic and Indian ocean worlds, the Iberians turned away from the Maghribi front. Thus, with the Mediterranean divisions in place that would last through to Napoleon conquest of Egypt, European powers focused their attention on northern Europe and the Atlantic world, inaugurating a new orientation in world history that has seemingly endured until today.

Here, again, the prevailing periodization of the Mediterranean needs to be revised. After all, at least in the western Mediterranean, Spain and Portugal continued to pour resources into manning, equipping, and provisioning the presidios. The Iberian powers maintained the presidios for strategic reasons. Over the course of the Middle Ages, numerous invasion forces crossed from North Africa into the Iberian Peninsula. Though hindsight tells us that North African forces would not be able to repeat such a feat in the early modern and modern periods, this would not have been obvious to individuals at that time. In fact, North African corsairing fleets periodically landed on Iberian coasts, raiding towns and taking residents into captivity. Spain felt such insecurity from the threat of Ottoman invasion that the government also considered Moriscos to be fifth columns and decreed their expulsion in 1609. Given this state of insecurity, holding down outposts in North Africa represented taking the fight over to the enemy. In this case, Spain's first line of defense was Oran in Algeria. The Ottoman forces that would march from Algiers west to Oran expended its energies and efforts on the Spanish enclave and its fortresses and ramparts rather than gathering to invade the Spanish mainland. Thus, at least in the case of the western Mediterranean, Iberians continued to engage with North Africans on the other side of the Strait of Gibraltar well past the seventeenth century.

Another methodological shift to help advance western Mediterranean history is to connect the region to global history. This corner of the sea, after all, constitutes a crossroads of international exchange. Not only was it a borderland between Africa and Europe, but it also bridges Europe and sub-Saharan African and the Mediterranean and Atlantic worlds. In contrast to the notion that the Mediterranean became more and more irrelevant in the seventeenth century, seeing the western Mediterranean in terms of global history reveals that France and Britain came to view the Mediterranean as a critical theater of operation for shipping and trade. These northern European-Atlantic powers were eager to establish outposts of their own in the sea basin, with England acquiring the Moroccan town of Tangiers in 1662 and later Gibraltar from Spain in 1713. These enclaves commanded key parts of the strait complex and controlled shipping entering and exiting the Mediterranean. England would also take keen interests in alliances with Portugal and Morocco, again recognizing the vital nature of the western corner of the sea basin to Atlantic-Mediterranean connectivity.

Spain and Portugal, of course, projected their interests from the western Mediterranean out toward the rest of the world, particularly their colonies in the Americas, Africa, and Asia. Similarly, Moroccan city-states such as Salé also entered the Atlantic world. Salé, another corsairing base, deployed its fleets into waters as far away as Iceland and Greenland in pursuit of shipping(Staples 2009). Conversos and Moriscos, exemplars of the contestation of Abrahamic faiths in the western Mediterranean, even made appearances in the New World, though immigration to Spanish-American territories were theoretically prohibited (Staples 2009).

5) Conclusion: collaborations in western Mediterranean studies

Finally, mirroring the example of the Institute of Mediterranean Studies, the field of western Mediterranean studies can be advanced through institution building that promotes collaborative and interdisciplinary exchanges. The study of the sea basin enjoys the support of organizations such as the Mediterranean Studies Association, the Mediterranean Seminar, and institutes in the region and beyond. Scholarly organizations such as the Association for Spanish and Portuguese Historical Studies, the American Academy of Research Historians of Medieval Spain, and the American Institute for Maghrib Studies also help advance the study of distinct areas of the western Mediterranean. However, more conversations need to be fostered across the geographic, political, cultural, religious, and linguistic boundaries that fragment the region. Historically, there has been little contact between scholars and scholarship on the two sides of the Strait. Furthermore, scholars of the

Muslim, Jewish, and Christian communities lacked mechanisms to engage each other. To remedy these oversights, the Spain-North Africa Project (SNAP) was established in 2010.[19] SNAP is an organization dedicated to understanding the western Mediterranean as a zone of exchange and interaction and as an integrated region, rather than a divide between "East" and "West" or "Christendom" and "Islam." Its members cross geographic, chronological, disciplinary, linguistic, and thematic boundaries and collaborate on projects to advance knowledge. In seven years, the organization has grown to include more than 200 hundred members in a dozen countries and groups of collaborators have produced three collections of essays and five conferences(Liang and Fuchs 2011; Liang et al. 2013; Gaiser and Ali-de-Unzaga 2014). As an embodiment of internationalist dynamics, SNAP thus mirrors the dynamics that characterize the western Mediterranean. Like the Institute of Mediterranean Studies, it is dedicated to building exchanges and connections between scholars of and research on North Africa and the Iberian Peninsula.

---

19) See www.spainnorthafricaproject.org.

참고문헌

Alonso Acero, Beatriz. 2000. *Orán-Mazalquivir, 1589-1639: Una sociedad española en la frontera de Berbería*. Madrid: CSIC.

_____. 2006. *Cisneros y la conquista español del Norte de África: Cruzada, política y arte de guerra*. Madrid: Ministerio de Defensa.

_____. 2006. *Sultanes de Berbería en tierras de cristianidad: Exilio musulmán, conversión y asimilación en la monarquía hispánica (siglox XVI y XVII)*. Barcelona: Bellaterra.

Aragão Soares, Miguel de. 2012. *O esapaço ibero-magrebino durante e presença árabe em Portugal e Espanha: Do Al-Garbe à espansão portuguesa em Marrocos*. Coimbra: Palimage.

Ayala Martínez, Carlos de, Patrick Henriet, and J. Santiago Palacios Ontalva, eds. 2016. *Origenes y desarrollo de la guerra santa en la península ibérica: Palabras e imagenes para una legitimación (siglos X-XIV)*. Madrid: Casa de Velázquez.

Barreras, David and Cristina Durán. 2015. *El legado de Jaime I el Conquistador: Las gestas militares que construyeron el imperio mediterráneo aragonés*. Madrid: Sílex.

Barton, Simon. 2015. *Conquerors, Brides, and Concubines: Interfaith Relations and Social Power in Medieval Iberia*. Philadelphia: University of Pennsylvania Press.

Bennison, Amira, ed. 2014. *The Articulation of Power in Medieval Iberia and the Maghrib*. Oxford: Oxford University Press.

Bennison, Amira. 2016. *The Almoravid and Almohad Empires*. Edinburgh: Edinburgh University Press.

Boissellier, Stéphane. 2004. *Le peuplement médieval dans le sud de Portugal: Constitution et fonctionnement d'un réseau d'habitats et territoires, XIIe-XVe siècles*. Lisbon: Fundação Calouste Gulbenkian.

Braudel, Fernand. 1928. "Les espagnols et l'Afrique du Nord de 1492 à 1577." *Revue Africaine* 69: 184-233, 351-428.

Burman, Thomas. 2007. *Reading the Quran in Latin Christendom, 1140-1560*.

Philadelphia: University of Pennsylvania Press.

Bravo Castañeda, Gonzalo. 2007. *La epopeya de los romanos en la Península*. Madrid: Esfera de los Libros.

Bunes Ibarra, Miguel Ángel de . 2011. *Oran, historia de la corte chica*. Madrid: Polifemo.

Castro, Américo. 1948. *España en su historia: Cristianos, moros y judíos*. Buenos Aires: Editorial Lodosa.

Cervantes Saavedra, Miguel de. 1984. *Los baños de Argel*. Edited by Jean Canavaggio. Madrid: Taurus.

Collins, Roger. 1983. *Early Medieval Spain: Unity in Diversity*. New York: St. Martin's.

_____. 1989. *The Arab Conquest of Spain, 710-797*. Oxford: Blackwell.

_____. 2012. *Caliphs and Kings: Spain 796-1031*. Chicester, UK: Wiley-Blackwell.

Constable, Olivia Remie. 1994. *Trade and Traders in Muslim Spain: The Commerical Realignment of the Iberian Peninsula, 900-1500*. Cambridge: Cambridge University Press.

Cook, Karoline. 2016. *Forbidden Passages: Muslims and Moriscos in Colonial Spanish America*. Philadelphia: University of Pennsylvania Press.

Davis, Natalie. 2006. *Trickster Travels: A Sixteenth-Century Muslim between Worlds*. New York: Hill and Wang.

Dodds, Jerrilyn. 1992. *Al-Andalus: The Art of Islamic Spain*. New York: Metropolitan Museum of Art.

Fancy, Hussein. 2016. *The Mercenary Mediterranean: Sovereignty, Religion, and Violence in the Medieval Crown of Aragon*. Chicago: University of Chicago Press.

Fernández-Morera, Darío. 2016. *The Myth of Andalusian Paradise: Muslims, Christians, and Jews under Islamic Rule in Medieval Spain*. Wilimington, DE: ISI Books.

Fierro, Maribel (María Isabel). 2012. *The Almohad Revolution: Politics and Religion in the Islamic West during the Twelfth-Thirteenth Centuries*. Farmham, UK: Variorum.

Fletcher, Richard. 1992. *Moorish Spain*. London: Weidenfeld & Nicholson.

Fuchs, Barbara. 2009. *Exotic Nation: Maurophilia and the Construction of the Early*

Modern Spain. Philadelphia: University of Pennsylvania Press.

Gaiser, Adam. 2013. "Slaves and Silver Across the Strait of Gibraltar: Politics and Trade between Umayyad Iberia and Kharijite North Africa." *Medieval Encounters* 19 (1-2): 41-70.

Gaiser, Adam and Miriam Ali-de-Unzaga. 2014. *Facets of Exchange between North Africa and the Iberian Peninsula.* A special issue of the *Journal of North African Studies* 19 (1).

Garces, María Antonia. 2002. *Cervantes in Algiers: A Captive's Tale.* Nashville: Vanderbilt University Press.

García-Arenal, Mercedes. 2006. *Messianism and Puritanical Reform: Mahdis of the Muslim West.* Leiden: Brill.

García-Arenal, Mercedes and Gerard Wiegers. 1999. *Entre el Islam y el occidente" Vida de Samuel Pallache, judío de Fez.* Madrid: Siglo XXI.

-----, eds. 2014. *The Expulsion of the Moriscos from Spain: A Mediterranean Diaspora.* Translated by Consuela Lopez-Morillas and Martin Beagles. Leiden: Brill.

García-Arenal, Mercedes and Miguel Ángel de Bunes Ibarra, 1992. *Los españoles y el Norte de África: Siglos XV-XVII.* Madrid: Mapfre.

Glick, Thomas. 1970. *Irrigation and Society in Medieval Valencia.* Cambridge: Belknap Press of Harvard University Press.

_____. 1995. *From Muslim Fortress to Christian Castle: Social and Cultural Change in Medieval Spain.* Manchester: Manchester University Press.

_____. 1995. *Islamic and Christian Spain in the Early Middle Ages.* Leiden: Brill, 2005.

_____. 1996. *Irrigation and Hydraulic Technology: Medieval Spain and its Legacy.* Aldershot, UK: Variorum.

Gómez-Rivas, Camilo. 2015. *Law and Islamization of Morocco under the Almoravids: The Fatwas of Ibn Rushd al-Jadd to the Far Maghrib.* Leiden: Brill.

Gutiérrez Cruz, Rafael. 1997. *Los presidios españoles del norte de África en tiempos de los Reyes Católicos.* Melilla: Consejería de Cultura, Educación y Deporte.

Harvey, Leonard P. 1990. *Islamic Spain, 1250-1500.* Chicago: University of Chicago Press.

Hathaway, Jane. 1997. *The Politics of Households in Ottoman Egypt: The Rise of the Qazdaglis.* Cambridge: Cambridge University Press.

Hernandez, Maria-Theresa. 2014. *The Virgin of Guadalupe and the Conversos: Uncovering Hidden Influences from Spain to Mexico.* New Brunswick, NJ: Rutgers University Press.

Kagan, Richard and Philip Morgan, eds. 2009. *Atlantic Diasporas: Jews, Conversos, and Crypto-Jews in the Age of Mercantilism, 1500-1800.* Baltimore: Johns Hopkins University Press.

Kennedy, Hugh. 1996. *Muslim Spain and Portugal: A Political History of Al-Andalus.* London: Longman.

Liang, Yuen-Gen. 2011. *Family and Empire: The Fernández de Córdoba and the Spanish Realm.* Philadelphia: University of Pennsylvania Press.

Liang, Yuen-Gen, Abigail Krasner Balbale, Andrew Devereux, and Camilo Gómez-Rivas. 2013. "The Spain North Africa Project and the Study of the Western Mediterranean." *Medieval Encounters* 19 (1-2): 1-40.

____, eds. 2013. *Spanning the Strait: Studies in Unity in the Western Mediterranean* . A special issue of *Medieval Encounters* 19 (1-2).

Liang, Yuen-Gen and Barbara Fuchs. 2011. "Introduction: A Forgotten Empire: The Spanish-North African Borderlands." *Journal of Spanish Cultural Studies* 12 (3): 261-273.

____, eds. 2011. *A Forgotten Empire: The Spanish-North African Borderlands.* A special issue of *Journal of Spanish Cultural Studies* 12 (3).

Lomax, Derek. 1978. *The Reconquest of Spain.* London: Longman.

Marcos Cobaleda, María. *Los almorávides: Arquitectura de un imperio.* Granada: Universidad de Granada.

Martín Corrales, Eloy and Mayte Ojeda Mata, eds. 2013. *Judíos entre Europa y el Norte de África (s. XV-XVI).* Barcelona: Edicions Bellaterra.

Martínez de Castilla Muñoz, Nuria and Rodolfo Gil Benumeya Grimau, eds. 2006. *De Cervantes y el Islam.* Madrid: Sociedad Estatal de Conmemoraciones Culturales.

Menocal, María. 2002. *The Ornament of the World: How Muslims, Jews, and Christians Created a Culture of Tolerance in Medieval Spain.* Boston: Little, Brown.

_____. 2006. *The Arabic Role in Medieval Literary History.* Philadelphia:

University of Pennsylvania Press.

Menocal, María, Jerrilyn Dodds, and Abigail Krasner Balbale. 2009. *The Arts of Intimacy: Christians, Jews, and Muslims in the Making of Castilian Culture.* New Haven: Yale University Press.

Nirenberg, David. 1996. *Communities of Violence: Persecution of Minorities in the Middle Ages.* Princeton: Princeton University Press.

Paris, Erna. 2015. *From Tolerance to Tyranny: A Cautionary Tale.* Toronto: Cormorant Books.

Peirce, Leslie. 1993. *The Imperial Harem: Women and Sovereignty in the Ottoman Empire.* Oxford: Oxford University Press.

Ray, Jonathan. 2006. *The Sephardic Frontier: The Reconquista and Jewish Community in Medieval Iberia.* Ithaca: Cornell University Press.

_____. 2012. *After Explusion: 1492 and the Making of the Sephardic Jewry.* New York: New York University Press.

___, ed. 2012. *The Jew in Medieval Iberia: 1100-1500.* Boston: Academic Studies Press.

Reilly, Bernard. 1993. *The medieval Spains.* Cambridge: Cambridge University Press.

Robinson, Cynthia. 2002. *In Praise of Songs: The Making of Courtly Culture in Al-Andalus and Provence, 1005-1134 A.D.* Boston: Brill.

Robinson, Cynthia and Leyla Rouhi, eds. *Under the Influence: Questioning the Comparative in Medieval Castile.* Leiden: Brill.

Sánchez Albornoz, Claudio. 1956. *España. Un enigma histórico.* Buenos Aires: Editorial Sudamericana.

Sesma Muñoz, Angel. 2013. *Revolución comercial y cambio social: Aragón y el mundo mediterráneo (siglos XIV-XV).* Zaragoza: Prensas de la Universidad de Zaragoza.

Staples, Eric. 2009. "Intersections: Power, Religion and Technology in Seventeenth-Century Salé-Rabat." Ph.D. diss., University of California, Santa Barbara.

Trivellato, Francesca. 2009. *The Familiarity of Strangers: The Sephardic Diaspora, Livorno, and Cross-Cultural Trade in the Early Modern Period.* New Haven: Yale University Press.

Véronne, Chantal de la. 1983. *Relations entre Oran et Tlemcen dans la première partie du XVIe siècle.* Paris: Paul Geutner, 1983.

4. 중부 지중해: 지중해 물질문명 교류 유형으로서 중세 유대여성의 재정 활동* _김희정**

1) 중세 지중해 유대 여성의 재정 활동과 물질 문명 교류의 연계성

서양 중세 여성관은 대부분 낮은 지위와 여성에 대한 부정적 관념으로 일관되었다. 중세는 여성의 열등성과 해악성이 자연스럽게 받아들여지던 사회로 간주되었고, 남성에 비해 여성이 열등한 지위에 있었던 시기였으나, 동시에 고대와 차별되는 여성의 지위 변화를 엿볼 수 있었던 시기이기도 하다. 당대 여성의 노동력은 중세 사회 생산력 향상에 상당 기여를 했고, 그 결과 공적 기여도가 높은 여성은 고대와는 비교할 수 없을 정도로 두드러진 사회적 지위를 확보할 수 있었다.

지중해 역사와 문명을 서술한다는 것은 중층적이고 복합적인 작업이다. 각 층위마다 고유한 리듬의 움직임을 가지고 각자 그 고유한 측

* 본 원고는 "중세 지중해 지역 유대여성의 재정 활동 자율성과 경제적 역할 변화"(『지중해지역연구』 제 17권 4호)를 인용 및 수정하였음.

** 부산외국어대학교 지중해지역원, HK연구교수, 이탈리아 밀라노 가톨릭 대학교, 이탈리아문학 박사, (senese77@bufs.ac.kr)

면을 드러내며 주변 층위와 관계를 맺기 때문이다. 수세기 동안 지속되는 물질문명의 장구한 반복이 있고 그 성과를 바탕으로 '시장'와 '경제'라는 네트워크가 만들어진다.

이질문명간의 교류는 본질적으로 물질문명의 교류다. 문명의 교류는 시종 주도적 역할을 해온 물질의 교류에서 시작되었다. 이러한 물질문명의 교류를 위한 인적 교류야말로 교류 전반을 실현하게 하는 결정적 요인이다.

지난 30년 동안, 중세와 근세 유대인 역사에서 주된 논쟁거리는 동화(assimilation)였다. 즉 유대인 공동체는 그들을 둘러싼 주류 문화에 얼마나 동화되었고, 이러한 동화는 유대인 문화의 내적 변화를 어떻게 설명하고 있는가를 보여주는 증거가 된다. 사회적으로 불안정하고 갈등이 팽배했던 시기 유대 공동체의 번영과 안정이 위협받으면서, 지중해 전역의 유대 공동체들은 자체 생존을 위해 여성의 재정 관리에 대한 금지를 완화했고, 유대 율법에서 정한 수준보다 여성의 재정적 자율성을 더 크게 허용하였다. 따라서 8세기부터 15세기(콘비벤시아 포함)에 이르기까지 중세 지중해 지역의 유대 공동체를 배경으로 하는 유대 여성들의 재정활동 연구는 변화하는 지중해 물질문명 교류의 단면을 보여 줄 수 있는 흥미로운 예라 할 수 있겠다.

2) 중세 사회와 여성

'중세 여성'이라는 연구 대상은 신분별 차별이라는 계층 문제와 함께 남성과 여성이라는 성(性)의 차이에 따른 문제를 동시에 안고 있다는 점에서 이중적 구조를 띠고 있다. 따라서 중세여성을 연구하기 위해서는 이러한 측면을 모두 고려해 다각적으로 접근해야할 필요성이 있다. 중세 후기 도시의 발달과 더불어 일부 지역에서는 중세의 봉건적인 여성관에서 탈피해 여성권이 신장되는 모습을 살펴볼 수가 있다.

하지만 동시에 중세 사회에서 여성이 계층과 성이라는 2중 구조에 속해 있다는 점은 연구의 한계를 가져온다. 중세여성이라는 존재를 파악해야 한다는 점과, 그들에 대한 기록이 미비하고 파편적이라는 사료상의 문제로 인해 한계점을 보일 수밖에 없다(이종경, 김진아 2008). 따라서 이 글에서는 연구 범위를 중세 지중해지역의 '유대' 여성으로 한정 하고, 그들의 재정적 활동 자율성에 따른 생활상 및 지위 변화양상을 당대 사회 변화와 연계시켜 살펴보도록 한다.

중세 유럽 도시에서 여성의 상업 활동은 대부분 남편을 보조하는 일이었고, 이 또한 길드로부터 여러 제약을 받았다. 이런 단적인 예만 보더라도 도시의 발전과 더불어 발생한 여권의 지위 향상이란, 당시 남성중심사회를 계속 유지하기 위한 변화이지 여권 신장을 위한 변화가 아니라는 것을 알 수 있다(김병용, 2000: 62).

때문에 일반적으로 중세후기 여권에 대한 근본적인 인식 변화는 크지 않았다는 한계를 지닌다. 일부 도시여성들은 농촌여성에 비하여 사회·경제적 권리를 획득함과 동시에 법제적 권리까지 지니게 되었다는 점에서 어느 정도 지위 상승을 이루었다고 볼 수 있지만, 이는 각 도시가 다른 지역 도시와의 경쟁 속에서 살아남기 위한 일종의 방편으로 나타난 결과였다는 점도 한계점으로 지적될 수 있을 것이다.

이런 배경에서 유대 공동체 여성들의 재정활동은 조금의 차이를 보인다. 유대 역사에서 중세는 디아스포라 유대인들의 지위와 자치권을 위한 투쟁의 시기로 요약될 수 있다. 즉, 디아스포라의 유대인들은 유대교와 마찬가지로 유일신 신앙을 가진 이슬람과 기독교와의 관계 속에서 살아 나가야 했다. 따라서 이 시기는 이 두 정복자들로부터 여러 고난과 박해를 받은 시기로 규정될 수 있으며, 동시에 이러한 삶 속에서 그들은 자신들의 지위와 자치권을 보장받고 인정받으려는 노력과 함께 정치·사회적 삶을 영위해 가야만 했다. 11 세기에 접어들면서 유대인들은 각 지역마다 지점을 두어 무역과 상업 활동을 체계적으로 해

나가기 시작했는데, 온 가족이 참여하기도 하였다(최창모 2007: 129).

지중해 지역 유대 여성들과 이들의 재정 자율성에 대한 선행 연구들을 살펴보면 공통된 기본 전제를 공유하고 있었다. 전통 유대 율법에서는 여성들의 경제적 자율성을 크게 제한했고, 콘비벤시아 시기 지중해 지역 유대인 공동체들도 그 율법을 고수하였다. 하지만, 사회적으로 불안하고 갈등이 팽배했던 시기, 지중해 전역의 유대 공동체들이 여성의 재정 관리에 대한 금지를 완화했고, 유대 율법에서 정한 수준보다 여성의 재정적 자율성을 더 크게 허용하였다. 그렇다면 중세 지중해 지역 유대여성들이 어떤 사회 환경으로 인해 지정활동의 자율성을 보장받고 경제적인 역할 변화를 이루게 되었는지 살펴보자.

3) 전통 유대 율법에서 여성의 재산권

일찍이 유대여성의 가시화된 이미지는 그들의 민담을 통해 드러난다. 중세 유대인들의 민담은 랍비들에 의해서 쓰여 진 규범집과는 다른 여성의 이미지를 보여주고 있다. 민담은 구전적 성격이 강하기에 일반인들의 사고를 반영하기도 하고 그들의 인식에 영향을 미치기도 했다. 이러한 특징을 지닌 민담은 특정한 가치체계를 전달하는 기능을 한다는 측면에서 교육의 기능을 수행한다고 할 수 있다. 기독교와 이슬람의 지배를 받고 있는 소수민족인 유대 공동체는 여성의 몸이라는 상징 매체를 통해서 가치를 형성하고 전달했다. 전통 랍비문학에서 여성의 몸은 죄에 대한 징벌로 엄격한 규율을 지켜 죄에 대한 대가를 치러야하는 것으로 묘사되었으며, 여성의 욕구와 속성에 대한 언급이 전혀 없다. 반면 민담에서는 여성이 더 이상 소극적이고 침묵을 지키는 존재로 그려지지 않았다. 여성의 속성이나 욕구가 표현되기도 하고 기존 사회질서에 불복하는 대상으로 묘사되기도 했다. 그리고 여성의 몸은 기독교와 이슬람의 기득권으로부터 달콤한 유혹과 유대공동체를 연결하는 다리처럼 그려졌다. 이러한 묘사는 역으로 유대공동체에게 긴장감을 느끼게 하고 경각심을 갖도록 하는 교육적 기능을 수행하고 있다(이필은 2012: 236).

그렇다면 전통 율법에서 보이는 여성의 지위나 상징은 어떠한가? 유대 율법에서 여성의 경제권은 엄격히 제한된다. 3세기에 만들어진 '미쉬나(Mishnah, 공식 주해서)'[1]는 유대 율법을 집대성한 최초의 유대 율법 전서다. 미쉬나를 정리한 랍비들은 미망인, 이혼녀, 미혼인 성인 딸들이 아주 부분적으로나마 자신의 자산을 관리할 수 있는 권리를 인정한 반면, 미성년인 딸들이나 기혼녀들은 재정 자율권을 보장받지 못하도록 규정하였다(Judith Wegner 1988: 32-34). 결혼을 하지 않은 딸들은 대부분 미성년으로, 딸의 재산 관리는 물론 딸 명의의 문서 작성도 아버지가 담당했으며 노동으로 벌어들인 딸의 소득도 아버지 소유였다. 이후 딸이 결혼하면, 아버지가 관리하던 합법적 역할을 딸의 남편이 인계받아 아내의 모든 재정을 관리했다.

미쉬나를 작성한 현인들에 따르면, 어릴 때는 아버지, 결혼해서는 남편이 그 외의 모든 재산을 소유했기 때문에, 대부분 여성들이 자신의 소유라고 주장할 수 있는 유일한 재산은 결혼지참금이었다.[2] 하지만 결혼지참금에 대한 여성의 권리조차도 한계가 있었다. 결혼을 하면 여성의 지참금은 법적으로는 여성의 소유이지만, 관리권은 여성에게 없었고, 그것에 대한 상속자도 지정할 수 없었다. 여성의 결혼 지참금을 남편이 계속 관리하다가 남편이 사망하면 남편의 재산 상속자들이 여성에게 그 지참금을 돌려주었다. 여성의 결혼지참금 상속자는 남편

---

1) '미쉬나'에 관한 본고의 자료는 폴 존슨의 저서(Johns, Paul, 1998. *A history of the Jews*. 김한성 역. 2005.『유대인의 역사 1』. 서울: 살림 출판사)와 허버트 댄디의 저서(Dandy, Herbert. 1974. *The Mishnah*. London: Oxford University Press)를 참고한다.

2) 부연하자면, 아버지의 재산에서 여성이 단독으로 상속받는 유산이 결혼지참금이 되었다. 즉 오빠나 남동생이 있는 경우는, 이들이 사망한 아버지의 재산 중 큰 부분을 상속받았던 반면, 여성은 자신의 결혼지참금 몫만 기대할 수 있었다.

뿐이었지만, 남편의 재산을 여성이 단독 상속할 수는 없었다. 남편이 사망하면 아내는 '케투바(ketubbah, 유대인의 결혼 계약서)', 즉 결혼 당시에 배우자가 약속했던 금액에 결혼지참금을 더한 액수를 받았다. 유대 공동체에서 결혼은 사회 단결을 유지하기 위해 계획된 사회적·상업적인 거래이기도 했기 때문이다. 아무튼 사망한 남편이 남긴 재산 중 일부분은 장남에게 상속되었고 아들이 없을 경우 딸에게, 아들이나 딸이 없으면 다른 남성 친척들에게 상속되었다(Paul Johnson 1998: 80).

바빌로니아 탈무드 (Babylonian Talmud)[3]의 편찬자들 역시 여성과 재산에 관한 이런 율법들을 따르고 있다. 12세기 후반 유대 경전법 해설가로 영향력을 발휘했던 마이모니데스 (Maimonides)도 그의 저서 『613개 조의 명령과 금령(Sefer Ha-Mitzvot)』에서 이 같은 입장을 고수한다. 마이모니데스는 아내가 사망하면 남편이 단독 상속자가 되지만, 남편이 사망하면 아내는 남편의 재산이 아닌 남편이 보관하던 아내의 지참금만 상속받을 수 있다는 미쉬나와 탈무드의 율법을 옹호했다. 따라서 유대 여성의 실제 재산은 지참금이었지만, 지참금을 여성이 직접 관리하는 자율성을 행사할 수 있도록 유대 율법에서 허용한 경우는 드물었다. 다시 말해, 3세기부터 12세기까지 유대 율법에서는 여성들의 재산 접근권을 대부분 제한했고, 그들이 직접 관리할 수 있는 재산도 지참금 수준으로 제한하는 것이 전통 유대 랍비의 의견이었다.

여성의 재산권에 대한 유대 율법을 살펴본 결과, 유대 여성들은 영원한 법적 소수자로 존재했다. 아리엘 토아프(Ariel Toaff)는 15세기 이탈리아 중부 지방 유대인들을 조사하면서, 유대 여성은 "피동적 순종적"이면서 "영원한 소수자"이며 "결혼생활에서 공동의 희생자들 […]"로서, 남편이 여성들의 "보호자겸 주인 역할"을 했다고 기술하고 있는 것도 이를 방증한다(Toaff 1996: 30).

---

3) 3세기에 작성된 미쉬나에 대한 의견들을 모아 6세기에 만들어진 것.(참고: 한국종교문화연구소. 2003. 『세계 종교사 입문』. 487페이지)

4) 중세 지중해 지역에서의 여성의 재정 활동

(1) 이집트의 새 수도 푸스타트(Fustat)

디아스포라 속 유대인에 관심을 둔 대표적인 정치철학자로 앞서 언급한 마이모니데스를 들 수 있다. 그는 스페인 안달루시아의 코르도바(Cordoba)에서 학자의 아들로 태어났다. 당시 안달루시아의 유대인들은 기원전 6세기 '바빌론 유수' 이래 유대교의 중심지였던 바빌로니아를 능가하는 지적 풍요를 누리고 있었다. 따라서 이곳은 유대교의 전통과 율법에 정통한 학자들이 대거 몰려와 학교를 세우고 교육에 열을 올리던 지식의 산실이었다. 그의 아버지는 이러한 학자들 중 한 사람이었고, 루세나(Lucena)의 유대교 대학(yeshiva) 지도자였던 알파시(Issac Alfasi)의 해석을 따르던 랍비들 중의 하나였다. 마이모니데스는 아버지의 사회·학문적 보호와 영향 아래 유대인의 '규례(halakhah)'에 정통한 학자로 성장했고, 유대 공동체에서 큰 영향력을 행사했던 지도자가 되었다. 그는 강화된 종교적 탄압을 피해 이집트의 푸스타트(Fustat, 지금의 카이로)에 정착한 1165년 이후, 1177년에는 푸스타트 유대 공동체의 지도자가 되고, 1185년부터 당시 이집트를 다스리던 아유비(Ayyubid) 왕조의 2인자였던 알파딜(Al-Fadil)의 주치의로 편안한 궁정생활을 한다. 하지만 그는 디아스포라라는 숙명에 놓여 진 유대인이었다(Halbertal 2014: 56-91).

마이모니데스는 1180년 탈무드 법전을 『토라 재고(*Mishneh Torah*)』라는 제목 하에 히브리어 판 14부로 출간했다. 이 책에서 그는 유대 여성은 외출 및 장사를 멀리하고 "집안의 구석에 앉아있어야 한다"고 명시하고 있다. 그가 살던 주변 무슬림 사회에서 여성들에게 극도의 겸양을 요구했다는 점을 감안하면 놀랄 일이 아니다.

1890년 카이로에서 남서쪽으로 약 3km 떨어진 도시인 푸스타트 노동자들은 11세기부터 13세기까지 푸스타트 유대 공동체의 일상생활을 기록한 문서들을 대거 발견한다. 이 문서들에 근거해 사학자 코테인은 이집트 이슬람 사회에서 부과했던 문화적 제약뿐만 아니라 법적 제약이 유대 여성들에게까지 영향을 끼쳤다고 분석한다. 그러나 중세 후기에 이르러서는 유대 여성들이 이러한 한계를 벗어나서 재정적 활동을 할 수 있었고, 이를 가능하게 했던 유대 남성들의 동의가 있었음을 부연하고 있다(Goitein 1999: 378).

이러한 변화의 동기는 무엇인가? 13세기를 거치면서 달라진 역사적 환경이 여러 이유 중 하나라고 추측된다. 다른 무슬림 국가 도시들과 마찬가지로 푸스타트에서도 유대인의 지위는 '딤미(dhimmi)'로 정의된다. 덕분에 그들은 정해진 합법적 지위를 누렸고 자유롭게 신앙 활동을 할 수 있었다. 다만, 여러 가지 조건이 수반되었다. 가령 개종(전도) 금지, 유대인이면서 무슬림 영토에서 생활하는 특권에 대한 인두세 납세, 교회당 신축이나 수리 금지, 공공 종교 행진 금지, 딤미의 무슬림 신자에 대한 공격 금지, 딤미의 무기 소지 금지 등을 지켜야 했다. 또 딤미는 가시적으로 구분되는 복장을 착용해야 했고 무슬림 신자의 집보다 집을 더 높게 지을 수 없었으며 아랍 이름을 사용할 수도 없었다. 드물게나마 예외적으로 이슬람 제국이 팽창하던 초기 이러한 규칙들이 시행되지 않은 경우도 있었다. 유대인들이 주변 사회에 참여했고, 해당 무슬림 국가의 복장, 언어, 학습, 관습이 유대 사회에 흡수되어 서로의 문화가 공유되기도 했다. 따라서 '이슬람의 황금시대'가 근동 및 이베리아 반도 유대인들의 황금시대와 일치하는 것은 어찌 보면 당연한 결과였다.

하지만 중세 후기로 접어들수록, 이러한 관용의 시대는 와해되기 시작했고 무슬림의 병력 손실이 발생하면서 딤미 계층에 대한 억압도 증가했다. 기독교 십자군 원정에 의해 무슬림들이 이전 영토 중 상당 부분을 잃게 되었다.[4] 어쨌든 이슬람이 정치 군사적 안정을 잃으면서 비무슬림계의 사회적 안정과 이들에 대한 관용도 축소되었다. 딤미 계층의 경우, 이러한 상황으로 인해 다시 엄격한 법들을 적용받게 되었고, 이렇게 초기의 안락한 콘비벤시아 시대는 끝나게 된다.

코테인은 딤미 계층에 대한 엄격한 규제 시행과 일치하는 시기에 이르러서야 유대 여성의 재정 자율성이 인정되었다는 문서에 주목한다. 이 기록에 따르면 13세기 푸스타트에서는 유대 여성들이 일반적으로 자신의 노동의 결실, 즉 일을 해서 벌어들인 이익을 소유할 수 있었다. 또 여성의 지참금을 여성이 직접 관리한다는 조건이나, 여성이 다양한 형태의 상속이나 재산을 보유, 관리 및 양도할 수 있다는 문구를 결혼 계약서에 명시한 글도 흔치는 않으나 찾아볼 수 있다. 유대인 남편이 자신의 아내를 자녀의 단독 보호자이자 그들의 부동산 처분자로 지명하는 경우도 빈번해졌다. 여성들도 남편의 케투바(ketubbah) 외에 남편이 남긴 재산을 직접 상속받았고, 아버지의 부동산도 상속받았다. 분명 여성과 재산에 대하여 푸스타트의 유대 남성들이 취한 이러한 조치는 전통 유대 율법에 반(反)하는 행위였다(Goitein 1999: 251-54).

이러한 변화는 공동체가 처한 상황의 변화에서 기인했다고 볼 수 있다. 푸스타트에서 쇠락하던 콘비벤시아와 유대 여성들의 재정 자율성 증대 간에 직접적인 상관관계나 인과성을 확언하기는 쉽지 않다. 그러나 딤미 계층의 상황이 악화된 시기와 유대 여성의 재정 활동 자율성이 발전한 시대적 흐름이 일치한다는 연관성을 우연의 일치라고만 볼 수 없다. 12세기 말에서 13세기 초에 이르는 시기 푸스타트에 거주하던 유대인들은 수세기 동안 살아왔던 터전에서 유대인으로 살아가는데 필수조건인 세금을 납부해야 하는 부담, 유대 공동체의 번영을 지속해야 한다는 부담, 새로 시행된 법률에 따른 부담을 경험했을 것임은 자명하다. 무슬림 국가의 납세, 개종에 대한 요구가 높아지고

---

4) 1091년 일차 십자군 원정 이전에 노르만족이 이탈리아 시칠리아 섬(Sicily)을 점령하였다. 1085년부터 1248년까지 그라나다를 제외하고 스페인에서 무슬림이 패전하면서 기독교는 중동까지 침략하게 되었다. 13세기 말에 이르러, 무슬림 군대는 유럽에서 쫓겨났고, 북 아프리카 해안은 끊임없이 기독교의 공격을 받았다.

따르지 않을 경우 그 나라를 떠나야 하는 상황에서, 유대 남성들은 집안의 재산을 보호하면서 인두세를 납부하고 가정 공동체가 재정적으로 도산하지 않도록 방안을 모색해야만 했다. 이를 위해 그들이 유대 여성들의 잠재력을 활용해, 여성들의 재정적 권한과 책임을 확대해주는 경우가 생겼다. 이렇듯 일부 여성들의 독립성이 강화된 것은 사실이지만, 이는 여성이 속한 집안의 이익, 나아가 전체 유대 공동체의 이익과도 무관하지 않은 것이었다. 즉 13세기 무슬림 국가인 이집트에서 살던 유대 가정에서 여성의 재정 경제적 자율성이 강화된 것은 콘비벤시아 시대의 쇠락에 대한 실용주의적 대응이었다고 정리 할 수 있을 것이다.

(2) 스페인

초기 이슬람 이베리아에서도 여성의 재정적 사회 참여는 전통적으로 흔치 않았다. 전통과 관습에 따라 여성의 겸양이 엄격하게 요구되었고, 이집트 경우와 마찬가지로 유대 남성은 여성의 이름을 직접 언급하는 행동을 삼가 했고, 여성들도 가정 이외에 다른 장소에서 일하는 것이 드물었다. 하지만 13세기에 이르러 레스폰사 문학에서 심심찮게 유대 여성의 이름이 등장하기 시작했고, 현존하는 사료들에 여성의 경제 자율성 사례도 등장하기 시작했다. 자료에 따르면 중세 후기에는 현재의 나바레(Navarre), 카스티야(Castile), 아라곤(Aragon) 지역에 살던 스페인계 유대 여성들 중, 재산 관리뿐만 아니라 은행 관리, 나아가 영업에 종사하는 여성들의 수가 증가했다.

전통 유대 율법과는 달리 남편의 부동산을 상속받는 여성들도 있었다. 클레인에 따르면, 여성들은 더 이상 사망한 남편의 재산에 대하여 이해관계가 없는 유치권자에서 머물지는 않았고, 일부 여성들은 남편의 상속 파트너로서, 토지와 재산의 공동매각자로 등장하는 경우가 빈번했다. 공증인들은 꼼꼼하게 이 둘을 분리해서 칭했는데, 여성들을

'미망인', 나머지 행위자들을 '상속자'라고 칭하였다. 미쉬나와 탈무드를 편찬했던 랍비에게는 불법까지는 아니더라도 괴상한 일이라고 생각했을만한 관행이 현존하는 레스폰사에서는 미망인과 상속자들의 공동 행동에 대해서는 자주 언급되었다(Klein 2000:147-63).[5]

스페인계 유대인들과 기독교인들 간의 불안정한 콘비벤시아 상황에서 유대인들에게 부여된 재정적 압박이 커지던 시기, 유대 여성들은 전통 랍비들이 제시했던 기준보다 더 많은 경제적 자율성을 행사하게 되었다. 무슬림 국가들에서 법적 지위를 보장받기 위해 납세하던 유대인들과 달리, 기독교 국가의 유대인들은 납세의 의무가 부과되었음에도 불구하고 명확한 법적 보호를 누리지 못했고, 통치자, 교황, 시 정부의 선의에 의존해서 삶을 영위했다. 따라서 해당 국가에서 계속 거주할 수 있는 권리와 보호를 받으려면 현지 통치자에게 연례적으로 추가 납세하는 경우가 많았다. 동시에 갈수록 억압이 심해지던 이집트의 유대인들과 마찬가지로, 스페인계 유대인들도 모든 유대 공동체 유지를 위해 필요한 자금을 확보해야 했다.

이런 배경으로 13세기 사료에는 이르러 이베리아 일부 지역에서 경제적으로 자율성을 가진 여성들이 등장하기 시작했다.[6] 당시 기독교가 지배하던 유럽에서 필수 조건으로 여겨졌던 납세 압박은 점점 노골적으로 드러났다. 일례로 1182년에 프랑스에서 일어난 유대인 착취와 축출 사건을 들 수 있다. 프랑스 국왕은 당시 중앙집권화 행정부의 자금 확보를 위한 세입을 유대인에게 의존해오던 터였다. 프랑스 국왕은

---

5) 13세기 카탈로니아의 유대인 미망인들에 대해 연구한 클레인의 저서(Klein, Elka. 2000. "The Widow's Portion: Law, Custom and Marital Property among Medieval Catalan Jews," *Viator* 31)를 참고한다.

6) 중세 이베리아 반도의 유대(여성)의 경제활동은 다음과 같은 저서를 참고한다. Cfr. Gallego, María Ángeles. 1999. "Approaches to the study of muslim and jewish women in medieval iberian peninsula: the Poetess Qasmuna Bat Isma'il". *MEAH*, secció Hebreo 48; Constable, Olivia Remie, ed. 1997. *Medieval Iberia: Readings from Christian, Muslim, and Jewish Sources.* Univ of Pennsylvania Press.

유대인들이 가진 자원을 착취할 방법을 모색했고 유대 재산을 몰수하고 동시에 과세액을 올렸다. 이에 따라 프랑스 유대인들은 향후 납세할 자금을 충분히 마련할 수 없는 불안한 입장에 처하게 되었다. 실제 유대인들이 납세를 하지 못하게 되자, 프랑스 국왕은 유대인들을 축출했다. 기독교가 지배하던 이베리아 반도 전역에서 유대인들은 인근 국가의 이러한 상황을 보며 자신들에게도 축출 위협이 상존한다는 것을 인지했다. 이베리아 유대인 역시 왕궁 재원을 위한 세입을 계속 공급해줘야 했기에, 납세원을 마련하는 한 가지 방법으로서 유대 여성들의 재정 관리 능력을 활용할 수밖에 없었다.

(3) 이탈리아

이탈리아 중부지방에 거주했던 유대 공동체에 대한 연구에 따르면, 지중해 다른 지역과 마찬가지로 이 지역 유대 여성들 역시 경제 행위에 있어 전통 유대 율법을 반드시 고수한 것은 아닌 것으로 드러났다.[7] 특히 이탈리아 중부지방 움브리아에서 발견된 15세기 문서들을 보면, 미망인과 결혼을 하지 않은 여성들이 법적 권리로서 자신들의 지참금이 되는 재산을 관리하고 양도하는 내용이 등장한다. 물론 남편이 아내의 지참금을 관리하던 기혼 여성들의 지참금 관리와 양도에 대한 내용도 등장한다. 남편이 아닌 다른 남성들을 법적 대리인으로 지명한 기혼 여성들의 사례도 여러 공증 근거에서 볼 수 있다. 즉 전통적인 미쉬나의 가르침과는 대조적으로, 여성 스스로 재산을 직접 관리했던 것이다. 유대 여성과 분쟁 시 자신을 대리할 변호사를 임명하는 남성들의 경우도 자주 등장한다. 이런 여성들 중에는 미망인도 있지만, 남편이 살아있는 기혼 여성들도 여럿이다. 이는 기혼여성들도 자신의 일을 독자적으로 관리할 수 있었음을 방증한다. 특히 재정 문제

---

7) 본 단락의 내용은 카렌 프랭크(Frank Karen 2010)의 논문에서 연구된 여러 사료들에 바탕을 둔다.

에서 자신의 대리자로 어머니를 지명한 성인 남성의 경우도 눈에 띤다 (Toaff 1993: 446-512).

14세기 말에서 15세기 초 이탈리아 중부 지방에 거주했던 유대 여성들은, 어머니뿐만 아니라 아버지와 남편에게서도 지참금 이외의 재산을 상속받았다. 직접 유언장을 작성하고 생존한 남편 이외 다른 사람을 상속인으로 지정하는 여성들도 있었다. 1400년부터 1457년에 작성된 페루지아(Perugia) 지역 문서에서는 융자 은행의 관리자 및 소유주로 활동한 여성의 사례가 최소 5건 이상 등장한다. 은행을 아버지에게서 상속받은 여성들이 일부 있었으나, 최소한 몇 명은 남편 생전에 남편과 함께 은행을 관리하다가 남편 사망 후 남편으로부터 은행을 직접 상속받은 경우였다. 이 경우, 가정 내에 딸과 사위가 생존하고 있었음에도, 유대교의 전통 상속법을 무시하면서 까지 은행 운영에 재능이 있는 여성을 상속인으로 선택했다는 점이 눈여겨 볼만 하다. 상속인의 성별을 중시하지 않고 재정관리 측면에서 가장 유능한 사람에게 은행을 맡겼던 사례라 볼 수 있다.[8] 하지만 14세기 중엽까지만 해도 공증 문서에 유대 여성이 등장하는 사례는 거의 드물다. 이전에도 남편을 도와 은행을 관리하던 아내들이 있었겠지만, 이들은 공동 관리인 자격으로조차 기록되지 못했던 것이라 볼 수 있다.

중세 이탈리아의 경우 당대 어떤 사회 변화로 인해 여성들의 사회 참여와 재정 관리 능력의 자율성이 보장될 수 있었던 것일까? 이탈리아 유대인들에 대한 주류 사회의 환대 수준이 크게 달라졌다는데 근거를 찾을 수 있다. 유대인들은 13세기 초 정착기부터 기독교 사회에 잘 통합되었다. 유대 가정을 이탈리아에서 받아들이면서 당시 정부 관리들은 융자 은행 설립을 조건으로 제시했다. 기록에 의하면, 이 지역 유대 사회는 은행 전문직 덕택에 현지 경제에 원만히 흡수될 수 있었다

---

8) 이에 대한 자료는 다음 자료를 참고하기 바란다. *Archivio di Stato di Perugia* (hereafter A.S.P.), Notarile, 116, Mariano di Luca di Pisa, fol. 36b-37b.

고 밝히고 있다. 유대인들이 사회 계약에서 맡은 바 임무를 완수하고 기독교인들을 비롯하여 기타 거주민들에게 돈을 융자해주면서 유대인들과 기독교인들의 접촉은 자연스러워졌다.

따라서 경제적 유용성을 확인시켜준 유대 은행가들에게 현지인들은 상당히 유화적이었다. 이탈리아 움브리아 지방 정부들과 유대 사회 간에 법적 서류를 통해, 유대인은 거주권은 물론이고, 신앙과 전통의 자율성도 보장받았음을 알 수 있다. 당연히 유대 은행가들뿐만 아니라 그 가족 구성원들도 움브리아 법에 따라 동등한 지위를 보장받았으며, 임시 시민권까지도 받았다. 일시적이라고 볼 수 있지만, 13세기말에서 14세기에 움브리아의 최대 도시인 페루지아에 영구 거주를 바라던 유대인들은 동등한 시민의 자격까지 갖출 수 있었다.

물론 유대인들의 존재를 환영하지 않은 이탈리아 기독교인들도 있었다. 움브리아 지방 도시 아시시(Assisi)의 사료를 보면 유대인들은 비성직자들과 관계가 원만했지만, 새로 결성된 프란치스코 엄수회(Observant Franciscans)는 유대 공동체의 존재를 불허하였고 축출까지 요구했다.

결정적인 배경은, 기아, 전염병, 인구감소 등으로 얼룩진 재앙들이 움브리아 도시들에게 타격을 주던 14세기다. 페루지아에서는 가구 수가 13세기 말 최고치인 약 6,000가구에서 15세기말에는 2,000가구 수준으로 59%나 감소하였다. 이런 인구 감소는 페루지아의 경제구조에도 영향을 미쳤다. 인구 감소로 인해 축소된 수요마저 대응하지 못하는 생산 부실로, 한 때 번창 하던 양모 산업이 흔들리면서 이곳은 한순간에 농업사회로 전환되었다. 과거 양모 무역에 종사했던 중산층을 중심으로 이루어지던 부의 분배 균형에서 벗어나 쏠림 현상이 나타났다. 이에 따라 정치권도 영향을 받았다. 다른 이탈리아 도시 국가들의 전쟁에서 용병으로 활동하며 상당량의 현찰과 부동산을 소유하던 귀족 부자들이 도시를 통제했다. 이들에 맞서는 정치적 반대파는 귀족 가문들뿐이었다. 따라서 정치 경제적으로 빈곤상태에 빠진 페루지아와 다른 이탈리아 중부 도시들의 시민들은 자연스레 사회 조직의 변화를 갈망하게 되었다. 이런 배경 하에 용병과 귀족가문에게 융자를 고금리로 대어 주던 유대 사회가 엄수회 수도사들의 목표가 된 것이다. 수도회는 설교를 통해 유대인을 비난하며 이탈리아 여러 도시들에서 청중들을 자극했고, 기독교도인 민중은 자신들이 겪는 고통의 원인이 고리대금업자인 유대인들과 이들의 고금리라고 판단하였다. 당대 사회에 대한 이들의 분노와 좌절은 고스란히 유대인들에게로 향하게 된다(Marmando 1998: 22).

결국 유대인 차별법이 도입된다. 1432년 페루지아 정부가 통과시킨 법에서 최초로 유대인들에게 노란 배지 착용을 의무화시켰다. 이 법에서는 유대교 회당을 금하였고, 코셔(kosher, 유대교 율법에 따라 만든 정결한) 고기와 주류 판매도 금했으며, 감염의 우려를 앞세워 유대인 의사들이 기독교 환자들을 상대로 의술을 행하지 못하도록 금지시켰다. 페루지아의 선례를 따라, 이탈리아 중부지역 다른 도시들도 자체 법령을 만들어 유대인의 권리와 특권을 제한했다. 움브리아의 기독교인들과 유대인들 사이에 존재했던 평안한 공존 시대는 이렇게 순식간에 끝났다.

이러한 사회적 압박 외에도, 15세기에 이르러 유대인의 금융을 흔드는 요소가 등장한다. 시정부에게 유대인 자본은 상당히 유용했지만, 기독교 은행들의 금융 자본이 확보되고 성장하면서, 유대 은행가들의 경제적 비중은 줄어들게 된다. 13세기에 비해 15세기에 이루어진 융자액수가 확연하게 감소한 것을 통해 확인할 수 있다.

이처럼 사업 축소와 그에 따른 자본 소득 손실로 인해 유대인의 자원은 압박을 받았고, 유대 공동체의 생존을 위해서는 성별에 관계없이 모든 유대인의 생존 참여가 필요했다. 수익성 없는 사업체를 소유한 유대 은행가들은 공동체를 떠나 다른 곳에서 기회를 모색할 수밖에 없었기 때문에, 전체적으로 유대인 수가 감소하였다. 유대인 최대 공동체가 있던 페루지아에서는 인구 감소로 인한 타격이 감당하기 힘든 수준이었다. 14세기 있었던 약 220~250명의 유대인은, 15세기 이르러 120-150명으로 크게 감소하였다. 기존의 유대인 공동체 규모도 작은 수준이었기 때문에, 매년 움브리아 시 정부에 납부해야 하는 유대인 공동체의 공동세 재원 마련은 물론, 정기적으로 시 정부가 유대 사회에 요구하던 강제세 지급도 남은 자들에게 큰 부담이 되었다. 따라서 이집트와 스페인 사례와 마찬가지로, 이탈리아의 유대 남성 역시 늘어난 재정 의무의 압박에 시달렸다. 절실한 상황에서 유대인 공동체의 남은 구성원들을 재정적으로 지탱해주는 유능한 자가 있다면 그 자의 성별을 중시하지는 않았던 것이다.

4) 마무리 글

중세 지중해 지역의 유대 공동체는 전통 율법에 명시되어 있는 수준 이상으로 여성들의 재정 활동의 자율성을 허용하였는데, 이는 당대 사회 변화와 분위기에 편승한 것이다. 유대공동체의 위기와 재정적 불확실성이 팽배해지고 있는 시기, 생존을 위해 여성들의 재정 활동 자율성 허용이 불가피했기 때문이다. 유대공동체들은 공동체 번영과 생존을 위해 지나치게 가중된 납세 의무를 피할 수 없었다. 이러한 열악한 환경 속에서 돈을 벌어들이고 그 재정을 관리하는 것이 필수적이었다.

지난 30년 동안, 중세와 근세 유대인 역사에서 주된 논쟁거리는 동화(assimilation)였다. 즉 유대인 공동체는 그들을 둘러싼 주류 문화에 얼마나 동화되었고, 이러한 동화가 유대인 문화의 내적 변화를 어떻게 설명하고 있는가 하는 것이다. 일부 사학자들은 유대 공동체가 여성들의 재정 활동 자율성을 상당히 허용하게 된 것이, 부분적으로는 유대 사회가 주류 문화로부터 이러한 규범을 이해하고 동화했기 때문이라고 결론을 내리고 있다. 기독교 여성들이 재정적 활동에서 더 많은 자유를 누릴 수 있었던 독일에서는 유대 여성들도 그들과 동일하게 재정적 활동에 자유롭게 참여할 수 있었다. 무슬림 스페인에서는 무슬림 여성들에게 자율성이 거의 부여되지 않았기 때문에 마찬가지로 유대 여성들도 자율성을 거의 누릴 수 없었다. 스페인이 기독교 사회가 되자, 독일의 유대인 공동체와 같이 스페인의 유대인 공동체는 사회적으로 훨씬 더 관대한 기독교 문화로부터 여성의 재정 자율성을 흡수하여 동화하였다. 이 시기의 일련의 기록들을 살펴보면 기독교 여성들이 적극적인 참여자로 분명히 등장하고 있어서, 사학자들이 주장하는 것처럼 일종의 동화 현상으로 정리될 수도 있을 것이다.

하지만 상기 언급한 바와 같이, 14세기 후반 이전의 기록에서는 유대 여성들의 재정 활동 등장을 찾아볼 수 없다. 유대 여성들은 기독교인이 아닌 유대인 공중의 도움을 받아서 그들의 사업, 특히 그들의 지참금으로 구성된 재산과 관련하는 사업을 체결했기 때문에, 기록에서 그들의 모습을 볼 수 없었을 가능성이 있다. 그럼 유대인 공중인을 이용했던 유대 여성과는 달리, 유대 남성들은 왜 기독교인 공중인을 이용했던 것일까? 그리고 이후 유대 여성들이 융자 은행을 운영하고 기독교인 남성 및 여성들과의 경제적 거래에 관여했을 때, 유대 여성들은 왜 기독교인 공중인을 이용하지 않았는가? 여기서 일명 '동화 이론'은 한계를 보인다.

시기적 우연성에도 불구하고, 스페인의 유대 여성들이 갑자기 사회 활동에 참여하게 된 것은 주류 공동체 사회의 여성들의 사회 활동에 발 맞췄다기보다는, 유대인 공동체 생존을 위해 자발적으로 유대 여성들의 재정 능력을 활용하게 된 것이다. 이집트, 스페인 및 중앙 이탈리아 유대인들의 지위는 지방 당국의 선의에 의해 좌우되었다. 평안한 콘비벤시아 시기도 있었으나 이후 유대인들을 더 이상 안정적인 세입원으로 기대할 수 없게 되자 그들에게 베풀었던 선의에 변덕을 부렸다. 이와 같이 불안한 상황이 지속되자, 유대 공동체는 성별에 상관없이 모든 유능한 사람들의 사회경제 활동을 통해 생존의 길을 모색했고, 랍비들도 이러한 정세를 인정하고 받아들였다. 따라서 중세 유대 공동체 사이에서 여성의 재정 자율성과 사회적 지위를 향상시키도록 허용한 것은 동화가 아니라 지중해에서의 콘비벤시아의 와해라고 정리 될 수 있다.

지중해 지역의 유대 공동체 - 아쉬케나지 공동체를 제외하고 -는 이집트, 스페인, 이탈리아 등지에 자리를 잡고 있었으며, 한 때 대부분 폭력에 대한 위협 없이 살 수 있었다. 주류 사회와의 문화적, 종교적 차이에도 불구하고, 유대인들은 자신들의 율법과 관습을 지켜나가면서도 주류 사회에 편입되다. 콘비벤시아는 지중해의 다양한 문화의 공존을 인정하며 모자이크 같은 독특한 문명을 만들어낸 밑거름이기도 하지만, 실상 여러 계층, 민족의 이권을 위해 자발적으로 형성된 기간이라 볼 수도 있다. 아무튼 이 시기 유대인 공동체들은 어떠한 방해요소 없이 여성의 재정 자율성을 제한하는 율법 전통을 포함하여 그들 자체의 전통을 지켜나갈 수 있었다. 하지만 지중해에서의 콘비벤시아가 -여러 곳에서 서로 다른 시기에 다소 다른 행태로 - 와해되기 시작했을 때, 일부 유대 여성들이 재정 자율성을 실행할 수 있는 틈새시장이 생겨나게 된 것이다. 즉, 사회적으로 불확실성과 갈등이 팽배했던 시기 유대 공동체의 번영과 안정이 위협받으면서, 지중해 전역의 유대 공동체들은 자체 생존을 위해 여성의 재정 관리에 대한 금지를 완화했고, 유대 율법에서 정한 수준보다 여성의 재정적 자율성을 더 크게 허용하였다.

참고문헌

김병용. 2000. "중세 도시여성의 사회적 지위에 관한 고찰 – 독일 중북부 지역의 도시법을 통해 본 재산권과 상속권을 중심으로". 『西洋史論』 Vol.67 No.1. 한국서양사학회.

김복래. 2007. 『서양 생활사』. 서울: 안티쿠스.

이종경 김진아. 2008. "여성의 경험과 사회적 지위: 서유럽 중세를 중심으로". 『歷史教育』 Vol.107 No.. 역사교육연구회.

이필은. 2012. "중세 유대 민담에 나타난 여성의 몸". 『한국기독교교육정보학』. 제 33집.

최창모. 2005. 『이스라엘사』. 서울: 대한교과서.

한국종교문화연구소. 2003. 『세계 종교사 입문』.

한정숙. 2008. 『여성은 이렇게 말했다』. 서울: 길.

홍성표. 1999. 『서양 중세사회와 여성』. 서울: 느티나무.

Johns, Paul, 1998. A history of the Jews. 김한성 역. 2005. 『유대인의 역사 1』. 서울: 살림 출판사.

Saxonhouse, Arlene. 1985. *Women in the history of political thought.* 박의경 역. 2015. 『정치 사상과 여성』. 전남: 전남대학교출판부.

Seibt, Ferdinand. 1999. *Glanz und Elend des Mittelalters.* 차용구 역. 2013. 『중세, 천년의 빛과 그림자』. 서울: 현실문화연구.

Shahar, Shulamith. 1983. *The Fourth Estate: A History of Women in the Middle Ages.* 최애리 역. 2010. 『제 4신분, 중세 여성의 역사』. 서울: 나남.

Wiesner-Hanks, Merry E..2010. *Gender in History.* 노영순 역. 2006. 『젠더의 역사』. 서울: 역사비평사.

Baskin, Judith R., ed. 1991. *Jewish Women in Historical Perspective.* Detroit: Wayne State University Press.

Constable, Olivia Remie, ed. 1997. *Medieval Iberia: Readings from Christian, Muslim, and Jewish Sources.* University of Pennsylvania Press.

Dandy, Herbert. 1974. *The Mishnah.* London: Oxford University Press.

Frank, Karen. 2010. "From Egypt to Umbria: Jewish Women and Property in the Medieval Mediterranean". *California It alian Studies Journal.* 1(1).

Gallego, María Ángeles. 1999. "Approaches to the study of muslim and jewish women in medieval iberian peninsula: the Poetess Qasmuna Bat Isma'il". *MEAH,* secció Hebreo 48.

Goitein, S.D..1999. *A Mediterranean Society: An Abridgement in One Volume.* Berkeley: University of California Press.

_____, *A Mediterranean Society: The Jewish Communities of the World as Portrayed in the Documents of the Cairo Genizeh, Volume III: The Family.* Berkeley: University of California Press.

Halbertal, Moshe. 2014. *The Philosophy of Hebrew Scripture.* New York: Cambridge University Press.

Judith Wegner. 1988. *Chattel or Person? The Status of Women in the Mushnah.* New York and Oxford: Oxford University Press.

Klein, Elka. 2000. "The Widow's Portion: Law, Custom and Marital Property among Medieval Catalan Jews," *Viator* 31.

Mann, Vivian B., edit.2007. *Convivencia: Jews, Muslims, and Christians in Medieval Spain.* New York: George Braziller; Reissue edition.

Toaff, Ariel. 1993. *The Jews in Umbria, Volume One.* Leiden: E.J. Brill, _____1996. *Love, Work and Death: Jewish Life in Medieval Umbria.* London: The Littman Library of Jewish Civilization6.

Archivio di Stato di Perugia (hereafter A.S.P.), Notarile, 116, Mariano di Luca di Pisa, fol. 36b-37b.

Marmando, Franco. 1998. "Bernardino of Siena, 'Great Defender' or 'Merciless Betrayer' of Women?" *Italica* 75:1.

http://escholarship.org/uc/item/9249w3hr#page-1(검색일자: 2016년 10월 23일)

http://www.theguardian.com/money/us-money-blog/2014/aug/11/women-rights-money-timeline-history(검색일자: 2016년 12월 14일)

http://www.myjewishlearning.com/article/jewish-women-in-medieval-christend om/(검색일자: 2017년 1월 17일)

https://www.h-net.org/reviews/showrev.php?id=36090(검색일자: 2016년 11월 9일)

5. 동부 지중해 I : 중세 이집트의 아랍·이슬람 문명 수용* _윤용수

7세기 아라비아반도에 유목민과 정주민의 형태로 산재해 있던 여러 아랍 부족들이 이슬람이라는 신흥 종교를 중심으로 통일된 정치 조직을 갖추고, 아라비아반도를 넘어 외부로 진출하기 시작한 사건은 아라비아 반도를 포함한 동지중해 전역에 혁신적인 변화를 초래했다.

정치적으로는 당시의 양대 강국이었던 비잔틴제국과 사산조 페르시아를 대체하는 신흥 강국의 등장이었다. 아랍·이슬람제국은 아라비아 반도는 물론 동부 지중해, 북아프리카, 이베리아반도, 중앙아시아 지역을 포괄하는 대제국을 건설함으로써 사산조 페르시아를 대체했고, 비잔틴 제국을 압박했다.

종교적으로는 유대교, 기독교와 조로아스터교의 주요 교리를 수용한 이슬람교가 등장하여 아랍·이슬람제국의 종교로 자리 잡았다.

사회적으로는 점령지에 아랍·무슬림들이 대거 이주하여 정착촌을 건설하고 경제 발전과 도시화 과정을 진행되었다. 이 과정에서 피정복

---

* 이 글은 2014년 『지중해지역연구』(제16권 제2호)에 게재된 논문("이집트의 아랍·이슬람 문명 수용 연구 ")을 일부 수정한 것임.

지의 기층문화와 아랍인의 전통 문화 및 이슬람 문화가 혼합되어 지역별로 다양한 문화의 변이형이 등장했다. 이 문화는 지중해 문명의 한 축인 아랍·이슬람문명으로 발전했고, 지중해 문화의 다양성과 복합성을 한 단계 더 진화시켰다.

아라비아반도, 중앙아시아, 이란, 인도, 발칸반도, 북아프리카, 이베리아반도 등에 걸친 아랍·무슬림 군대의 군사적 정복은 다마스쿠스 점령(636)을 시작으로 피레네산맥에서 프랑크 왕국의 칼 마르텔(Charles Martel, 688~741)에게 패전한 프아리(Poitier, 732년)전투까지 약100년에 걸친 비교적 짧은 시간에 종료되었다. 하지만 이문화(異文化) 간 교류와 수용 현상은 정복이 끝난 이후에도 진행되었고, 궁극에는 피정복지의 토착 문화로 자리 잡아 정복지에 영구 고착화되었다.

문명 교류의 측면에서 이슬람문화는 정복지의 기층 문화와 융화되어 현지화의 과정을 거쳤고 시간의 경과와 함께 기층문화의 일부분으로 수용되어 정복지의 문화 토양에 고착화되었다는 특징이 있다. 한번 이슬람화된 지역은 영원히 이슬람으로 남는 이러한 현상을 들어 혹자들은 '이슬람의 기적'이라 칭하기도 한다. 즉, 아랍 제국의 진정한 기적은 빠른 속도로 진행된 군사적 정복이 아니라 피정복지 주민들의 영구적인 아랍화(Arabization)와 이슬람화(Islamization)라 할 수 있다.

이 글에서는 상기와 같은 역사적 사실에 근거하여 문명의 확산과 수용, 교류라는 측면에서 아랍·이슬람 문명의 확산과 수용 현상을 살펴보고자 한다.

1) 이민족의 이집트 지배

교조 무하마드(AD570~632) 사후 정통 칼리파 시대에 시작된 아랍 무슬림의 정복 활동은 이슬람 공동체 내의 정치적 요인과 함께 경제적 요인이 주요 동기로 작용했다.

제1대 정통 칼리파인 아부 바크르[1](Abu Bakr, 632~634 재임)는 교조 무함마드 사후(632년), 부족들의 반란에 직면했지만 이를 곧 바로 제압했다(633년 알 아크라바 전투). 그러나 사이비 예언자의 출현 등의 모함과 같은 부족들의 반란과 갈등이 계속되자 이를 종식시킬 최선의 방법은 아라비아반도 외부를 향한 정복 전쟁을 통해 부족원들의 관심을 돌리는 것이라고 믿게 되었다. 이런 판단에 따라 아부 바크르는 무함마드의 유훈인 '이슬람의 확산'이라는 명분을 내세워 당시 강대국인 페르시아 제국 및 비잔틴 제국과의 전쟁을 시작했다.

또한, 591~640년 아라비아반도에 발생한 오랜 가뭄과 기아로 인한 경제적 어려움을 극복하기 위한 노력도 외부 세계로 눈을 돌리게 된 것도 중요한 요인 중 하나였다.

634년 비잔틴 군대와 벌인 야르묵(Yarmuk) 전투에서 칼리드(Khālid ibn al-Walīd, 592-642) 장군의 지휘 하에 승리를 거둔 아랍·무슬림 군대는 자신감을 갖게 되었고, 이후 외부 세계로 눈을 돌려 영토 확장에 박차를 가하게 되었다. 636년에 당시 비잔틴 제국의 속주였던 시리아의 다마스쿠스를 점령한 아랍·무슬림 군대는 이후 계속 북진하여 바알베크, 홈스와 하마를 거쳐 638년 예루살렘, 640년 카이사리아, 641년 하란, 에데사, 누사이빈을 점령하는 등 소아시아 지역까지 거침없이 진격했다.

그 결과 제2대 정통 칼리파인 우마르 시대(Umar ibn Al-Khattāb,

---

1) 그의 본명은 Abdullah ibn Abi Quhafa임.

634~644 재임)에 아라비아반도는 물론 사산조 페르시아의 영토 일부, 시리아와 이집트를 점령하는 등 아랍·이슬람 세계의 영역을 크게 확장시켰다.

내부의 갈등을 외부로 분출시키기 위한 정치적 동기와 기아와 가뭄으로 인한 경제적 어려움을 극복하기 위해 시작된 정복 사업이었지만, 주변국들의 복잡한 정치·외교적 환경에 의해 정복 사업은 비교적 손쉽게 진행되었다.

주변 강대국들과의 전쟁에서 연이은 승리를 거둔 아랍·무슬림 군대는 정복에 대한 확신을 갖게 되었고 아라비아 반도를 넘어 광대한 제국 건설을 꿈꾸게 되었다.

아라비아반도와 북아프리카의 길목에 위치한 이집트는 북아프리카로의 확산을 꿈꾸었던 아랍·무슬림 군대가 반드시 정복해야 하는 지리적 요충지였다. 또한 이집트는 비잔틴 제국의 콘스탄티노플에 식량을 공급하는 풍부한 식량 공급지였으며, 지중해와 홍해에 접하고 있어 아랍·무슬림 군대의 입장에서는 반드시 점령해야 만하는 전략적 요충지이기도 했다.

2) 아랍인 도달 이전의 이집트

이집트는 오리엔트 문명의 한 축을 이루는 파라오문명의 본거지로서 인류 역사상 최고(最古)이자 최대(最大) 수준의 문명이 발달한 지역이다. BC 3,000년경 시작된 파라오문명은 2,000년 이상 지속되었고, 최대 전성기였던 신왕국시대(BC 16c~1c)시대에는 이집트를 넘어 아라비아반도의 유프라테스강 유역과 남부 수단에 이르는 대제국을 건설하였고 위대한 인류 문화 유산을 구현하기도 했다. 이집트인은 세상에서 가장 지혜로운 사람들로 여겨졌고, 그리스의 학문, 법률과 제도는 이집트에서 수입된 것이었다. 그러나 찬란했던 파라오 시대의 영광과 이집트인들이 자치적으로 국가를 운영한 시기는 여기까지였다.

이집트는 고대부터 지중해 지역의 주요 국가들이 욕심낼 만한 요인들을 두루 갖추고 있었다. 우선 지정학적으로 아라비아반도와 북아프리카, 지중해와 홍해를 연결하는 이집트는 영토 확장을 꾀한 모든 지중해 국가들이 점령의 가장 우선 순위를 두는 지역일 수 밖에 없었다. 또한 나일강의 정기적인 범람으로 조성된 나일강 하류의 광대한 옥토는 엄청난 양의 밀을 생산했다. '역사의 아버지'라 불리는 헤로도토스(Herodotos, BC 484~425)의 기록에 의하면 나일강은 세상에서 가장 유익한 강이고 어떤 강도 그에 비견될 수 없었다. 이집트인들은 단지 나일강이 범람할 때 경작지에 물을 채웠다 물이 빠지면 씨를 뿌리고, 돼지를 풀어 씨를 밟아 다진 후에 수확만 기다리면 된다고 묘사할 정도였다.

식량의 확보는 어느 시대를 막론하고 통치자가 통치를 위해 갖추어야 할 가장 기본적인 요건임을 감안하면 이집트가 갖고 있던 이러한 지리적·경제적 요건과 환경은 지중해의 정치권력들을 유혹하기에 충분했다.

파라오왕국이 쇠퇴기에 접어들자 아케메네스(Achaemenid) 페르시아왕조(BC 550~330)의 캄비세스 2세(Cambyses II, BC 522 사망)는 이집트를 공격하여 페르시아의 속국으로 만들었다(BC 525~402). 이후 이집트는 잠시 독립을 되찾았으나 곧 이어 페르시아의 아르타크세르크세스 3세(Artaxerxes III, BC 425~338)의 공격을 받아 다시 페르시아의 속국이 되었다(BC 343~332).

페르시아의 지배는 BC 332년 알렉산드로스의 이집트 정복으로 인해 끝이 났다. 알렉산드로스가 이집트를 공격했을 때 페르시아 총독은 별다른 저항없이 항복했고 이집트인들은 페르시아로부터의 독립을 기대하며 알렉산드로스를 환영했다. 그러나 이는 이집트에서 단지 지배주체의 교체일 뿐 외세의 지배라는 점은 변하지 않았다.

알렉산드로스 사후에는 그의 수하 장군이었던 프톨레마이우스가 이집트를 통치하며 프톨레마이우스왕조(BC 333~30)를 창건했다. 이 기간 동안 그리스와 이집트는 밀접할 관계를 유지할 수 밖에 없었고 이 시대에 그리스 사상, 문명, 철학 등이 이집트에 영향을 주었기 때문에 이 시기를 일부 사가들은 '이집트의 그리스시대'라 부르기도 한다. 파라오시대 동지중해지역 문명의 요람이었던 이집트가, 페르시아와 알렉산드로스 등의 식민 지배를 거치면서 2등 국가로 전락한 것이다.

프톨레마이우스왕국의 이집트 지배는 시간이 지남에 따라 점차 약화되어 프톨레마이우스 6세와 7세(BC 180~145)시대에는 로마의 간섭을 받게 되었다.

프톨레마이우스 12세는 로마가 이집트를 침략하지 않는 대가로 이집트에서 생산된 일의 절반을 로마에 공물로 받쳤고, 로마의 시이저(Caesar, BC 100~44)가 프톨레마이우스 12세에 대한 왕위 승인을 할 만큼 로마의 영향력은 확대되었다. BC 31년 아우구스투스(Augustus, BC 63~AD 14) 황제시대에 프톨레마이우스 왕조는 사실상 붕괴되었으며 이집트는 로마의 한 속 주로 귀속되었다.

아우구스투스 황제 이후 약 6세기 이상 동안 로마와 비잔틴 제국의 이집트 통치가 이루어졌다. 로마가 이집트를 통치한 기본 방식은 강력한 군사력을 바탕으로 한 중앙집권통치였다. 로마의 노련한 관료들이 이집트에 파견되어 행정 조직을 장악했고, 신분 제도에 바탕을 둔 사회 계급이 만들어졌다. 로마인들이 가장 높은 계층을 차지했고 이집트에 정착하고 있던 그리스인들이 그 뒤를 이었다. 이집트의 토착민들은 사회의 하급 계층으로 전락했다..

이집트는 로마의 주요 식량 공급지였기 때문에 아우구스투스 황제는 이집트를 로마 황제의 직할지로 하고 로마 군대를 주둔시켰다. 당시 이집트에서 생산된 밀은 로마 국민이 필요로 하는 빵의 1/3을 충당할 수 있을 정도였기 때문에 로마 제국에게 이집트의 가치는 절대적이라 할 수 있었다 로마인들은 이집트 소작농들이 수확한 곡식의 많은 부분을 토지 임대료 또는 세금으로 징수하여 로마로 보냈고 이집트의 내부 경제는 극도로 피폐해 졌다.

언어적인 측면에서도 라틴어가 점차 그리스어를 대체해 갔고, 로마의 열주거리와 원형경기장 등 로마식 건축과 문화가 이집트에 유입되어 파라오 문화에 로마 문화가 덧칠되는 작업이 계속되었다. 212년에 이르러 로마는 마침내 이집트 국민에게 로마 시민권을 부여하여 이집트를 로마의 일부로 간주하기에 이르렀다.

로마의 콘스탄티누스 황제(Constantine I, 288~337)가 콘스탄티노플을 수도로 한 비잔틴제국을 건설한 이후 이집트에 대한 지배권은 자연스럽게 비잔틴제국으로 넘어갔고 이와 함께 이집트에는 다시 그리스적인 문화가 전파되었다.

종교적인 측면에서는 1세기에 알렉산드리아를 통해 수입된 기독교가 빠른 속도로 확산되었고 2세기경에는 상이집트 지역까지 확산되었다.

312년 로마가 기독교를 로마제국의 종교로 공식 선포한 이후 로마제국 전체에 기독교는 빠른 속도로 확산되었는데 이집트도 예외는 아니었다. 3세기 중반에 이집트는 기독교 국가가 되었고 324년 니케아(Nicea)공의회에서는 알렉산드리아를 로마의 2번째 총대주교 관할 교구로 지정했다.

알렉산드리아의 대주교는 콘스탄티노플의 대주교를 이은 2번째 대주교이지만 종교적 영향력은 보다 강력했다.

381년 콘스탄티노플에서 개최된 공회의에서는 알렉산드리아의 대주교가 교회 의장으로 임명되었고, 콘스탄티노플 대주교의 면직을 승인하기에 이르렀다. 또한 431년 공회의에서는 알렉산드리아 대주교가 역시 공의회 의장을 맡고 콘스탄티노플 대주교의 교리 해석을 규탄했다. 451년 개최된 칼케도니아 공의회에서는 정치적인 음모로 인해 알렉산드리아 대주교의 영향력이 감소하였고 이후 자신들을 '콥트(Copt)'[2]라 칭한 이집트 기독교들은 공의회의 결정을 거부하였다.

이집트는 로마제국에서 비잔틴제국으로 이어지는 약 6세기 동안 로마의 지배를 받았으며 종교적으로도 기독교 국가가 되었지만, 기독교의 해석, 특히 예수에 대한 해석 부분에서는 당시의 콘스탄티노플과 첨예한 대립을 보이며 독자적인 노선을 걸었다. 시간이 지남에 따라 알렉산드리아 대주교의 종교적인 위상과 영향력은 점차 확대되어 비잔틴 황제의 칙령조차 거부할 수준에 이르렀다.

따라서 이슬람 도래 이전에 이집트는 정치적으로는 비잔틴의 속국이었지만, 종교적으로 이집트 교회는 콘스탄티노플 교회와 대립 각을 세운 독립된 상태라 할 수 있다. 이집트의 비대화를 우려한 비잔틴은 정치·군사적으로 이집트를 압박하였으나 오히려 원주민인 콥트인들의 저항과 분노만 야기시켰을 뿐이다.

결국 이집트인들의 비잔틴에 대한 분노가 급증하고 무역과 산업이 쇠퇴하여 경제적 어려움을 겪고 있는 시점에 아랍·무슬림 군대가 이집트 주인들에게 환영받은 데는 비잔틴에 대한 반감이 중요한 요소로 작용했다. 또한 콥트인들이 아라비아 반도에서 추진한 기독교 선교 활동과 상단의 교역 활동 등을 통해 이미 콥트인들과 아랍인들은 상당한 수준의 교감을 갖고 있어 아랍인들에 대한 저항감과 거부감이 작았다는 것도 중요한 원인이라 할 수 있다.

즉, 이집트인들은 새로운 정복군대를 통해 자신들의 평화와 안정 및 종교를 보장받을 수 있으리라는 믿음에 이민족의 침입을 긍정적으로 수용했다 할 수 있다. 이집트인들은 아랍인을 해방군대로 간주하여 환영한 것이다.

---

2) 콥트인들은 자기 자신을 '이집트의 국민'이라 부르기도 한다. 따라서 콥트란 단어는 '종교'적 의미인 동시에 '민족'을 의미하는 단어로 파악해야 한다.

3) 아랍·이슬람 군대의 이집트 정복

6세기 이후 동지중해와 북아프리카지역을 장악하고 있던 비잔틴 제국은 7세기부터는 이집트와 레반트 지역에 대한 지배력을 상실하고 있었다.

이집트에는 그리스어를 사용하는 비잔틴 국민과 군대가 주둔하며 콥트어를 사용하는 이집트인들을 지배하고 있었다. 비잔틴은 알렉산드리아와 멤피스 그리고 바빌론 지역에 요새를 구축하고 이 지역을 거점으로 이집트를 통치하고 있었다. 하지만 종교적으로는 예수에 대한 해석 차이때문에 극심한 대립 관계가 형성되었다. 당시 이집트에 대한 비잔틴의 경제적 수탈로 인해 콥트인들의 불만은 점점 커지고 있는 상황이었다.

아랍·무슬림 군대의 아므르 븐 아스(Amr bn al-As, 592~664)장군은 칼리파 우마르에게 이집트 정벌을 강력하게 주장했다. 시리아를 두고 벌인 비잔틴과의 전쟁에서 승리를 거두어 고무되어 있었지만 칼리파 우마르는 이집트 정벌에 대해서는 다소 신중한 입장이었다. 그러나 결국 아므르의 주장을 수용하여 이집트 정복 전쟁을 결정했다.

639년 12월 칼리파 우마르는 아므르를 이집트 정복을 위한 아랍·무슬림 정복군대의 사령관으로 임명하고 그에게 4,000명의 군대를 주었다. 이 정복군은 대부분이 아랍 부족으로 구성되어 있었고 이슬람으로 개종한 일부 비잔틴인과 페르시아인들을 포함하고 있었다. 이집트를 정복하기에 4,000명의 군대는 부족한 병력이었지만, 아므르는 전쟁을 수행하면서 시나이의 유목민 등 이집트 현지에서 무슬림 군대에 우호적인 부족들을 병사로 보충하여 군사력을 강화했다.

아므르는 팔레스타인을 출발하여 이집트 정벌을 시작했다. 639년 12월 말경에 무슬림 군대는 이집트의 동쪽 관문으로 간주되던 펠루시움(Pelusium)에 당도했다. 무슬림군대는 2개월 동안 포위한 끝에 640

년 2월 이 도시를 점령했다. 비잔틴이 파견한 대주교인 키루스(Cyrus, 641사망)의 딸 아르마노사(Armanousa)가 펠루시움에서 결사적으로 항전했지만 결국 패전하여 포로로 잡혔고 그녀의 아버지가 있는 바빌론으로 보내졌다.

펠루시움을 함락시킨 후, 무슬림 군대는 멤피스에서 40마일 떨어진 벨비스(Belbeis)로 진군했다. 이 지역을 수비하고 있던 비잔틴의 장군인 아레톤(Aretion)은 전세의 불리함을 깨닫고 아므르와의 협상을 시도했다.

아므르는 아레톤에게 이슬람 개종, 인두세(jizya) 납부, 전쟁 중에 선택할 것을 요구했다. 아므르가 요구한 이슬람으로의 개종은 완전한 항복을, 인두세 납부는 아랍·이슬람의 수용을, 전쟁은 저항을 의미했다. 알렉산드리아의 키루스는 인두세 납부를 원했다. 하지만 아레톤은 전쟁을 선택했고 결국 무슬림 군대와의 전투에서 전사했다.

아므르는 이집트 원주민들에게 우호적인 태도를 취했다. 그는 벨비스를 포위한 채 전쟁중인 상황에서도 이집트 원주민을 설득하려 노력했고 성공을 거두었다. 결국 640년 3월 벨비스는 무슬림 군대에 항복했다.

정복 초기에 아므르는 이집트 정복을 낙관했지만, 이 기대는 성급한 것이었다. 펠루시움을 점령하는데 2개월, 벨비스는 1개월이 소요되었다. 펠루시움과 벨비스 전투에서도 무슬림 군대는 강한 저항에 직면했고, 바빌론을 공격할 때는 더욱 강력한 저항에 부딪쳤다.

바빌론은 펠루시움과 벨비스에 비해 더욱 크고 중요한 도시였다. 따라서 큰 저항은 충분히 예상된 것이었다. 640년 5월에 무슬림 군대는 바빌론에 도착했고, 바빌론의 수비군은 무슬림군대를 막아내기 위한 충분한 준비를 하고 있었다.

전황을 파악하고 있던 메디나의 칼리파 우마르는 아므르의 정복군을 지원하기 위해 추가 파병을 했다. 주바이르(Zubair ibn al-Awam,

594~656), 칼리드(Khalid ibn Walid, 592~642) 등 시리아와 페르시아 등지를 점령한 당시 이슬람의 대표적인 장군들이 12,000여명의 지원군을 이끌고 아므르를 지원하기 위해 파병됨으로써 이집트 정복을 위한 아랍군의 수는 20,000명에 이르게 되었다.

아랍·무슬림 군대는 헬리오폴리스와 파이윰을 정복한 후 마침내 바빌론을 포위했다. 비잔틴과 무슬림 정복군과의 협상이 시작되었지만 성과없이 끝났고 지루한 공방전 끝에 아랍·무슬림 군대는 640년 12월 21일 바빌론에 입성했다.

바빌론이 함락된 직후 알렉산드리아에 있던 키루스는 무슬림 군대와 협정을 체결했고 이 협정에 따라 무슬림 군대는 이집트 전체에 대

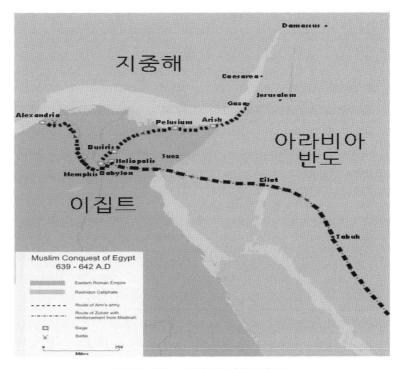

[그림 1] 아랍·무슬림군의 이집트 정복로>

한 지배권을 확보하게 되었다.

이 협정서에는 아랍·무슬림 군대가 콥트인들의 신변과 안전을 보장하고 종교를 인정하며 콥트인들은 남성 1인당 2 디나르의 인두세를 납부하는데 동의한다는 내용이 포함되었다.

협정서는 추인을 위해 콘스탄티노플의 헤라클리우스 황제와 메디나의 우마르에게 보내졌다. 우마르는 이 협정을 수용했지만, 헤라클리우스는 반대하고 무슬림군을 이집트에서 격퇴시킬 것을 명령했다. 협상의 결렬이었다.

아므르의 군대는 641년 2월 알렉산드리아 정벌을 위해 출병했고, 일련의 전투를 치룬 후에 641년 9월에 알렉산드리아를 점령했다.

645년에 비잔틴은 알렉산드리아를 탈환했으나 이듬해에 아랍·무슬림 군대가 재정복했다. 654년에 비잔틴의 재탈환을 위한 공격이 있었지만 이 역시 실패했고 그 이후 비잔틴은 이집트를 영원히 포기하게 되었다.

비잔틴의 입장에서 이집트 포기는 거대한 식량 공급처와 시장의 상실 그리고 아프리카 진출을 위한 교두보를 상실했다는 의미였다. 또한 '로마의 호수'로 불리던 지중해에 대한 영향력의 상실을 의미했다. 이미 기울어진 국력으로 이집트를 회복한다는 것은 사실상 불가능한 것이었다. 이로서 아랍·무슬림 군대의 이집트 정복은 마무리되었고 이집트의 이슬람화는 영구화되었다.

4) 아랍·이슬람 문명의 이집트 확산과 수용

일반적으로 문명 교류와 전파의 동기로는 상업적 교역을 통한 교류, 전쟁과 정복 등을 통한 교류, 이주에 의한 교류 등을 들 수 있다. 이슬람 문명의 확산과 교류는 전쟁과 정복을 통한 문명 교류의 교두보 확보와 아랍인 이주에 의한 문화적 동화로 특징지을 수 있을 것이다.

이집트의 경우 외견상 아랍·이슬람 군대의 군사적 정복을 통한 강제적 교류라는 형태를 띠고 있지만, 내용에 있어서는 강압적인 형태의 문명인식이라기 보다는 콥트 교도들이 자발적으로 이슬람에 동화되도록 유도하는 순차적인 동화 정책이었다. 즉, 종교·정치·경제·사회 등 다방면에 걸쳐 이전의 통치자에 비해 보다 관용적이며 유화적인 정책을 실행하여 피정복민의 반감을 최소화하고 아랍인의 이주를 통해 자연스럽게 정복지를 아랍·이슬람화하는 정책을 시행했다.

메디나 정부의 유화적인 동화 정책은 정책 결정자들의 노련하고 세련된 정치적 판단이라기 보다는 아랍인 자신들의 한계와 능력을 인정한 차선의 선택이었으며 동시에 경제적 이득을 최대화하려는 결정이기도 했다.

유목 생활을 하던 아랍인 전사들이 이집트를 군사적으로 정복한 뒤 자신들보다 상위 문화와 제도를 누리고 있던 이집트인들을 효과적으로 통치할 수 있는 정치적·행정적·문화적 노하우를 가지고 있었다고 판단하기는 곤란하다.

아랍인들은 이집트를 유린하고 약탈하기 보다는 피정복민의 제도와 문화를 인정하고 자치권을 부여하였고 그 대가로 경제적 이익을 취하는 실리적인 정책을 펼친 것이다,

문화적으로 아랍인들과 콥트인들 사이에는 아랍·무슬림 군대의 이집트 정복 이전부터 상호 왕래가 이미 있어 왔고 콥트인들 중에는 이미 어느 정도 아랍화되어 있는 이들도 있었다. 시나이 반도와 홍해를 통한 양자 간의 교역을 통해 아랍인들과 콥트인들은 상호간의 문화에 대해서 이미 충분히 인식하고 있었다.

아랍인들은 이집트 콥트인들과 그들의 종교인 기독교에 대해 기본적으로 우호적인 생각을 갖고 있었다. 종교적으로 무함마드시대에 메디나에는 이미 바누 쿠라이자(Banu Qurayza)등 3개의 유대인 부족들이 정주하고 있었다. 히즈라(622년)가 가능했던 것은 당시 메디나에

거주하고 있던 유대인 부족과 아랍 부족들이 그들의 중재자로서 무함마드가 적당한 인물이라고 판단했기 때문이다. 또한 아랍인들에게 기독교는 이질적인 종교가 아닌 형제 종교로서 이미 수용되고 있었다.

유일신 종교 중 가장 후발 종교인 이슬람은 기독교를 형제 종교로 수용하고 있었기 때문에 콥트교도들에 대한 종교적·문화적 이질감을 가지고 있지 않았다. 성서를 따르는 백성들인 유대교, 기독교, 마니교와 사비교(Sabian)는 이슬람 국가에서도 종교적 자유를 보호 받고 있었다.

전술한 것처럼, 아므르가 이끄는 아랍·무슬림 군대의 이집트 점령은 불과 2년(641~643) 사이에 이루어졌다. 물론 이런 신속한 점령은 아랍·무슬림 군대가 페르시아, 비잔틴과의 전쟁에서 잇단 승전을 거두면서 군사력이 강화되었고 사기가 높았다는 점도 있지만, 이미 허약할 대로 허약해진 이집트의 수비력과 비잔틴에서 파견한 대주교의 학정에 견디지 못한 콥트 교도와 이집트 토착민 등의 민심 이반이 주요 원인이었다.

콥트인들의 입장에서도 아랍인들을 거부할 이유는 없었다. 새로운 정복자인 아랍인들은 비잔틴의 통치하에서 콥트인들이 겪던 비그리스 정교(non Greek orthodox)의 기독교도에 대한 탄압과 그들의 교회가 겪고 있던 수 많은 어려움과 불이익을 불식시켜 주었다.

정치적으로 콥트인들에게 새롭게 등장한 아랍·무슬림 세력과 이집트를 통치했던 기존의 페르시아와 비잔틴 정부 간에는 별 다른 차이가 없었다. 반면 무슬림들은 콥트교도들의 종교를 허용하고 콥트인들의 자치를 콥트 대주교에게 일임하는 등 아랍·무슬림에 대한 콥트교도들의 거부감을 최소화하는 정책을 시행했다. 이는 메디나의 칼리파인 우마르의 점령지 통치를 위한 기본 정책 방향이기도 했다.

점령지에 파견된 총독은 세금과 공물의 징수, 아랍인 병사에 대한 봉급 지급, 전투의 지휘와 예배 인도만 했을 뿐이며 기타 지역의 문제는 지역민 자치에 맡겼다. 사산조 페르시아와 비잔틴 치하의 행정기구, 원주민들의 지위와 업무도 그대로 유지되었다.

아랍·이슬람 군대의 이집트 정복 후 비잔틴으로 귀국하지 않은 일부 비잔틴 관료들은 본인이 원할 경우 아랍의 정복 이후에도 본인의 직위를 유지할 수 있도록 허용되었다. 그 결과 이들 중의 일부는 이슬람으로 개종하기도 했다.

과거 왕국의 지주와 지도자들의 권위도 유지되었기 때문에 이미 외부의 식민 지배에 익숙한 콥트인들이 이슬람의 지배를 거부할 이유는 없었다. 오히려 이들은 아랍 지배계층을 도와 이집트에 새로운 아랍·이슬람 제국을 건설하는데 일조하였다.

이집트를 점령한 아므르는 비잔틴 제국과 비잔틴이 파견한 이집트 대주교 키루스의 콥트인 차별 정책과 학정에 대한 콥트인들의 분노와 복수심을 충분히 파악하고 있었고, 이들 간의 예수에 대한 종교적 해석의 차이도 알고 있었다. 그러나 그는 콥트인들의 복수를 허용하지 않았고 콥트인과 비잔틴 정교도 간의 종교적 문제에 관여하지 않는 중립적인 자세를 유지함으로써 양측의 지지를 동시에 얻을 수 있었다.

궁극적으로 아므르는 이집트 콥트인들과의 동화를 위해 기존의 정복자들과는 다른 방식의 통치를 추진했는데 이는 상당한 지지와 성공을 거둔 것으로 판단된다.

경제적으로도 메디나 정부는 비잔틴 제국이 실시한 경제 체제를 유지했다. 경제의 근간을 이루는 납세와 토지 제도는 이전의 제도와 비교할 때 큰 틀에서 변화가 없었기 때문에 콥트인들이 체감할 수 있는 차이는 크지 않았다. 메디나 정부는 토지세와 인두세를 콥트인들로부터 징수했지만, 콥트인들은 페르시아 제국과 비잔틴 제국이 지배한 시기에도 토지세와 인두세를 납세했었기 때문에 이러한 납세 제도는 낯선 것이 아니었다. 오히려 메디나 정부는 콥트인들이 내는 세금을 경감시켜 콥트인들의 지지를 받았다. 자치권을 행사하고 있던 이집트의 대주교 벤야민은 아므르에게, 세금은 경작물을 수확한 이후에 납부하고 수확기 이후에는 어떠한 세금도 거두지 않는다는 협약 등 콥트인들의 권익을 보호하는 주장들을 적극적으로 제시하기도 했다.

메디나의 이슬람 정부는 이집트로 이주한 아랍인들이 토지를 개인적으로 소유하는 것을 허용하지 않고 국가로 귀속시켰다. 정복지의 재산은 개인 소유가 아닌 움마 공동체의 소유였다. 이는 정복자에게 정복 지역을 약탈할 권한을 주는 베두인의 관습을 사전에 방지함으로써 이주 아랍인과 콥트인 사이에서 발생할 수 있는 마찰을 미연에 방지하기 위함이었다.

귀속된 땅은 아랍인들에게 임대하고 콥트인들이 경작하게 함으로써 세금과 공물을 받고 이집트로 이주한 아랍 군인과 관료 등에게 봉급을 지급했다. 이는 정복의 전리품을 공정하게 분배하려는 메디나 정부의 정책이기도 했다.

무슬림 군대의 이집트 주둔은 당시 이미 피폐해져 있던 이집트 경제를 부흥시키는 기폭제 역할을 했다. 메카의 이슬람 정부가 암사르의 무슬림 군인들에게 봉급으로 현금을 지급함에 따라 도시화와 화폐경제가 이집트 사회에 도입되었다.

로마와 비잔틴, 페르시아 등 기존의 정복자들은 중앙 정부가 전력을 행사해서 경제를 기획하고 지시하는 통제 경제를 시행했다. 국가가 토지와 생산물을 차지하고 개인의 경제 활동을 제한하며 필요에 따라서는 세금을 과도하게 징수 하는 등의 경제 개입 주의는 피정복민들에게 과도한 세 부담과 경제적 착취를 의미했다.

메디나의 이슬람 정부 역시 정복지 경제를 통제했지만, 이전 정부의 그것에 비해서는 보다 관대한 정책을 시행했다. 이집트 현지에서 생산된 경제적 산출의 일부는 메디나 정부에 귀속되었지만, 상당 부분의 재화를 지역으로 환원함으로써 이집트 지역 경제의 활성화를 꾀하였다. 또한 화폐 유통을 통해 이집트의 경제 체제를 한 단계 발전시키는 성과를 거두었다. 토지의 공공화 개념과 외부 자본의 유입은 지역 경제의 활성화에 결정적 동력이 되었다.

사회적으로는 콥트인들 뿐만 아니라 이집트에 콥트인과 함께 거주하고 있던 유대인들도 아랍·이슬람 체제하에서 이전의 통치세력에 비해 보다 향상된 대우를 받았기 때문에 이들의 불만 역시 크지 않았다. 즉, 페르시아와 비잔틴 등 전대의 통치자들에 비해 아랍·무슬림 세력의 통치가 훨씬 관용적이었기 때문에 유대인들도 아랍·무슬림 세력을 적극 환영했다.

이러한 우호적인 분위기 속에서 아랍인들의 집단 이주가 시작되었다. 메디나 정부의 고민은 아라비아반도의 증가된 인구를 수용할 토지와 식량이 절대적으로 부족하다는 것이었다. 그러나 정복 활동으로 인해 아랍·이슬람의 영토와 영역이 확대됨에 따라 반도의 베두인들을 정복지로 적극적으로 이주시키는 정책을 통해 이 문제를 해결할 수 있었다. 이러한 정책에 따라 참전군인들과 정복지를 관리할 관리들은 정복 전쟁 과정에서 자연스럽게 정복지에 이주하게 되었다. 특히, 이집트는 동지중해 최고의 곡창지대이며, 지리적으로도 아라비아반도와 인접해 있어 아랍인들을 이주시키기에는 최적의 환경을 갖추고 있었다.

정복 이후 이집트에 정착한 군인과 관리 등의 아랍인들은 콥트인들과 함께 거주한 것이 아니라 푸스타트(Fustat)의 병영 도시(miṣr)에 거주했다, 이 병영 도시는 기존의 도시 외곽의 사막과 가까운 지역에 건설되었고, 점령한 이집트의 행정 수도이자 서진(西進)을 위한 전초 기지 역할을 했다.

병영 도시는 북부 아프리카의 군사 정복을 위한 거점 도시인 동시에 아랍인과 피정복민을 분리시킴으로써 아랍인들의 점령지에 대한 무차별적인 약탈을 방지하고 농경지 파괴를 예방하려는 정복지 관리 정책의 일환이었다.

당시 메디나의 아랍·무슬림 지도부는 이집트에 대한 실질적인 지배를 정착시키기 위해 아랍인의 집단 이주를 추진했지만, 토착민과의 교류에 있어서는 2가지 원칙을 세웠다.

첫째는 아랍 정복군대 및 이주한 베두인과 이집트 원주민의 분리였다. 아랍 정복군은 점령지에 잠시 주둔할 뿐 영구적인 정착은 하지 않았다. 그리고 점령을 영구화하기 위해서 이주한 베두인들도 병영도시에 거주하게 함으로써 약탈과 농경지 파괴를 예방했다. 이 병영도시에 거주하는 아랍인들에게는 정복지에서 취득한 세금, 조공과 전리품이 봉급으로 제공되었고, 정복지의 토지를 사적으로 소유하는 것은 허용되지 않았다. 정복지의 토지는 이슬람 공동체의 재산으로 귀속됨으로써 이슬람 제국의 재정을 건실하게 하였고 동시에 베두인 이주민들의 토지 약탈을 예방할 수 있었다. 정주민에 대해 부정적인 인식을 갖고 있는 베두인 아랍인들과 농경 생활을 하고 있던 이집트 토착민과의 갈등을 방지하기 위해 칼리파 우마르는 베두인 아랍인들을 이집트인과 분리시키는 정책을 시행한 것이다.

둘째는 이집트 콥트인들의 자치를 인정한 것이다. 아랍·이슬람 군대가 이집트에 도달하기 이전에 시행되고 있던 기존의 행정·사회 제도는 그대로 유지되었고 기득권층의 권리도 인정되었다. 구 정권 체제 하에서 근무했던 페르시아인, 아르메니아인, 그리스인 등도 그들의 지위가 보장되었다. 이는 정복 이전의 사회적·경제적·종교적 질서가 그대로 유지되었음을 의미한다. 물론 이러한 자치와 자유는 아무런 대가없이 보장된 것이 아니라, 메디나 정권에 일정한 납세와 공역을 제공한 대가로서 보장된 것이었다.

이집트에 건설된 새로운 공동체에는 신흥 지배 세력이 된 아랍 군인, 관리, 아라비아반도에서 이주한 아랍 상인과 피정복지의 토착민들이 어울려 각각의 계층과 역할을 담당하는 공동체를 이루었다. 이 공동체가 해당 지역의 정치, 경제의 중심지로 부상함에 따라 공동체 내에는 아랍인 지배 계층과 비아랍인 무슬림(Dimmy)들의 하위 계층이 형성되었다. 아라비아반도에 살았던 아랍인들의 전통적인 생활방식이 부족주의라는 점을 감안하면 이주 지역에서 나타난 계급주의 사회는 아랍·무슬림들에게는 커다란 변화라 할 수 있다.

아랍·무슬림은 자신의 색채를 더욱 선명히 하고 토착민들과의 차별화를 꾀함으로써 그 이익을 극대화하려 한 점이 여러 곳에서 발견되었다. 메디나 정부가 이슬람 정복을 시작한 계기는 아라비아 반도 내부의 반란을 진정시키기 위한 정치적 행위인 동시에 인구 증가와 식량 문제를 해결하기 위한 통치 행위라 할 수 있다. 따라서 아랍·무슬림 군대가 점령지의 주민들을 무슬림으로 개종시키기 위한 노력을 기울일 이유는 없었으며 이들의 개종을 원하지도 않았다. 메디나 정부가 점령지에서 원한 것은 아랍인들이 사회의 상층부를 이루어 피정복민들을 통치하고 이들로부터 식량 등을 포함한 경제적 이익을 얻는 것이었다.

따라서 메디나 정부는 이집트 콥트인 공동체의 정체성을 인정하고 이들에게 종교의 자유는 물론 일정한 자치권을 부여하였다. 콥트인들을 이슬람 세계로 흡수한 것은 물론 정치적·경제적·사회적 이익의 극대화와 정복지의 사회적 안정을 기할 수 있었다.

5) 문화적 다원주의 국가 이집트

이집트는 BC 10세기 이후 페르시아의 아케메데스의 지배(BC 10~5)를 시작으로 알렉산드로스(BC 5~1), 로마(1~6), 비잔틴(6~7), 아랍(7~13)의 지배와 제국주의의 식민지를 경험한 이후 현재는 이슬람 국가로 남아 있다. 그 결과 이집트는 BC 10세기 이후부터 근대까지 다소간 이질적인 문명들이 중첩되어 다층의 문명지층을 형성하고 있는 문화적 다원주의 국가가 되었다.

이러한 역사적 변천 과정에서 이집트는 언어와 종교를 세 번 바꾸었다. 즉, 이집트는 파라오시대→그리스·로마시대→콥트시대→이슬람시대를 거쳐 발전했다. 언어는 고대 이집트 문자(상형문자, 신성문자, 민용문자)→콥트어→아랍어로, 종교도 파라오주의→기독교→이슬람교로 변해 왔다. 이는 이집트인들이 갖고 있는 다원주의적 정체성 형성에 영향을 끼쳤다고 판단된다.

이러한 역사적 사실에 근거하여 이집트의 사회 역사 학자인 밀라드 한나(Millad Hanna)는 이집트가 4개의 역사적 기둥(파라오, 그리스-로마, 콥트, 이슬람)과 3개의 지리적 기둥(아랍, 지중해, 아프리카)을 갖고 있다고 주장했다.

알렉산드로스의 첫 점령지는 이집트였다. 이집트인들은 파라오의 후손이 아닌 알렉산드로스가 파라오로 등극하고, 친그리스계의 프톨레마이우스왕조가 들어서는 것을 지켜 볼 수 밖에 없었다. 이후 로마 제국, 페르시아, 비잔틴 등 지중해의 주요 강국들은 모두 이집트를 점령했었고, 이집트는 이들의 지배와 착취를 감수할 수 밖에 없었다. 이 과정에서 외부 문화 수용은 상호 균등한 관계에서 이루어진 것이 아니였다.

이집트는 7세기 아랍 정복군대가 도착했을 당시 이미 지중해의 다양한 문화가 혼합되어 있는 복합 문화의 성격을 띠고 있었다.

7세기 아랍·무슬림의 정복 활동이 비교적 신속하게 성공을 거둔 이유는 주변국의 국제 환경과 경계 지역 주민들의 친아랍 성향 및 아랍인의 집단 이주에 따른 성과였다. 비잔틴과 사산조 페르시아 제국은 아랍·무슬림의 공격이 있기 이전에 이미 수십 년에 걸친 전쟁으로 군사력이 고갈된 상태였다. 또한 이집트의 콥트교도, 시리아의 야코부스파, 이라크의 네스토리우스파는 비잔틴제국 또는 사산조 제국와 오랜 갈등을 빚고 있었다.

이집트에서도 이러한 상황이 동일하게 적용되었다는 것을 이 글을 통해서 확인할 수 있었다. 이미 다양한 정치세력의 지배와 이문화를 경험한 이집트인들에게 아랍·이슬람 문화는 기존의 복합 문화에 또 다른 문화가 가미되는 것일 뿐 토착 이집트인들에게 낯선 문화는 아니 었다. 또한 오랜 상업적 교류를 통해 아랍인들과 베두인 문화에 익숙 한 이집트인들 중에서는 아랍·이슬람 군대가 당도하기 이전에 이미 무슬림으로 개종한 이들도 상당 수 있었다. 게다가 페르시아와 비잔틴 통치시대에 비해 훨씬 관대한 아랍 통치 방식은 이집트인들의 저항의 지를 무력화하였다.

즉, 이문화에 개방적인 이집트인의 기질과 이문화 수용에 대한 현실 감으로 인해 콥트인들은 아랍·이슬람문화를 수용하는데 주저함이 없 었다. 정복민들을 무슬림으로 개종시키는 것 보다 딤미로 유지시킴으 로써 더 많은 경제적 이익을 얻을 수 있다고 판단한 무슬림 지배층의 이해 관계가 이집트에서 서로 접점을 찾았다 할 수 있다.

이 글을 통해서 아랍·이슬람문화가 이집트에서 확산되어 가는 과 정과 특징을 발견할 수 있었지만 이는 이집트에 국한되는 것이다. 지 중해 북부의 그리스, 로마, 비잔틴 등 기독교 유럽인들의 문명 확산을 위한 정책적 수단 및 노력과 지중해 동남부 지역에 거주하던 아랍인들 의 그것은 이슬람 계통과 분명히 구분된다.

참고문헌

김봉철. 2001. "고대 그리스 문명과 인종 의식-고대 그리스인의 이집트 인식-". 『서양사론』 제70호. 한국서양사학회.

윤용수, 임병필, 임지영, 최춘식.2012. "지중해 지역 연구의 과제와 지중해학-교류의 단위와 유형화를 중심으로-" 『지중해지역연구』 제14권 3호. 부산외국어대학교 지중해지역원

천병희. 2009. 『역사』. 서울: 숲.

황의갑. 2011. "딤미제도와 이슬람의 관용". 『지중해지역연구』 제13권 3호. 부산외국어대학교 지중해지역원.

Ansary Tamim. 2009. *Destiny Disrupted.* Perseus. Books Group. 류한원(역). 2011. 『이슬람의 눈으로 본 세계사』. 서울: 뿌리와 이파리.

Butler Alfred & D. Litt..1978. *The Arab Invasion of Egypt: And the Last 30 Years of the Roman Dominion.* Oxford University Press.

Donner Fred McGraw. 1981. *The Early Islamic Conquest.* American Council of Learned Societies. Princeton University.

Hanna Millad. 1994. *The Seven Pillars of the Egyptian Identity.* General Egyptian Book Organization. 전완경(역). 2000. 『이집트를 떠 받치고 있는 일곱 기둥』. 부산외국어대학교 지중해지역원 지중해 총서Ⅲ.

Hodgson. Marshall G.S. 1977. *The Venture of Islam Conscience and History in a World Civilization. The Classical Age of Islam.* The University of Chicago Press. Chicago. USA.

Hourani Albert. 2005. *A History of the Arab People.* Faber and Faber. London.

Jawwar Jibrãʔil & Edward Jarajiī(tran.). 1986. *Tãrīkh al-ʕarab.* Dãr al-ḥayãʔ al-ʕuūīm.

Bayrut. Philip K. Hitti. 1972. *History of the Arab.* Macmillan Company. New York & London.

Lapidus Ira M. 2002. *A History of Islamic Societies.* Cambridge University Press. 신연성(역). 2009. 『이슬람의 세계사』. 서울: 이산.

Lewis Bernard. 1976. *The world of Islam.* Thames and Hudson. 김호동(역). 2003. 『이슬람 1400년』. 서울: 까치.

Lewis Bernard. 1995. *The Middle East*. SCRIBNER. 이희수(역). 2001, 『중동의 역사』. 서울: 까치.

Morgan Michael Hamilton. 2007. *Lost History The Enduring Legacy of Muslim Scientists, Thinkers and Artists*. National Geographic Society. 김소희(역). 2009. 『잃어버린 역사, 이슬람 서양문화에 커다란 영향을 끼친 이슬람 문화의 황금기 역사』. 서울: su book.

Mourad Kamel. 1968. *Coptic Egypt*. Le Scribe Egyptian. Cairo.

Sell Edward. 1914. *Muslim Conquests in North Africa*. The Christian Literature Society for India.

Tritton A.S.. 1930. *The Caliphs and Their non-Muslim Subjects-A Critical Study of the Covenant of Umar-*. Oxford University Press.

http://www.yonhapmidas.com/culture_leisure/food_culture/2012-04/12032616 0113_617297

http://upload.wikimedia.org/wikipedia/commons/a/a7/Mohammad_adil-Muslim_conquest_of_Egypt.PNG

6. 동부 지중해 II: Interactions between Persian and Andalusian Muslim Scholars*(Exchange of Primary Sources of the Islamic Teachings)_Mozafari Mohammad Hassan**

1) Introduction

The rapid expansion of Islam in North Africa, the West-Mediterranean and the Iberian Peninsula is one of the most important cultural and religious developments in the middle Ages. In 711 CE Musa Ibn Nusayr, the Umayyad ruler in North Africa, dispatched an army to the Iberian Peninsula under the command of Tāriq Ibn Ziyād in order to conquer that region. The troops soon overran the peninsula(Ibrāhim, Ismāeil Ibn, Anvar Mahmoud Zanati 2009, 6). The conquest marked

---

* This work was supported by the National Research Foundation Grant funded by the Korean Government (NRF – 2007-362-A00021).

** HK Professor, Institute for Mediterranean Studies, Busan University of Foreign Studies. mozafarihasan@bufs.ac.kr the beginning of a wide range of political, social, cultural, religious and artistic developments. Many Muslim scholars emigrated from the East Islamic world to Andalusia in order to promulgate Islamic teachings. Likewise, a large number of those interested in engaging in Islamic studies as well as natives newly converted to Islam set out for regions in the East, especially Baghdad, Basra, Isfahān, Neyshābūr and Herāt (Persia), so as to collect the primary sources of Islamic teachings and to receive education in Islamic studies. Their travels helped nurture prominent scholars in Andalusia specializing in the Hadith, jurisprudence and other fields of Islamic studies. However, the paper attempts to study the interactions between Persian and Andalusian scholars in the field of Hadith(the Tradition of the Prophet Mohammad) as the primary sources of Islamic teachings throughout the centuries of the Andalusian era(711~1492 CE).

2) Interactions in the Field of Hadith

A few decades after the fall of the Sassanid kingdom(651 CE) in Persia, the Iberian Peninsula was conquered by Muslims and a country named Andalusia emerged in the political map of the Mediterranean region(711 CE) and despite all the ups and downs it went through it managed to survive for around 800 years. Until then, the Persians had learned Quranic teachings, Hadiths and Islamic knowledge from the Sahaba(companions of the Prophet Muhammad) and the following generations[1], established import antschools(Madrasa) and had practiced

---

1) The companions of the prophet Mohammad(al-Sahābeh الصحابة) and the next generations who met them(al-Tabi'ūn التابعون) and the generations who met 'al-Tabi'ūn' are very important people and

Islamic teachings in their personal and social lives for years. The opportunity to live and rub shoulders with the Sahaba as well as the second and third generations, coupled with the experience of living in a multi-cultural society during the Persia-Mesopotamia Empire for centuries, is the reason behind the Persians' perseverance in developing Hadith studies and written materials on the Islamic sciences. After the conquest of Andalusia and increasing travel, the exchange of new achievements in the Islamic sciences, particularly narrative heritage(Hadiths), were among the first instances of interaction between Persian and Andalusian scholars. These interactions[2] took place through teaching, making copies and transferring written material to Andalusia.

The Quran and the Prophet Mohammad's traditions(Hadith) are the most important sources of Islamic knowledge. After the death of the Prophet, his companions, who, more or less, remembered and reported his words, stories and remarks were highly respected. Those interested in Sunnah(Hadith) would travel from city to city and region to region to hear Hadiths from the Sahaba, and the second, third and fourth generations(the Tabi'ūn) who met the Sahaba or renowned Hadith narrators. Some of them would travel dozens of miles to find out about the authenticity of a given Hadith and hear it from a reliable Hadith narrator. For centuries, Muslims who were keen to learn and compile Hadiths would go to major cities such as Mecca, Medina, Basra and Kūfa, Isfahān, Qom, Ray, Neyshabūr, Herāt and Alexandria,

---

almost all of them are reliable narrators according to Sunni Muslims.

2) Interaction means giving and taking, action and reaction(Dehkhoda);it refers to a process by which two or more things affect each other, mutual relationship between two or more people and groups that influence each other(Dictionary).

Damascus etc. and would study with renowned Hadith narrators and scholars. The names of these Hadith narrators, many of whom were Persian, are available in books on Hadiths. So, no wonder there were more Persian Hadith narrators than those of other nationalities during the era when Hadiths were categorized and compiled in the form of Hadith collections(Motahari, Khadamāte Motaqābele Islam wa Iran 2002, 134). From the end of the first century(when Andalusia was conquered) until much later the primary sources and the comprehensive books on Hadith were compiled. Hadith lovers of Andalusia used to travel to the eastern parts to get the Hadith from the known narrators; most of them were Persians and their names are available in the books on the narrators(Al-Rijāl).

The first and the most important primary sources of Hadith of Sunni Muslims, known as 'al-Sihāh al-Sittah' or the six authentic books(al-Nāser 2009, 22)(al-Humaidi 2009, 1-9), were compiled and categorized by Persian Scholars. Sunni believe that, among these comprehensive books on Hadith, 'Sahih al-Bukhri' is the most authentic source of the Traditions after the Holy Quran(al-Kuzair 2009, 2-6)(Attār 1983, 61). Imām Bukhāri[3] is the one who compiled 'Sahihal-Bukhāri'. He was born in Bukhāra in 810AH and spent a major part of his life in the Great Khorāsān, especially in schools in Neyshābūr. To collect the traditions he travelled to various places such as Mecca and Medina, Baghdad, Kūfa, Egypt and the Levant. Bukhari is the founder of the method of collecting and organizing the authentic traditions(Sahih). The second authentic Hadith book 'Sahih al-Muslim'

---

3) Abū Abdullah Mohammad Ibn Ismāil Bukhāri(died in 870 AD/256 H).

was compiled by Muslim al-Neyshabūri[4](al-Khuzair 2009, 9). He was born in Neyshabūr in 817, studied in the same city and died there too(Abd al-Muhsen 1970, 30). Other reliable books on Hadiths such as 'Sunnan Ibn Māja' compiled by Ibn Māja al-Qazwini[5], who traveled to many places such as the Ray, Basra, Kūfa, Baghdad, Egypt, and the Levant to collect the traditions, 'Sunan al-Tirmidhi' compiled by Abū Issa Mohammad al-Tirmidhi(al-Termezi)[6], 'Sunnan Abū Dawood' compiled by Suleimān Abū Dawood(Dawūd) al-Sijistāni (al-Sajestāni)[7] and 'Sunnanal-Nasa'i' compiled by Ahmad al-Nasa'i[8] (al-Khuzair 2009, 25). Other than these six most reliable sources, there are only two books compiled by non-Persians: 'al-Muwatta Ibn Mālik' and 'Musnad Ahmad Ibn Hanbal' that are important sources especially among the Maliki and Hanbali school of Jurisprudence(fiqh). However, in term of authenticity and reliability these books and 'al-Sihāh al-Sittah' are not on the same level(al-Nāser 2009, 80).

All the individual and social rules of Islam as well as Muslims' research and educational texts have been and are extracted from these primary sources. They were among the first books which Muslims made copies of and took with them throughout the entire Muslim empire, including Andalusia. After the first comprehensive books on Hadiths were compiled, some Persian Hadith narrators in the fourth and fifth centuries Hijri compiled new collections of the Hadiths

---

4) Abul Hassan Muslim Ibn Hajjāj Ibn Muslim Qushairi Neyshābūri(died in 874 AD/261 AH).

5) Abū Abdellah Mohammad Ibn Yazid Ibn Māja (died in 886 CE/273 AH).

6) Abū Issā Mohammad Ibn Issā Ibn Surra Ibn Zahhāk Salāmi Zarir Tirmidhi (died in 892 CE/279 AH).

7) Suleimān Ibn Ash'ath Ibn Is'hāq (died in 888 /275 AH).

8) Abdū al-rrahmūn Ahmad Ibn Ali Ibn Shu'aib Nessa'ei (died in 915 CE/303 AH)

which their peers in previous eras had failed to cover. In this era, too, Persian scholars played a key role. The most prominent Hadith narrators of this era include: al-Esfarāyeni[9], Ibn Hibbān[10], al-Tabarāni[11], al-Dāraqutni[12], Hakem al-Neyshabūri(al-Nishāpūri)[13] and al-Bayhaq i[14]. The fifth century marked the end of an era when Persian Hadith narrators collected and categorized the Prophet's Hadiths. They also had a major role in developing sciences related to the tradition.

In another phase based on the preliminary sources some narrators such as Jawzaqi al-Neyshabūri[15], Ibrāhim al-Dimashqi[16], Ibn al-Furāt[17] Ismāil al-Neyshabūri[18], al-Baraqāni[19], Mohamad Ibn Futouh al-Humaidi[20], (al-Nāser 2009, 44), al-Baghawi[21], Zarrin Ibn Muāwiyah[22], Ibn al-Kharrāt[23] and Ibn Abi al-Hujjah[24] compiled the authentic collections.

9) Yaqūb Ibn Is'hāq al-Esfarāyeni, author of 'al-Mustadrak ala Sahihain' (died in 928 CE/316 AH).

10) Mohammad Ibn Hibbān Ibn Ahmad, author of al-Sahih (died in 965 CE/354 AH).

11) Abu al-Qassem Sulaymān Ibn Ahmad Tabarāni, author of al-Muajam al-Kabir (died in 970 CE/360 AH).

12) Abu al-Hassan Ali Ibn Omar, author of al-Mujtama men al-Sunan (died in 995CE/385 AH).

13) Abū Abdu-Allāh Mohammad Hakem (the ruler of) Neyshābūr, author of 'al- Mustadrak ala Sahihain' (died in 1014 CE /405 H).

14) Abū-Bakr Ahmad Ibn Husain Khosrojerdi Beihaqi, author of al-Sunan al-Kubrā (died in 1066 CE/458 AH).

15) Abu-Bakr Jawzāqi Neyshābūri author of al-Jama bainu Sahihain, (998CE/388 AH). http://rch.ac.ir/article/Details/7659

16) Abū Masoud Ebrāhim Demashqi (1010 CE-/401 AH).

17) Ibn Furāt Ismāil Ibn Ahmad Neyshābūri (1023 CE/414 AH).

18) Ismāil Ibn Ahmad Neyshābūri (1023 CE/414 AH). http://wiki.ahlolbait.com/%D9%85%D8%AD%D8%AF%D8%AB%D8%A7%D9%86_%D8%A7%D9%87%D9%84_%D8%B3%D9%86%D8%AA

19) Abū-Bakr Ahmad Ibn Mohammad Baraghāni (1033CE/425 AH).

20) Mohammad Ibn Futouh Humaidi (1095 CE/488 AH), (Humaidi 2002).

21) Hussain Ibn Masoud al-Baghawi (1122 CE/516 AH) (Baghavi 2009).

22) Zarrin Ibn Muāwiya al-Undulusi, author of al-Tajrid le-Sihāh wa al-Sunan, (1141 CE/535 AH).

23) Mohammad Ibn Abdul-Haq al-Eshbili (1185 CE/581 AH), (Baghawi 2009)

Here, Persian Hadith narrators still take the lead and are more diligent than Andalusians and others. Among these scholars, the names of three Andalusian narrators and scholars(Zarrin Ibn Muāwiyah al-Undulusi, Ibn al-Kharrāt and Ibn Abi al-Hujjah) catch the eye, which shows the preliminary sources and experiences had been successfully shared, and that the Andalusian society was actively interacting with others. Although Andalusian scholars and Hadith narrators did not contribute to the compilation of preliminary sources on Hadiths, they compiled some collections by drawing on the sources and, in fact, had a complementary role(Ma'āref 1996).

The undeniable influence of Persian scholars and narrators on Andalusian scholars as well as interactions between the two was not only through the compilation of preliminary sources; they taught in many mosques and schools in cities across the east and west of the Muslim world and trained lot of scholars including Andalusians. One of the reasons why Persian scholars were present in different cities, including those in North Africa, was the rise and fall of rulers and political and religious developments. From 746 to 750 CE(129-132 AH) the people of Khorāsān in eastern Persia rose up against Umayyad rulers, bringing the Abbasids to power(al-Tabari 1967, 344-567). As most people involved in the uprising were Persian, Abbasid rulers chose most governors and local rulers among them. After transferring the capital from Khorāsān to Iraq, the new Caliph appointed a number of noblemen from Khorāsān to key posts in different regions. Among the regions which the Abbasids feared could pose a threat to them were

---

24) Ahmad Ibn Mohammad al-Qurtubi – Ibn Abi al-Hujja (1244 CE/642 AH).

territories in North Africa and the far west(al-Maghreb) as Andalusia was still under the Umayyad rule. Therefore, during the rule of Mahdi(an Abbasid caliph), local rulers for Egypt and Africa were picked from among people who were natives of Khorāsān as they were tough enemies of the Umayyad.

It was a time when people from Khorāsān and eastern parts of Persia began to make their presence felt in Egypt and North Africa. From the rule of Mahdi(the third Abbasid caliph) until the rise of Fatimid, thirty individuals from Khorāsān ruled over the whole of North Africa, from the east Mediterranean to the Pacific coasts. The late prominent scholar Motahari has mentioned their names in one of his books 'The Mutual Services of Islam and Iran'. He says, during this period, thousands of jurisprudents, top religious figures, commentators, Hadith narrators, judges, military commanders, teachers and politicians migrated from Khorāsān and other Persian cities to areas in the west and North Africa to promote Islamic teachings and sciences. The names of many Persians are mentioned in scientific and literary books as well as books on Islamic history compiled in North Africa and Andalusia. The fame that Persian scholars had gained in Islamic sciences, especially studies on Hadiths, coupled with the fact that they were available in different regions, prompted Iberian jurisprudents and scholars to refer to them(Motahari, Khadamāte Motaqābele Islam wa Iran 2002, 395-397).

The following are a few of those scholars: Abi al-Faraj Sahib al-Esfarāyeni and Abi al-Abbās Ahmad Ibn Ibrāhim al-Rāzi in Damascus, Abū al-Abbās al-Jorjāni in Basra, Abi al-Moāli Mohammad Ibn Abdu al-Salām al-Asbehāni in Baghdad, Abū Abd al-Allāh al-Hossein Ibn Ali al-Tabari (Imām al-Haramain) in Mecca, Abū Tāher al-Salafi in Egypt's Alexandria and some others in Herat, Tus, Neyshabūr, Esfarāyen, Jorjān, Tabaristān, Isfahān and Ahwāz, whom we will elaborate on. Andalusian Muslims had so much perseverance in learning Hadith studies that although books on Hadiths were available to them, some of them would still travel to the East and stay there for long periods of time to learn from Persian scholars. In his book titled 'al-Seleh'[25] Ibn Bashkuwāl explains about Andalusian scholars and their masters, many of whom were Persian. The book, in fact, offers further explanation of another book titled 'The History of Andalusian Scholars'[26] written by Abū al-Walid Abdu Allāh Ibn Mohammad al-Qurtubi aka Ibn all-Farzi(1012 CE/403 AH), a prominent Andalusian author and historian who was an expert in history and Hadith studies. In order to understand the full extent of interactions between Andalusians and Persian Hadith narrators and scholars, here we mention some of them such as Abū Tāher al-Salafi al-Isfahāni(died in 1180 CE/576 AH), who was one of the renowned scholars in Hadith studies. After making numerous trips to different cities, he resided in Damascus for two years before setting out for Egypt. He married and settled down in Alexandria. The ruler of Alexandria al-Adel Ibn al-Sallār built a school for Isfahāni so that he would be able to teach Hadith studies. He found so much fame that those in other regions, near and far, who were interested in Islamic sciences would come to meet and hear him narrate Hadiths. At the time, Andalusians would go to Mecca via Alexandria to perform the Hajj rituals. This was a good opportunity

---

25) Ibn Bashkuwāl, al-Sela fi Tārikh A'ema al-Undulus.
26) Abu al-Walid Abdu Allāh Ibn Mohammad al-Qurtubi, Tārikh Ulamā al-Undulus.

for them to meet scholars and Hadith narrators in those regions and to get permission from them to narrate Hadiths. Andalusians from all walks of life, particularly scholars, would come to Abū Tāher and stay at his school for some time, so that they could both hear Hadiths and get permission to narrate them(Ibn-Bashkuwāl 1955, 64-99).

In his book, al-Isfahāni mentions the names of Andalusian scholars who came to him to gain knowledge and obtain permission to narrate Hadiths. As a case in point, he writes "al-Qāzi Abū Mohammad Abdu Allāh al-Shebli, who was a scholar, came to me in Alexandria while on his way to Mecca for the Hajj pilgrimage in the year 527 AH. I have never ever seen such a knowledgeable Andalusian. In the meeting, Ibn Abi Habib introduced to me one of his friends named Abū Jafar Ahmad Ibn Mohammad, who is second to none in Andalusia in the field of Hadith studies. He said when he was talking to Abū Jaffar, he asked me to get permission from Salafi al-Isfahāni for him to narrate Hadiths. Accordingly, I accepted his request and gave him a written permission." As another case in point, Ibn Bashkuwāl writes: "Ahmad Ibn Mohammad Ibn Mohammad Ibn Moghith al-Sadafi, from al-Talitala, who knew the Sahih al-Bukhari by heart, and was well known to scholars and Hadith narrators, has set out for the East to hear and get permission to narrate Hadith. He has obtained such permission from Abū Tāher al-Isfahāni."(Ibn-Bashkuwāl 1955, 100-120)

It was not only al-Isfahāni who people would come to see. As mentioned before, Persian scholars and Hadith narrators were present in other cities as well, teaching and promoting Islamic sciences. It might be boring to mention in one single article all instances in which people would go to scholars to listen to them and obtain permission to narrate Hadith. However, we mention a few cases of trips by scholars and Hadith narrators just to help better understand the true extent of such interactions. Abū Tāher al-Salfi mentions in his book that Andalusian scholars would go to other cities as well to listen to eminent Hadith narrators, including those from Persia.

For instance, Heshām Ibn Mohammad al-Mughāferi from the Qurtuba region is one of the Andalusian narrators who had listened to Hadiths narrated by the renowned scholar Abi al-Fazl al-Heravi from Khorāsān(al-Salafi 1963, 612). Also, Abdu Allāh Ibn Mohammad al-Khasheni met Hadith narrator Muslim Ibn al-Hajjāj Ibn Abi Abdu Allāh al-Hossein Ibn Ali al-Tabari(al-Salafi 1963, 286). Ghāleb Ibn Abdu al-Rrahmān al-Muhārebi from Granada listened to authentic Hadiths narrated by Abā Abdu Allāh al-Hossein Ibn Ali al-Tabari and, obtained permission from him to narrate Hadiths(al-Salafi 1963, 607). Mohammad Ibn al-Hassan al-Khawlāni(died in 1121 CE/515 AH) met numerous scholars in the Levant and narrated the Hadiths he heard from them; among them were the Persian Hadith narrator Abi al-Hassan Ibn Ali al-Ahwāzi, together with Abi al-Faraj Sahl Ibn Bushr al-Esfarāyeni and Abū Hāmed al-Tusi(al-Salafi 1963, 542), and Hossein Ibn Mohammad al-Ssadafi, who embarked on the Hajj pilgrimage by sea on the first month of Muharram in the year 1088 CE/481 AH and met Aba Abdu Allāh al-Hossein Ibn Ali al-Tabari Imām al-Haramain and other scholars in Mecca, before setting out for Basra where he met Abā -Yali al-Māliki and Aba-Abbās al-Jorjāni and as well as other scholars. Then he left for Baghdad where he stayed for five years and listened to Hadiths from Abi al-Ma'āli Mohammad Ibn Abd al-ssalām al-Asbahāni as well as several other scholars. In 1098 CE/487 AH he set off on a trip to Damascus where he met Abi al-Fat'h Nasr Ibn Ibrāhim al-Muqaddasi, Abi al-Faraj Sahb Ibn Bushr al-Esfarāyeni, Abi al-Abbās Ahmad Ibn Ibrāhim al-Rāzi and others. As he continued his trip to Egypt, he listened to Hadiths narrated by al-Qāzi Abi al-Hassan Ali Ibn al-Hossein and received permission from him to narrate Hadith s. In 1097 CE/490 AH he returned to Andalusia and began teaching Hadith and al-Rijāl(a discipline in Islamic studies which explains about Hadith narrators) at the Great Mosque of Mursia. People from different cities came to him and took part in his Hadith classes. During the same trip, he made copies of books compiled by Abi Issā al-Tirmidhi, Sahih al-Bukhāri and Sahih al-Muslim(Ibn-Bashkuwāl 1955, 144).

Ibn Bashkuwal, a historian and narrator from al-Qurtuba is among the narrators who had Persian teachers. Abū al-qāssem Khalaf Ibn Abdul-malek Ibn Masoud Ibn Mousā Ibn Bashkuwal(1182 CE/578 AH) learned Hadith studies first with his father and other Andalusian scholars such as Abū Mohammad and Abū al-Walid Ibn Rushd. Afterwards, like many other Andalusian scholars in Egypt, he met Abū Tāher al-Salafi and Abū al-Muzaffar and obtained permission from them to narrate Hadiths. The cases mentioned only show part of the interactions between Andalusian scholars and their Persian counterparts. As explained before, the interactions saw some Andalusian scholars such as al-Humaidi of Andalusia, Abi Mohammad al-Eshbili(died in 1186 CE/582 AH) and Ibn Ajjah al-Qurtubi(died in 1244 CE/642 AH) complete previous works. They omitted Hadiths which were repeated in the compilations, removed flaws in Sahih al-Bukhari and Sahih al-Muslim, and combined the two collections into one book. In order to find out about the deep bonds between Andalusian scholars and their Persian counterparts, and the high frequency of their travels to meet their Persian masters, one may refer to books such as al-Takalamah by Ibn al-Abbār, Selatu- al-Ssela by Ibn al-Zubair, and al-Zail al-Takmela by Abdu al-Malek al-Marrākeshi(al-Salafi 1963, 10-15).

3) Conclusion

Although several centuries have elapsed and a lot of historical documents and evidence have disappeared, still there is ample information which bears witness to the wide range of interactions between Persian and Andalusian scholars in the fields of cultural and religious exchanges. Based on the existing information and books, some of which were mentioned in this article, many of the Persian Hadith narrators promoted Islamic studies in mosques and schools in the eastern and western parts of the Muslim world and trained numerous scholars. Those interested to engage in Islamic studies would travel from Andalusia to the eastern cities to consult well-known schools and libraries, and would sometimes stay there for several months or even years to attend classes by Persian Hadith experts, philosophers and Sufis. Andalusian Hadith narrators would listen to Hadiths cited by renowned Persian Hadith scholars and got permission from them to narrate Hadiths themselves. They would make copies of Persian scholars' books and Hadith sources as well. Upon return to Andalusia, the scholars then began teaching and promoting Islamic studies. In addition to attending Persian scholars' classes, many Andalusian scholars were impressed by the thoughts and ideas of Persian experts after reading their books. Some of these books were picked by Andalusian experts as textbook material due to their importance, and were taught in schools and mosques. The books strongly influenced Muslims.

Different thoughts and sciences regarding Hadiths, methods of evaluation of the main sources, interpretation, jurisprudence and other Islamic studies first took shape in the East, especially in the area that was then Persia and after that were spread to Andalusia. The most reliable books on Hadiths and sciences related to Hadiths together with the most prominent works on jurisprudence, along with the scholars who taught and promoted them in schools and mosques, were among the key sources which brought about an overhaul in the fields of education and research as well as in the religious, cultural, political and social arenas.

Overall, by having a general look at the interactions between Persian and Andalusian scholars, we can come to the conclusion that Andalusian Hadith experts and scholars would all embrace works on Hadiths compiled by Persian authors and were impressed by their eastern counterparts. Among the various stages of the Hadith development, Andalusians participated in the last stage and, based on the Sahih al-Bukhari and Sahih al-Muslim or other primary sources. Some of them such as al-Humaidi, Zarrin Ibn Muāwiyah al-Undulusi, Mohammad Ibn Abd al-Haq al-Eshbili, Ibn Abi al-Hujjah and Ahmad Ibn Mohammad al-Qurtubi compiled some of the comprehensive books on Hadiths. Nevertheless, Andalusian scholars showed mixed reactions to jurisprudential, philosophical, Kalāmi and Sufi thoughts.

Reference

Abd al-Muhsen, Bin Hama. 1970. *al-Imām Muslim wa Sahihuh.* al-Madina: al-Jame'a al-Islamiya.

al-Humaidi, Mohammad. 2009. *al-Jama bain al-Sahihain al-Bukhari va Muslim.* Beirout: al-Maktaba al-Shamela 3/61 (Digital Laibrary).

al-Khuzair, Abdu al-Karim. 2009. *Sharh al-Sunan al-Tirmidhi Vol. 1.* al-Maktaba al-Shamela 3/61 (Digital Laibrary).

al-Kuzair, Abdu al-Karim. 2009. *Sharh al-Sahih al-Bukhari Vol. 1.* al-Maktaba al-Shamela 3/61 (Digital Laibrary).

al-Maktaba al-Shāmela. 2009. *Digital Library.* al-Maktaba al-Shāmela, 6/31 (Digital Library).

al-Nāser, uhairu. 2009. *al-Mawsoua al-Haditha bain al-Wāqe wa al-Ma'amoul Vol. 1.* al- Madina: Majma al-Malek Fahd, al-Maktaba al-Shāmelah 3/61 (Digital Laibrary).

al-Salafi, Abu Tāher. 1963. *Akhbār wa Tarājem Undulusiya Mustakhreja men Mu'ajam al-Safar Le-Salafi.* Beirout: Dar al-Thaqāfa.

al-Tabari, Mohammad Jarir. 1967. *Tarikh al-Tabari.* Beirut: Dar al-Turath, al-Maktaba al-Shamela, 3/61.

Attār, Nour al-Din. 1983. "al-Imam Bukhāri wa Feqh al-Tarājem fi Jame al-Sahih." *al-Sharia wa al-Derasāt al-Islamiya Vol. 1* (al-Maktabatu al-Shamelah).

Baghavi, Hossein Ibn Masoud. 2009. *al-Jama bai al-sahihain.* al-Maktaba al-Shamela.

Baghawi, M. A. 2009. *al-Muatal menal Hadith.* al-Maktaba al-Shamelah.

Dā'eratul-ma' Dā'eratul-ma'ārif-al-Fiqh al-Islami,. 1998. *Dāneshnāmeh Jahān Islam Vol.1.* Tehran: Muaseseh Dā'eratul-ma'ārif al-Fiqhul-Islami. Accessed 2015. http://www.wikifeqh.ir/%DA%A9%D8%AA%D8%A7%D8%A8%D8%AA_%D9%82%D8%B1%D8%A2%D9%86#foot-main1

Dehkhoda, Ali Akbar. n.d. Interaction https://www.vajehyab.com/

Dictionary, Reference. n.d. *Interaction.* http://dictionary.reference.com/

Frye, Richard N. 2007. "Greater Iran." *International Journal of Middle East Studies, Vol. 39/ Issue 02* (Cambridge University Press.).

Frye, Richard Nelson. 2000. *Golden Age of Persia.* London: Phonix Press.

Google Earth/Map and Mozafari. 2016. *Google Earth.* Busan: Google.

Hazm, Ibn. 2009. *al-Fasl fi al-melal wa al-Ahwa wa al-nehal Vol. 2.* Cairo: al-Maktaba al-Khanji, al-Maktaba al-Shamela, 6/31 (Digital Library).

Humaidi, Mohammad Ibn Futouh (Ali Ibn Husain al-Bawab). 2002. *al-Jama bainu Sahihain al-Bukhari va al-Muslim.* Bayrout: Ibn Hazm.

Ibn-Bashkuwāl. 1955. *al-Sela fi Tārikh A'ema al-Undulus.* al-Maktaba al-Khaneji, al-Maktaba al-Shāmela 3/61).

Ibrāhim, Ismāeil Ibn, Anvar Mahmoud Zanati. 2009. *Tārikh al-Undulus.* Cairo: Ain al-Shams University, al-Maktaba al-Shamela, 6/31 (Digital Library).

Ma'āref, Majid. 1996. *Daneshnāmen Jahān Islam.* Tehran: http://rch.ac.ir/article/Details?id=8080.

Motahari, Mortaza. 2002. *Khadamāte Motaqābele Islam wa Iran.* Qom: Sadra.

_____. n.d. *Majmoueh Athar Vol. 14.*

Nasiri, Ali. 1963. *Hadith Shenāsi.* Qom: Sanābel.

Shafiei, Ali. 1387. "Ravesh Shenasi Tafsir dar Maghreb Islami." *Pajouhesh va Hawzeh Vol. 33* Hawzeh.

Subhāni, Ja'afar. 1994. *Kuliyat fi Ilmu al-Rijāl.* Qom: Muasesatu al-Nashr al-Islami.

Thaqafi, Mohammad. 1388. "Jelveh haei az Tamadun Islami Andulus." *Faslnameh Meshkat No. 48* http://www.hawzah.net/fa/article/view/82113

CHAPTER

05

지중해의 시대별 문명 교류 (3)
르네상스와 지중해

1) 르네상스의 역사적 해석

역사는 어떤 관점에서 바라보는가에 따라 그 해석이 달라진다. 르네상스에 대한 연구는 크게 두 가지 흐름으로 정리해 볼 수 있다. 첫째는 18~19세기에 성립된 유럽의 연구이며, 둘째는 이러한 지리적이고 문화인류학적인 접근을 대신해 역사의 연속성 개념에 근거하면서 르네상스를 중세의 연속으로 간주하는 연구이다.

유럽역사연구의 전통, 즉 지리적인 관점에서 르네상스는 지중해의 내해에 위치한 이탈리아 반도의 도시국가들을 중심으로 성립된 탈 전통의 역사적 변화로서 유럽사회 전반에 영향을 미쳤다. 이러한 고전적 해석에 따르면, 르네상스는 세속적 인간과 고대의 재발견이었던 만큼 유럽의 근대 출범을 위한 첫 단추였다. 이러한 논리의 상징성은 르네상스를 18~19세기 유럽의 놀라운 물질문명에 대한 합리적인 해석을 전제로 연구하면서 직전시대의 전통에서 벗어나 고대 그리스-로마의 역사를 근대유럽의 근원으로 간주한 부르크하르트에게서 찾을 수 있다. 실제로 부르크하르트는 이 용어를 고대의 문예에만 국한시키지 않고 다양한 사회적 관계의 변화와 발흥 등 일체의 문화 개념과 역사 개념을 포함하는 확장된 의미로 사용하였다.[1] 이후에도 많은 학자들은 르네상스를 중세와 단절된 근대의 신문화운동으로 규정하면서 탈 중세 전통의 근대적인 측면에만 역량을 집중하였다.

하지만 이후의 연구에서는 르네상스를 중세 말의 역사적 변천으로 간주하는 경향이 본격화되었다. 이에 따르면 르네상스는 중세 말 사회 전반의 변화를 고려할 때 중세문화의 세속화 그리고 신(神)중심적 사고체계의 위기와 교권의 세속적 타락에 대한 저항의 표현이었다.

2) 중재(仲裁)의 지중해

한편, 지중해의 지리적 경계에서 벗어나 이 바다의 내외에 위치한 지역문명 간 교류의 관점에서 본다면 이탈리아 르네상스는 어떻게 해석될 수 있을까?

르네상스는 시대 패러다임의 전환점이자 동시에 역사적 중재의 역할이었다. 여기에서 전환의 의미는 전후(前後)의 시대를 중재한다는 의미이다. 14~16세기는 이를 전후한 두 시대의 주된 역사적 흐름을 비교할 때 상당한 차이를 드러낸다.

우선적으로는 신 중심적 삶의 정체성과, 인간과 삶의 세속성을 중재하였다. 경제의 측면에서는 농업중심의 자급자족적 유럽봉건경제가 상업 활동과 원거리 교역에 의한 화폐 및 교환 경제로의 전환이 가시화되었다. 그리고 지리상의 발견을 계기로 유럽은 지중해의 모태에서 탈피하면서 유라시아 동-서 문명 간 교류에 있어 외해지향성을 노골적으로 드러냈다.

---

[1] 르네상스는 이탈리아의 예술가 조르지오 바사리가 『미술가열전』, 1550)에서 고대 그리스-로마 미술의 부흥과 관련해 언급한 이후 19세기에는 미슐레(Jules Michelet, 『프랑스사』)에 의해 그리스-로마 문화의 재생을 가리키는 용어로 공식화되었다.

3) 르네상스. 경쟁적 협력의 역사해석

이탈리아의 르네상스는 시루의 기능을 통한 지역문명 간 교류와 접변의 대표적인 사례로써, 그 역할의 핵심은 융합과 중재에 있었다. 전자가 이질적인 복수 문명 간 교류와 접변을 의미하는 것이었다면, 중재의 역할은 접변의 과정을 통해 서유럽 중세문명의 발전적 한계가 극복되면서 새로운 시대의 도래를 상징하였다. 지중해의 바다는 동-서양의 문명이 교류하는 현장이었을 뿐만 아니라, 문명의 동남풍(지중해의 동남부지역에서 유럽의 북서지역으로 향하는 문명의 흐름)이 통과하는 지점이었다. 르네상스가 이탈리아에서 시작된 것은 당연해 보인다.

유럽의 근대는 중세에 대한 부정에서 출발했으며 고대 그리스와 로마는 새로운 도약의 원천이었다. 하지만 근대를 잉태한 주체는 중세였고 새로움의 요람 역시 중세의 지중해였다. 문명적 어둠의 중세와 고대의 재발견. 이러한 논리는 고대를 순종(純種)의 그리스-로마로 전제했기에 유럽 중심적 역사인식의 전형이었다. 지중해는 혼종(Hybridity)에 의한 혼혈의 바다였기에 위대했으며 이탈리아 르네상스 역시 이러한 바다에서 꽃피운 다문화 접변의 결실이었다.

4) 르네상스. 사유종시(事有終始)의 시대

지중해의 역사에서 르네상스는 한 시대의 종결이자 새로운 시대의 시작이었으며, 지중해 시대의 종(終)이자 대서양 시대의 시(始)였다. 전환의 역사적 의미가 보다 정확한 표현일 것이다.

전환점으로서의 르네상스는 일련의 변화를 동반하였다. 십자군은 전환의 계기였다. 겉으로 드러난 치열한 정복과 전쟁의 내면에서는 서로의 종교적, 이념적, 정치적 그리고 경제적 다름의 현실들이 확인되었다. 각 문명권의 다름은 기독교 유럽과 아랍무슬림 모두에게 서로의 필요를 보완하는 기회를 제공하였다. 뿐만 아니라 지중해의 예루살렘에는 두 문명의 종교성과 신앙이 공존하고 있어 이 공간에 대한 물리적인 정복의 열정에도 불구하고 양측은 이곳이 쌍방 간 교류의 통로라는 사실을 잘 알고 있었다.

십자군에 대한 역사적 평가는 지중해 교역과 교류를 통한 서로의 변화에서도 찾아 볼 수 있었다. 기독교 유럽에서는 분권과 권력 분산의 봉건사회에서 벗어나 교황의 세속권력 약화와 왕권의 강화로 인해 규모가 큰 왕권국가들의 성립에 절대적으로 우호적인 환경이 조성되었다. 또한 지중해 상업세력들과 이들의 상권을 유럽 내륙에까지 확산시켜주었던 육로 무역의 주체들, 즉 상인들은 막대한 규모의 금융자본을 형성함으로써 왕권 강화에 필요한 자금력과 새로운 시대정신의 힘을 보태었다.

십자군은 이슬람 세력에게도 많은 변화의 기회를 제공하였다. 이슬람 상인들은 치열한 전장의 중심에서 비껴나 있던 지역들을 중심으로 기독교 유럽 상인들과 중동 및 아시아를 연결하는 중계무역으로 막대한 부를 축적하였다. 무엇보다 중요한 것은 이러한 중계무역을 통해 유럽의 부가 아랍세계로 흘러들어가고 있었으며 유럽내륙까지도 자신들을 위한 주요 수출시장으로 삼을 수 있었다는 사실이다.

기독교 유럽과 아랍 무슬림 모두에게 있어 십자군이 남긴 궁극적인 메시지는 공존의 경험이었다.([그림 1]의 (9)→(10)→(11) 참조). 평화와 전쟁, 경쟁과 협력의 이질적인 현실을 상호보완적으로 유지했던 두 권력은 그 자체로 이미 관계균형의 공존이었다.

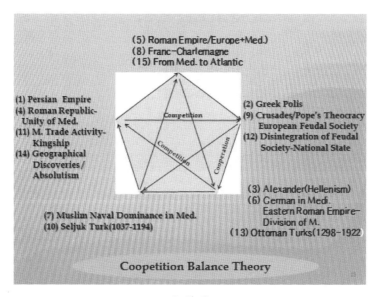

[그림 1]

　1453년 콘스탄티노플의 함락은 지중해의 정치적 이분법을 더욱 첨예하게 만들었다. 비잔틴 제국은 로마제국의 동-서 분열로 발단된 이후 비(非)기독교 유럽권이면서 또한 비(非)이슬람문명권으로 발전하였다. 하지만 비(非)가 내포하는 극즉통(極卽通)의 의미에 근거할 때, 비잔틴 제국은 이미 더 이상 하나의 언어만을 고집하지 않았으며 하나의 고유한 문화에도 집착하지 않았다. 다만 정치적인 권력의 명분만이 달랐을 뿐, 지중해 동-서의 이질적인 문화요인들이 혼종(Interaction)된 전혀 새로운 문명의 제국이었다.

　비잔틴 제국의 멸망은 유럽지중해와 아시아-인도양의 문화적 거리 축소에도 일정부분 역할을 하였다.

　오스만터키의 등장은 지중해 동부지역을 통한 유럽인들의 전통적인 무역루트가 사실상 차단된 것을 의미하는 만큼, 기독교 서유럽의 대서양 진출과 결코 무관하지 않다. 지리상의 발견은 향후 유럽이 지중해에서 벗어나 대양의 제국으로 성장하는 계기를 제공했다. 이 제국의 놀라운 성장은 아시아 대문명권, 특히 과거 바다를 중시했던 중국이 육지를 선택하는 결정과 맞물리면서 사실상 바다를 독점하는 강력한 해상세력의 현대문명으로 성장할 수 있었다.

르네상스는 그 긴 여정에 있어 시작과 끝이 완전히 다른 모습이었다. 중세 봉건사회의 농업문명은 상업과 교역, 특히 원거리 무역의 무한한 발전가능성에 편승한 해양문명으로 전환되어 있었다. [(9)→(10)→(11)→(12)→(13)→(14)→(15)]

1. 르네상스와 '유럽-중동의 순례길'_김정하*

1) 르네상스의 의미 제고

지난 19세기 이후 유럽학자들의 르네상스에 대한 견해는 이것이 지중해에서 성립되어 유럽대륙에서 완성되었다는 '유럽의 자생적 문화현상'이었으며(안드레 군더 프랑크 2003: 307-310) 지리적으로도 유럽의 경계 내에 안주한다는 것이었다. 이러한 주장의 근거로는 두 가지를 지적할 수 있는데 개인주의와 근대성이 그것이다.[1] 실제로 두 요인

---

* 이 글은 「르네상스와 '유럽-중동의 순례길'」(『사총』, 2016.01)을 인용 및 수정한 것임.

1) 유럽중심주의적인 관점에 함몰된 "중세에는 의식의 두 측면, 즉 세상을 향한 것과 자신의 내면을 향한 것이 하나의 공통된 베일 아래 감싸여서 꿈꾸거나 아니면 절반쯤 깨어 있었다. 그 베일은 신앙심, 어린아이 같은 선입견, 망상 등으로 짜여 진 것이었다. 그 베일을 통해서 내다보면 세상과 역사는 이상하게 채색되어 보였고, 인간은 자신을 오직 종족, 민족 당파, 분대, 가족, 그 밖에 어떤 형태든지 보편성의 모습으로만 인식하였다. 바로 이탈리아에서 가장 먼저 이 베일이 벗겨졌다. 국가와 이 세상의 모든 사물들에 대한 객관적 관찰과 취급이 시작되었다. 바로 그 옆에서 주관성도 고개를 들었다. 인간은 정신적인 '개인'이 되고 스스로 그 사실을 깨닫게 되었다"(야콥 부르크하르트, 안인희 옮김, 『이탈리아 르네상스의 문화』, 경기도, 푸른 숲, cit., p.177). 그 이외에도 다음의 연구를 참조: 제임스 M. 블로트, 박광식 옮김, 『역사학의 함정, 유럽 중심주의를 비판한다』, 경기도, 푸른숲, 2008, 추천사(최갑수), p.14; 김정하, 「지중해: 역사철학의 전통과 문명적 정체성-이븐 칼둔, G. 비코, 음양오행을 중심으로」『인문과학연구논총』, 제 36권 2호(통합 42호), pp.189-191.

은 고대의 문화유산을 주목하는 19세기의 명분이었으며 동시대의 유럽문화를 위한 연원(淵源)이자 신화(神話)였다(Peter Burke 1990: 7-8). 이처럼 19세기 유럽문명은 르네상스에 대한 연구를 통해 중세 천년의 암흑에 묻혀 있던 고대의 문화유산을 직접적으로 계승하면서 지중해 도시문명의 전통을 자신의 역사거울로 간주하였다.

부르크하르트는 르네상스를 신 중심적이고 선험적이며 반이성적인 문화흐름의 중세와는 단절된 근대화 현상으로 전제하면서 지리적인 구심점으로 이탈리아 반도를 지목하고 이탈리아인들을 당대 유럽문명의 선구자로 정의하였다.2) 이는 19세기 유럽대륙의 놀라운 발전과 번영에 대한 납득할만한 설명의 필요성을 전제하였기에 필연적인 수순이었다(Umberto Eco 2011: 709).

반면 20세기 초반 콘라드 부르다흐는 중세와 르네상스의 불연속성을 거부하면서 새로운 시대를 향한 변화의 조짐이 이미 11세기에 시작되었다고 하였다. 이러한 주장에는 르네상스를 중세의 연속이자 중세문화의 완성으로 보는 호이징거, 그리고 궁극적으로는 이탈리아 르네상스의 모테를 12세기로 소급한 헤스킨스(Homer Haskins)와 같은 20세기 전반의 중세학자들이 가세하였다. 부르크하르트와 그의 추종자들이 당대의 유럽을 이해하려는 과정에서 동대륙의 역사 일부를 거부하는 '지적 모험(또는 스캔들)'을 무릅썼다면, 후자의 역사학자들은 역사의 연속성을 전제로 르네상스를 중세 천년의 맥락에서 이해해야 한다는 당위성을 제기하였다.

오늘날 르네상스에 대한 부르크하르트의 해석이 보편적으로 확산된 것은 사실이지만, 학술적 타당성과 관련해서는 신중한 태도가 필요하

---

2) 부르크하르트의 이탈리아 르네상스에 대한 주장의 핵심은 이탈리아가 르네상스의 진앙지이었으며 반도의 주민들이 유럽대륙의 근대화 출범에 단초를 제공하였다는 것이다. 그의 논지는 저서의 제목에서도 잘 드러난다. 이에 대해서는 J. Burckhardt, *La Civiltà del Rinascimento in Italia*, *trad. it.* by D. Valbusa, G. Zippel 감수, Firenze, Sansoni, 1944, Parte II, cap. I, pp.153-154; Peter Burke, op. p.8.

다.3) 스위스 역사학자가 르네상스에 적용한 '역사적 불연속성'의 개념
은 일차적으로는 로마제국의 몰락 이후 사실상 게르만에 의해 재건된
유럽의 정체성을 평가 절하하는 것이며 지중해를 중심으로 아랍-무슬
림, 비잔틴 그리고 동지중해 너머의 전통적인 지역문명들이 중세유럽
의 형성에 끼친 영향을 최소화하려는 시도와도 일치한다. 또한 퍼거슨
(W. K. Ferguson), 찰스 나우어트(Charles G. Nauert) 등과 같은 학자
들은 르네상스의 중세성과 근대성에 높은 관심을 보인 반면(Wallace
K. Ferguson 1950: 864-866; 찰스 나우어트. 2003), 외부문명권과의
다양한 관계와 영향에 대해서는 상당히 소극적이었다. 이것은 르네상
스의 지리적인 경계를 이탈리아 반도와 알프스 이북의 유럽적 커넥션
으로 국한한 것에 불과하다. 게다가 르네상스를 유럽의 자생적이고 세
속적인 문화현상으로 바라볼 뿐 지역 문명 간 교류와 접변의 현상으로
는 다루고 있지 않다. 이러한 점을 고려할 때 그리스-로마 중심의 문예
와 인문의 그늘에서 벗어나, 유라시아 대륙의 수많은 문명지층들과 그
저변(低邊)의 역학관계에 대한 고려가 필요해 보인다(신규섭 2007. 5-7).

르네상스에 대한 유럽 중심적 판단은 이후 시대의 학문연구, 즉 지
역학(지역연구)의 구도에도 영향을 주었다. '지역학'은 그 성립 초기부
터 지역정보의 현용적 가치와 정치-경제적 이해관계에 근거하는 활용
의 의도와 맞물리면서 서구에 의한 그리고 서구를 위한 현대적 역사해
석의 기반으로 발전하였다. 오늘날 우리가 알고 있는 대부분의 세계사
구도는 바로 이러한 지역학의 지리적 단위들에 근거한다.

만약 이탈리아 반도의 르네상스를 단순한 '고대 지중해의 부활'이나
유럽의 자체적인 도약으로 해석하는 '유럽의 자생적 문화현상'을 비판
한다면, 학술적 대안은 '유라시아-아프리카 차원의 지역문명 간 교류'

---

3) 부르크하르트의 주장에 신중할 것을 제기한 피터 버크(Peter Burke)의 논지는 "역사적인 사실들
에 대해 연구하기에 앞서 이들을 제시한 학자에 대해 연구할 필요가 있다"는 카(E. H. Carr, *Sei
lezioni sulla storia*, Torino, Einaudi, 1966, cit., p.30)의 주장과 맥을 같이 한다.

에 따른 결실로 간주하는 시도에서 찾을 수 있을 것이다(김정하 2014: 36-38). 그럼 르네상스를 문명 간 교류의 관점에서 바라보려는 학술명제는 구체적으로 어떤 접근을 의미하는가? 유럽의 역사를 문명 간 교류의 차원에서 인식한다는 것 자체가 이미 탈지중해와 탈 유럽의 관점을 추가로 필요로 한다. 이 경우 르네상스는 유럽의 지중해 고고학(考古學) 문명이 아니라 '유라시아-아프리카의 늦깎이 문명'이었다([그림 1]).

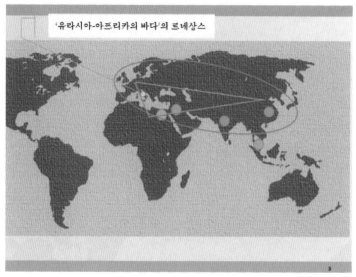

[그림 1] 르네상스는 '유라시아-아프리카'의 늦깎이 문명

오히려 르네상스는 유럽과 아프리카 북부의 사이에 위치한 유럽의 지중해이기 보다는 문명 간 교류의 흐름 속에서 성립된 새로운 융합(또는 복합)문명의 첫 단초가 아니었을까? 한 문명의 정체성을 파악하는 것은 내적인 요인들의 고유한 성격만으로는 한계가 있으며, 내-외의 이질적인 문명요인들과 이들의 관계를 전제할 때 비로소 가능하다. 또한 적어도 14~16세기까지 지중해는 유라시아 차원에 있어 외부 의

존적이며 동시에 내부지향적인 정체성을 드러내고 있었다.

그럼 르네상스를 가능하게 하였던, 지중해와 중동지역 그리고 후자로부터 인도양 너머까지 연결하는 '유럽-중동(또는 지중해의 기독교-이슬람) 종교벨트'가 어떤 역사적이고 상징적인 의미를 가지고 있는지에 대해 살펴보자.[4]

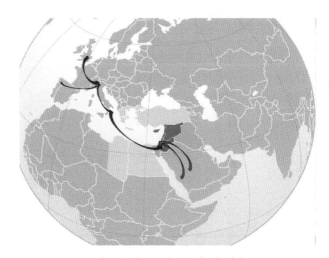

[그림 2] 유럽-중동의 종교벨트와 레반트

실제로 이 종교벨트의 경우 주요 간선(幹線)은 북유럽과 이베리아 반도를 가로질러 알프스 이북에서 합류하여 이탈리아 반도를 관통하였으며 레반트에 상륙한 후에는 예루살렘을 거쳐 아라비아 반도의 이슬람교 성지인 메디나와 메카로 이어졌다([그림 2]). 이 순례의 길들은 유라시아 대륙의 동서문명을 연결하는 육상과 해상의 두 실크로드와도 맞닿아 있었다. 당시에도 도로(또는 루트)는 삶의 전반이 함께 공존

---

4) 본 연구에서 제시된 '유럽-중동 종교벨트'는 유라시아 차원에서 다른 두 개의 종교벨트, 즉 가깝게는 인도-동남아 벨트와 멀게는 동남아-동북아 벨트와도 연결되어 있었다는 사실을 전제한다. 이에 대한 연구는 차후의 연구과제에 남겨둔다.

하고 통행하던 공간이었다. 순례의 길은 종교의 관문이외에도 지역물품들의 교역로이자 인적 교류의 통로였으며 학문적 계승이나 발전의 지전(知殿)이었다.

또한 유럽-중동의 문명 간선(文明 幹線)은 그 성립 당시부터 이미 거대한 유라시아 문명체의 고속도로나 다름없었고, 대륙의 모세혈관들에 해당하는 지선도로(支線道路)들을 통해서는 각 극단의 지역들과 연결되어 있었다. 유럽대륙에서는 특히 11세기 이후 지선들이 발달하면서 부분적으로는 기존 간선들의 역할을 대신하거나 복수의 간선 기능을 담당하였다. 유라시아-아프리카 지역문명들의 흐름을 보장하는데는 육지와 바다 모두에서 간선과 지선들의 역할이 결정적이었으며, 특히 고대를 거쳐 중세 말에는 그 비중이 절대적이었다.

2) 지중해: '지리적인' 관점과 '문명 간 교류'의 관점

르네상스에 대한 기존 해석을 재고함에 있어 보다 근본적인 문제는 지중해에 대한 지정학적인 관점과 역사-문화적인 관점을 구분하는 것이다. 전자의 관점은 사실상 페르낭 브로델(F. Braudel)이 지중해를 이 바다의 연안과 주변 지역으로 구성되며 그 내부에 섬, 만, 해협 등으로 이루어진 여러 교류 단위들이 존재하는 바다로 정의한 것과 일치한다. 즉, 브로델의 지중해는 유럽대륙과 북아프리카의 사이에 위치하며 이베리아 반도, 북아프리카, 이탈리아 반도, 고대 그리스와 비잔틴의 영토 일부로 구성되었다는 점에서, 고대 로마제국의 '내해(Mare internum)' 또는 '우리의 바다(Mare nostrum)'의 개념을 계승한 것처럼 보인다. 하지만 그의 지중해 역사관은 중세 천년의 역사에 대한 평가절하를 그대로 답습하고 지중해-유럽의 전 역사를 내부(자아) 의존적이고 외부지향적인 정체성으로 일관된 것처럼 정의하였던 전통의 역사인식을 여과 없이 수용하였다.

이러한 정의에서 지리적인 한계는 종교적인 경계와도 거의 일치한
다. 다시 말하면 지중해에 있어 지리적인 경계는 기독교권 또는 기독
교 문명의 한계와 거의 동일하였으며, 유럽연합의 종교적인 동질성도
이러한 사실과 무관하지 않다([그림 3]).

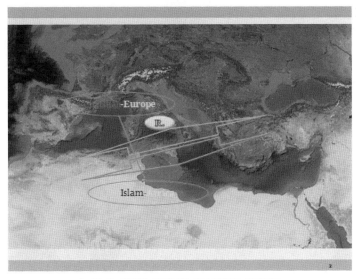

[그림 3] 지중해: 기독교와 이슬람교의 경계구도

　　그럼 르네상스에 대한 역사-문화적인 접근은 무엇을 의미하는가? 고
대 지중해는 내해지향성(과 외부의존적인 성향)의 바다였다. 지역해양
세력들은 이 바다가 자급자족의 바다가 아니라는 사실도, 자신들의 자
연환경이 대문명권 사회에 견줄만한 거대한 정치권력의 형성을 허락
하지 않는다는 사실도 잘 알고 있었다. 역사적으로도 페니키아나 그리
스와 같은 해상세력들은 섬과 연안 지역들로 연결된 교역루트들을 확
보하고 이를 지중해의 외부세계와 연결하는데 자신들의 운명을 집중
하였다. 특히 로마는 농업세력으로 출발했지만 기존의 교통로를 유지

하면서 새로운 도로들을 건설함으로서 유럽대륙의 농업적 기반과 지중해의 상업적 기반을 상통시켰다. 기원전과 후에 걸친 로마의 기나긴 생명력은 이러한 문명의 혈관들을 이용한 자원의 분배가 있었기에 가능하였다.

이미 고대부터 레반트는 선진문물이 흘러드는 사실상의 유일한 통로였다. 로마는 이곳을 통해 가깝게는 메소포타미아의 고대문명권과, 멀게는 인도양과 중국과도 직-간접적인 교역을 하였다. 관련연구에 따르면 이곳을 통해 동남아지역의 상아, 거북이 등껍질, 향신료 그리고 실크와 같은 고가의 사치품목들이 유입되었으며, 고고학 발굴에 의하면 인도에서는 수천 개의 로마제국 금화와 은화가 발견되었다(알베르토 안젤라 2015: 476-477).[5] 지중해를 통한 동서 문명 간 교류는 게르만의 서유럽 유입이후 더욱 활발해졌다. 이것은 경제교역의 측면에서 서유럽 시장의 확대와 동방의 물품들에 대한 수요가 증가하고 수도원과 대학 등을 중심으로 새로운 지식에 대한 욕구가 확대되었기 때문이다. 유라시아 차원의 문명 간 교류에서 볼 때 게르만의 서유럽은 거대한 소비시장을 형성하면서 지역문명들의 흐름을 가속화시킨 것은 아니었을까?

11세기 이후 제노바, 피사, 베네치아와 같은 이탈리아 해상 공화국들은 이 바다를 통해 지속적으로 유입되는 선진문물을 유럽대륙에 공급함으로써 장차 유럽대륙의 '유럽화'를 위한 여정에 탄력을 제공하였다(노스코트 파킨슨 2011: 283-288; Sara Magister 2002). 7세기 이후 이슬람의 지중해 진출도 지중해와 중동지역의 교역에 큰 변화를 동반하였으며 지중해는 사통팔달의 육로와 해로를 통해 아프리카의 북단과 그리고 거대한 대륙의 아시아 지역과도 이어져 있었다. 오늘날처럼 고대에도 '루트'는 모든 영역, 즉 인간 삶의 다양한 흔적이 상통하던

---

5) 로마시대의 통화는 베트남의 메콩 강 삼각주에서 발견되기도 하였다.

통로였다. 문명은 그 자체로는 성립될 수 있겠지만 주변 문명권들과의 상호관계가 없다면 더 이상의 진전은 불가능하다(정수일 2009: 42).[6] 그나마 지중해를 하나의 문명권으로 볼 수 있는 것은 고대 그리스가 페르시아와 마주하였고 알렉산드로스가 멀리 인도에까지 동방원정을 단행하였으며 그리고 그 이전부터의 교역을 통해 아시아권 문명들과도 연결되어 있었기 때문이 아닐까? 게다가 유럽의 저급한 농업문명이 대략 천년의 오랜 기간에 걸쳐 지중해를 매개로 이슬람과 아시아 지역의 선진해양세력들과 접하면서 지적인 실험과 숙성의 과정을 반복하지 않았다면 14~16세기 이탈리아 르네상스는 가능하였을까?

이탈리아 반도는 유라시아 대륙 서단의 지중해를 향한 종착역이자 유럽으로 통하는 첫 관문이었다. 프리드리히 2세의 통치하에서 시칠리아는 이베리아 반도와 더불어, 기독교와 이슬람이 대치하는 종교의 경계지역이었지만 동시에 언어적으로나 학문, 특히 번역에 있어 그리고 교역과 다양한 인종들의 인적 교류에 있어서도 최대의 자유가 보장된 문화적 중립지역이나 다름없었다(김정명 176-178)[7]. 그리고 이슬람이 지중해에 진출한 이후에 개척된 새로운 문명 관문인 이베리아 반도에 비해서도 고대 그리스-로마의 적통에 보다 가까이 위치하였으며 동방과의 관계에 있어 절대적으로 유리하였다.

지중해는 이슬람 문명권의 서쪽 변방에 위치한 바다였다. 이슬람 제국의 진정한 구심점은 이 바다의 동쪽에 위치하면서 비옥한 토지와 풍부한 농산물, 문명의 높은 수준과 활발한 교역이 이루어지고 있던 이집트와 아라비아 반도 그리고 메소포타미아와 그 주변지역들이었다.

---

6) 저자는 이 책에서 문명의 속성이 자생과 모방이며 상보, 상조의 관계를 형성한다고 하였다.

7) 이 연구에서 김정명은 유럽의 르네상스에 미친 이슬람의 영향, 특히 8~13세기 아바스 왕조의 학문장려와 번역활동이 이베리아 반도를 통해 유럽의 고대 재발견에 기여했다는 사실을 강조한다. 반면 아랍-무슬림이 유라시아에 걸친 다양한 문명들을 융합, 발전시킨 역할을 통해, 이미 고대부터 지속되고 있던 동서 교류의 흐름을 가속화시킨 사실에 대해서는 간과하고 있다(op. 208-212 쪽) 이와 관련해서는 향후, 이슬람 저술들에 미친 유라시아 문명권의 흔적들에 대한 연구가 필요해 보인다.

또한 아랍 유목민들은 길이 있으면 어디든 마다하지 않았으며 이동에 편리한 천막생활에 익숙하였다. 그들의 자유롭고 '열린' 삶, 특히 유일신 종교에도 불구하고 오랜 세월에 걸쳐 터득했던 공존과 관용의 삶은 자신들만의 세계에 안주하기 보다는 타 지역들의 선진문물을 중계하고 자신의 것으로 품어 발전시키는 인큐베이터와 같은 역할을 하였다. 피렌은 마호메트가 없었다면 샤를마뉴도 없었다고 하였다(Henri Pirenne 1939). 이 말은 7세기 이슬람의 지중해 진출이 이 바다의 경제와 무역에 변화를 초래하였고 이를 통해 유럽의 중심이 지중해에서 유럽대륙으로 이동하면서 9세기에 카롤링거 제국이 성립하였다는 것을 설명한다. 하지만 피렌의 주장은 지중해의 지리적인 한계를 벗어나지 못한 서유럽 중심의 발상이며 과도한 정치적 해석이다. 오히려 이슬람의 지중해 진출은 지중해의 고전세계가 재발굴되고 유라시아 대륙의 지역 문명들이 지중해로 밀려들어오는 결정적인 계기가 된 것은 아니었을까?

3) 유럽-중동의 종교벨트

지중해를 '유라시아-아프리카'의 바다로 정의하는 것은 이 바다가 유라시아 대륙의 서단과 아프리카의 북부에 위치한다는 지리적인 이유보다는, 이미 고대부터 문명적으로 육지와 바다의 수많은 길들을 통해 사실상 연결된 상태에서 동서 간의 다양한 문물교류가 이루어지고 있었기 때문이다. 이러한 지중해의 문명적 정체성은 이 바다의 동부지역에 해당하는 레반트(Levant)에 집중되었다. 이 지역은 아랍-무슬림이 진출하여 아프리카 북부와 이베리아 반도를 정복하면서 기독교 세계와의 접경을 크게 확대한 이후에도 유럽이 유라시아의 문명들과 교류를 이어가던 거의 유일한 통로였다.

레반트 지역은 지역적으로 지중해에 머리를 내민 그리스 반도와 터키, 북아프리카의 리비아와 이집트 그리고 그 사이에 위치한 팔레스타인, 시나이 반도와 요르단에 해당한다. 좀 더 넓게 보면 북쪽의 타우루스 산맥, 남쪽의 아라비아 사막, 서쪽의 지중해 그리고 동쪽의 이라크 북서 지역을 포함한다. 이미 고대부터 이 지역에는 페니키아인, 그리스인, 페르시아인, 이집트인 그리고 아라비아 유목민들의 무역활동이 집중되었으며(Guidetti M(감수) 2004)[8] 이러한 지중해의 해상세력들은 남쪽으로는 아프리카 서부지역과, 서쪽으로는 북아프리카와 아프리카 동부지역과, 동쪽으로는 멀리 인도 지역과 그 너머의 동남아 해상세력들과도 무역관계를 유지하고 있었다.

하지만 문명 간 교류의 관점에서 레반트에 대한 가장 중요한 평가로는 기독교와 유대교 그리고 이슬람의 세 종교가 이곳을 통해 연결되어 있었으며 지정학적으로는 유럽의 영국과 북유럽 그리고 이베리아 반도와 이탈리아 반도를 인도양의 관문에 해당하는 아라비아 반도와 메소포타미아 그리고 인도와 그 너머의 지역들과 이어주는 전략적인 상징성을 지적할 수 있다. 특히 중동의 예루살렘은 종교와 세속의 영역 모두에서 지역 문명들이 교차하는 접점의 멀티스폿(Multispot)으로써 경제, 종교, 학문 등 삶의 알파에서 오메가에 이르기까지 그리고 대륙의 간선과 지선들을 통해, 유라시아의 서단이 이슬람의 지배 하에서 영토적으로 통일되었던 중앙아시아와 인도에 이르는 방대한 지역과 그리고 멀게는 동남아와 그 너머의 동북아와도 연결되어 있었다.

이처럼 레반트는 유럽-중동의 종교벨트에 있어 세 종교의 공통된 접점이었으며 예루살렘은 그 접점의 구심점이었다. 역사적으로 예루살렘이 종교적 대립과 문명 충돌의 현장으로 해석될 여지가 없었던 것은 아니다. 과거 200여년에 걸친 십자군과 오늘날 이슬람-서유럽의 유

---

8) 아랍인을 의미하는 'arabo'의 어휘는 이미 고대부터 서구의 문헌에 언급되고 있었다. 'arabo'의 시대적 의미에 대한 연구에 따르면 오늘날까지도 의견이 분분하다. 고대에 이 어휘는 개인이나 그룹의 사람들을 의미하였다. 하지만 이들이 이후 시대에 아랍인들로 간주될 그룹의 사람들에 속하는지는 여전히 의문이다. 뿐만 아니라 인종적인 그룹을 가리키기 보다는 삶의 한 유형으로 간주되는 경우도 없지 않았다. 그 밖에도 이들은 아라비아 반도의 지면이나 종족을 의미하기도 하였다.

혈충돌이 그 대표적인 사례로 지적된다. 하지만 접변이란, 특히 근대 유럽의 성립 이전까지는 결코 유라시아 역사의 중심에 있지 않았던 지 중해의 경우, 겉으로는 전쟁과 정복 그리고 지배-종속의 수직적인 관 계로 보이지만 본질적으로는 상호보완성을 추구하는 역동성과 다양한 양태(樣態)의 관계 공존을 의미하였다. 실제로 십자군에 대한 역사적 인 평가에 있어 제 3차 십자군과 제 4차 십자군(1202~1204) 당시 영 국의 사자왕 리처드, 프랑스의 필립 오귀스트, 독일의 프리드리히 1세 를 수행하였던 베튄(Conon de Béthume, 대략 1150~1220), 랭보 드 바케라스(Raimbaut de Vaqueiras, 1150-1207), 프리드리 폰 아우센과 같은 음유시인들이 로망스 계열 시인들과 게르만 계열 시인들의 만남 을 통해 서로 다른 지역의 전통을 교류한 것과 같이(Umberto Eco 2011: 38-39), 당시 겉으로 잘 드러나거나 공식적이지 않은 소소한 일 상의 문명 간 교류보다는 무력의 날카로운 쇳소리와 잔인한 학살의 충 격이 후대의 뇌리에 더 길게 남았던 것이 사실이다. 뿐만 아니라 십자 군은 비교적 짧은 기간의 국지적인 무력충돌이었을 뿐, 당대에 조차 기독교 세계와 이슬람 세계가 운명을 걸었던 전면적인 문명 충돌도 아 니었다. 오히려 십자군을 통해 유럽-중동의 교역이 한층 활발해졌다는 주장도 없지 않다(정수일 2009: 21-22; 남종국 2011: 21-26).

(1) 유럽-지중해의 프란치제나 순례길

르네상스가 문명 간 교류의 결실이었다는 주장은 유라시아 대륙을 관통하고 이들을 연결하는 장단의 루트들을 전제할 때 비로소 가능하 다. 과거 로마제국은 지중해와 유럽을 하나의 통치단위로 통합한 최초 의 사례이자 유럽 최초의 세계화 실험이었다. 고대유럽의 세계화가 가 능했던 데는 이탈리아 반도를 중심으로 제국전체에 혈관처럼 퍼져있 던 도로들의 역할이 결정적이었다. 또한 이들은 중세의 농업문명 하에서 쇠퇴하는 것처럼 보였지만 고대세계를 계승한 지중해는 열린 바다의 역할에 충실하였다. 그 덕분에 유럽은 가깝게는 유럽과 중동 그리고 아프리카를, 멀게는 인도양과 아시아를 연결하고 유라시아의 육·해상 루트들을 통해 새로운 시대의 변화에 부응하는데 필요한 문명 인프라를 공급받아 장차 '하나의 유럽문명권'을 기약할 수 있었다.

(출처: www.provincia.lucca.it)

[그림 4] 유럽과 지중해 그리고 중동을 관통하는 성지순례길

(출처: www.florenceholidays.com)

[그림 5] 유럽에서 예루살렘에 도달하는 육로길

유럽기독교 세계와 이슬람의 성지 및 순례를 위한 여정은 유라시아의 대표적인 루트들 중 하나였다. 유럽의 성지순례를 대표하는 루트는 프란치제나(Via francigena) 순례길이었다([그림 4], [그림 5]). 이 길의 역사는 기원 후 7세기 랑고바르디족이 동로마제국으로부터 이탈리아 반도의 영토를 빼앗은 후에 이곳에 파비아 왕국과 남부지역의 여러 공국을 건설한 당시로 거슬러 올라간다. 이 길은 로마제국 시대에 건설된 도로들을 중심으로 구축되어 이탈리아로 남하하는 핵심적인 통로로서의 전략적인 중요성을 가지고 있었다. 랑고바르드 족의 지배 당시 몬테 바르도네(Monte Bardone)의 이름으로 불렸던 이 도로는 아펜니노 산맥을 넘어 파쏘 델라 치사(Passo della Cisa)로 통하는 마그라 계곡(Valle del Magra)을 지나 해안에서 멀어지면서 루카로 이어지던 통로였다. 당시 비잔틴 제국의 점령지와는 일정한 거리에 있었으며 이탈리아 반도의 중북부에 위치한 시에나(Siena)에 도착하기에 앞서 엘사 계곡(Valle dell'Elsa), 즉 아르비아 계곡(valli d 'Arbia)과 오르치아(Orcia)

를 지난 후에 팔리아 계곡(Val di Paglia)과 로마로 이어지는 고대 카씨아 도로(Via Cassia)를 통과하였다.

프랑크 족의 등장으로 이 길의 명칭은 '프란치제나의 길' 또는 '프랑크의 길'로 바뀌었다. 그리고 그 여정도 프랑스를 통과하여 레노 강 계곡과 네덜란드까지 연장되면서 유럽지역의 남북을 관통하였으며 이곳을 이용하는 상인, 군대, 순례자들의 수도 증가하였다.

990년 교황 조반니 15세에 의해 캔터베리의 대주교로 임명된 시제리코(Sigerico, 대략 950~994)가 프란치제나의 순례 길을 따라 여행하면서 남긴 일기에서도 알 수 있듯이,[9] 그 여정을 따라 곳곳에 노촌 형태의 많은 도시들이 새롭게 건설되었다. 뿐만 아니라 수많은 정기-비정기 시장들이 활성화되었으며(샴파뉴의 정기시장, 플랑드르와 브라반트의 면직물 시장 등) 스칸디나비아 지역의 피혁, 모피, 밀랍, 노예 등이 유럽의 심장부로 공급되었다. 하지만 당시의 주요 거래품목은 지중해의 동부지역을 통해 유입된 동방의 값비싼 물품들이었다(비단, 향신료 등). 이들은 주로 이탈리아 상인들에 의해 중동과 아프리카 북부지역에서 구입되어 지중해의 상인들을 통해 유럽 전역의 영주나 주교 등 부유하고 권력있는 자들에게 공급되었다.

관련 자료들에 따르면 13세기를 지나면서 무역활동에 있어 프란치제나 순례길의 중요성은 줄어들기 시작한 반면, 길들을 따라 노촌 형태로 건설된 신흥 도시들은 비약적인 발전을 거듭하였다. 이러한 현상은 신앙이 약해졌거나 중세 유럽의 내륙무역이 쇠퇴하였거나 교역량이 줄어든 것을 의미하지 않는다. 오히려 인구증가와 활동지역의 확대를 배경으로 북유럽과 로마를 연결하는 새로운 도로들과 다양한 형태의 주거지들이 새롭게 건설됨으로써 비중이 상대적으로 줄어든 것일

---

9) 시제리코가 남긴 글인 Itinerario di Sigerico는 모두 79개 혹은 80개의 여정으로 구성되었으며 현재는 British Library에 소장되어 있다.

뿐 중요성의 감소는 아니었다. 예를 들면 피렌체와 아르노 강 주변 도시들의 동방에 대한 관심이 고조된 시기에 건설된 볼로냐-피렌체 도로들이 그것이었다. 이처럼 중세문화는 길 문화의 여정이었다고 해도 과언이 아니다. 상인의 활동은 곧 지식의 길이었으며 대학의 설립으로 촉진된 중세 문화의 세속화 역시 수많은 길들의 여정과 함께 하였다.

프란치제나 순례길에 대한 평가들 중 하나는 이 길이 사회적, 종교적, 경제적 그리고 정치적인 의미를 뛰어넘어 그 자체로도 지중해 해양문명의 유럽 지역 확산을 통해 게르만 문화권과 라틴 문화권을 연결하는 문화네트워크였다는 사실이다. 당시 지중해는 서로마제국의 몰락과 게르만의 유입으로 보다 폭넓은 다문화의 정체성을 형성하고 있었다. 뿐만 아니라 영토적 통일성의 해체를 통해, 가깝게는 아랍-무슬림의 상인과 여행자들로부터 이들의 수준 높은 과학문명과 동방의 새로운 지식을 받아들이고 고대 그리스-로마의 지적전통을 재발견할 수 있었으며, 멀게는 인도와 동남아시아 그리고 그 너머의 중국에 이르는 대장정의 문명루트에 편입될 수 있었다. 또한 동방에서 유입된 실크, 향신료와 같은 물품들은 그 자체로도 새로운 문화의 한 영역이었으며 동방에 대한 호기심과 모험의 여행을 촉발하였다.

또한 13~14세기 유럽에서는 마호메트의 피안여행 이야기의 영향을 받아 아랍어와 페르시아어로 쓰여진 이슬람세계의 신비와 음유의 여행 문학이 유럽에 알려졌으며(밤 여행의 주기isrâ) 이 과정에서 아비센나, 알 가잘리, 이븐 알-아라비의 작품들이 유럽에 소개되었다. 같은 맥락에서 '승천의 주기(mi'râj)' 역시 지중해의 종교벨트, 특히 이베리아 반도를 거치면서 처음에는 스페인어로 나중에는 라틴어와 프랑스어로도 번역되어 유럽에 알려지게 되었을 가능성이 매우 높다(Umberto Eco 2011: 20). 이와 관련하여 최근 유럽의 학자들 사이에서도 이러한 일련의 번역이 이슬람의 종말론 전통과 함께 단테의『신곡』에 영향을 미쳤을 가능성이 학술적으로 받아들여지고 있다.

(2) 중세유럽의 순례길: 동-서양의 만남

프란치제나 순례길에 대한 보다 근본적인 고찰은 '동양과 서양의 만남'으로 정리해 볼 수 있다. 물론 만남의 직접적인 주체는 유럽지역의 기독교 문명과 7세기 이후 지중해에 고개를 내민 아랍-무슬림 문명이었다. 두 문명권의 관계는 적어도 문화의 영역에서는 전쟁과 종교 또는 인종의 대립보다는 (서로간의) 문명적 (상호)침투성으로 정의되는 것이 적절하다고 판단된다. 두 지역문명을 중재한 지중해는 중세 기간 내내 페르시아 문학과 아라비아 문학의 접변, 인도의 우화들과 메소포타미아, 이집트, 터키의 고전이야기들의 혼합은 물론, 더 나아가 동방문명권의 수많은 이야기 문학 소재들이 아라비아 반도를 통해 흘러들어오는 것을 목격하였다(Umberto Eco 2011: 85).

12-13세기를 전후한 기간에 지중해를 가로 질로 예루살렘과 로마 그리고 산티아고를 연결하는 기독교 순례의 여정은 실질적으로 두 문명의 정치적 경계이자 동시에 문학적 흐름의 통로나 다름없었으며 시칠리아 프리드리히 2세의 궁정, 카스틸리아(Castiglia)와 레온(León)의 왕 알폰소 10세(1221~1284)의 궁정은 지역문명 간 교류의 장이었다. 조반니 보카치오(1313~1375)의 『데카메론』은 이탈리아 속어를 통해 서구화된 동방의 이야기 문학 전통이었다. 결론적으로 12~14세기에 중세유럽의 이야기 문학으로 등장한 '도덕적 일화(Exemplum)'는 아랍-인도 문학전통의 영향이 분명하였으며, 더 나아가 후자는 '라이히(Leich)', '우화(fabliau)', '산문형식의 전기(Vida)', '전설(legenda)'와 같은 다른 형태의 이야기 문학을 위한 모태이기도 하였다.

여기에서 한 가지 흥미로운 점은 지중해를 통해 유럽에 전달된 아랍-무슬림의 문학 전통이 실질적으로는 이들에 의해 정복된 지역, 다시 말해 인도이외에도 페르시아, 이라크[문화의 창시자로 간주되는 이븐 알 무깟파아(Ibn al-Muqaffa, 720~756)]의 지적전통에 기반하고 있었으며 그 근원은 3세기경 고대 산스크리트어로 작성된『비드파이의 우화들(Pancha tantra)』로 까지 거슬러 올라간다는 사실이다.[10] 로마제국 역시 레반트를 통한 동-서 교류의 흐름과 무관하지 않았다(노스코트 파킨슨 2011: 61-72).

앞서 지중해를 '자급자족이 불가능한 바다'로 정의한 바 있듯이 기원전 지중해의 그리스와 페르시아의 역사적 만남과 그 양태는 이 같은 지중해의 지리-경제적인 현실을 배경으로 결정되었다고 해도 과언이 아니다.

야코포 다 바라제의『황금전설』에 삽입된 인도의『바를람과 조세파트(Barlaam and Josaphat)』(1260~1267)[11]와 기독교로 개종한 아라곤 출신의 유대인 의사인 피에트로 알폰소의『성직자들의 식사훈육(Disciplina clericalis)』(12세기) 역시 같은 맥락에서 유럽-중동 종교벨트를 통한 동-서양 문명 간 교류의 증거로 간주된다(Umberto Eco, 2011: 86)[12] 영국의 초서에게 있어 프란치제나 순례길은 그의 내재된 문학적 재능을 일깨워준 문학의 길이었다. 14세기 후반(대략 1372~1374) 초서는 외교 임무의 수행을 위해 이탈리아를 방문하였을 당시 토스카나 출신으로 14세기 이탈리아의 시와 문학을 대표하던 단테와 보카치오『필로스트라토(Filostrato)』그리고 페트라르카의 작품들을 직접 접하였으며 특히 페트라르카와의 만남은 훗날『캔터베리 이야기』를 통해 영원한 기억으로 남았다(Umberto Eco 2011: 96).

13~14세기에 접어들면서 프란치제나 순례길의 종교적인 의미는

---

10) 출처: http://100.daum.net/encyclopedia/view/b23p1309a: 검색일자: 2015년 10월 21일); 인도의 동물 우화 모음집을 가리키며 유럽에는 *Panchatantra*, 즉『비드파이의 우화들』이라는 제목으로 알려졌다. 그리고 이탈리아어 제목은 'Le cinque occaioni d saggezza'였다. 1270년에는 조반니 다 카푸아(Giovanni da Capua)에 의해 Directorium humanae vitae alias parabolae antiquorum sapientium으로 번역되어 후대에 알려졌다.

11)『바를람과 조세파트』는 두 명의 기독교 순교자에 대한 전설이지만 그 줄거리는 부처의 일생에 근거한다(출처: https://en.wikipedia. org/wiki/Barlaam_and_Josaphat: 검색일자 2015년 10월 15일).

12) 이는 14세기에 초서의『캔터베리 이야기』를 통해 영국에까지 알려졌다.

창조주에 대한 강요와 집착에서 벗어나 자연의 모든 지식을 백과사전식으로 담아내고 지리적인 지평을 미지의 아시아로까지 확대하려는 노력덕분에 넓은 의미에서 세속화로도 정의될 수 있는 전환점을 맞이하였다. 당시 이러한 변화의 중심에는 상인들과, 다양한 분야의 전문직 종사자들 그리고 탁발수도회가 있었으며 아리스토텔레스와, 북아프리카에 가서 인도 기원의 아랍숫자를 연구하고 정리한 레오나르도 피보나치(Leonardo Fibonacci, 1170~대략 1240)의 『계산판에 대한 책(Liber abbaci)』에서 보듯이, 아랍문헌들의 역할도 결정적이었다. 특히 탁발수도회는 저술에 필요한 자료들을 제공하거나 열람에 부응하기 위한 목적으로 다방면의 지식을 체계적으로 수집하고 기록하였으며 대학들을 중심으로 확산된 도서관의 수적 증가에 있어 주도적인 역할을 하였다(Umberto Eco 2011: 101).[13]

중세유럽의 백과사전주의 성향은 서양의 지리적인 지평이 아랍-무슬림과 그들의 영토를 넘어, 소위 말하는 신비의 동방으로 확대되는 것과도 시기적으로 일치한다. 14세기 아랍여행가들, 예를 들어 인도와 아시아 남동부 그리고 멀리 중국을 여행하면서 기록을 남겼던 이븐 바투타의 경우와 비교할 때, 당시 유럽인들의 동방에 대한 인식은 이곳이 곡(Gog) 또는 마곡(Magog)과 같이 끔찍한 종족들이 살고 있지만 금과 은이 넘쳐나는 풍요로운 땅이라고 생각한 것에서 알 수 있듯이 구체적인 근거나 신빙성과는 동떨어진 것이었다. 당시 유럽은 종교적인 열정에만 의존한 선교활동(탁발수도회)이나 아프리카 대륙을 돌아 위험한 인도양까지 항해하는데 필요한 지식과 장비를 갖추지 못한 채 아랍-무슬림 상인들이 독점하고 있던 동방과의 직접교역에 대한 막연한 기대감에 머물고 있었다(Umberto Eco. 2011: 103). 유럽이 동방의

---

13) 또한 철학과 신학의 분야에서 토마스 아퀴나스의 『신학대전』은 지식의 백과사전식 수집과 도서관의 역할이 없었다면 불가능하였을 것이며, 더 나아가 이러한 배경 하에서 서적은 당시 대학의 학생과 교수 그리고 설교자와 심지어 시민들과 상인 또는 각 분야의 전문직업인들의 필요에도 적극적으로 부응하였다.

놀라운 세계(mirabilia)가 인도양 부근과 그 주변의 섬들에 위치하고 있다고 생각한 것도 이러한 유럽-지중해의 현실을 반영한 것이 아니었을까?

하지만 신비로 둘러싸인 동방의 이미지는 오히려 미지의 세계를 향한 유럽인들의 모험심을 자극하고 이에 관한 여행기들에 열광하게 만드는 요인이었다. 신화, 전설, 우화 등은 기술된 내용의 진실성을 확인하려는 모험정신을 자극하였으며 13~14세기부터 시작된 유럽사회의 세속화 경향은 이성을 신학에서 분리시킴으로써 자연과 그 작동원리들에 대한 합리적인 접근과 논리적인 고찰을 가능하게 하였다. 뿐만 아니라 유럽의 십자군이 군사원정의 대결구도에서 정치-전략적인 관계로 전환되면서 성지순례자들을 중심으로 신비의 동방에 대한 여행 서적들이 쓰여졌다. 도미니칸 소속의 리콜도 다 몬테 디 크로체(Riccoldo da Monte di Croce, 1243~1320)가 쓴『성지순례 지침서(Liber Peregrinationis)』[14], 프란체스칸 소속의 니콜로 다 포지본시(Niccolò da Poggibonsi, 14세기)가 예루살렘 성지순례를 마친 후에 기록한『성지순례 여행기(Libro d'Oltremare)』, 페트라르카의『시리아 여행(Itinerarium syriacum, 1358)』이 그 대표적인 사례이다.

프란치제나 순례 길은 유럽의 북부지역과 이베리아 반도에서 이탈리아 반도를 거쳐 레반트 지역을 통과하였다. 물론 길은 양방향을 전제한다. 인적교류의 흐름이 유럽에서 레반트로 향했다면, 문명 간 교류의 주된 흐름은 중동을 향한 유럽인들의 종교적인 열정에 역류하였다. 다시 말해 문명은 높은 곳에서 낮은 곳으로 흐르는 동고서저(東高西低)의 원리인 반면, 인적 흐름은 그 반대를 지향하였다. 이러한 문명 간 교류의 특징들을 고려할 때, 지중해는 유럽의 근대화 이전시기에 외부의 영향이 더 강하게 작용한 '내해 지향적 정체성'의 바다였다고

---

14) 이 여행기는 1288~91 기간에 리콜도가 중동을 여행한 이야기를 기술한 내용이다.

할 것이다.

역사적으로 지중해의 내해 지향적(內海 指向的) 정체성은 소 문명권과 대 문명권의 문명 간 교류에 있어 필연적인 결과였을 것이다. 지중해는 연안의 소규모 도시들로 구성된 문명의 세계로서, 인구의 증가를 지탱할 정도의 충분한 식량생산이 가능한 대평야의 거대문명권 지역들과는 달리 자급자족이 근본적으로 불가능한 바다였다. 이러한 바다에서 선택은 내부 세력들 간의 교역과 연안 밖의 육지로 진출하거나 바다 너머의 동쪽지역으로 진출하는 것이었다. 최선은 알렉산드로스의 아시아 원정에서 보았듯이, 후자를 선택하는 것이었는데 이는 곧 메소포타미아를 시작으로 멀리 중국문명권까지 연결된 유라시아 대문명권 벨트와의 만남을 의미하였다([그림 6]). 반면 로마제국의 세계화와 제국의 몰락은 지중해의 문명인식이 유럽대륙을 품게 된 결정적인 계기였으며 그리스도교는 성지순례의 명분을 통해 유럽을 대문명권 벨트의 서단에 편입시켰고 이와 관련해 예루살렘은 유럽문명의 시야가 멀리

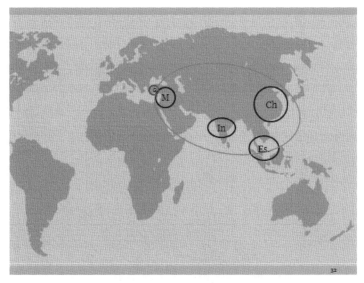

[그림 6] 레반트: 대소 문명 간 경계지역

유라시아의 동단에 이르는데 있어 또 다른 문명 간 교류의 시작을 의미하였다.

(3) 예루살렘-메카. 문명 간 교류의 관문

성지와 순례의 모든 여정은 예루살렘에서 신앙의 대장정을 마감하였다. 이 한 가지 사실만을 고려한다면 예루살렘은 아시아 지역에서 기원한 한 종교의 성지 그 자체의 의미만을 가질 뿐이다. 하지만 이 도시는 이미 유대교의 성지였으며 기원 후 7세기 이후에는 기독교 유럽문명과 문명적 대대(待對)의 관계를 형성한 아랍-무슬림의 성지가 되었다. 종교가 문명권의 형성과 발전을 위한 필수적인 요인이라는 점을 고려한다면, 예루살렘은 세 종교와 이들의 문명이 공존하는 도시이자 이들 모두의 문화적 통섭을 위한 통로라는 역사적인 상징성을 가지고 있었다.

하지만 예루살렘에 대한 보다 근본적인 평가는 이 도시가 적어도 세 문명권을, 한편에서는 종교적 차원에서 성지와 순례의 명분에 따라, 다른 한편에서는 지중해와 인도양 그리고 그 주변의 내륙지역들을 배경으로 활발한 교역과 교류를 통해 하나의 '복합문명권'으로 정의하는데 있어 그 핵심적인 연결고리로 작용하였다는 사실이다. 게다가 관점을 유라시아-아프리카로 확대할 경우, 이 복합문명권이 이슬람-인도양 문명벨트, 동남아-중국 문명벨트와도 연결되어 있다는 사실은 자명해 보인다([그림 7]).

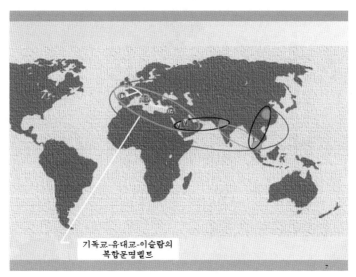

[그림 7] 유라시아의 복합문명벨트

    예루살렘은 기독교 유럽에게는 이베리아 반도에서 북아프리카와 동 지중해 그리고 메소포타미아와 인도양에 걸쳐있는 이슬람 문명권의 심장부로 통하는 관문이나 다름없었다. 이 통로는 십자군 기간에도 완전히 닫힌 적이 없었으며 오히려 12~13세기에는 그 주변지역들을 중심으로 교류가 더욱 왕성하였다(안드레 군더 프랑크 2003: 134).

    고대와 헬레니즘 시대에도 예루살렘이 위치한 레반트의 중요성은 동서 간 통로로서의 역할에서 찾을 수 있다. 소아시아(지금의 레바논 지역)의 페니키아인들은 지중해의 해상문명을 배경으로 자신의 무역을 위한 거점들을 구축하였다. 기원전 15~8세기에 페니키아인들은 티레(Tyre), 시돈(Sidon) 그리고 비블로스(Byblus)를 건설하고 아시아와 지중해의 북부와 동부 해안을 연결하는 교역루트를 독점하였으며 서양 삼목(히말라야 삼목), 적자색 염료, 곡물류, 에게 해와 아시아 지역의 세라믹 제품들, 밀과 이집트의 파피루스와 같은 주요 물품들의 거

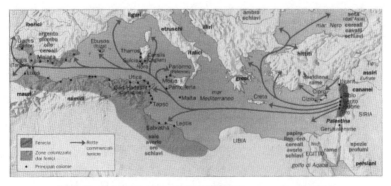

[그림 8] 페니키아의 주요 해상무역활동(출처: www.villacidro.biz)

래를 통해 부를 축적하였다([그림 8]). 이러한 물품들의 지중해 유입은
이베리아 반도의 금과 은, 영국의 구리, 중부유럽의 가죽 등과 같은 물
품들의 수출로 균형을 이루었다. 또한 기원 전 11∼10세기에는 해안
지역을 중심으로 카르타고, 지브롤터, 마르세유(Marseille) 등의 도시들
이 건설되었다. 같은 맥락에서 사이프러스는 10세기 지중해 무역의 거
대 거점으로 번영을 누렸다.[15]

페니키아의 지중해-아시아 중계무역은 레반트 지역을 지리적인 경
계로 추진되었다. 반면 고대 그리스인들의 해상활동은 기원전 8세기에
그리스 반도와 소아시아 일부지역에 국한하였지만, 이후 8∼6세기 사
이에는 이탈리아 반도의 남부와 시칠리아, 북아프리카 일부지역, 유럽
대륙과 지중해가 접한 오늘날의 프랑스 남부지역(마르세유) 그리고 특
히 흑해의 해안지역 전체로 확대되었다([그림 9]).

---

15) 출처: http://doc.studenti.it/appunti/storia/colonizzazione-greca-fenicia-mediterraneo. html (검색일
자: 2015.10.09.).

(출처: versioniesoluzioni.forumfree.it)

[그림 9] 기원전 8~6세기 그리스 해상 활동의 주요 지역

　서구학자들은 알렉산드로스의 동방원정이 헬레니즘의 확산, 즉 그 리스 문명의 동방 확산을 동반하였다고 주장한다. 그럼에도 알렉산드 로스가 이탈리아 반도를 비롯한 지중해의 서부지역이 아니라, 고대 문 명의 중심지와 그 너머의 지역으로 진출한 것은 지중해 동부지역이 오 랜 교역활동을 통해 소아시아와 아라비아 반도의 남부 그리고 아프리 카 동부해안 그리고 인도와 스리랑카를 포함하는 인도양 지역의 높은 문명 수준을 알고 있었기 때문이었을 것이다. 뿐만 아니라 알렉산드로 스의 동방원정 루트는 향료와 향수의 정복이라고 할 만큼 대부분의 경우 이들의 생산지와 무역중심지들과 지리적으로 일치한다([그림 10])(Giuseppe Squillace 2014: 61-70).[16]

---

16) 고대 그리스의 향료들 대부분은 중동과 인도 그리고 카스피해 연안에서 생산되었다. [그림 12] 에서 보듯이, 향료는 알렉산드로스 제국의 접경과 거의 일치하며 향료의 주요생산지는 제국의 국경지역들에 집중되어 있다(아라비아 남부, 바빌로니아, 레반트, 아르메니아, 코카서스(Caucasus) 가 향료 생산의 대표적인 지역이었다). 당시 레반트를 통한 교류의 흔적은 이미 고대부터 다양 한 종류의 향과 향료 그리고 이러한 물품들의 교역을 통해서도 잘 드러난다.

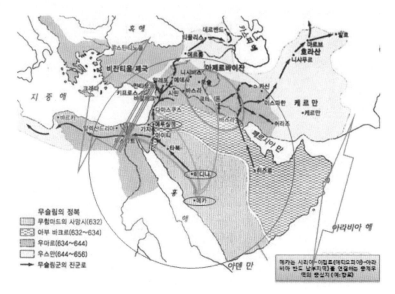

[그림 10] 7세기, 메카

　로마인들 역시 지중해 동부지역과 중동 그리고 인도양을 연결하는 전통의 무역루트를 계승하였다. 제국 당시 로마인들은 이집트의 나일 강과 홍해의 항구들(예: 메디네트-엘 하라스 항구, 포추올리 항구)과 카라반을 이용해 아라비아 반도의 남부에 위치한 베레니케 항구에 도착한 후에는 5월과 9월 사이에 부는 인도양 계절풍을 이용해 인도를 향한 오랜 바다여행을 하였다(알베르토 안젤라 2015: 471-473).[17] 해양고고학 분야의 연구에 따르면, 제국 당시 로마와 인도 지역의 교역은 매년 120척의 규모였으며 비단, 청금석, 진주, 상아, 동남아의 정향유, 후추를 수입하고 포도주, 의복, 붉은 산호, 유리 및 금속제품들을 수출하였다.

---

17) 인도양에는 11월과 3월 사이에 북동풍의 계절풍이 불었는데, 로마인들은 이 바람을 타고 고향으로 돌아 올 수 있었다.

[그림 10]에서 보듯이, 아랍-무슬림은 아라비아 반도를 포함할 경우 알렉산드로스 제국의 영토적 유산을 상속했다고 해도 과언이 아니다. 이것은 로마제국의 몰락과 게르만의 침입으로 잠시 정체되었던 전통의 동서교류가 아랍의 등장을 통해 새로운 전기를 맞이하였다는 것을 의미한다. 또한 알렉산더의 아시아 원정과 그 문명적 의미는 헬레니즘 제국과 상당부분 겹치는 무슬림 정복지역에서 예루살렘과 메디나 그리고 메카를 향한 성지와 순례의 여정을 통해 후대로 전승되었으며, 이로서 두 문명권의 접점이 마련되었다.

중세 이슬람 경제의 고유한 특징은 무슬림 정복자들이 피정복지의 무역체계를 그대로 승계하고 발전시켰다는 것이다. 대표적인 오아시스 도시였던 메카는 아라비아 반도의 남부로부터 레반트나 이집트의 알렉산드리아로 가는 물품들이 거치는 중심지로, 메소포타미아 지역과의 교역에도 참여하고 있었다(Vincenzo Strika 2002: 2).[18] 하지만 이러한 무역망은 강력한 경제적 기반위에서 성립된 것이 아니었는데 자신만의 지역특산물을 가지고 있지 못한 것이 그 주된 원인이었을 것이다. 메카는 이슬람의 등장 이전부터 지중해와 인도양 무역권을 중계하던 주요거점으로서 크게는 인도양과 그 동쪽의 문물을 유라시아의 서쪽으로 이동시키는 역할을(김정휘 2008), 작게는 아라비아와 아프리카 동부지역 그리고 인도의 서북부지역으로 구성된 지역 간 교역의 중심이었다.

7세기 이슬람은 레반트로부터 페르시아 만으로, 예멘에서 이집트로 영토를 확장하면서 당시 비잔틴 제국이 차지하고 있던 많은 무역거점을 빼앗았다. 또한 북아프리카와 스페인, 페르시아, 중앙아시아를 정복하고 동방의 인도를 향해 진출하면서 무역망의 중심은 걸프 만, 메소

---

18) (http://www.treccani.it/enciclopedia/le-vie-i-luoghi-i-mezzi-di-scambio-e-di-contatto-mondo-islamico_ (Il Mondo dell'Archeologia: 검색일자: 2015년 10월 7일); 이러한 사실은 이라크의 Al-Faw 반도의 작은 항구에 대한 고고학 발굴을 통해서도 확인되었다.

포타미아 그리고 홍해로 옮겨갔다. 그 결과 중앙아시아를 장악한 후에
는 페르시아, 메소포타미아의 경제적인 중요성이 부각된 반면 비잔틴
의 세력은 더욱 쇠약해졌다. 이러한 지역들의 무역은 정복지 내에서
뿐만 아니라 대외적으로도 확장되었다. 당시 이슬람으로 개종한 대토
지소유주들은 무역상인이면서 동시에 거대자본가이기도 했으며 이들
중에는 아랍출신의 부르주아들도 있었는데, 시라프(Siraf)의 대가문들
이 그 대표적인 사례였다. 이들은 몬순의 영향권에 있는 모든 항구들,
아덴만 지역이나 이집트의 항구들을 중심으로 지점을 운영하면서 금
융활동을 병행하기도 하였다. 또한 카리미(Karimi)와 같은 가문은 사
실상 이집트를 거점으로 활동하던 거상으로, 함대를 보유하고 있었으
며 인도와 홍해의 항구들에 지점을 두고 있었다. 홍해의 경우 십자군
의 영향으로 한때 무역활동이 위기를 맞기도 하였지만 결코 중단되지
는 않았다. 이러한 지역들의 무역이 활성화된 데는 이슬람의 영토에
흩어져 있던 유대인 공동체들의 역할도 적지 않았는데, 특히 이들은
전형적인 이슬람 중심지인 바스라(Bassora)에서도 활동하였다.

이슬람 상인들은 대개의 경우 사회적 신분이 있는 무슬림이었기에
이들의 교역활동은 신앙의 확산을 위한 수단이기도 하였다. 이슬람 시
대는 고대 지중해가 로마제국에 이어 맞이한 두 번째 세계화의 여정이
었다. 이슬람의 세계화는 일부는 군사적인 정복을 통해, 일부는 개종
을 통해 이루어졌다. 그리고 이 시대에 항해는 로마시대의 지중해에서
처럼 안전하였으며 해적활동과 온갖 불법적인 약탈행위는 결코 용납
되지 않았다. 이슬람의 세계화 시대에는 강력한 통화인 디나르(dinār)
가 주조되었는데19), 이들은 훗날 발트 해와 스칸디나비아 반도에서도

19) 디나르(dinār)는 그리스어 δηνάριον(denárion)에서 기원하는 용어이며 라틴세계에서는 데나리
    우스(dēnārius)로 불렸다(*Oxford English Dictionary*, Second edition, 1989, s.v. dinar; online
    version November 2010; Versteegh, C. H. M.; Versteegh, Kees (2001). *The Arabic Language*.
    Edinburgh University Press. p.60. ISBN 978-0-7486-1436-3). 금화 디나르는 이슬람의 등장 직
    후부터 사용되었으며 비잔틴 제국에서는 denarius auri로 불렸다(Koehler, Benedikt, *Early Islam
    and the Birth of Capitalism*. Lexington Books. 2014, p.102. ISBN 978-0- 7391-8883-5). 또한 이

발견되었다.

① 이슬람. 종교적 동일성과 사회-문화적 다양성

7세기 이후 이슬람의 영토는 중앙아시아에서 중국의 국경지역까지, 레반트에서 아라비아 반도, 북아프리카 그리고 스페인까지 확장되었다. 오스만 제국의 통치하에서는 14세기부터 발칸 반도와 중부유럽의 많은 지역이 정복되었다. 하지만 이러한 대정복은 다양한 민족적 구성으로 인해 정치적인 통일을 동반하지 못하였다. 우마이야 왕조 시대에 제국의 중심과 주변지역의 관계는 긴밀하지 못하였다. 그리고 아바스 왕조(750~1258) 하에서 이베리아 반도의 무슬림은 사실상 독립적인 관계의 에미르(emirato)들로 분열되어 있었다.

그럼에도 이슬람 사회의 문화적이고 정신적인 구심점에 해당하는 종교적 통일성은 유지되고 있었는데 이를 가능하게 한 결정적인 요인은 순례였다. 교역의 증감은 가장 부유한 지역들의 경제적인 능력에 따라 변화되었고 아바스 왕조 시대에 메소포타미아와 그 인접지역이 그러하였다. 하지만 이곳에서도 16세기 오스만 제국의 지리-정치적인 상황과 경제적인 현실은 지리상의 발견으로 인해 많은 변화에 직면하였다. 특히 북미 신대륙으로부터 금이 유입되면서 오스만 제국의 통화는 경쟁력을 상실하였고 이로 인해 페르시아와 인도를 제외한 지역들의 교역이 침체되었다.

금화는 기원 후 1세기 인도의 쿠샨(Kushan) 제국에 의해 도입된 후 이슬람의 지속적인 영향 하에서 굽타왕조를 거쳐 기원 후 6세기까지 통용되었다(Friedberg, Arthur L.; Friedberg, Ira S., *Gold Coins of the World: From Ancient Times to the Present.* Coin & Currency Institute. 2009, p.457. ISBN 978-0-87184-308-1; Mookerji, Radhakumud, *The Gupta Empire.* Motilal Banarsidass. 2007, pp.30-31. ISBN 978-81-208-0440-1). 하지만 델리의 술탄들과 무굴제국의 통치하에서 디나르의 스타일과 성격은 초기의 특징들에서 벗어나 완전히 달라진다(Friedberg, Arthur L.; Friedberg, 앞의 책, p.457 참조)

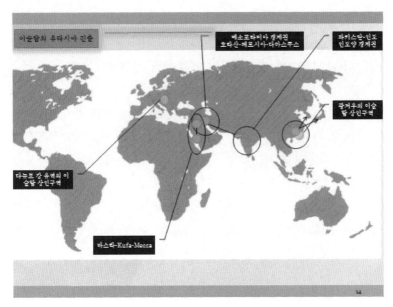

[그림 11] 유라시아의 이슬람

한편 9∼10세기 아바스 왕조의 바그다드에서는 공사의 영역에 걸쳐 거대 자본이 출현하였다. 상인부르주아들은 무역을 지원하였으며 이를 통해 막대한 부를 축적하였고 정부 역시 효율적인 세금제도의 운용으로 국고를 튼튼히 하였다. 금은 세공, 직물산업 그리고 세라믹 생산은 이러한 시대를 배경으로 전성기를 누렸으며 무역의 규모를 키우는데 일정부분 기여하였다. 당시 이슬람의 주요 무역중심지들은 아시아 지역에 위치하고 있었다. 10세기의 지리학자인 알 무깟다시(al-Muquaddasi)에 따르면, 이슬람 제국의 서쪽, 즉 지중해에 인접한 지역에는 카이로, 튀니지의 캐루안(Kairouan) 그리고 코르도바가 대도시이었던 반면, 반대편의 아시아 지역에는 메카, 다마스쿠스, 예멘의 자비드(Zabid), 이라크의 바그다드, 모술(Mossul), 이란의 아비즈(Ahwaz), 시라즈(Shiraz), 하마단(Hamadan), 아르다빌(Ardabil), 시르얀(Sirjan) 그리고 니샤푸르

(Nishapur), 중앙아시아의 사마르칸트, 파키스탄의 브라마나바드(Brahmanabad)가 대도시의 위용을 자랑하였다. 뿐만 아니라 지중해의 무역활동과 인도양의 무역활동은 근본적인 차이를 드러내고 있었다. 즉, 전자의 지역에서는 십자군을 계기로 기독교세계와 이슬람 세계가 첨예하게 대립하고 있었으며 이 기간에 이탈리아 해상공화국들은 두 세계를 중계하는 무역으로 막대한 부를 축적하고 있었다. 하지만 인도양의 상황은 전혀 달랐다. 이곳의 주요 공동체들은 새로운 정복자들의 종교적인 관용과 개종을 통해 이슬람 문명을 수용하였다. 그럼에도 14세기에 포르투갈이 아랍인 항해자인 이븐 마지드(Ibn Magid)의 도움으로 진출한 이후 이 지역의 상황이 달라진 것은 사실이었다. 중국과의 무역은 이슬람이 진출하기 이전부터 지속적으로 진행되고 있었다. 하지만 이슬람의 무역활동 역시 중국 왕조들의 내부사정에 따라 다양한 수준에서 추진되었다. 이슬람 세계에서도 교류는 군사원정, 무역, 행정과 통신의 영역에서 추진되었다. 하지만 한 가지 과거와 다른 점이 있다면 그것은 무슬림 문명이 동반한 새로운 요인, 즉 순례의 여정이 추가되었다는 것이다.

② 중동: 순례와 교역의 중심지들

무슬림에게 성지로의 순례는 중요한 의미를 가지고 있었다. 하지만 이슬람 제국의 국경지역들과 아라비아 반도의 서부지역을 연결하는 도로들을 통해 메카와 메디나로 향하는 순례와 성지의 여정은 문명 간 교류의 의미로도 해석될 수 있다. 순례의 역사를 배경으로 흥해 인근에 건설된 아라비아의 제다(Gedda)는 경제와 문화 그리고 종교적인 가치가 공존하였고 인근의 다른 길들이 조우하는 전략적인 거점이었다. 당시 순례자들은 카라반들과 여정을 함께하면서 자신들의 안전을 도모하였다. 하지만 순례의 여정은 도로들에 대한 중앙권력의 통제력에 따라 그 안전의 정도를 달리했다. 강력한 권력 하에서 순례자들은 음식과 편의를 무상으로 제공받았다.

아바스 왕조의 통치하에서 이라크와 파키스탄의 헤자즈(Higiaz)를 연결하는 도로들은 메소포타미아의 거대 도시들이 오래 동안 부와 번영을 누리면서 오리엔트 지역과 무역을 하던 통로였던 만큼 상당히 중요하였다. 당시에는 바스라와 메카를 이어주는 도로 그리고 이라크의 쿠파(Kufa)와 메카를 연결하는 도로가 이미 존재하고 있었다. 예멘은 중요한 중심지로서 이곳에는 아프리카 동부지역과 오만에서 오는 순례자들이 도착하였다. 시리아와 이집트로 향하는 순례자들은 요르단의 아카바(Aqaba)만에 위치한 아일라(Ayla)로 향했다. 이곳에서는 북아프리카에서 출발한 순례자들을 만날 수 있었다. 요르단의 아일라와 성지를 이어주는 통로로는 해로와 육로가 있었는데, 두 경우 모두 이슬람 이전시대부터 존재하고 있었다. 쿠파(Kufa)-메카 도로는 본래 유목민들이 통과하던 길이었지만 칼리프 시대에 그 규모가 확장되었으며, 이 과정에서 오아시스와 인근의 수원지들이 결정적인 역할을 하였다. 또한 이슬람이 등장하기 이전부터 아랍인들의 중요한 도시였던 알-히라(al-Hira)와 헤자즈의 중심지들을 연결하는 도로는 이슬람이 출현하기 이전부터 존재하고 있었지만 옴미아드 왕조의 통치하에서 순례자들의 길로 사용된데 이어 아바스 왕조 하에서 경제적 번영을 누렸다. 이 지역의 칼리프들은 우물과 주택을 건설하였으며 야간 이동을 선호하는 카라반을 위해 야간조명을 밝히기도 하였다. 이러한 노력은 칼리프 알-마흐디(al-Mahdi)의 시대에 결실을 맺었다. 일설에 따르면 이 길을 따라 메카까지 얼음을 옮길 수 있을 만큼 빠른 이동이 가능했다고 한다.

10세기에 접어들자 이 순례의 여정은 아라비아 반도에서 흑인노예들이 일으킨 Zeng의 반란(869~883)과 시아파(Qarmati)의 반란으로 쿠파가 약탈을 당하면서 쇠퇴의 길로 접어들었다(Carlo Gasbarri 1942: 237). 가장 큰 충격은 1258년 몽고가 바그다드를 정복한 것이었다. 이를 계기로 호라산(Khorasan)과 페르시아에서 시작되던 순례의 여정은 보다 안전한 다마스쿠스로 옮겨졌다.

순례는 종교적인 열정의 실천이자 이슬람의 통일성을 유지하는 방편이었다. 다른 한 편으로는 커뮤니케이션을 위한 지극히 효율적인 시스템이었으며 무슬림 지역들 간의 경제적이고 문화적인 접촉을 보장하는 기능을 가지고 있었다. 순례의 여정에는 중요한 시장들이 필연적으로 동반되었는데 이를 통해 상인들은 물품을 교역하거나 인근 다른 지역들과의 거래를 계속하였다.

이슬람은 독자적인 문명을 보유하고 이를 확산시키기 보다는 정복지의 다양한 지역문명을 수용하고 접변을 통해 발전시킨 후에 이를 정복한 영토의 전 지역에 확산시켰으며 계속해서 주변지역들로 신앙과 함께 전파하였다. 이러한 특징은 로마, 비잔틴 그리고 페르시아인들이 건설한 기존의 도로들을 재활용한 것을 통해서도 잘 드러난다. 무슬림 상인들은 이러한 길들을 통해 유럽, 영국해협, 발틱해 그리고 러시아에 도달할 수 있었다. 13세기의 고서체학자인 야큐트 아크 무스타시미(Yaqut ak-Musta'simi)에 따르면 다뉴브 강 인근에 무슬림 거주지가 있었고 758년에는 이슬람의 대 오리엔트 교역과 관련하여 중국의 광둥성(Canton)에 이슬람 주거지가 존재하고 있었다. 광저우에서는 수로를 통한 내륙 무역이 활발하였다. 또한 쓰촨성과 윈난성 사이에 위치한 취안저우(Ch'uan chu) 만은 조선과 일본을 향한 무슬림 상인들의 출발지로 알려져 있었다(Josef W. Meri 359-360) 당시 이븐 쿠라다디비(Ibn Khurradadhbih)는 무슬림 상인들이 광저우의 연안을 따라 교역을 하고 있었다는 기록을 남겼다(Josef W. Meri 135, 705). 극동은 이미 그 이전시대부터 육지의 실크로드를 통해 알려져 있었다. 하지만 곳곳에 위치한 사막과 모래폭풍의 영향으로 지속적인 관리가 필요한 실정이었다. 반면 항해자들이나 상인들은 바닷길을 선호하였는데 그 주된 이유는 몬순 기후 때문이었다. 당시 몬순의 바람은 항해의 시기, 출발

그리고 어디에 정박해야 하는가를 결정하는 요인이었다.

아바스 왕조의 시대에 주요 교역로는 메소포타미아와 아라비아-페르시아 만이었다. 당시 페르시아 만 북단의 바스라에서 시작되는 항로는 호르무즈 해협을 건넌 후에 페르시아 만 동쪽 연안의 시라프(Siraf, 이란)를 거쳐 파키스탄의 브라마나바드에서 멀지 않은 -인도의 서쪽에 위치한 카라치(Karachi)의 인근에 해당하는- 오만의 항구들에 도착하였다. 그리고 이곳에서 스리랑카의 북단을 거쳐 벵골 만에 진입한 후에는 계속해서 북쪽을 향해 항해하거나 또는 말레이시아의 칼라흐(Kalah)를 통과하여 최종목적지인 광저우나 일본으로 방향을 잡았다. 당시 아랍의 항해자들은 극동지역에 이르는 여정에 여러 개의 바다가 존재한다는 사실을 알고 있었다. 이들은 오늘날의 걸프 만, 오만과 인도 서부지역의 사이에 위치한 바다, 벵골 만, 인도차이나 반도의 동부 해안지역, 중국해로, 사실상 바닷길의 주요 거점들이었다.

아프리카 동부지역을 항해하는 경우 일반적으로 출항지는 사라프와 오만이었다. 이후 항로는 아덴만의 소코트라(Socotra) 섬과 소말리아의 항구들, 케냐, 탄자니아, 모잠비크 그리고 남아프리카 공화국을 통과하였다([그림 12]). 당시에는 홍해도 전략적인 중요성을 가지고 있었다. 예멘은 인도양, 아라비아의 헤자즈(Higiaz), 아프리카 동부지역 그리고 지중해가 교차하는 전통적인 요충지였다. 아덴만을 통과하여 홍해로 진입하는 항로는 지중해에 도달하는 최단거리의 노선으로서 그 중요성은 일찍부터 제기되고 있었다. 거부(巨富)인 하룬 알 라쉬드(Harun al-Rashid)는 수에즈에 운하를 건설하려고 하였지만, 당시에도 여전히 로마인들의 바다로 불리고 있던 지중해에서 최고의 해군력을 자랑하던 비잔틴 제국의 해군이 홍해로 진입하여 이슬람 신자들의 전통적인 순례와 경제활동을 방해할 것을 두려워하여 계획을 포기하였다.

11세기에 접어들어 지중해에서 이슬람의 교역과 재해권은 쇠퇴기에 접어들었다. 이는 십자군을 계기로 지중해에서 제노바, 피사 그리고

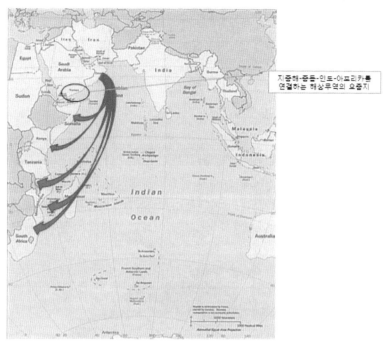

[그림 12] 인도양 해상무역의 중심, 예멘

베네치아와 같은 이탈리아 해상공화국들의 중계무역이 활성화되는 계기가 되었다. 아랍의 여행가들은 이븐 지우바이르(Ibn Giubair)와 이븐 바투타(Ibn Battuta)의 기록에서도 보듯이 지중해를 항해하기 위해서는 기독교인들의 배를 이용하였다고 한다. 하지만 이러한 증언에도 불구하고 11세기 이후 종교적인 갈등이 지중해의 교역활동에 절대적으로 우선하는 요인은 아니었던 것 같다. 이베리아 반도의 무슬림은 아바스 왕조의 칼리프들과는 달리 지중해 무역에서 일정한 역할을 유지하고 있었으며 황금기에 바그다드는 비잔틴 제국과 기독교 국가들에 대해 열린 정책을 추진하였다.

당시 아프리카의 이슬람 순례 길은 사하라 남부지역에서 생산된 물품들, 특히 금의 교역로와 일치하였다[박상진(엮음) 이석호

2005: 252-253]. 당시 아프리카의 물품들은 동부지역의 아우다고스트(Aoudaghost)에서 출발해 인도북부의 카로란(Kairouan)에 도착하는 카라반에 의해 지중해 남단의 항구들로 옮겨진 후에 이곳에서 다시 시칠리아와 이탈리아 남부의 여러 항구들로 운반되었다.([그림 13]) 당시 카라반은 모로코의 눌 람타(Nul Lamta) 항구에서 출발하여 스페인을 항해하거나 모로코의 시질마사(Sigilmasa)와 알제리를 거쳐 알메리아에 도착하였다. 이 항구는 수출에 있어 가장 큰 비중을 차지하고 있었다. 북아프리카에서 이집트는 정치와 경제의 분야에 걸쳐 상당한 중요성을 차지하고 있었다. 그 이유는 지리적으로 아프리카의 지역들과 연결되어 있었으며 동방을 향한 전초기지이기도 하였기 때문이다.

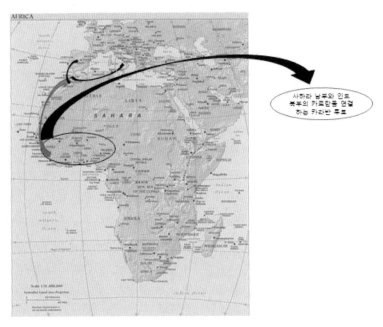

[그림 13] 지중해의 이탈리아를 통해 사하라 남부와 인도를 연결하는 카라반의 여정

③ 교역 물품

교역의 증진과 무역 항구들의 발전을 이해하기 위해서는 교역 물품들의 다양성과 수량에 대한 조사가 필요하다. 이슬람은 지중해와 인도양 그리고 멀리 중국(탈라스)에 이르는 방대한 지역에 걸친 제국으로서 다양한 물품들의 교역, 생산과 수요를 연결하는 수많은 육로와 해로들에 있어 과거의 그 어느 제국과도 비교가 되지 않을 만큼 활발한 경제구조를 구축하고 있었다.

기원 후 10세기에 페르시아 출신의 탐험가이자 지리학자인 이븐 루스타(Admad ibn Rustah)는 여행하는 자들을 크게 네 가지 부류로 정의한 바 있다.[20] 이들은 대략 '선원과 상인', '대사와 전령',[21] '순례자와 종교인' 그리고 '다른 목적으로 여행하는 자들'로 구분되었다.

당시의 교역에 있어 지배적인 물품은 향신료, 실크, 목화, 금과 귀금속, 목재, 종이 그리고 쌀과 과실 등의 식품류였다. 약품이나 음식의 첨가물로 사용되던 향신료의 대부분이 인도에서 온 것이라면, 실크는 한때 이슬람 종교사회에 의해 배척되기도 하였지만 19세기 초반까지 그 수요가 지속되었던 물품이었으며 유라시아를 관통하는 무역활동의 상징이었다([그림 14]). 누에는 이미 기원 후 4세기에 중국에서 중앙아시아와 페르시아로 전해졌다. 그리고 10세기에는 투르크메니스탄의 메르브(Merv)에서 생산된 실크가 유명하였다. 하지만 14세기까지, 즉 루카와 베네치아가 실크 생산과 수출에 본격적으로 뛰어들면서 무슬림은 유럽과의 무역에 있어 실크 교역의 독점적인 지위를 상실하기 시작하였다. 그 밖에 실크 생산의 실질적인 중심지는 중앙아시아의 도시들, 즉 이란의 이스파한(Isfahan), 다마스쿠스, 알렉산드리아, 카이로 그리고 무슬림 통치하의 이베리아 반도였다([그림 14] 참조).

---

20) Cfr. Ibn Rustah, Kitāb al-A'lāk an-Nafisa, ed. M. J. De Goeje, *Bibliotheca Geographorum Arabicorum* [BGA], Leiden, E. J. Brill, 1892. BGA는 아랍 지리학자들이 쓴 지리학 고전 텍스트들에 대한 비평서의 성격을 가지고 있다.

21) 이미 칼리프 시대(644~656)에 중국에 사절단이 파견되고 있었으며 이후 중앙아시아의 권력자들도 사절단을 보냈다.

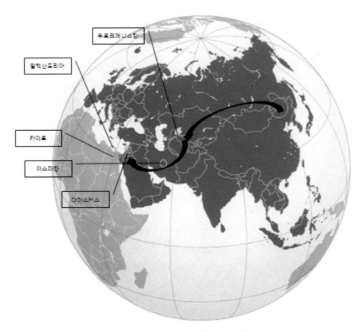

[그림 14] 실크의 생산지와 무역로

오스만 제국의 기간에도 실크 생산은 계속되었다. 하지만 중국의 실크는 가장 높은 가격으로 거래되었다. 중앙아시아의 양잠업이 정착되면서 중국은 실크 생산의 중심지를 남부로 옮겼다. 이로 인해 인도양과 중국해를 연결하는 해로에서는 물품교역이 증가하였으며 이슬람의 세력도 확장되었다.

인도의 목화는 페르시아와 중앙아시아, 특히 오늘날의 우즈베키스탄으로 확산되었다. 아프가니스탄 역시 목화의 대량 생산지였으며 카불에서 생산된 목화는 주로 중국으로 수출되었다. 9～10세기에 목화의 생산은 레반트 지역, 특히 아나톨리아 남부와 시리아, 안달루시아와 시칠리아 그리고 메소포타미아 지역에까지 진출하였다. 이 과정에서 바그다드와 모술은 직물산업의 중심으로 부상하였고, 생산된 직물의 대부분은 이탈리아로 시리아의 직물은 멀리 독일 남부지역까지 수출되었

다. 그 이외에도 직물산업은 이집트, 쿠지스탄(오늘날의 아라비스탄 Arabistan),
안달루시아 그리고 중앙아시아의 메르브(Merv), 바쿠라 그리고 사마르칸
트를 중심으로 전성기를 누렸다. 양모는 주로 안달루시아와 알제리에서
생산되었다. 그 밖에도 이슬람 지역과 그 주변에서는 금과 귀금속, 호박,
진주, 산호장식품들이 풍부하였다. 금은 인도 서부지역과 아프리카 남부
그리고 아르메니아, 알타이와 티벳 지역에서 유래하였다. 은(銀)은 안달
루시아, 아르메니아 그리고 발칸 반도의 코소보에서 생산되었다. 귀금속
의 경우 가장 알려진 생산지는 남아프리카였지만 아라비아 남부 예멘의
하드라마우트(Hadramaut)도 주요 생산지 중 하나였다. 주요 광물들 중
구리는 스페인과 모로코 그리고 오만에서 채굴되었으며 중앙아시아의
우랄지역으로부터도 수입되었다. 종이는 중국에서 발명되었지만 전통적
인 교역로인 사마르칸트와 바그다드를 거쳐 유라시아의 서단에 도달하
였다([그림 15]).

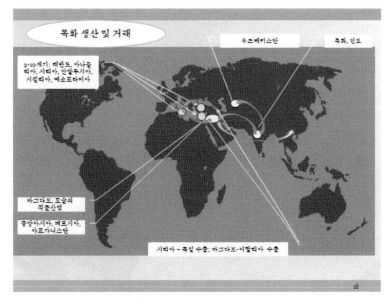

[그림 15] 목화의 생산지역과 무역교통로

식품재료의 경우 과일들은 그 대부분이 시리아-메소포타미아 지역
과 모로코 그리고 이집트에서 생산되었다. 하지만 십자군이후 그 수요
가 감소하면서 과실을 대신해 목화 재배가 확산되었다. 무슬림의 지배
하에서(711~1492) 이베리아 반도의 농업 발전은 물질적 풍요와 더불
어 인구증가에 결정적인 원인으로 작용하였다. 당시에 도입된 주요 물
품들은 쌀, 기름, 목화 그리고 설탕이었다. 쌀은 물이 풍부한 인도와
메소포타미아 남부지역에서, 기름은 북아프리카에서, 설탕은 인도에서
생산된 후 십자군 기간에 유럽대륙으로 전해졌다.

4) 르네상스 유라시아 문명 간 교류

이탈리아의 르네상스에 대한 기존 해석은 지난 19세기 유럽의 역사
적 역동성과 관련이 있다. 이념적으로는 유럽의 민족주의와 맥을 같이
하고 정치적으로는 유럽의 패권주의를 반영한다. 학문적 관점에서 르
네상스는 '유럽의 자생적 문화현상'처럼 해석되었다.

이탈리아의 르네상스와 관련해 부르크하르트(19세기)와 콘라트 부
르다흐(20세기 초반)의 관점은 당대 유럽의 정체성이 고대를 직접적으
로 계승한 르네상스에 기원하는가에 대한 논쟁에 모아진다. 이러한 연
구의 전반은 후대를 기준으로 과거를 해석하는 '주관적인 역사해석'의
결과라고 판단된다. 그리고 이러한 경향으로 인해 역사왜곡의 현실이
당연한 사실인 것처럼 수용되는 것을 경계한다.

대안의 역사해석은 이탈리아의 르네상스가 유럽과 아프리카의 사이
에 위치한 지중해의 문화현상이 아니라, 유라시아 대륙과 아프리카의
방대한 지역을 배경으로 그리고 오랜 기간에 걸쳐 진행된 여러 문명권
들 간의 접변을 통해 가능했다는 것이다. 이것은 르네상스가 이탈리아
반도를 중심으로 성립했으며 지중해에 국한된 고대 문명의 부활이라
는 발상에 대한 반박이기도 하다. 실제로 지중해는 고대와 중세 그리

고 근대 초반까지만 해도 메소포타미아 지역을 중심으로 전개되던 역사의 주변부에 위치하고 있었다. 또한 지중해는 적어도 14~15세기 이전까지, 문명이 높은 곳에서 낮은 곳으로 흐르고 사람들은 낮은 곳에서 높은 곳을 지향한다는 사실에 비추어 볼 때 외부의 영향이 지배적인 바다였다. 뿐만 아니라 지중해는 같은 시기에 자급자족이 불가능한 바다였기에 지중해를 외부의 문명권 지역들과 연결된 거의 유일한 통로였던 레반트 지역에 크게 의존하고 있었으며 유럽 역시 내해의 바다를 통해 선진문물을 받아들이고 있었다.

이러한 문명 간 흐름과 접변의 발상은 기독교 세계와, 7세기 이후 오래 동안 이베리아 반도와 북아프리카 그리고 지중해의 동부지역을 장악하고 있던 이슬람 세계가 예루살렘을 접점으로 순례와 성지를 매개로 상통의 관계에 있었다는 사실로도 설명될 수 있다. 기독교 유럽의 성지순례는 북유럽과 스페인의 북서부지역(산티아고)에서 출발하여 로마를 거쳐 중동의 예루살렘을 향하였으며 무슬림의 성지와 순례는 유대교의 성지이기도 한 예루살렘과 아라비아 반도의 메카와 메디나로 향하였다.

오늘날처럼 중세에도 신앙과 정치-경제적인 목적은 결코 분리되거나 독립적이지 않았다. 그럼 왜 순례의 길인가? 실질적으로 순례의 길은 교역로이며 사람의 문화, 문물을 위한 통로이기 때문이다. 순례의 행위 그 자체보다는 이곳을 통과하는 사람들의 문화 그리고 그들의 삶을 둘러싼 문명의 흔적들이 교류와 접변의 대상이다. 당시의 순례와 성지를 향한 열정은 기독교 세계의 경우 성지를 향한 여정의 길목마다 크고 작은 도시들의 건설과 정기 및 비정기적인 시장들의 활성화를 촉진하였다. 이슬람 세계에서도 아리비아 반도는 한 편으로는 이베리아 반도와 북아프리카와, 다른 한 편으로는 아프리카 동부 해안지역과 그리고 메소포타미아와 중앙아시아 그리고 인도양 지역과의 커넥션을 통해 고대 상인들의 통로를 계승하고 있었다. 뿐만 아니라 예루살렘을 중심으로 형성된 주요 간선들은 주변의 수많은 지선들과 연결됨으로써 유럽대륙과 지중해, 북아프리카 그리고 중앙아시아와 인도양 지역의 시공을 더욱 촘촘하게 만들었으며 궁극적으로는 수많은 지역 문명들 간의 접변을 더욱 가속화시키는 결과를 초래하였다.

이탈리아 반도는 레반트를 통해 유입되는 새로운 문명요인들을 가장 먼저 접하는 지리적인 이점을 가지고 있었다. 그리고 고대 그리스 문명의 역사적인 파트너로서, 동로마 제국의 몰락이후에는 문화유산의 실질적인 상속자나 다름없었다. 게다가 이탈리아 반도는 유럽대륙의 관문이기도 하였으며 반도의 해상도시들, 특히 제노바와 베네치아 그리고 피사는 지중해의 아랍 상인들과 더불어 문명 간 교류의 촉매역할을 하였다.

참고문헌

안드레 군더 프랑크. 이희재 옮김. 2003. 『리오리엔트』. 이산.

야콥 부르크하르트. 안인희 옮김. 『이탈리아 르네상스의 문화』. 푸른 숲.

제임스 M. 블로트. 박광식 옮김. 2008. 『역사학의 함정, 유럽 중심주의를 비판한다』. 푸른숲.

김정휘. 2008. 『중동사』. 대한교과서(주). 미래엔(출).

김정하. 2015. "지중해: 역사철학의 전통과 문명적 정체성 – 이븐 칼둔, G. 비코, 음양오행을 중심으로". 『인문과학연구논총』. 제 36권 2호(통합 42호), pp.189-191.

Eco, Umberto. 2011. *Il Medioevo, Castelli, Mercanti, Poeti*, Milano: EncycloMedia.

찰스 나우어트. 진원숙 옮김. 2003. 『휴머니즘과 르네상스 유럽문화』. 혜안(출).

신규섭, 2007. "페르시아와 그리스, 지중해 문명". 『지중해 세계』. 제20호.

김정하. 2014. "지중해, 다문화 문명의 바다". 『유럽통합연구』. 통합 제9호.

노스코트 파킨슨. 안정효 옮김. 2011. 『동양과 서양』. 김영사.

정수일. 2009. 『문명담론과 문명 교류』. 살림.

Pirenne, Henri. 1939. *Maometto e Carlomagno*, Roma-Bari, Laterza. 강일휴 옮김. 2010. 『마호메트와 샤를마뉴』. 서울: 삼천리.

남종국. 2011. 『지중해 교역은 유럽을 어떻게 바꾸었을까?』. 서울: 민음인.

Burckhardt, J. 1944. *La Civiltà del Rinascimento in Italia*, trad. it. by D. Valbusa, G. Zippel(감수), 1944. Firenze: Sansoni, 1944.

Burke, Peter. 1990. *Il Rinascimento*, Bologna: il Mulino.

Giuseppe Squillace. 2014. *I Giardini di Saffo*, Roma: Carocci editore e Quality Paperbacks. 김정하 옮김. 2016. 『사포의 향수』. 부산: 산지니.

Vincenzo Strika, Francesca Romana Stasolla. 2002. *Le vie, i luoghi, i mezzo di scambio e di contatto. Mondo islamico*. Mondo dell'Archeologia.

2. 16세기 베네치아 인쇄 산업이 그리는 지중해 문화 지 식 교류 지형도* _김희정**

1) 책의 혁명과 지식의 탄생

세계의 변화와 혁신 그 기저에는 늘 책이 존재했다. 오래 전에 탄생한 책은 신이 지배하던 중세를 넘어, 인간이 지배한 근·현대를 지나, 굴곡의 세월을 견딘 끝에 오늘날까지 도달한 것이다. 책은 인류의 지식을 저장하는 교본을 넘어 인격을 부여받은 생명체가 되었다. 중세의 필사본만 하더라도 신의 교리를 전파하는 교본에 불과했으나 구텐베르크가 금속 활판인쇄기를 발명하면서 책을 대하는 우리의 자세가 달라졌다. 수많은 인쇄본은 수천 개의 사상이 담긴 수천 개의 얼굴, 인격, 사람이 되었다. 하나의 책을 물려주는 것이 아니라 스스로의 책을 써내려가는 힘을 가지면서 인류는 종교개혁, 르네상스, 시민혁명을 이

---

* 본 글은 "16세기 지중해 문화 지식 교류 -베네치아 인쇄산업과 스페인어 텍스트의 관계를 중심으로"(「이어이문학」 46집)를 인용 및 수정하였음.

** 부산외국어대학교 지중해지역원, HK연구교수, 이탈리아 밀라노 가톨릭 대학교, 이탈리아문학 박사, (senese77@bufs.ac.kr)

록했다.

인쇄술이 발전하면서 유럽 전역에 책이 빠르게 보급되었다. 베네치아에서는 1470년, 파리에서는 1471년, 폴란드의 크라쿠프에서는 1474년에 첫 책이 인쇄되었다. 1500년쯤에는 유럽에만 236개 도시에 인쇄소가 있었다. 출판업이 삽시간에 전 유럽으로 번질 수 있었던 것은 상인들이 이를 주도했기 때문이다. 이들의 상술은 출판에 시장원리를 적용시킨 것이다. 더 많은 사람들에게 책을 팔기 위해 대중들이 많이 쓰는 언어인 독일어, 이탈리아어, 프랑스어, 영어로 번역해 책을 출판했고, 대량생산에 맞는 새로운 기법을 착안해냈다.

당시 유럽에는 인구 15만 명이 넘는 거대 도시가 베네치아, 파리, 나폴리 세 곳뿐이었다. 16세기 초반 유럽에서 출간된 모든 책의 절반가량이 베네치아에서 인쇄되었다. 그 배경에는 출판업자 알도 마누치오Aldo Manuzio가 있다.[1] 그는 1495년부터 1515년까지 20년 동안 132종의 책을 출판했다. 이탈리아가 르네상스의 발상지로 불리게 된 배경에 그의 활약이 한몫을 했다.[2] 그는 기존의 출판 개념을 완전히 전복시키며, 오늘날 우리가 종이책에서 사용하는 수많은 요소를 도입하는 등, 파격적인 출판 기술을 단행한 결과 15~16세기 유럽에서 발간한 책의 절반가량이 베네치아에서 인쇄되었다.

배경을 살펴보자. 1480년에 유럽에는 약 110개의 인쇄소가 있었다.

---

1) 본 글에서 언급되고 있는 16세기 베네치아를 배경으로 하는 책의 혁명과 지식의 탄생에 대한 정보는 알레산드로 마르초 마뇨(Alessandro Marzo Magno, 김정하 역, 『책공장 베네치아Alessandro Marzo Magno, L'alba di libri: Quando Venezia ha fatto leggere il mondo』, 책세상, 2015)의 저서를 참고한다.

2) 알도 마누치오는 2단 인쇄를 처음 시도했고, 로마체와 이탤릭체를 처음 인쇄해 유행시켰다. 쉼표와 어퍼스트로피, 세미콜론과 악센트 부호를 도입해 구두법을 혁신했으며, 쪽 번호를 처음 매기고 출판사 로고를 처음 사용했으며, 화려한 가죽 장정 방식을 확산시켰다. 이들은 책을 읽는 재미에 주목했다. 학생이나 지식인들, 귀족들이 필요로 하는 지식서도 중요하지만 일반인들이 취미로 읽을 만한 소설이나 인문서 발간에도 힘을 기울였다. 중세 필경사들이 만든 아름다운 책에서 벗어나 누구나 쉽게 책을 접할 수 있도록 판형을 줄이고 형식을 바꿔 포켓북을 제작했다. 즐기기 위한, 취미로서의 책 읽기라는 혁명적 변화가 일어난 것이다. 알도 마누치오와 베네치아 인쇄산업 간의 상관관계는 다음 장에서 구체적으로 다루도록 한다.

이탈리아에 50여개, 독일에 30여개, 프랑스에 9개, 스페인에 8개가 있었고, 나머지는 대륙의 다른 지역들에 흩어져 있었다.[3] 베네치아는 인쇄공들에게 최적의 출판환경을 갖춘 도시였다. 출판의 활성화에 적합한 조건이라 함은 지식인들의 결집, 풍부한 자본 동원력, 뛰어난 영업활동 등을 들 수 있다.[4] 이러한 조건에 부합한 베네치아는 무엇보다도 자유로웠다. 이 도시는 당대 타 지역이나 왕국에서는 찾아볼 수 없는 자유로운 분위기를 보장했는데, 사실상 1553년까지 검열을 실시하지 않았다. 베네치아에서 외국인 공동체와 다양한 종교 집단이 번성했던 것도 결코 우연이 아니다. 그리스인들과 오스만 제국의 지배를 피해 도망친 아르메니아인들, 스페인과 다른 유럽 국가들에서의 박해를 피해 도망친 유대인들은 베네치아에 피신처를 마련했고 인쇄술의 발전에 크게 기여했다.[5]

초기 베네치아 인쇄업자는 스페인어 텍스트의 출판과 관련해 거의 관심을 두지 않았다. 그러다 16세기 중반에 이르러 외적 자원과 특정 독자층의 요구에 따라 베네치아는 스페인어 책자 인쇄의 거점이자 중심지가 된다. 이곳에서 한 세기 동안 스페인어 작품은 물적, 질적 측면에서 놀랄만한 성장을 보이며 900여 편 이상 출판되었다[6]. 이러한 출판물 중 원어는 물론 번역물도 인기를 얻었는데, 이는 베네치아 도시 내부 뿐 아니라 그 밖의 광범위한 지역에 거주하는 독자의 기대를 충족시키며 다량의 책들을 일명 '찍어내게' 만든 계기가 된다.

그럼 베네치아에서 출판된 스페인어 작품들에 초점을 맞추어, 그 의의는 물론, 이 작품들이 베네치아(이탈리아)와 스페인 두 문화 간 중재 수단으로써 갖는 역할을 살펴보고, 이를 새롭게 조명해, 16세기 지중

---

3) Luciano Febvre, Henri-Jean Martin, *La nasciata del libro*, Roma/Bari: Laterza, 1985, p. 229.

4) Alessandro Marzo Magno, 같은 책, p. 41.

5) 같은 책, p. 43.

6) Franco Meregalli, *Presenza della letteratura spagnola in Italia*, Firenze: Sansoni, 1974, p. 17.

해의 문화지식 간 교류의 양상을 살펴보자.

2) 책의 수도, 베네치아

16세기 이탈리아에서는 문화·지식활동의 중심지와 그 영향에서 벗어난 주변 지역 간의 차이가 두드러졌다. 대다수 역사학자들의 평가에 따르면 이는 당대 인쇄산업을 발판으로 인문학 보급의 메카로 간주되었던 베네치아의 역할에 기인한다.

14세기 말 이탈리아 반도의 최강국은 베네치아 공화국이었다. 지중해 패권을 둘러싸고 제노바(Genova)와 격렬한 대립을 지속한 베네치아는 14세기 중엽 숙적 제노바를 격파하고 유럽 제 1의 해상세력을 구축한다. 공화국은 '도제(Doge)'로 불리는 총독에 의해 통치되었으나, 실제 대상인들로 이뤄진 도시귀족들의 세력이 강대한 곳이었다. 이탈리아 도시들 가운데 비교적 정치가 안정되고 후기 르네상스에 있어 문화의 일대 중심지가 된다.

15세기 베네치아는 이탈리아 반도에서 가장 번영하고 화려한 도시로 발전한다. 베네치아의 인문주의는 피렌체처럼 학교와 아카데미가 많지 않았고 일찍 발전하지도 못했으나 15세기 들어 문화와 예술에서 진전을 이룬다. 대부분 귀족이 책을 소장했고, 어느 관저든 앞을 다투어 문인과 시인에게 문을 열어두었다. 귀부인들은 신학자과 철학자들을 초대해 강의를 들었고, 학교는 서민자제들에게도 문호를 개방했다. 활판인쇄의 발전에 따라 문화보급의 폭이 넓어지고 일반 독자들이 고금의 명저들을 구하기가 한결 수월해진다. 15세기 후반 베네치아는 인쇄출판의 최대 중심지가 되었고 인쇄의 선명도, 지질의 우수함, 아름다운 활자체 덕분에 이곳에서 출판된 것들은 호평을 받는다.

15세기 말부터 16세기에 걸쳐 베네치아에서 12,835권의 서적이 간행되었는데, 앞서 언급한 대로 이 출판물의 대부분이 인문학자이자 출판업자 알도 마누치오[7])에 의해 이뤄졌다. 이로써 베네치아는 이른바 16세기 책의 수도로 불려진다. 최근 학자들 역시 1470년경 처음 시작된 이후 100여 년 동안 최고의 생산성을 보였던 베네치아 출판의 경제적, 문화적 영향에 주목하고 있다. 이러한 연구는 이전까지 과소평가되었던 출판의 중요성을 사회적, 문화적 변화에 기여한 수단으로 평가받게 되었음을 방증하고 있다.

베네치아가 유럽의 수많은 도시를 제쳐두고 출판의 수도로 불리는 이유는 무엇일까? 베네치아는 16세기 유럽 대륙 전체에서 가장 도시화되고 산업화된 곳이었다.[8]) 알프스에서 계속해서 물을 흘러내린 덕분에 막대한 수력을 이용해 물레방아를 돌릴 수 있었다. 이 수력을 통해 베네치아는 공장들을 중심으로 가장 많은 종이를 생산했으며, "짧은 시간 내에 이탈리아의 인쇄 산업을 지배하게 되었으며 일정 기간 동안은 유럽의 인쇄 산업도 지배"했다.[9]) 1526년과 1550년 사이에 베네치아는 인쇄 호황의 절정을 맞이하면서 이탈리아에서 인쇄된 판본의 거의 사분의 삼과 유럽 대륙에서 생산된 책의 절반을 출판했다. 앞서 언급한 대로 베네치아는 지식인의 결집, 풍부한 자본력, 뛰어난 영업 활동, 그리고 자유와 다양성을 인정하는 사회 분위기였다. 그 외 베네치아가 출판의 수도가 될 수 있었던 원인은, 이 도시 인근의 파도바 대학교로 부터 제공받은 지적 자원, 농업 분야로 관심을 돌리면서 투자처를 다변화하려는 부유한 상인들의 풍부한 자금력 등이 있다. 15세기 말 유럽에서 가장 부유하고 강력한 수준의 무역 체계를 가진 베네

---

7) 1449년 태어난 그는 성장했던 로마를 떠나 페라라Ferrara에 살면서 그리스 고전의 번역에 치중했고 플라톤, 키케로에 관해 강연함으로써 박식함을 피력하고 교육에 열을 올렸다. 그리스 고전의 염가판을 출판해 많은 사람들이 애독하는 것이 마누치오의 꿈이었으나 값만 싸다고 해서 되는 일은 아니었다. 원전의 여러 사본에 대한 비교연구가 매우 큰 작업이었고 판매시장도 개척해야 했다. 그가 베네치아로 이주한 건 이런 이유 때문이다.

8) Alessandro Marzo Magno, 같은 책, p. 44.

9) Brian Richardson, *Printing, writers and Readers in Renaissance Itlay*, Cambridge: Cambridge University Press, 1999, p. 5.

치아는 해외로 책을 수출하며 수세기 동안 출판 교역에서도 큰 획을 남긴다.10)

인쇄산업의 성장은 작가와 사업가들에게 새로운 길을 열었다. 많은 서점들이 인쇄소 업무를 병행했기 때문에 판매된 책들은 대부분 인쇄업자이자 동시에 출판업자인 이들에 의해 생산된 것이다.11) 16세기에는 베스트셀러가 등장하게 된 것도, 12) 출판업자들의 성공이 저자들의 성공으로 이어진 경우라 할 수 있다. 많은 작가들은 후원에 대한 부담으로부터 자유로워졌으며 인쇄업자들은 재정적 보장을 얻을 수 기회를 포착한다.13) 인쇄업자가 개개인의 작가들을 고용할 수 있다는 환경이 조성되었다는 것은 중요한 문화적 결과였다. 이와 더불어 새로운 출판/인쇄 기업 운영 방식과 자유분방한 문학적 표현 방식이 발달한다. 이로써 16세기 베네치아는 유럽의 다른 도시에서 출판한 것보다 훨씬 많은 책을 출판한 것은 물론, 인문학에서 다루는 관심사보다 훨씬 폭넓은 범주의 내용을 세상에 알릴 수 있었다. 다방면의 관심사를 망라하는 내용을 갖춘 출판물들은 베네치아 인쇄업자는 물론 이탈리아인의 위상을 높이고 새로운 독자 계층을 낳게 만든다.

3) 베네치아의 스페인어 서적 출판 배경

도시의 경제번영은 인쇄산업의 성장을 자극했고, 새로운 아이디어 보급을 두려워하지 않은 도시의 혁신적인 출판 지원 정책은 인쇄업자들이 자유롭게 활동 할 수 있도록 허용했다. 융통성 있는 검열은 개방적이고 획기적인 출판문화 성장에 날개를 달았다. 출판 시장의 거래망

---

10) Alessandro Marzo Magno, 같은 책, p. 41.

11) 같은 책, p. 18.

12) 같은 책, p. 35.

13) Carlo Dionisotti, *Geografia e storia della letteratura italiana*, Torino: Einaudi, 1967, p. 244.

구축, 가동 활자의 조기 도입, 우수한 종이 품질, 이탈리아의 여러 분야 장인들의 창의적 능력 등과 같은 여러 요인들이 더해져 16세기 초 베네치아 출판업은 유럽 도서 분야를 선도했다. 대부분의 역사학자들은 베네치아 출판업의 문화적, 경제적 중요성을 파악하며 그들의 인쇄 산업 규모에 대한 다양한 추정을 내놓았다. 노튼(F. J. Norton)은 16세기 초기의 출반 시장 확대와 강화 기간(1500-1520) 동안 베네치아 도시 내에 65개의 인쇄업자가 존재했다고 정리했으며,[14] 레인(F. C. Lane)은 1501년부터 1600년 사이 113개의 인쇄업자 및 출판업자가 있었다고 언급한다.[15] 한편 로건(O. Logan)은 밀라노에 60여개, 볼로냐에 42개, 로마에 37개, 피렌체에 22개의 출판업자가 있었던 것에 비해, 베네치아는 150개의 출판업 및 인쇄소가 활동했다고 기록하고 있다.[16] 베네치아 인쇄 산업 규모를 추정하는 데 있어 보다 세밀한 조사 문헌은 파스토렐로(E. Pastorello)의 연구 결과로, 그는 16세기 베네치아의 인쇄업자, 출판업자, 서적상의 수가 493개에 이른다고 정리하고 있다.[17]

이런 배경의 베네치아에서 스페인어 책이 출판된 것은 우연이 아니었다. 이 시기 베네치아에서 스페인어 텍스트 생산이 대규모로 이뤄졌고 동시에 지역 토착어로 된 이탈리아어 작품이 점차 성장하기 시작했다. 사실 초기 대부분의 인쇄업자들은 프랑스와 독일에서 건너온 전문 장인들로, 고전 텍스트, 이론서, 인문학서, 라틴어로 쓰여 진 종교 관련 서적 등의 생산에 한정적으로 집중했다. 라틴어 텍스트가 다른 국가로 수출되었고, 이탈리아어 서적이 차지하는 비중은 비교적 작았다. 이탈리아 서적 중 그나마 대부분은 단테의 『신곡(Divina Commedia)』,

14) F. J. Norton, *Printers, 1501-1520. An Annotated List with an Introduction*, London: Bowes & Bowes, 1958, pp. 125-126.

15) Frederic C. Lane, *Venice, A Maritime Republic*, Baltimore: Johns Hopkins University Press, 1973, p. 311.

16) Oliver Logan, *Culture and Society in Venice, 1470-1790*, New York: Scribners, 1972, p. 74.

17) Ester Pastorello, *Tipografi, editori, librai a Venezia nel secolo XVI*, Firenze: Olschki, 1924.

보카치오의 『데카메론(*Decameron*)』, 페트라르카의 『시집(*Rime*)』 및 보이아르도의 『사랑에 빠진 오를란도(*Orlando inamorato*)』 등과 같은 작품에 제한되었다. 최근 연구에 따르면 15세기 베네치아에서 출판된 4,500권 중에서 604권은 고전학에 관한 것이며, 238권은 지역 토착어로 된 이탈리아 저자를 위한 것이었다[18]. 이 또한 대부분 라틴어로 되었고 일반적으로 고가의 서적이라 지적 수준이 높은 엘리트 출신의 교육을 받은 상류층만을 위한 것이라 볼 수 있다. 이 기간 동안 스페인 저자가 발표한 서적의 존재는 상당히 한정적이었다. 제한적이나마 출판되었던 스페인서적으로는 라몬 룰(Ramon Lull)의 『궁극적인 모든 예술(*Ars generalis ultima*)』(1480년 출판), 초기 스페인 역사에 관한 파울로 오로시오(Paulo Orosio)의 서적 (1483년 출판), 네브리하(Nebrija)의 『라틴어 문법(*Grammatical latina*)』(1491년 출판) 등이 있으며, 일부 이론서 중 후안 데 토르케마다(Juan de Torquemada)의 작품은 베네치아와 로마에서 동시에 등장하기도 했다.

앞서 언급한 대로, 이후 새로운 출판/인쇄 기업 운영 방식은 16세기 베네치아 출판 산업의 스펙트럼을 확장시켰다. 16세기 초반 30년은 새로운 독자층이 나타났는데, 이는 다양한 문화에 관심을 가지고 있고 자극을 받고 있다는 것을 방증한다. 라틴어로 된 서적이 전체 출판 서적 중 여전히 많은 비중을 차지하고 있었지만, 주류의 흐름은 토착어로 된 서적으로 옮겨가기 시작했다. 이에 대해 히르슈(Hirsch)는 실생활에서 말하는 언어로 된 책을 읽을 수 있거나 읽고자 하는 "교육을 제대로 받지 못한 독자층이 커졌기 때문"이라고 파악한다[19]. 몇몇 인쇄업자는 이탈리아 토착어 서적과 더불어 스페인 문화에 대한 견해를

---

18) Leonardas V. Gerulaitis, Printing and Publishing in Fifteenth-Century Venice, Chicago: Mansell, 1976, p. 73.

19) Rudolph Hirsch, *Printing, Selling and Reading, 1450-1550*, New Haven: Yale University Press, 1967, p. 132.

넓힐 수 있는 텍스트를 소개했는데, 가령 카스틸리오네(Castiglione)의
『궁정인(*Il Cortegiano*)』같은 서적은 이탈리아에 거주하는 스페인 독자
와 이탈리아 궁정의 소수 청중들의 요구에 의한 것이었다. 이탈리아에
서 발표된 초기 스페인 관련 텍스트 중에는 1515년에 출판된『칼리스
토와 메리베아의 비극(*Tragicomedia de Calixto y Melibea*)』, 그로부터 3
년 후에 출판된 디에고 데 산 페드로(Diego de San Pedro)의『사랑의
감옥(*Cárcel de amor*)』, 1526년에 출판된 후안 데 플로레스(Juan de
Flores)의『그리셀과 미라벨라의 이야기(*Historia de Grisel y Mirabella*)』
가 있다. 이 시기에 프랑스어와 독일어 텍스트가 거의 없었다는 점을
감안한다면 스페인어 작품의 출현은 상당한 의미를 지닌다. 지적 계몽
보다는 단순히 독서의 즐거움을 위해 책을 찾아 읽은 독자층의 형성
때문이었는데, 이는 독자의 취향을 파악하고 읽는 인쇄업자의 끊임없
는 노력 때문에 가능했다. 사실, 나폴리와 로마에서 번창하였던 스페
인 공동체를 비롯해, 1492년과 1510년에 스페인에서 축출되어 이탈리
아에 정착한 약 19,000명의 유대인들의 지도력을 다양한 방식으로 표
현할 방출구를 제공했던 것도 베네치아 인쇄업자들이었다.

4) 로마·나폴리와 스페인문화의 상관관계

베네치아에서 스페인어 작품 출판이 성공을 거두기 전, 일명 '히스
패닉화'로 물든 곳은 로마와 나폴리였다. 로마에서는 1492년부터
1503년까지 스페인인 보르자(Rodrigo de Borja)가 알렉산더(Alexander)
6세의 법명으로 교황에 선출된다. 스페인 본토에서 새 교황을 모시기
위해 여러 신학자, 고위성직자, 시인 등이 로마에 도착했고, 이어 스페
인 망명자 공동체가 수립되면서 그 구성원이 대략 만 명에 이르게 된
다.[20] 보르자 교황 시대의 스페인 문화 부흥은 당대 학계와 문단에 큰
영향을 끼칠 수밖에 없었다. 1503년 교황이 죽은 뒤 그에 대한 뿌리

깊은 적대감은 스페인 문화 영향에 대한 대중들의 반대 물결로 이어져, 스페인 공동체에 대해 호의적이지 못했다. 그럼에도 불구하고 로마 사회의 상류층들은 16세기 내내 스페인 작가, 예술가, 종교 개혁가들에 의해 지속되는 스페인의 문화에 대해 관심을 가졌다. 후안 델 엔시나(Juan del Encina)의 작품 『플라시다와 비토리아노 (*Ecloga de Plácida y Vitoriano*)』는 1513년 교황 앞에서 공연되었고, 황금세기 문학을 대표하는 토르레스 나아로(Torres Naharro)는 1508년 그의 후원자 중 한 명인 교황 레오 10세(Leo X)를 위해 희극 (*Comedia Tinelaria*) 공연 준비를 했다. 스페인 발렌시아(Valencia) 출신 인문주의자 알폰소 데 호르도네즈(Alfonso de Hordognez)는 1506년 『라 셀레스티나(*Celestina*)』[21]를 처음으로 번역했다. 그리고 마지막으로 1513년부터 1528년까지 프란시스코 델리카도(Francisco Delicado)는 베네치아로 이주하기 전 로마에서 명성을 쌓은 스페인 서적의 대표적인 출판인으로 언급될 만하다.

스페인 아라곤(Aragon)과 시칠리아의 왕이었던 알폰소 5세(Alfonso V)가 프랑스 앙주(Anjou) 가문의 르네(Rene)를 물리치고 1442년 그의 궁전을 나폴리로 옮긴 뒤, 이곳으로 스페인 사람들의 이주가 시작되었다. 알폰소의 통치는 3세기 동안 지속되었고 오늘날까지도 나폴리 언어와 풍습에서 스페인-이탈리아 문화의 교류 흔적을 찾아 볼 수 있다. 예술, 특히 인문주의의 강력한 후원자였던 알폰소는 출판업의 관세를 면제하고 서적상에게 세금 혜택을 부여했다. 이 같은 조치들은 마리카니(Maricani)가 지적한 것처럼 베네치아 인쇄업자들에게 강력한 자극

---

20) Benedetto Croce, *La Spagna nella vita italiana durante la Rinascenza*, Bari: Laterza, 1922, p. 360.

21) 정식 제명은 ≪칼리스토와 멜리베아의 희비극≫이다. 대화체의 소설로서 가장 오래된 판 (1499)에서는 16막, 그 뒤의 판에서는 21막으로 되어 있다. 제2막부터 제16막까지는 페르난도 데 로하스가 썼다고 되어 있다. 이야기는 칼리스토와 멜리베아의 비련을 중심으로 한 단순한 것이지만, 개종한 유대인 로하스의 염세관을 기초로 한 냉엄한 사실주의에 의하여 간악하고 교활한 노파 셀레스티나를 비롯한 하층 계급 사람들의 성격이 아주 생생하게 묘사되어 있다. 근대적 사실주의의 선구적인 작품으로서 그 이후의 문학에 커다란 영향을 주었다. (http://terms.naver.com/entry.nhn?docId=1113426&cid=40942&categoryId=32967 검색일 2017. 1. 24)

제가 되었고, 많은 베네치아 출판업자들이 나폴리로 그들의 사업 영역을 옮기거나 그곳에 판매상점을 열었다.[22]

16세기 동안 나폴리에 있는 스페인 공동체는 귀족 가문들, 치안 판사, 상인들, 지식인들, 사제들, 공무원들, 저소득층 등의 다양한 계층을 구성하는 스페인 사회의 축소판이었다. 공동체 구성이 잘 이뤄져 다양한 면에서 자급자족할 수 있었다. 교회와 수도원뿐만 아니라, 학교, 병원, 극장, 서점, 여관, 자선단체들도 갖추었다[23].

이 당시 나폴리에는 3명의 대표적인 스페인 작가들이 등장했다. 가르실라소 데 라 베가(Garcilaso de la Vega)[24]는 그의 인생의 마지막 7년을 나폴리에서 보냈다. 로마에 8년 동안 거주했던 토레느 나아로(Torres Naharro)는 1517년쯤에 나폴리에 도착했다. 스페인으로 돌아가기 전, 나폴리에서 활동하던 프랑스 인쇄업자 호안 파스쿠에토 데 살로(Joan Pasqueto de Sallo)를 통해 7편의 희곡을 수록한『프로팔라디아(*Propalladia*)』가 출판되었다. 1553년 후완 데 발데스(Juan de Valdés)는 자신의 저서『언어의 대화(*Diálogo dela lengua*)』의 배경이 되었던 나폴리로 이주했다.

이런 환경은 왜 나폴리가 스페인어 텍스트들의 주요 시장이 되었는지에 관해 설명한다. 나폴리에 거주했던 스페인 사람들에게 베네치아에서 출판된 책들 중 대부분은 개인 삶의 질을 높이는 수단으로 사용되었다. 하지만 그들은 정계에서도 스페인의 우월성을 드러내려 했다. 스페인어는 고급스러움의 상징으로 인지되었다. 이 시대 중·상류 계층이 향유했던 언어, 음악, 드라마, 춤들에서 구석구석 퍼져있던 히스

---

22) Corrado Maricani, "Editori, tipografi, librai veneti nel Regno di Napoli nel Cinquecento", *Studi veneziani* 10, 1968, pp. 457-554.

23) Benedetto Croce, 같은 책, pp. 263-282.

24) 에스파냐 문학 황금시대(1500~1650)의 최초의 주요시인. 페트라르카·보카치오·등 이탈리아 르네상스 시인을 연구, 뛰어난 기교가로서 이탈리아 시의 운율을 서정적인 에스파냐의 운율로 변형시켰다. 참신한 시풍, 섬세한 묘사로 이후 에스파냐 시에 큰 영향을 끼쳤다.

페닉화(Hispanization)는 당시 도시에서 강조되었던 카스티야 어의 광범위한 사용에서 기인한다.[25]

이탈리아에 있는 스페인 유대인들은 카스티야 문화 확산에 기여했다.[26] 누군가는 1492년 이후 종교 재판으로 핍박받던 수많은 '콘베르소 (converso)', 즉 기독교로 개종한 사람들이나, 콘베르소로 여겨진 사람들이 1510년에 이탈리아에 도착하면서, 이곳에 세파르디 공동체[27]를 설립했다고 정리한다. 이탈리아에 살고 있는 스페인 유대인들과 스페인 사람은 문화적으로 동일한 그룹에 속했다. 다시 말해, 이탈리아에 도착하고 얼마 지나지 않아 세파르디 유대인들은 레반트인, 아슈케나즈인, 이탈리아 출신의 유대인들과의 통합에 반대하며, 자신들을 스페인계로 정의했다. 사실 스페인계 그룹(유대인/비유대인)과 이들 그룹과의 교류는 종종 경쟁과 상호 불신으로 나타났다. 스페인 사람들과 이탈리아 유대인 사이의 불편한 관계에 대한 일례는 델리카도(Delicado)의 저서 『라 로사나 안달루사의 초상(Retrato dela lozana andaluza)』 (1528)에서 찾아볼 수 있는데, 이 책은 16세기 로마의 다문화 삶에 대한 중요한 기록이라 할 수 있다. 1492년부터 죽을 때까지 이탈리아에 머물렀던 콘베르소인이었던 델리카도는, 주인공 람핀(Rampin)의 통찰력을 통해 로마 유대인들을 '다른 어느 집단보다 모자란 유대인들' 이라 칭하며, "대다수 로마 거주 스페인인들은 세파르디의 처지를 이해하고 동족으로의 유대감을 느끼게 한다"고 부연했다.[28] 아무튼 스페인인과 세파르디의 활동으로 이탈리아 반도 내 카스티야 어의 존재는 자리를 잡아가게 된다.

---

25) Malcolm Letts, "Some French Travellers in Naples in the Sixteenth Century", *English Historical Review* 34, 1919, p. 489.

26) Franco Meregalli, 같은 글, p. 13.

27) 이베리아 반도의 스페인 및 포르투갈계 유대인을 칭하는 용어.

28) Francisco Delicado, *Retrato de la Loçana andaluza*, Ed., Bruno Damiani, Giovanni Allegra, Madrid: José Porrúa Turanzas, 1975, pp. 158-159.

5) 스페인 문화와 베네치아 인쇄업

이탈리아 반도 내 스페인 유대인들은 그들의 언어와 관습들을 유지하며 로마, 나폴리, 페라라, 안코나, 페사로 등과 같은 도시에 공동체를 설립했다. 베네치아는 아슈케나지(독일과 프랑스를 중심으로 중·동유럽에 퍼져있던 유대인)와 동부 지중해 연안의 레반트 유대인들 공동체들과 오랜 관계를 유지했지만, 이베리아 반도의 유대인들과의 관계 보다는 덜했다. 스페인 정부의 일부 정책으로 한 때 - 1497년과 1550년 - 베네치아 공화국은 그들 영토에서 스페인 유대인들을 추방한 적이 있었다. 그들 대다수는 페라라로 이주했지만, 풀언(Pullan)의 저서 『부자와 가난한 자가 모두 르네상스 베네치아에 있다(Rich and Poor in Renaissance Venice)』를 통해, 그들은 "16세기 말 이전에 많은 사람들이 이주했던" 베네치아에 재정착 하지 않았음을 알 수 있다.[29] 당시 페라라에서는 통치가문 에스테(Estes)에 의해 자유주의 정책들이 퍼져나갔고, 대략 2,000명에 이르는 세파르디인들이 번화한 공동체를 설립했다. 오늘날까지 이어지는 그들 존재와 문화적 파급력은 밧사니(Giorgio Bassani) 작품을 통해 전해지고 있다.[30]

앞서 언급한 것처럼, 베네치아에서 출판된 스페인어 서적의 인기는 그 지역 토착어 서적의 출판 흐름과 함께한다. 이로 인해 15세기 이탈리아 서적을 생산하던 인쇄업자는 스페인 서적의 발전에도 중요한 역할을 하였다. 졸리토(Gabriele Giolito de' Ferrari)는 16세기 베네치아에서 활동했던 대형 출판사를 이끄는 인물 중 한 명으로, 이탈리아 토착어로 쓴 문학 작품을 인쇄했다. 그로 인해 이탈리아 토착 문화의 토

---

29) Brian Pullan, The Jews of Europe and the Inquisition of Venice, Totowa, N.J.: Barnes & Noble, 1983, p. 443.

30) 바사니는 1962년에 페라라를 배경으로 한 자전적 소설 《핀치 콘티니가문의 정원 Il giardino dei Finzi-Contini》을 발표하는데, 파시스트 정권하에서 몰락해 가는 상류층 유대인 가족을 그리고 있다.

대 발전이 이뤄졌다고 해도 과언이 아니다. 퀸담(Amedeo Quondam)의 통계적 분석에 따르면, 1545년부터 1575년까지 쫄리토 출판사는 772편의 작품을 출판했고 그 중 20여개의 작품만이 라틴어로 출판되었다고 전했다.[31]

쫄리토가 스페인어로 집필된 작품 출판을 결정내린 계기는 이전 출판된 카스티야어의 작품들에 대한 독자들의 호의적 반응에 있다고 할 수 있다. 금세기 중반까지 『라 셀레스티나』는 11번 (이 중 2번은 원본 그대로 재판), 『그리셀과 미라벨라의 이야기』는 5번, 『사랑의 감옥』은 4번 씩 재판 되었는데, 이 재출판의 대부분이 쫄리토에 의해 이뤄졌다. 16세기 에스파냐를 대표했던 신학자이자 작가인 안토니오 데 게바라(Antonio Guevara)의 작품 『마르쿠스 아우렐리우스의 서(Libro áureo de Marco Aurelio)』는 1543년 미완성 작품 『황제 마르쿠스 아우렐리우스의 삶(Vita de Marco Aurelio Imperadore)』 이라는 이탈리아 토착어 번역서와, 1545년 『서신들Lettere』 이라는 축소판으로 출판되어 모두 대중적인 성공을 거둔다. 이 두 가지 출판물은 1543년부터 1553년까지 18개의 출판사에 의해 인쇄되었다. 쫄리토는 이 작품을 통해 베네치아에서 스페인 서적 출판의 확장 기회로 삼는다.[32] 이 발판을 놓치지 않고 쫄리토는 아리오스토의 1532년 작품 『광란의 오를란도(Orlando Furioso)』를 선구적인 하이퍼텍스트로 변모시킬 시도를 한다. 1550년 9월 이 작품을 이탈리아 토착어와 스페인어가 함께 수록된 작품으로 인쇄하기로 하고 이에 대한 '출판권'을 획득해, 스페인 번역가 헤로니모 우레아(Jerónimo Urrea)에게 스페인어 번역이 원어에 뒤떨어지지 않게 작업을 지시한다.[33]

---

31) Amedeo Quondam, "La letteratura in tipografia", *Asor Rosa* 2: 555-648.

32) Paul F. Grendler, *Critics of the Italian World, 1530-1560*, Madison: University of Wisconsin Press, 1969, p. 18.

33) Salvatore Bongi, *Annali di Gabriel Giolito de' Ferrari, stampatore in Venezia*, 2 vols, Roma, 1890-97, p. 415.

스페인어와 이탈리아 토착어를 동시에 수록한 서적 출판 방식은 1545년 인쇄비용을 줄이면서 서적 가격도 인하시켰기에 급격히 성장하였다. 졸리토는 더 큰 규모의 용지에 인쇄하여 생산 원가를 1/8로 절감하는 8절판 방식으로 책들을 인쇄했다.

1553년 졸리토 출판사 작업 상 가장 큰 규모의 스페인어 텍스트들이 출판되었다. 그 해에 출판한 책이 총 48권이었는데, 그 중에서 13권이 이 프로젝트 아래 이뤄졌다. 7권은 원어, 3권은 이탈리아어, 3권은 스페인어 번역본이었다. 이 시기에 스페인어로 쓰여 진 텍스트 중 이탈리아에서 가장 성공한 서적은 『라 셀레스티나』, 『두 연인이 주고받는 사랑에 대한 질문(Questión de amor de dos enamorados)』, 『사랑의 감옥』, 게바라의 『마르쿠스 아우렐리우스』, 메히아(P.Mexía)의 Silva de varia lección 등 이었다. 스페인어로 쓰여 진 이 텍스트들은 이탈리아에 있는 스페인 공동체를 겨냥해서 만든 텍스트라고 볼 수 있다. 이탈리아에 거주하고 있던 스페인 사회를 위해 스페인어로 집필된 책은 『오딧세이』, 『광란의 오를란도』 이외에도, 졸리토 출판사의 대표 편집자겸 번역자였던 알폰소 데 울로아가 번역한 리부르니오(Niccolo Liburnio)의 작품 『그리스 라틴 배우들(de auctores assi griegos como latinos)』 등이 있다. 뿐만 아니라 후안 데 세구라(Juan Segura)의 『열렬히 사랑하는 두 연인의 서신교환(Processo de cartas que entre dos amntes passaron)』, 크리스토발 카스티예요Cristóbal Castillejo의 『여인들의 대화(Diálogo de las mugeres)』, 블라스코 드 가레이(Blasco de Garay)의 『서신이 전하는 말(Cartas de refranes)』을 모아 편집한 3부작도 1553년에 출판되었다. 이 중에서 블라스코 드 가레이의 작품은 스페인어에 아주 능숙한 모국어 화자나 독자만이 제대로 이해할 수 있는 텍스트였다. [34]

---

34) Benedetto Croce, 같은 책, p. 14.

6) 16세기 베네치아에서 출판된 스페인 작품들의 영향력

졸리토 출판사가 인쇄한 텍스트들 중 페르난도 데 로하스의 『라 셀레스티나』는 16세기 이탈리아 전반기 문화에 확실한 영향을 미쳤다. 1506년에 처음 출판된 이 텍스트는 1559년까지 총 15차례 인쇄되었고, 그 중 11차례는 베네치아에서 출판되었다. 이 텍스트의 독자들 중에는 카스틸리오네의 『궁정인』에서 묘사했던 점잖은 사교계 인사들도 있었다. 실제 페데리코 다 몬테펠트로(Federigo da Montefeltro)의 사생아였던 젠틸레 펠트리아는(Gentile Feltria)는 발렌시아 출신의 인문학자 알폰소 호르도네즈(Alfonso Hordognez)에게 로하스의 다른 작품도 이탈리아로 번역해달라고 요청했다. 이런 계층의 독자들은 『라 셀레스티나』를 보수적 관점에서 평가하면서, 인간의 충동을 조절하지 못해서 비극을 부르는 모습을 그린 상당히 흥미로운 자신들의 '초상'(과도 같은 작품)이라고 보았다.[35]

『라 셀레스티나』는 이탈리아 작가에게도 영향을 미쳤다. 마키아벨리는 자신의 희극 『만드라골라(*Mandragola*)』에서 스페인어로 된 이 작품에 대해 언급하며, 특히 이 책의 이데올로기적 요지에 묻어 있는 이탈리아 사회와의 친연성에 주목했다. 이 책이 이탈리아 독자가 당대 역사적 격변기에 겪고 있던 실존적 차원의 문제, 즉 방향상실감과 불안감, 나약한 자아의 위태로운 상황 등을 담고 있다고 파악하면서, 이런 특징을 자신의 작품에 반영했다. 풍자작가 아레티노(P. Aretino) 역시 『대화편(*Dialoghi*)』에서 『라 셀레스티나』에 등장하는 신랄한 대화체를 모방했다.

이탈리아 르네상스 풍의 시를 썼던 스페인 작가 가르실라소(Garcilaso)와 보스칸(Boscán)의 작품은 『라 셀레스티나』에 비해 독자들의 호응이

---

35) Cfr. Kathleen V. Kish, *An Edition of the First Translation of the "Celestina"*, Cahpel Hill: University of North Carolina Press, p. 1973

크지 않아, 쫄리토 출판사에서 1553년『가르실라소와 보스칸의 작품들(*Las obras de Bscán y algunas de Garcilaso*)』판으로 한정 출판되었다. 그러나 이 소규모의 출판물조차 당대 페트라르카의 작품 보다는 높은 인기를 누릴 정도였다.

앞서 스페인어 서적 중 이탈리아 토착어 작품을 능가한 작품 몇 편 중 디에코 데 산 페트로를 살펴보자. 먼저 그의『사랑의 감옥』은 짝사랑에 대한 탁월한 묘사로 독자를 확보하며 스페인원어와 이탈리아어로 여러 차례 출판되었다. 그리고 1533년과 1553년에 카스티야어로만 출판된『두 연인이 주고받는 사랑에 대한 질문』역시 그의 작품이다. 이 책에 나오는 '문제(question)'는 사랑하는 사람을 잃고 애절해하는 인간의 크나큰 고통이나, 혹은 자신에게 무관심한 상대를 사랑하는 사람이 겪는 고통에 대한 문제를 말한다. 이런 작품 소재는 보카치오(Boccaccio)의『일 필로콜로(*Filocolo*)』나, 후아 데 플로레스의『그리셀과 미라벨라의 이야기』등 비슷한 작품들을 연상시킨다.『그리셀과 미라벨라의 이야기』는 절망한 연인들에 대한 이야기를 연결시키는 과정에서 나폴리 사교생활에 대해 세밀한 정보를 제공했기에, 학계와 문학계 식자들에게 화두가 되었다[36]. 작품 외에 나폴리의 스페인 사회를 밀착 연구한 이탈리아 문헌도 있다. 갈라테오(Galateo)라는 이름으로 더 유명한 인문주의자 안토니오 데 페라리스(Antonio de Ferraris)의 논문「교육에 관하여(*De educatione*)」라는 짧은 논문이 그것이다. 나폴리 삶을 조사한 글을 통해 이탈리아에 사는 스페인 사람들의 특징, 토착 이탈리아인들과 그들 간의 교류, 이들의 관습, 사회적 가치관, 특히, 이들의 자기인식과 실존적 세계관을 알 수 있다.

16세기 에스파냐의 사학자이자 종교인이었던 루이스 데 그라나다(Luis de Granada) 이후, 게바라는 16세기 이탈리아 예술 문학계에서

---

36) Thomas F. Crane, *Italian Social Customs of the Sixteenth Century*, New York: Russell & Russell, 1971, pp. 54-55.

가장 넓은 독자층을 확보했던 외국인 작가였다. 그의 책은 이탈리아는 물론, 프랑스, 영국, 독일에서도 상당한 인기 있었다. 대표작 『마르쿠스 아우렐리우스』, 『서신들』, 『제왕의 시계』 등은 당대 삶에 대한 고전의 출처, 역사적 사건, 일화, 도덕적 교훈 등이 담겨있었고, 이런 소재들은 1553년 출판된 도니(A. F. Doni)의 『대리석(*I marmi*)』과 파트리치(F.Patrizi)의 『행복한 도시(*La città felice*)』 등 이탈리아 문학에 분명한 족적을 남겼다[37].

게바라의 저서는 독자의 관심을 끌기 위해 고전의 출처들을 사용함으로써 16세기에 발생했던 인문학 교육의 과정을 보여준다. 그의 저서는 간신히 글을 읽고 쓸 수 있는 수준의 독자들을 의식적으로 겨냥해서 이들이 접하기 힘든 고전을 단순화시켜 교육하려 시도하고 노력한 모범적인 사례이다. 게바라는 어느 특정 독자층을 의식해 글을 썼고 이러한 독자들의 물질적, 문화적 필요에 감각적으로 대응했다는 점에서 현대적 작가라고 볼 수 있다. 특히 게바라로 인해 "좋은 글"에 대한 개념이 변화를 맞게 된다. 더 이상 전통적인 기준에 얽매여서 글의 좋고 나쁨을 따지지 않고, 구어체로 풀어서 독자들에게 즐거움을 주고 동시에 독자들을 교육하는 명확한 글이 좋은 글이라고 인식되기 시작한다. 일명 '독자를 교육시키는 문제'에 있어 16세기 스페인어 텍스트들이 담당하던 기능과 연관성을 엿볼 수 있다. 최근 사회역사 연구 결과에 따르면, 이탈리아 대도시를 중심으로 사람들의 독해력을 키우는 효과적 도구로서 게바라의 작품을 사용했음에 주목했다.[38] 게바라의 작품에서 전달하는 단순하지만 실용적인 지식은 역사적 배경을 익히는데 중요했고, 독서의 대중화와 실효적인 교육적 기능을 그의 텍스트를 통해 얻을 수 있다고 평가되었다.

게바라에 이어 메히아 역시 작가의 사회적 책임을 강조하는 의도로

---

37) Paul F. Grendler, 같은 책, p. 165; Franco Meregalli, 같은 책, p. 25.
38) 같은 글, p. 50.

집필된 여러 작품을 통해 16세기 말 유럽에서 위상을 얻었다. 게바라가 고전을 사용해 독자의 지식 범위를 넓혔다면 메히아는 역사, 메타역사, 신화, 관습, 민속, 속담, 일화 등을 다루었다. 또한 그의 작품『메디치 가문의 논리(*Ragionamento de' Medici*)』는 교양(을 원하고 갖출 수) 있는 독자들을 위해 쓰여 졌지만, 작가는 이 책을 사회적 해방의 주요한 수단으로 보고 있다. 그는 사회에서의 작가의 역할을, 정식적으로 교육을 거의 받지 못한 사람들, 다시 말해서 사회의 하층민으로서 스스로 글을 읽는 법을 배웠거나 글을 잘 모르는 가족과 생활하여 배울 기회가 없었던 사람들의 갈망 (chi non intende Latino)을 충족시킬 수 있는 일을 하는 것이라 여겼다. 메히아는 배우고자 하는 새로운 독자층을 대상으로 텍스트라는 열매의 맛을 느끼기 하고자 했다. 즉, 게바라와 메히아의 새로운 텍스트은 독자들을 결국 사회적, 문화적 해방으로 인도할 새로운 도구라 볼 수 있다.

16세기 중반부터 시작된 문학작품의 대중화는 기사도에 관한 스페인 로맨스 작품으로 꽃을 피운다. 스페인 기사 작품들은 3세기 동안 독자들의 규모를 넓혔고 이로 인해 인쇄산업의 생산전략에 영향을 미친다. 이 보다 중요한 것은 스페인 식 로맨스나 수많은『광란의 오를란도』의 모방작 및 각색 작품들이 전통적인 인본주의적 글쓰기에 종지부를 찍으며 대중문학을 구성하는 인식을 바꾸었다는 점이다.

사실 초반 스페인 식 연애소설작품은 이탈리아에서 살던 스페인 사람들을 위해 한정적으로 출판되었고, 이탈리아의 기사도와 연애시를 대표하는『광란의 오를란도』와 그 아류작에 대한 애착으로 베네치아 인쇄업자들은 스페인 식 로맨스의 출판을 지연했었다. 그러다가 베네치아 인쇄업자인 미켈레 트라메치노(Michele Tramezzino)는 1540년경 베네치아 의회에서 특혜를 받아 스페인 로맨스 몇 권을 번역, 출판할 수 있었다. 월등한 실력의 번역가 맘브리노(Mambrino Roseo da Fabriano)의 도움으로 트라메치노는 이후 약 20 여 년 간 로맨스 서적을 사실상 독점했으며 많은 수익을 얻었다.

도시에 사는 소상인, 숙련공, 장인, 노동자 등 책을 읽을 수 있고 책을 읽을 수 있는 시간이 가능했던 하위 계층도 기사도 로맨스를 즐겼다. 당대 작품들의 연간 소인의 수를 통해 로맨스의 독자수가 중상층을 넘어 확대되었다는 것을 알 수 있다. 부자연스럽지 않고 허구적이지 않아서 독자들에게 감명을 준 중세시대의 이야기가 자연스럽게 독자층을 넓혀갔으며, 스페인 로맨스의 특징 중 하나라 할 수 있는 초자연적인 요소로 인해, 인간 경계 내외의 넘나들기의 가능성을 세계에 제시하면서 사람들의 호기심과 흥미를 자극했다.

이렇게 보면 스페인 기사 연애 소설은 도시화 및 다른 만연한 변화의 과정에서 베네치아의 사회, 생산 구조에 부흥하는 장르였다고 할 수 있다. 그 무엇보다도 세속화와 물질화, 개인주의가 만연했던 상권도시 베네치아에서 충성심, 이타심, 자기헌신 등 로맨스의 신화적 요소가 제공하는 인간의 근본적인 가치에 대해 중요성을 일깨워준 것이다. 또한 반대로 자신만만하고 개인의 업적에 치중하며 명성을 얻을 수 있다고 믿었던 편력기사의 시각은 귀족, 상인, 은행가 및 무역가 등 16세기 베네치아 상류층 독자들에게 자극을 주며, 바람직하고 모방할 만한 가치의 기준을 던져주었다. 이를 통해 본스타인(Bornstein)은 이 탈리아 후기 르네상스 시대의 사회질서와 가치체계와 이를 문학적 상징으로 표현하고 있는 스페인 로맨스의 상관관계를 정리했다.[39]

16세기 후반부에 이탈리아인들은 자국에 대한 스페인 통치를 실용적 측면으로 재인식하기 시작했다. 이 같은 태도의 변화는 더 넓게 스페인 문화를 수용하고 이해할 수 있는 성향으로 바뀐다. 베네치아 인쇄업자 역시 시대 흐름에 맞게 카스티야어 작품에 관심을 기울이다. 나폴리에서는 이러한 당대 맥락을 읽고 이미 1560년에 죠반니 마리오

---

39) Dian Bornstein, *Mirrors of Courtesy*, Hamden, Conn,: Archon BOOKS, 1975, p,125.

알레산드리(Giovanni Mario Alessandri)의 『토스카나어와 카스티야어의 비교(*Il paragone della lingua toscanae castigliana*)』를, 1565년에 후완 미란다(Juan Miranda)의 『카스티야어 고찰(*Osservazioni della lingua castigliana*)』를 출판했으며, 미란다의 작품은 1565년부터 1585년까지 7번 중판되었다. 이를 계기로 베네치아의 졸리토 출판사는 1576년 토스카나어와 카스티야어를 비교하는 책을 인쇄했고, 특히 크리스토발 데 라느 카사스(Cristóbal de las Casas)의 『토스카나어와 카스티야어 어휘(*Vocabulario de dos lengua: Toscana y castellana*)』를 성공적으로 출판했다. 그리고 스페인어 작품을 원어로 읽기 위해 카스티야어에 대한 깊은 연구도 착수되었다.

7) 나가면서

본 글에서 살펴보았듯이 이탈리아에서 출판된 스페인어 책의 스펙트럼을 이해하기 위해서는 베네치아 인쇄산업에 대한 이해가 필수적이다. 베네치아 및 다른 도시에서 출판된 스페인어 작품은 이탈리아 속의 스페인의 입지를 알려주는 사료가 되기도 한다.

일찍이 이른바 구텐베르크의 발명은 유럽의 학문적 교류를 폭발적으로 확대시키는 결과를 초래했다고 평가 한다. 이 혁명적인 인쇄 방식으로 학문의 발달도 진행되었다. 특히, 철학 부문에서 인문주의라는 새로운 사고방식이 유행하게 되었다. 이것은 이탈리아를 중심으로 시작된 르네상스, 즉 '문예 부흥'과 밀접한 관계를 가지고 있었다. 당시 베네치아의 출판 산업이 아니었다면 책은 물론 현대 이탈리아어도 존재하지 않았을 것이라고 해도 과언이 아니다. 인문주의자인 피에트로 벰보와 출판업계의 제왕으로 그 명성이 유지되고 있는 알도 마누치오가 인쇄한 베네치아 출판물들이 없었다면 그 결과는 지금과 많이 달랐을 것이다.[40]

베네치아는 16세기 중반에 이르러 외적 자원과 특정 독자층의 요구에 따라 스페인어 책자 인쇄의 거점이자 중심지였다. 이탈리아 반도에서 베네치아는 인근 도서(島嶼)와의 역사적 문화적 문명교류의 용광로 기능을 담당하면서, 이른 바 '지중해 문명 교류 유형'의 구도나 패턴을 재현 하는 좋은 예가 된다.

교류 담론을 논할 때 간과하지 말아야 할 것은 바로 문명교류의 성과를 위해서는 반드시 학문교류가 병행되어야 한다는 사실이다. 본 글은 베네치아에서 출판된 스페인어 작품의 의의는 물론, 이 작품들이 베네치아(이탈리아)와 스페인 두 문화 간 중재 수단으로써 갖는 역할, 그리고 이를 새롭게 조명해야 하는 이유 등을 살펴봄으로써 16세기 지중해지역의 문화지식 교류의 지형도를 그려보았다.

---

40) Alessandro Marzo Magno 같은 글, p. 17.

참고문헌

Alessandro Marzo Magno, *L'alba di libri: Quando Venezia ha fatto leggere il mondo*, 『책공장 베네치아』김정하 역, 책세상, 2015.

Amedeo Quondam, "La letteratura in tipografia", *Asor Rosa* 2: 555-648.

Benedetto Croce, *La Spagna nella vita italiana durante la Rinascenza*, Bari: Laterza, 1922, p. 360.

Brian Pullan, T*he Jews of Europe and the Inquisition of Venice*, Totowa, N.J.: Barnes & Noble, 1983, p. 443.

Brian Richardson, *Printing, writers and Readers in Renaissance Itlay*, Cambridge: Cambridge University Press, 1999, p. 5.

Carlo Dionisotti, *Geografia e storia della letteratura italiana*, Torino: Einaudi, 1967, p. 244.

Corrado Maricani, "Editori, tipografi, librai veneti nel Regno di Napoli nel Cinquecento", *Studi veneziani* 10, 1968, pp. 457-554.

Dian Bornstein, *Mirrors of Courtesy*, Hamden, Conn,: Archon BOOKS, 1975, p,125.

Ester Pastorello, *Tipografi, editori, librai a Venezia nel secolo XVI*, Firenze: Olschki, 1924.

F. J. Norton, *Printers, 1501-1520. An Annotated List with an Introduction*, London: Bowes & Bowes, 1958, pp. 125-126.

Francisco Delicado, *Retrato de la Loçana andaluza*, Ed., Bruno Damiani, Giovanni Allegra, Madrid: José Porrúa Turanzas, 1975, pp. 158-159.

Franco Meregalli, *Presenza della letteratura spagnola in Italia*, Firenze: Sansoni, 1974, p. 17.

Frederic C. Lane, *Venice, A Maritime Republic*, Baltimore: Johns Hopkins University Press, 1973, p. 311.

Kathleen V. Kish, *An Edition of the First Translation of the "Celestina"*, Cahpel Hill: University of North Carolina Press, p. 1973

Leonardas V. Gerulaitis, Printing and Publishing in Fifteenth-Century Venice, Chicago: Mansell, 1976, p. 73.

Luciano Febvre, Henri-Jean Martin, *La nasciata del libro*, Roma/Bari:

Laterza, 1985, p. 229.

Malcolm Letts, "Some French Travellers in Naples in the Sixteenth Century", *English Historical Review* 34, 1919, p. 489.

Oliver Logan, *Culture and Society in Venice, 1470-1790*, New York: Scribners, 1972, p. 74.

Paul F. Grendler, *Critics of the Italian World, 1530-1560*, Madison: University of Wisconsin Press, 1969, p. 18.

Rudolph Hirsch, *Printing, Selling and Reading, 1450-1550*, New Haven: Yale University Press, 1967, p. 132.

Salvatore Bongi, *Annali di Gabriel Giolito de' Ferrari, stampatore in Venezia*, 2 vols, Roma, 1890-97, p. 415.

Thomas F. Crane, *Italian Social Customs of the Sixteenth Century*, New York: Russell & Russell, 1971, pp. 54-55.

http://terms.naver.com/entry.nhn?docId=1113426&cid=40942&categoryId=32967 검색일 2017.1.24.

CHAPTER

06

지중해의 시대별 문명 교류 (4)
근·현대 지중해의 문명 교류

■ 21세기 지중해는 분쟁과 갈등의 지역으로 기억되고 있다. 최근
에는 북아프리카 난민의 유럽 유입으로 인해 일련의 문제들이 파생적
으로 발생하고 있다. 영국은 지난 2016년 5월 국민투표를 통해 유럽
연합 탈퇴를 결정하였다. 이에 앞서 경제적 파산을 선언한 그리스는
유럽연합의 향후 미래에 부정적인 영향을 미치고 있다.

두 사례 모두 겉으로는 국내경제의 위기처럼 보인다. 하지만 내면적
으로는 오래 전부터 잠재되어 있던 보다 근본적인 문제들의 '방치'가
불러온 재앙이었다. 그 동안 유럽연합 회원국들은 영내의 수많은 이민
자들과의 관계에서 발생한 인종차별과 종교적 갈등에 관용과 탄압의
양면 정책으로 대처해 왔다. 하지만 이는 일관성 차원이 아니라 상황
에 따른 임기응변의 대책이었을 뿐, 근본적인 해결 방안은 아니었다.

오늘 우리는 이러한 위기의 현장에서 과연 유럽이 과거의 문명적
유산을 올바르게 계승했는지를 묻지 않을 수 없다. 또한 고대와 중세
에 걸쳐 지중해가 다양한 지역 문명 간 교류를 통해 잉태하고 품었던
공존적 균형의 유산을 위기의 유럽에 대한 대안으로 진지하게 고려해
야 할 필요성을 조심스럽게 제기하지 않을 수 없다.

■ 그럼에도 유럽문명권이 직면한 위기의 이면에서는 과거 지역문
명 간 교류의 풍부한 경험들이 반영된 일련의 현상들이 목격된다. 비

록 소수의 노력에 머물고 있지만 유럽에 살고 있는 북아프리카 이민 세대의 정체성에 대한 외침은 유럽시민들의 관심을 넘어 자신들의 지중해 유산을 향하고 있다. 이러한 경향은 과거로의 회귀, 즉 지중해의 지리-정치적인 경계를 허물고 이 바다를 문명 간 교류의 공간으로 재인식하려는 것으로 해석될 수는 없을까?

진정한 공존은 서로의 상이함을 차이와 차별이 아닌 다양성으로 이해하는 것에서 시작된다. 이것이 중요한 이유는 서로의 다름이 전제될 때 이 모두가 서로의 발전에 필수적인 요인들로 수용될 수 있기 때문이다. 현대 문명의 불행은 서로의 다름을 경쟁과 극복의 대상으로 인식하는 것, 즉 궁극적으로는 서로의 파멸만을 초래하는 발상에서 시작되었을지 모른다.

1. 서부 지중해 I : 탈 식민시대의 지중해적 환대와 프랑스-마그레브 영화_박은지

1) 북아프리카 이민자 유입과 프랑스 영화

프랑스는 유럽의 대표적 이민 국가이다. 전체 인구의 10%에 해당하는 600만의 무슬림 이민자들이 프랑스에 살고 있다. 유럽에 거주하는 무슬림 이민의 최대 수용 국가로서의 정체성이 끊임없이 새롭게 질문되는 시대로 들어서고 있는 것이다.

전형적인 타자문화로 여겨졌던 무슬림의 유입으로 인해 프랑스는 문화접변의 거대한 장으로 변모되고 있다. 단일한 정체성에 기반을 두고 형성된 근대적 민족국가의 틀 안에서는 정의될 수 없는 다양한 민족과 인종의 유입은 프랑스의 정체성을 재구성한다. 주류 프랑스인과는 다른 '소수'의 비율이 점점 높아지고 있는 다문화 국가로 이동하게 되면서, 프랑스의 문화적 풍경은 변화를 겪어내고 있다. 이제 프랑스는 과거의 문화적 예외를 개진하며 전개된 보호주의의 입장에서 변모하여 문화다양성의 시대를 맞고 있다. 개방과 공존을 통해 다양성을 존중하는 시각으로 전환되지 않는다면 국가로서의 생존 자체가 어렵게 되어버린 양상을 보여준다. 이 중심에는 토착 문화와 타 문화 간 상생과 교류가 가능하다고 보는 시각이 놓여있다.

유럽문화 첨병으로서 프랑스가 지녀온 위상과 영향력에 대한 고유의 인식을 찾아보기란 물론 아직도 어렵지 않은 일이다. 하지만 프랑스 사회에 동화되지 않는 것처럼 보이는 무슬림 이주민들의 사회 진출이 늘어가고, 이슬람이 프랑스의 제 2종교로 등극할 정도로 유입되고 있다는 사실 또한 가속화되고 있다. 서로 다른 인종, 민족, 종교 등이 교차되고 섞이는 혼종적 정체성이 탄생하고 있는 것이다. 이러한 다민족, 다문화의 상황에서 주요하게 대두하는 것은 타자성의 개념일 것이다. 고정된 국경이 아니라 진행 중이고 생성적으로 확대·재구성되는 새로운 경계들에 대한 질문이 여기에서 탄생한다.

이 장에서는 프랑스 문화의 대표적 영역을 구성하는 영화가 맞이하고 있는 정체성의 변화 속에서 이에 대한 해답을 모색하고자 한다. 영화에 나타나는 동시대 프랑스의 문화적 경계는 다인종과 다문화에 어떠한 식으로 대처하는가? 무슬림 이민 집단에 의해 유입된 문화적 이질성이 프랑스 문화적 예외 조항의 주된 영역을 구성했던 문화 지대로서 군림해온 프랑스 영화의 경계 안팎에서 어떻게 가시화되고 있는가?

프랑스 영화에서 무슬림 이민자는 줄곧 쟁점화 되어왔다.[1] 무슬림이 대부분을 차지하는 북아프리카 이민자들은 사회문화적인 난제이면서 새로운 문화 자양분의 원천이기도 했다. 왜냐하면 이민자들이 침묵하는 타자에 불과했던 초창기를 벗어나면서 시간과 세대를 거치며 가시성의 영역을 확장하고 있기 때문이다. 나아가 지금은 프랑스 영화의 '경계'가 타자와의 관계를 통하여 상상되고 이미지화 되는 시대이기도

---

1) 예를 들면 프랑스 영화의 대표적 장르 중 하나인 필름 폴리시에film policier 혹은 폴라polar로 불리는 범죄 수사물에서 이민자들은 대개 범죄 조직의 하수인이나 주변부 인물로 묘사된다.

하다. 자국 영화 내에서 끊임없이 재현되는 무슬림들의 혼종적 정체성으로 말미암아 프랑스 영화의 경계는 다시 쓰여 지고 있음을 볼 수 있는 것이다.

이 장에서는 '타자화된 프랑스'를 다루었다고 칭해진 새로운 문제적 집단의 영화들을 다룬다(Konstantarakos 1998: 142). 특히 1990년대를 주목하면서 프랑스 영화의 배경이 파리에서 변방으로 이동하고 있으며, 이로 인하여 프랑스 영화의 주체가 전형적인 백인감독들이 아닌 마그레브 출신 이민자 감독들을 포함하게 되었음을 진단하고자 한다. 프랑스의 문화적 예외를 개진하며 전개된 보호주의의 입장이 프랑스적 문화유산(patrimoine)에 집착했던 과거를 낳았다면, 이제는 여기에서 탈피하여 소수자와 이민의 통합(intégration)에 대한 우려와 관심에 주목할 필요성이 제기된다.

이제 프랑스를 살아가는 무슬림 이민자에게 카메라를 들이대는 영화들에 대한 소개가 더 이상 미지의 세계로 남아 있지 만은 않은 상황이다. 이민자들의 밀집촌이자 '프랑스 속의 작은 아프리카'로 불리는 방리유(banlieue)라는 특유의 공간에서 펼쳐지는 <증오(La haine)>나 <13구역(Banlieue 13)> 같은 영화들은 국내에 극장 개봉되었다. 정식 개봉이 이루어 지지 않은 이민 영화들이 국제영화제나 특별상영전 등을 통해 존재감을 드러내온 경우도 다수이다. 대표적으로 최근에 주목 받는 튀니지계 이민 출신의 프랑스 감독으로 성장한 압델라티프 케시시(Abdellatif Kechiche)가 그려내는 공존과 화해의 영화적 메시지들은 <생선 쿠스쿠스(La Graine et le mulet)>나 <가장 따뜻한 색 블루> 등을 통해 소개되었다. 이민자를 소재로 한 영화들이 조명을 받은 계기는 1995년의 칸 영화제일 것이다. 마티유 카소비츠(Mathieu Kassovitz)의 <증오>와 카림 드리디(Karim Dridi)의 <바이 바이(Bye-bye)>가 감독상과 주목할 만한 시선상을 각각 나란히 수상했다. 이 해의 칸 영화제는 북아프리카계 청년들을 소재로 다루는 프랑스 영화 두 편이 나란히 입상한 것

으로도 화제가 되었지만, 당시 신인감독의 연출작에 불과했던 <증오>
에 주어진 세계적인 관심과 <바이 바이>가 거둔 비평가들의 호평 등
으로 인하여 이후 프랑스에서 비슷한 경향의 작품들이 계속하여 제작
되는 계기를 마련해 주었다.

이 장에서는 이른바 '뵈르 영화 (Beur cinéma)'로 불리며 등장한 이민
2세들의 영화를 통하여 어떻게 영화가 프랑스가 직면한 타자와의 공존
에 대한 관심에서 비롯되는 가장 첨예한 문화지대로 등극하였으면, 왜
프랑스 문화에 파장과 도전을 일으키고 있는 과정을 살펴보고자 한다.
우선, 뵈르 영화는 이민자 영화를 만드는 감독들 대부분의 정체성이 아
랍 출신의 이민자들이라는 점에서 기인한다. 이민 후속세대들이 마그
레브-프랑스 영화라는 새로운 탈경계적, 탈민족적 조류를 형성해내고
있다. 둘째, 이처럼 변화된 토대 위에서 생산된 조류에는 새로운 관점
이 포착된다. 프랑스 본토 영화의 창작 작업에서 배제되어온 이민자와
디아스포라 집단이 식민지 경험을 공유하는 마그레브 출신 감독들의
탈식민주의적 시선을 통해 투영되고 있는 것이다. 셋째, 이러한 변화들
이 영화 운동과 연대의 움직임으로 연결되는 과정에 주목해볼 수 있다.
이방인과 사회보장, 그리고 연대라는 키워드는 오늘날 우리가 살아가
는 다문화 사회에서 '환대'라고 부르는 의미를 되돌아보기를 제안한다.

2) '뵈르'는 누구이며, '뵈르 영화'는 무엇인가

'뵈르(Beur)'는 프랑스에서 태어나거나 어린 나이에 프랑스에 정착해
살게 된 알제리, 튀니지, 모로코 등의 마그레브 이민 2세대를 가리키는
용어이다. 사전에 수록된 공식 용어로 자리 잡았지만 일종의 비판적 거
리두기가 필요한 말이기도 하다.[2] 뵈르라는 호칭은 이민 2세들이 주로

---

2) 사전에 수록된 것은 *Dictionnaire d'orthographe et d'expression érite* par André Jouette, Paris,
Dictionnaires, Le Robert, 1980. 이후로 "beur"라는 단어는 1984년 Académie Française로부터 사

향유하는 다소 자조 섞인 '단어의 역순 만들어 발음하기'로 볼 수 있는 베를랑(verlan) 문화에서 유래한다.[3] 아랍인을 뜻하는 불어인 'arabe'의 단어를 거꾸로 발음하여 a-ra-beu가 beu-ra-r로, 그리고 이것을 다시 축약하여 beur가 된 것이다. 음절을 뒤집어서 새롭게 만드는 단어의 유희에 해당하지만, 이러한 이면에는 젊은 이민자들이 느끼는 프랑스가 아랍인에 대해 가지고 있는 부정적 선입견에 대한 경각심, 그리고 이러한 선입견에 갇히기 싫어하는 저항이 동시에 투사되어 있음을 볼 수 있다 (Tarr 2005: 3).

뵈르들의 정체성이 이처럼 베를랑 문화가 가지는 중의성으로 포착될 수 있다면, 프랑스 내에서 통합의 주요한 이음매 역할을 해야 하는 이민자에 대한 시각도 서서히 변화했음을 함축했다. 주지하듯, 뵈르라는 용어가 대중적으로 확산되기 전에는 프랑코-마그레비(Franco-Maghrebi)라고 부르는 것이 더 정확한 칭호로 여겨졌었다. 그러다가 1983년 마그레브계 젊은이 집단이 '평등과 반인종주의 행진(Marche pour l'égalité et contre le racism')을 벌이게 되면서 이민자들의 통합 문제가 본격적으로 가시화되기 시작했다. 이듬해인 1984년에는 알제리 출신 소설가 겸 영화감독인 파리다 벨굴(Farida Belghoul)이 지휘했던 '만남(Convergences) 행진'이 후속으로 일어났다. 이른바 '뵈르들의 행진(marches des Beurs')으로 명명된 이 연속 사건들의 보도에서 프랑스 언론이 뵈르라는 용어를 집중적으로 사용하기 시작했다.

한편 뵈르들의 정체성은 1989년부터 시작된 소위 '히잡 사건'으로 부각되었다. 프랑스에서 이슬람을 상징하는 히잡의 착용을 금지하는 이 상징적 사건은 당시 뿐 아니라 오늘날 부르카, 니캅 등의 착용을 금지하는 법안으로 진화하면서, 무슬림 정체성을 가지고 프랑스에서 부대

전에 실리도록 승인을 받았다.

3) verlan은 이민자 뿐 아니라 젊은 세대의 보편적인 문화이기도 하다. 또한 때에 따라서는 방리유에 거주하는 젊은이들이 주로 쓰는 언어라는 특별한 장소성을 지니기도 한다.

끼며 살아가야 하는 뵈르들의 반감과 저항을 사왔음은 주지의 사실이다. 이로 인한 소요 사태는 지속적으로 이어져 왔다. 그 중 최근의 주요 사건으로는 지난 2005년 파리 근교에서 시작되어 프랑스 전역으로 번지면서 파국으로 치달았던 이민자 2세들의 폭동을 들 수 있을 것이다. 보다 직접적인 당시 '히잡 사건'의 파장으로는 그 이듬해인 1990년에 파리, 리용, 마르세이유 등 대도시 근교의 이민자촌에서 일어났던 소요 사태들을 거론할 수 있을 것이다(Bloom 1999: 470).

이처럼 1980년대 전반에 걸쳐 1990년대 초까지 번지고 있었던 일련의 사건들과 사회적 기류는 과연 프랑스인들로 하여금 이민자와의 공존이 자신들이 당면한 새로운 과제임을 직시하게 만들었는가? 이렇게 가시화된 사회적 통합 문제는 이후 20여 년 동안 상황이 크게 개선되었다고 보기는 힘들지만, 적어도 주류 사회에서 뵈르들의 문화가 받아들여질 수 있는 토대가 이 시기에 어느 정도 마련될 수 있었음을 보여 준다. 이른바 "뵈르 영화의 탄생"을 알렸던 메디 샤레프(Medhi Charef)의 데뷔작 <아르쉬메드의 하렘에서의 티파티(Le Thé au harem d'Archimède)>가 '뵈르들의 행진'이 열린 이듬해인 1985년에 개봉될 수 있었던 점이 단적인 예가 될 것이다. 같은 해 개봉된 라시드 부샤렙(Rachid Bouchreb)의 <바통 루즈(Baton Rouge)> 등이 선구적인 역할을 하면서, 이후 1994년에서 2003년 사이에 걸쳐 총 20여명의 마그레브 출신 2세들이 프랑스에서 장편 영화감독으로 데뷔를 하는 기록을 세웠다. 그 중에서 첫 영화 데뷔를 마치고 후속작을 개봉한 감독의 수는 같은 기간 동안에 9명에 달했다(Tarr 2005: 10-11).

이러한 기후에서 '뵈르 영화'의 탄생에 관해 논의를 벌이고 담론을 진전시키는 것은 20세기 후반 프랑스 도처에서 나타나는 시대상에 따르는 것이기도 했다. 1985년에 뵈르 영화에 대한 특집호를 발간했던 프랑스의 영화지인 시네마토그라프(Cinématographe)지(誌)의 역할에서 보듯, 이미 프랑스의 영화계에서 뵈르 영화는 대단히 매력 있는 소재가

되어 있었다(Cinématographe 1985, no.112). 공식적 용어로서 뵈르 영화가 그 의미를 부여받아 사용된 최초의 기록인 셈이다. 이 특집호와의 인터뷰에서 뵈르 작가이자 영화감독이었던 파리다 벨굴은 주류 영화로부터 뵈르 영화의 구분 기준이 감독의 정체성에 있음을 공언했다. 저마다의 인종, 이민을 둘러싸고 있는 환경에 따라 프랑스에서 태어나거나 자라난 이민 2세 감독, 망명 및 이주로 인해 프랑스에 정착한 1세대 감독, 그리고 프랑스 백인으로서 탈식민지 시대에 인종적 정체성을 다루는 감독 등 세 부류로 나뉜다는 것이다(Horvilleur 1985: 19).

하지만 이민자가 나오는 영화라고 해서 모두 뵈르 영화는 아니다. 영화를 만드는 주체로서의 감독이 프랑스/마그레브 국가 태생인지, 모국/정착국 중 어느 곳에 귀속감을 느끼는지, 그리고 이민에 동반된 모국 이탈 체험을 직접 경험했는지 혹은 간접적으로 체화했는지 등에 따라 뵈르를 재현하는 영화의 시선과 주제는 얼마든지 달라질 수 있다. 특히 뵈르 영화라는 용어가 이민, 망명, 디아스포라 감독 등의 다양한 상황과 의식들을 보지 못하고 마치 그들이 같은 특징을 지닌 균질적인 집단인 것으로 간주해 버리는 오류를 낳게 할 수도 있는 것이다. 따라서 뵈르 영화를 고찰할 때 고려 되어야 할 점은 이른바 공동의 이념이라든지 사상을 표방하는 체계적 영화 운동으로서의 면모를 가지고 있지 않다는 것이다. 바로 이러한 시각에서 크리스티앙 보세노가 지적하듯, 1980년대의 뵈르 영화는 '과도기의 영화'라는 꼬리표를 달고 있었다 (Bosséno 1990: 146-7).

이러한 논의의 배경을 지니고 있는 뵈르 영화는 프랑스에서 나고 자란 마그레브 이민 2세대에 의해 독립적으로 제작되거나 이들의 문제를 다루는 영화를 한정해서 지칭하는 방향으로 궤적을 그려왔다(Tarr 2005; Hargreaves 1995; Bosséno 1992). 일반적으로 이론가들은 뵈르 영화의 몇 가지 특징을 지적한다. 주로 불안정하고 주변부적인 삶을 증언하는 자전적이고 다큐멘터리적인 형식이 주를 이루고 있고, 작품의 내용 안에 정체성 추구의 테마들이 공통적으로 들어 있으며, 뵈르의 인정과 통합에 대한 욕구가 작품의 사회적 메시지로서 표출된다는 것이다.

실제로 뵈르 영화가 출현했을 때 자전적인 성장담 영화를 적잖이 볼 수 있었다. 온전한 프랑스인이 아닌 데에서 오는 '증언'에 대한 욕구는 이미 뵈르 문학을 통해 선보인 바 있었다(진인혜 2009; 김미성 2012). 대표적으로 아주즈 베가그Azouz Begag의 자전적 소설인 <샤바의 소년(Le Gone du Chaâba)>이 영화화되기도 했다. 한편으론 뵈르 작가로서 영화감독을 겸했던 파리다 벨굴의 <마담 프랑스가 더 좋아?(C'est Madame la France que tu préfères?)>, <떠나간 아빠(Le Départ du père)>, 그리고 메디 샤레프가 자신이 쓴 동명의 성장 소설을 영화로 각색한 <아르쉬메드의 하렘에서의 티 파티> 등이 만들어졌다. 그 중에서 특히 『아르쉬메드의 하렘에서의 티 파티』는 프랑스 관객에게 뵈르 영화의 이미지를 각인시킨 최초의 장편 영화로 평가된다. 부모들의 아랍 문화와 자신이 통합되지 못한 프랑스 사회의 문화라는 두 가지 문화 사이에 끼어 번민하는 뵈르 주인공의 빈곤한 정체성을 냉혹하고도 서정적으로 그려낸 샤레프는 이 영화로 비평적 성공과 함께 그 해 유망한 신인 감독에게 주어지는 장 비고(Prix Jean Vigo) 상을 수상했다.

기본적으로 샤레프의 영화는 프랑스 내 이민자들의 밀집지역인 방리유 공간을 배경으로 펼쳐지는 이른바 '방리유 영화'의 양식을 표방했다. 목적의식을 잃고 배회하며 더 나은 삶을 꿈꾸기도 하지만 실업과 무기력이 만연한 방리유의 분위기를 벗어나지 못하는 이민 2세 청년들의 이야기가 영화의 주를 이룬다. 이들이 소외된 프랑스 청년들과 함께 회색빛 HLM의 벽에 기대어 하릴없이 무위도식하거나 탈선하는 장면들은 이 영화를 필두로 이후에 만들어진 방리유 영화들에서 수없이 차용되는 일종의 원형적 이미지가 되어왔음은 주지의 사실이다.[4]

---

4) M Rosello가 말하는 "hittiste"의 비유를 볼 것. Mireille Rosello, "Frontières invisibles autour des Banlieues: des «dérouilleurs» aux «soldats perdus de l'Islam»", Contemporary French and

이처럼 이방인 청년들의 경계적 묘사가 일반적인 프랑스 관객들과의 공감대를 형성하는 『아르쉬메드의 하렘에서의 티 파티』같은 영화의 이면을 들여다보면, 막상 이민자 커뮤니티 내부에 대한 시선과 묘사가 희생되는 면이 없지 않았다. 샤레프의 아버지는 1950년대 대규모로 불기 시작한 알제리 노동이민의 물결 속에 프랑스로 이주해 온 건설 노동자로서, 당시에 파리를 위시한 대도시 주변부에 형성된 비동빌(Bidonvilles) - 이민자 촌으로 형성되었던 판자촌이자 지금의 방리유의 전신이 되었던 주거 지역 - 에 자리 잡기 시작한 전형적인 북아프리카 이민 1세대였다. 대부분 이들 부모세대는 프랑스 문화에 몽매한 채 침묵하는 타자로 그려지는 재현 양상이 초기 뵈르 영화의 특징이었다. 샤레프의 영화에서 아버지는 식물인간인데다 아랍어를 주로 구사하는 어머니는 아들인 마지드와 소통이 잘 안 된다. 초기 뵈르영화에 징후적으로 나타나는 이민 1세대의 부재에는 여러 가지 이유가 지적되지만, 대체로 부모 세대로 대변되는 아랍-프랑스 역사의 유산이나 이슬람의 영향 등이 뵈르 문화에서 차지하는 부분에 대해서는 함구하는 한계를 보여주었다.

뵈르가 직접 메가폰을 잡았지만 정작 혈통이나 태생, 자신들의 이민 가족사에 관한 이야기를 하지 않았던 것은 타자에 대한 낯설음과 두려움을 느낄 프랑스 대중들을 향한 일종의 자기점열적인 측면이 있었다고 볼 수 있다. 방리유라고 하는 이미 프랑스인들에게 '민감한 구역(quartier sensible)'으로 타자화된 공간에서 일어나는 갈등을 그리면서 그러한 원인이 인종적으로 다른 무슬림 집단에 의한 것임을 부각시키는 것을 꺼려하게 되는 것이다. 이러한 시각에 대해 하그리브즈(Alec G Hargreaves)는 80년대에 나온 뵈르 감독들의 영화가 보다 포괄적인 이야기가 되지 못하고 주류 관객을 의식하는 경향이 있었음을 지적한다. 즉 외부의 시선에 가둔 채 뵈르 내부의 문제를 바라보는, 스스로 게토화 되는 경향

Francophone Studies, 8: 2, 2004, p. 143-157.

이 있었음을 지적한다.

> 이 영화가 강조하는 것은 방리유가 안고 있는 문제들이 인물들의
> 인종적 정체성과는 무관함을 보여주는 것이다. 따라서 여기에 알제
> 리나 이슬람의 영향이 존재할 자리는 없다. 샤레프의 카메라는 마
> 치 '빅 브라더'의 시선이 되어 탈식민지적 이민의 경험이 주류 관객
> 의 온정을 자극하는 한도 내에서만 깔끔하게 배치되고 보여 지도록
> 자기검열을 하고 있다 (Hargreaves 1999: 34-35).[5]

요컨대 샤레프의 자전적 영화는 증언 이상의 것들을 표현하는 데에
한계를 드러낸다. 즉 뵈르 개개인의 정체성 위기가 프랑스식 통합 모델
에 대한 심각한 도전이자 자신들의 뿌리인 아랍문화에 대한 위기임을
드러내지는 못하는 한계를 보여준다. 그리하여 인종을 초월한 젊은이
들의 우애와 방리유 고유의 문화가 화면을 채우고는 있지만 이는 고립
된 서사에 그치고 있으며, 그 결과 개인적 기억이 집단과 사회에 대한
차원으로 승화되는 통로를 마련해야 하는 뵈르 영화의 과제를 남겨 주
었다.

3) 탈식민주의적 시선

1990년대에 들어서면서부터는 뵈르 영화에 변화가 나타난다. 뵈르에
대한 주류 사회의 인정이라는 소극적 차원에서 벗어나 이제 뵈르 영화
는 프랑스 영화에 대한 새로운 논의의 장을 제공하는 차원에 이른다.
그리고 특히 신진 뵈르 감독들은 이주민과 프랑스 영화의 관계에 대한
인식을 재고하였다. 프랑스 탈식민지 역사의 조명 바깥에 있었기에 프

---

5) 하그리브즈(Hargreaves)는 '빅 브라더의 시선'의 비유에 대해 파리다 벨굴 (Farida Belghoul, "'Le
The au Harm d'Archimede' de Medhi Charef", Cinematographe, May 1985, p. 32-33)을 인용하
고 있다.

랑스 '본토' 영화의 창작 작업에서 배제되어온 이야기들, 즉 탈민족적, 탈경계적 서사에 대한 발굴과 재조명이 필요하다는 데에 인식이 모아졌다.

1990년대 프랑스 영화계는 여러 면에서 누벨바그와의 대조를 불러일으킨 시기이기도 했다. 우선 정책적으로 양성된 신인감독 세대가 대거 영화시장에 투입되면서 명백히 젊은 작가들의 활동무대로 활기를 띠고 있었다(박은지 2011). 신진감독들은 새로운 문제작들을 내놓으며 40년 전 누벨바그가 그랬던 것처럼 강렬한 신세대의 등장으로 간주되었다. 콘스탄타라코스의 「1990년대 프랑스 영화의 새로움: 누벨 누벨바그가 오는가?」는 그러한 예를 잘 드러낸다 (Konstantarakos 1998: 142).

그러나 흥미로운 점은 이들 신세대 감독들의 영화적 창작 작업의 콘텐츠는 누벨바그에 대한 수정과 역사에 대한 비판적 재평가를 요구하는 방향으로 진행되어 왔다는 점이다. 특히 이들은 <400번의 구타(Les 400 coups)>, <네 멋대로 해라(A bout de souffle)>, <파리는 우리의 것(Paris nous appartient)> 등 누벨바그의 대표작들을 가로지르는 파리의 일상 세계가 막상 당대의 쟁점을 정면으로 다루는 데에서는 비켜서 있었다는 점에 대하여 문제를 제기하였다. 그러나 보다 근본적으로는, 누벨바그가 선언한 작가정책의 등장이 역사적으로 프랑스의 탈식민화 시기와 맞물리며 전개되었다는 사실에 대한 재조명이 필요하다는 데에 인식이 모아졌다(Caillé 2007: 372). 우선, 당시 파리 시내에서 격렬하게 일고 있었던 알제리 독립 시위와 그 여파에 대해 영화적으로 침묵하였던 사실이 지적되면서 누벨바그 작가주의에 관한 연구의 재평가를 요구하는 하나의 발판을 마련했다(Hayward 1993: 209-210). 이들이 영화를 감독의 예술로 정의내리며 작가적 비전의 절대성을 강조한 작가정책이 탄생한지 불과 몇 년 뒤인 1966년에 프랑스의 식민사를 충격적으로 증언하는 <알제리 전쟁(The Battle of Algiers)>이 개봉 금지가 되었음에도 불구하고, 당시 영화작가들이 아무런 항의와 입장표명이 없이 이를 받

아들였던 사실이 다시금 회자되게 되었다.[6]

프랑스 영화사의 이러한 '망각된 기억'에 조명을 들이대는 최초의 시도로 기록되는 영화는 <천국에 살다(Vivre au paradis)>이다. 1998년에 개봉된 이 영화는 당시 파리 시내에서 격렬하게 일고 있었던 알제리 독립 시위와 그 여파로서 파리의 알제리인들이 겪었던 대량 참사였던 '1961년 10월 17일 사태'를 다루고 있다. 역사적 진실을 다루면서도 이민자 가정의 프랑스 정착기를 다루는 사적 서사에 녹여낸다.[7] 무엇보다도 알제리 출신 감독인 부를렘 게르쥬(Bourlem Guerdjou)는 이민 1세대의 이야기를 재발견하고 재현을 통해 뵈르가 자신의 뿌리와 끈을 만들어야 한다는 것, 즉 "기억도 통합의 요소이다"고 증언하며 프랑스 영화가 금기시 해온 소재에 대하여 문제제기의 발판을 마련했다(Tarr 2005: 126). <천국에 살다>의 오프닝은 귀를 찢을 듯이 아랍 음악이 들리는 가운데 진흙탕에 세워진 판자촌의 전경과 그을린 피부의 무슬림 이주자 아버지들이 일터로 향하는 모습을 차례로 보여준다. 그런데 이 장면의 마지막은 '1960년 낭떼르(Nanterre), 파리에서 불과 3km 떨어진 곳'이라는 자막으로 끝을 맺고 있다. 이처럼 비동빌과 파리의 대조를 통해 생성되는 아이러니한 이미지는 탈식민화 역사와 이민 유입이라는 프랑스 영화의 공백을 드러내는 중요한 시발점이 되어주었다.

이렇듯 본격적으로 프랑스 내부로 쏟아져 들어오기 시작한 과거 식민지로 부터의 집단적 유입은 프랑스 현대사에서 진행형으로 펼쳐지고

---

6) 실제로 프랑스 현대사의 가장 중요한 전쟁이자 치부로 꼽히는 <알제리 전쟁>은 누벨바그의 전성기와 때를 같이 했지만 막상 이태리 출신 감독에 의해 연출되었던 영화였으며, 베니스 영화제에서 금사자 상을 수상하게 되었을 때 프랑스 정부가 반대 로비를 펼친 것으로도 유명하다. 그나마 한시적으로 프랑스에서 개봉될 수 있었던 것은 1971년에 와서야 가능하였고 텔레비전에서 방영될 수 있게 된 것은 2004년에 프랑스 정부가 칸 영화제에서 이 영화의 공식 상영을 허가해 준 뒤에 가능해진 일이었다. Patricia Caillé, op. cit., p. 373.

7) 브라임 베나이샤 (Brahim Benaïcha)가 쓴 동명의 소설 (1992)이 원작이다. 이 영화가 개봉된 전해인 1997년에 알제리 전쟁을 소재로 다루는 영화 <여인들의 발 밑에서Sous les pieds des femmes>가 나왔다. 그러나 <여인들>이 개봉 관객 7845명에 그친 반면에 <천국에 살다>는 뵈르 스타 배우(Roschdy Zem)가 출연하고 관객동원 80534명을 기록했으며 비평가들로부터 열정적인 호평을 받았다.

있었던 역사적 쟁점이기도 했다. 이미 이민의 흐름은 근접한 유럽에서 벗어나 알제리를 중심으로 하는 북아프리카인의 유입으로 나타나고 있었던 것이다. 야미나 벤기기(Yamina Benguigui)의 <이민자들의 기억, 마그레브의 유산(Mémoires d'immigrés, l'héritage maghrébin)>은 이러한 탈식민화 이후의 과정 중에서 특히 1962년 알제리 전쟁을 종결짓는 '에비앙 협정(Les accords d'Evian)'의 체결로 인해 마그레브 인들에게 새로운 전환점이 마련되었던 시점에서 시작한다. 이 시기는 프랑스의 동화주의 정책으로 노동 이주자 뿐 만 아니라 전쟁을 피해 과거 프랑스의 식민지였던 북아프리카 국가들로부터 이민집단이 대규모로 프랑스로 들어올 수 있는 최대의 기회를 제공했기 때문이다. 이 영화의 시제는 프랑스가 북아프리카의 풍부한 노동력을 필요로 했던 '영광의 30년' 시절에서부터, 어느덧 타자에 대한 수용능력이 한계에 다다른 20세기 후반으로서의 현재에 걸쳐 있다. 한 가지 흥미로운 점은 <이민자들의 기억>이 외국인 이민 노동자의 배척을 주장하는 극우 정당인 국민전선의 약진이 우려되는 가운데 1997년 상영되어 큰 반향을 일으켰던 영화라는 것이다. 텔레비전 다큐멘터리로 제작되어 방영된 후 다시 극장 개봉이라는 이례적인 기록을 남기며 언론과 대중에게 열정적인 조명을 받았다.

그럼에도 불구하고 <이민자들의 기억>이 거둔 성공은 역설적이게도 주류 영화에서 그간 이러한 탈식민지화 이후의 마그레브와 프랑스의 관계는 배제되거나 생략된 채로 영화적으로 잘 기록되지 않고 있었음을 반증하는 것이기도 하다. 벤기기의 두 번째 장편인 <인샬라 일요일(Inch'Allah Dimanche)>은 이러한 와중에 1980년대 미테랑 정권에 의한 '가족재결합정책(le regroupement familial)'의 시행으로 새로운 이민의 형태를 가져오고 있었던 과정을 담고 있다. 가족이민 중심의 형태로 이민의 모습이 바뀌게 되면서, 어떻게 하여 무슬림이라는 최대의 이민 집단이 프랑스를 구성하는 새로운 인구집단으로 형성된 것인지를 영화를 통해 증언해내고자 한다.

『이민자들의 기억』, 『인샬라 일요일』의 두 영화는 '증언'의 형태로 구성되며 이민 세대의 정체성 찾기라는 자기 정립의 열망이 녹아있다는 점에서 초기 뵈르 영화의 특징을 답습하는 것처럼 보이지만, 무엇보다 이를 개인의 문제이면서도 프랑스 사회가 풀어가야 할 과제라는 적극적 차원에서 파악하고 있다는 점에서 차별화된다. 이로 인해 목격되는 변화는 과거 식민주의 시대나 이민의 역사와의 관계 속에서 "침묵하는 타자에 불과했던 이민 1세대의 이야기가 다시 복원되어야 할 당위성"을 요하고 있으며 이를 문화적 차이나 사회문화적 특수성을 반영한 작품의 내용과 형식에 맞게 고려하여 보다 미묘하고 창조적인 형태로 찾고자 한다는 것이다 (Hargreaves 2000: 343-351). <이민자들의 기억>의 첫 파트는 이민자 아버지들이 프랑스에 와서 말없는 이방인으로 살아가야 했던 이야기들을 내부자의 시선으로 담아낸다. 특히 이민 1세대 아버지들이 모국과 정착국을 향해 동시에 느끼고 있었던 이중의 감정에 대해 들려준다. 탈식민기 이후 유입된 이민 원세대에 해당하는 아버지 세대들은 당시 벌어지고 있던 알제리 국가 재건 과정으로부터 도피했다는 자책감을 마음 한켠에 안고 살아야 했으며, 한편으론 정착국인 프랑스에 와서 부딪쳤던 차별과 소외의 벽을 경험했던 세대로 재현된다. 반면에 벤기기의 어머니에게 헌정된 <인샬라 일요일>은 과거에 문맹의 프랑스어를 못하는 이민자 어머니를 부끄러워했던 감독 자신의 어린 시절을 돌이키는 내용을 담고 있다. 특히 <이민자들의 기억>의 제작을 위해 인터뷰를 진행했던 이민 1세대 여성들의 경험담을 통해 자기 자신의 어머니 또한 이해하게 되었음을 고백하고 있는 영화이다 (Tarr 2005: 174). 따라서 벤기기에게 있어서 영화는 사적 내러티브와 집단적 내러티브가 교차하며 이민 2세대 뵈르 출신으로서의 정체성과 유기적 관계를 맺고 있다.

기본적으로 뵈르 영화는 이처럼 동화되지 못하는 부모와 프랑스 토착인들을 이어주는 '사이(in between)' 세대인 이민 2세들의 영화이다. 그

래서 태생적으로 경계선 상에 놓여있는 영화이기도 하다. 기본적으로 모국의 아랍문화에 귀속된 부모 세대로부터 사회화되는 이민 2세들이 프랑스에 완전히 동화된다는 것은 불가능하다고 볼 수 있다. 하지만 그렇다고 해서 프랑스의 세속화 교육을 받으며 자란 뵈르들이 이민 원세대인 부모와 같은 정체성을 공유할 수도 없는 노릇이다. 따라서 뵈르들은 '프랑스인들이 기대하는 것만큼 '프랑스적'이 아니며, 그들의 부모세대만큼 '아랍적'이지도 않다'(김미성 2012: 42). 아랍인도 아니고 프랑스인도 아닌 지점, 이러한 주변성과 경계성이야말로 뵈르 영화를 추동하는 원동력이 되어 캐리 타르가 지적하듯이 이민 2세들의 '차이의 프레임(reframing differences)'을 요구한다(Tarr 2005). 즉 이민의 자녀라는 닫힌 탐색에서 벗어나 프랑스 문화접변의 주체이자 사회변화의 새로운 힘으로 받아들여지기를 요하고 있는 것이다.

오늘날 생성적으로 펼쳐지고 있는 뵈르 영화는 이러한 새로운 '경계'의 문제와 그 파장을 이해하기 위해서 지금까지 단순히 뵈르와 뵈르문제를 이민자라는 소수집단의 문제로만 바라보았던 이전과는 다른 관점을 찾고자 했다. 지금까지 살펴보았듯, 1990년대 뵈르 감독들은 기존의 영화적 재현에서 배제되어 왔던 이민자와 본토 문화 간 긴장과 대립이라는 소재를 자신들의 영화작업 안으로 끌고 들어와 과감 없이 드러내는 시도를 보여주었다. 이민자와 다문화를 수용하는 데에 있어 소극적이었던 프랑스 작가미학의 배타성을 지적하고 이를 근본적으로 재고하려는 움직임이 영화 내·외적인 운동으로 일어났던 것이다.

특히 1990년대 영화들은 이민자로 대변되는 타자에 대한 수용능력이 한계에 다다른 프랑스 사회의 문제를 다루고 있었다. 무슬림 이민자의 유입은 경제 호황기 때에는 노동력 제공으로 환영받았지만 실업이 만연했던 90년대에 와서는 내국인의 일자리를 빼앗는 위협적인 주범으로 인식되었기 때문이다. 마띠유 카소비츠의 <증오(La Haine)>는 파리와 그 주변부 사이의 명암을 이제껏 배제되어 왔던 이민자 사회의 시선으로 들여다 본 하나의 영화적 사건이었다. <증오>는 실제로 1993년 파리 외곽의 이민자촌에서 일어난 폭동을 근거로 제작되었다. 경찰에 대한 부정적인 묘사와 이민 2세들의 거친 게토 문화를 여과 없이 다루어 흥행에 성공한 최초의 영화였던 <증오>는 이민 후속세대들의 문화를 배제의 대상에서 주류영화의 소재로 바꾸어 놓는 하나의 전환점이 되었다. 게토화 되어 경계적 모습으로 살아가는 이방인 청년들의 주류사회에 대한 불만을 영화의 폭발적인 에너지로 승화시킴으로서 인종을 초월해 청년세대에게 어필할 수 있었던 것이다.

배제에 의해 소속감을 느끼는 타자들, 추방된 이방인의 세계를 바라보는 <증오>에서 감독인 카소비츠가 외부인의 시선으로 이민자 집단을 바라보고 있다면, 다른 한편으로는 '인사이더'의 시선을 통해 이들을 바라보는 것이 가능했던 이민 출신 감독들도 등장했다. 튀니지계 이민 감독 카림 드리디(Karim Dridi)의 <바이 바이>는 <증오>와 대조해 볼 수 있는 영화이다. 두 영화는 비슷한 주제로 같은 해에 완성되어 개봉되었다. <증오>가 거둔 성공의 그늘에서 아류작으로 치부되기도 했지만, <바이 바이>는 여러 면에서 확연히 다른 영화이다. 공간적으로, 사회로부터 떨어진 방리유가 아닌 도심을 배경으로 펼쳐졌다. 영화 속 도시 마르세이유는 식민지 이래 북아프리카로부터 유입된 인구가 거쳐 가는 관문으로서 이슬람적인 요소와 무슬림 커뮤니티의 혼종성이 이미 본토 문화와 구별해 낼 수 없을 만큼 뒤섞여 있는 상태로 모습을 드러낸다. 이민 가족의 문제와 세대 간의 차이를 비중 있게 다루고 있기도 하다.

한편, 압델라티프 케시시는 자신의 작가적 정체성에 바탕을 두고 이민자 2·3 세의 후속세대들이 깊이 관여되어 있는 중층적인 이민문제들을 영화 속에 다루어 왔다. 사회보장은 실종된 채 공권력에의 복종만 강조되는 이민자촌의 실태를 꼬집은 데뷔작 <볼테르의 잘못(La Faute à Voltaire)>가 호평을 받으며 국내외 영화제들에서 수상한 이후로, 케시시는 동시대 프랑스의 대표적인 이민 2세 감독으로서 이민자들의 문화적 권리를 다루는 영화를 꾸준히 생산해 왔다. 그러나 최근작인 <생선 쿠스쿠스(La Graine et le mulet)>에 와서는 혼종성의 프랑스, 그리고 배제가 아닌 공존에 초점을 맞추는 변화를 보여준다. '생선 쿠스쿠스'를 파는 선상 레스토랑의 개업을 둘러싸고 이민 원세대와 후세대, 그리고 내국인 국민이 공존하는 공간에서 일어나는 문화적 충돌을 그리는 그의 영화는 이제 배제된 방리유가 아닌 도시의 분주한 일상성 안으로 들어와 있다.

이러한 재현의 콘텐츠 변화는 우선 이민 세대교체에 의한 것일 수 있다. 프랑스 문화에 몽매한 채 침묵하는 타자로 재현되었던 1세대 이민자 문화가 이민 2-3 세대를 거치게 되면서 가시성의 영역을 확장하는 과정으로 볼 수 있는 것이다. 그러나 이 글에서는 이와 같은 변화의 토대를 1990년대에 공존과 영화에 대한 담론이 생성될 수 있었던 배경에 무게를 두고, 타자에 대한 인식론적 전환의 계기와 그 이후를 추적하며 찾아보고자 한다. 이를 통해 기존의 영화 전통에 갇히지 않고 부단히 진화하며 열린 운동 속에 존재하는 뵈르 영화, 그 너머의 포스트-뵈르 영화로서의 가능성을 점쳐 볼 수 있을 것이다.

4) 지중해 문명 간 교류: '환대'의 가능성?

1997년 칸 영화제에는 다큐멘터리 감독 니콜라 필리베르(Nicholas Philibert)등에 의해 공동 연출된 단편 영화 <우리, 프랑스의 불법체류자들(Nous, les sans-papiers de France>이 상영되었다.[8] 일종의 마니페스토 영화였던 <우리, 프랑스의 불법체류자들>은 영화감독들이 모여 대표적인 반(反)이민법에 해당하는 드브레 법(loi Debré)의 제정에 반대하고자 '59인의 성명(Appel des 59)'을 발표했던 데서 파생된 영화였다. 프랑스 시민이 집에 들이는 불법체류자를 신고해야 할 의무를 가지며 이를

---

8) 필리베르가 주도하고 Catherine Corsini, Claire Devers, Philippe Faucon, Serge Le Péron, Claire Simon, Marie Vermillard 등 15명의 감독들이 공동 연출했다.

이행 않을 시 쌍방 처벌된다는 이민법 조항에 의거하여 유죄판결을 선고받은 델통브 부인(Mme Deltombe) 사건이 계기가 되었다. 이 성명에서 "우리는 모두 델통브 부인처럼 불법 체류자들을 집에 데려와 재워준 혐의에 유죄임을 인정한다. 이들과 친구이며 협력한 우리도 법 앞에 처벌받기를 요구한다"는 내용으로 선언문이 제작되어 두 일간지인 르몽드와 리베라시옹에 발표되었던 것이다.9) 영화에서는 당시 생-베르나르 교회에 모인 불법체류자들의 대변인이었던 마지겐느 시세(Madjiguène Cissé)가 드브레 법의 부당함에 대한 선언문을 낭독하고 이어서 175명의 영화감독의 서명과 함께 끝이 난다. 칸느 상연 이전에 이미 전국 단위 극장에서 본 영화 방영에 앞서 상영되기도 했다.10)

순수하게 영화감독으로만 구성된 공동체가 이민자들의 자유와 권리에 대한 의지를 옹호하고 공유하였던 행위라는 점에서 이 성명은 적지 않은 파장을 남겼다.11) 우선 <우리, 프랑스의 불법체류자들>과 '59인의 성명'이라는 다소 상징적 사건들이 가시화 했던 프랑스 영화계와 영화감독들의 타자에 대한 관심과 시대성에 주목할 필요가 있다. 몇 가지 명징한 지표들, 즉 이방인에 대한 수용과 연대라는 측면에서 새로운 영화의 경향을 이해하는 것이 가능한 지점임을 보여 준다. 영화사적인 의미에 있어서도 영화인들이 보여준 사회보장과 공존, 이민자 대한 관심을 집단으로서 드러낸 현상이었기 때문에 이들을 묶을 수 있는 하나의 상징적 마니페스토로 기록되고 있다. 실제로 1990년대를 개괄한 대표적인 영화사 저서 중에 상당수 저자들이 이 사건에 대해 쟁점적이면서

9) 이 선언문의 전문은 Phil Powrie, *French Cinema of the 1990s: Continuity and Difference*, Oxford: Oxford University Press, 1999, p. 10-11, 에 수록되어 있다.

10) 참여하는 극장에 한해 1997년 4월 한 달 간 상영되었다.

11) 아르노 데플레셍 (Arnaud Desplechin)과 파스칼 페랑(Pascale Ferran)이 작성하고 마띠유 카소비츠, 로베르 게디귀앙 (Robert Guédiguian)을 비롯한 젊은 감독들에 의해 주도되었으며, 이 중에는 카림 드리디 등 두각을 나타내기 시작한 이민 2세대 출신의 아프리카계와 무슬림계 영화감독들도 포함되어 있었다. 핵심 감독들은 이러한 1997년의 경험을 토대로 두 차례의 추가 성명을 르몽드 지에 발표하면서 체류증 개념의 취약성 등을 공론화 시키는데 기여하고자 했다.

도 영화사적인 분석을 싣고 있다.[12]

지중해 문명 간 교류에서 뵈르들은 북아프리카 출신의 이민자가 호스트 국가인 프랑스의 주류문화를 비집고 들어오는 주체라는 점을 역설하는 중요한 집단으로 떠오르고 있다. 침묵하는 타자문화로 상상되고 재현됐던 1세대 이민자 문화가 이민 2-3세대를 거치게 되면서 그 가시성의 영역을 확장하는 과정은 뵈르 문화와 뵈르 영화의 역사이기도 하다. 나아가 지금은 세계의 경계가 전 지구화되는 시대에 있다. 스스로 국경 너머의 주거를 선택하는 거대한 자의적 흐름의 이동 안팎에서 국민국가의 공간은 새롭게 상상되고 또 이미지화된다. 이민자들이 새로운 혼합문화를 낳으며 사회에 내재하는 단일한 문화적 정체성에 틈새를 뚫고 흔들기도 하는 것이다. 이민자를 호스트 사회에 '기생'(parasite)하는 존재로 바라보는 관점이 이민자에 대한 사회적 배제와 차별을 낳는 요인이 된다면, 이미 호스트 국가에 정착한 이민 세대들은 오히려 문화적 혼종과 융합에 기여하는 주체로서 마땅히 대접받아야 할 '손님(guest)'이자 '자국문화 형성의 중요한 행위자'로 존재할 권리를 요구하게 되는 것이다. 우리는 이 과정에서 문화접변의 장이 된 호스트 국가의 입장에서 타지에서 온 이민자를 어떻게 바라볼 것인가에 관한 논의를 주인(host)과 손님(guest) 사이의 '환대'(hospitality)에 대한 사유로 풀어내는 데리다(Jacques Derrida)의 윤리학에 주목할 필요가 있다.

데리다의 환대는 지중해 문명 간 교류에서 드러나는 이민자의 타자

---

12) 1990년대를 개괄한 세 권의 대표적인 영화사 저서로 꼽을 수 있는 『자유의 아이들: 1990년대 프랑스 젊은 영화들(Les Enfants de la Liberté: Le Jeune Cinéma Français des Années 1990)』 (Trémois, 1997), 『프랑스 젊은 영화들 (Le Jeune Cinéma Français)』(Marie, 1998), 『프랑스 젊은 영화들 (Le Jeune Cinéma Français』 (Prédal, 2002)에서 모두 하나의 전환점 혹은 현실참여의 지표로 기록하고 있음을 볼 수 있다. 또 다른 90년대 프랑스 영화사인 『1990년대 프랑스 영화: 연속성과 차이 (French Cinema in the 1990s: Continuity and Difference)』 (Powrie, 1999)에서는 '59인의 성명'의 전문을 싣고 있음을 볼 수 있다. 한편, 뵈르 영화에 대한 저서에서 이 사건을 언급하고 있는 예로는 Carrie Tarr *Reframing diferrences: Beur and banlieue filmmaking in France*, Manchester & NY: Manchester University Press, 2005, pp. 153-4를 볼 것. 이 사건에 대한 후일담 논문으로는 Jonathan Ervine, La ballade des sans-papiers: dix ans après, French Studies Bulletin, 28 (104), 2007: 64-67을 볼 것.

성에 어떻게 개입할 것인가를 근본적으로 생각하게 하는 지점이다. 다른 곳에서 이곳으로 도래한 이방인을 우리는 어떻게 맞이하는가? 이방인에 대한 환대는 쉽지 않다. 왜냐하면 타자에 대한 책임은 끝이 없기 때문이다. 이들은 처음에는 체류의 권리를 가진 자에 한해 법과 제도에 의해 규정되며 '나에게 해를 미치지 않는 범위 내에서' 입국을 허용하는 '조건적 환대'의 대상이지만, 점점 권리를 가진 손님과 불법체류자를 구별하지 않는 '무조건적 환대'로 자신들의 이방인적인 주거를 확장하려는 속성을 가진 존재들이다. 프랑스의 뵈르들이 그러하듯이 주변부에만 머물지 않고 이윽고 국민국가의 주권 내부로 진입하는 침범하는 자들이다(Derrida 2000: 25). 결국에는 주체의 해체를 불러일으키는 환대, 즉 언젠가는 주인과 손님의 자리가 역전되는 극한의 환대를 요구할 전복적 주체이기도 한 것이다. 이렇게 이산의 근대적 상흔이나 식민지 경험을 반영하는 거울에 그치기를 거부하며 이민 2-3 세대는 원세대 체험을 넘어선다. 이민자의 타자성은 끊임없이 모습을 바꾸며 진행 중인 현재적이고 역동적인 문명 간 교류의 형태로 전환되고 있는 것이다.

환대는 문명 간 일어나는 교류의 과정에서 이민자를 동화되지 못하는 이방인으로 규정하려는 폭력적인 시선으로부터 자유로울 수 있는지 반문하는 태도이다. 따라서 타자를 주체의 시선 안에 가두려는 속성을 문제시한다. 이에 데리다는 타자가 가진 타자성은 타자 고유의 것이라고 보는 레비나스(Emmanuel Levinas)의 사유에 기대어 '동화될 수 없는 이민자들'을 바라보고자 한다. 레비나스는 타자를 사회로부터 배제시키지 않으면서 주류사회에 동화되어야 할 대상으로도 보지 않는 지점에 윤리가 있다고 본다. 타자는 항상 주체의 인지 바깥에 존재하며 결코 나 혹은 우리의 경험 세계 안으로 동일시 될 수 없고 되어서도 안 된다고 하는 입장, 바로 타자의 외부성을 인정해야 한다고 보는 것이다. 즉 이민자가 가지고 들어오는 타자문화의 타자성과 외부성을 인정하지 않는 전체라면 그 전체는 거부되어야 마땅하며, 이러한 전체성의 시스템을 구축하려는 매체의 속성이 곧 '체제의 폭력'으로 연결된다는 점을 상기하고자 한다(Levinas 2008: 46). 따라서 레비나스는 매체의 시선이 가지는 전체성의 폭력을 멈추기 위해서는 타자가 원래 지니고 있는 이러한 외부성을 돌아보기를 제안한다. 타자라고 하는 선험적 존재는 우리가 살고 있는 '집'에 먼저 와서 살고 있었던 자로서 사실은 타자가 환대를 청하는 것이 아니라 우리가 타자에게 환대해야 할 빚을 지고 있다는 것이다(Levinas 1987: 72).

현실적으로 불가능해 보이는 이러한 타자의 관계는 데리다의 무조건적 환대의 개념과 맞닿아 있다.13) 타자의 '역류 가능성(pervirtibility)'은 오늘날 600만이 넘어선 프랑스 무슬림 인구와 이슬람이 제 2의 종교가 되어있는 현실에서 목격할 수 있듯이 주인의 자리가 위협당하는 지경에서도 환대를 해야 하는가를 묻지 아니할 수 없게 된다. 이 지점에서 무조건적 환대의 아포리아는 기존의 법과 제도가 허용하는 조건적 환대와 구별되면서 한 걸음 더 나아가는 것이다. 타자의 외부성은 주체가 알 수 없는 곳, 주체 바깥에 존재한다. 이 바깥은 배제가 아닌 공존의 영역을 지칭한다. 이민지가 창조하는 타자의 차이는 유동적이며 시간의 흐름을 건넜고 '내 집 같지 않음(unhomely)'의 경계인을 넘어서는 것이다(Bhabha 1994: Rosello 2003: 123). 반면에 이민 세대를 호스트 국가와 정서적으로 모국에 귀속된 이민 원세대 사이의 매개적 존재, '두 문화 사이의 틈'으로 인식하는 것은 '영원한 주객 관계, 특권을 절대 포기하지 않을 주인과 결코 주인이 될 수 없는 손님의 관계 사이의 황무지'에 두는 것에 다름 아니다(Rosello 2001: 91). 상호적이고 교환이 일어나기 위해서는 손님과 주인의 시간이 함께 흘렀음을 이제는 인정해야 한다. 결국 '손님이란 언젠가는, 다른 장소에서, 다른 시간이 올 때, 나를

---

13) 미레이유 로젤로는 데리다가 레비나스의 죽음에 대한 조문으로서 쓴 『레비나스여 안녕 Adieu to Emmanuel Levinas』에 대한 읽기를 통해, 이러한 환대가 가지는 무한하지만 궁극적으로 불가능한 이상, 그리고 이를 실제로 적용했을 때에 발생하는 현실정치 사이에 존재하는 괴리감에 대해 환대의 양가성(ambivalence)으로 정의한다. Mireille Rosello, op. cit., p. 11.

초대할 동등한 자가 아닌가?' 즉 데리다의 환대는 이러한 '내 집 같지 않음의 땅' 위에 스스로 주인이면서 동시에 손님으로 보는 태도 - 불어에서 hôte는 주인과 손님이라는 두 가지 뜻을 갖고 있다 - 를 가져오는 것이다(Rosello 2001: 2, 92-93).

지중해 문명 간 교류에서 일어나는 하나의 대표적 유형으로서 뵈르 영화를 바라보는 데에 있어서 환대는 중요한 모티프가 된다. 특히 현재 프랑스에서 활발하게 제작되고 있는 뵈르를 다루는 영화에서 이민자의 좌표를 기존의 타자성을 넘어서는 이방인에 대한 매혹과 환대의 대상으로 위치를 설정하고, 나아가 이민자 스스로 환대의 주체로서 바라보게 만든다는 점에서 환대를 둘러싼 프랑스의 경험과 결단을 담아내고 있다고 보아도 손색이 없을 것이다. 우선 첫째로는, 근대 식민지와 연결된 이산의 역사는 숨은 배경인 반면, 현재 이민자 '세대 간 관계가 전면에 대두한다. 2차 세계 대전 이후에 초기 이민자들의 물결이 주로 마그레브 국가 출신으로서 아랍권에 대한 귀속의지가 상대적으로 강하게 나타났던 반면에, 이들의 후속세대들이 프랑스에서 나고 자라나면서 부모세대와는 또 다른 문제에 부딪치게 되었다. 대부분의 이민 원세대가 상대적으로 소외와 차별에 덜 저항하며 견뎌냈던 세대로 이해된다면, 이른바 이민 2세 청년들의 문제의식은 기본적으로 프랑스 사회로의 통합, 그리고 온전한 프랑스인으로서의 권리에 초점이 맞추어져 있음을 볼 수 있다. 특히 이민 2, 3세대는 프랑스에 대한 귀속감과 주인 의식을 태생적으로 지니고 있다는 점에서 차별화된다. 이렇듯 환대의 괴리는 모국/정착국에 대한 귀속의지에 따라 세대 간의 차이를 드러내면서 뵈르 공동체를 그리는 영화적 추동력이 된다.

뵈르 영화가 성장과 변화를 거듭해오고 있는 상황은 데리다가 말하는 '내 집으로 인해 환대가 가능한 것인지, 환대할 수 있음으로 인해 내집이 되는 것인지' 라는 구분의 해체를 증명하고 있다는 점에서 징후적이다. 프랑스 사회 내부에서 이민자들을 둘러싼 갈등이 점점 증폭되고 있는 상황에서도 여전히 뵈르 영화는 화해와 공존의 가능성을 모색하고 있는 것이다. 하지만 그렇다 해서 뵈르 영화가 사회 통합의 목표 자체를 이상향으로 상정하는 것은 결코 아니다. 1980년대에 초기 뵈르 영화들이 출현했을 때 '과도기의 영화'라는 꼬리표를 달고 있었던 데에는 태생적으로 경계적 존재인 이민 2세들이 프랑스 사회에서 완전히 통합된다면 뵈르 영화의 특징들 - 인종 간 청년들의 우애, 방리유 문화, 방리유 언어, 두 가지 문화 사이의 번민 등 - 도 마찬가지로 주류 영화의 관습 안으로 흡수 될 것이라는 생각에서 출발한 것이었다. 그러나 현실은 애초의 전제를 훨씬 벗어나는 형태를 보여주었음이 드러난다. 지중해를 사이에 두고 북아프리카와 프랑스 간 문명 교류의 지속적이고 현재진행형의 유형을 보여주는 것으로 볼 수 있다.

지중해의 문화적 상상계에서 뵈르는 근대 식민주의와 현대 탈식민주의 시대를 거치며 북아프리카-프랑스 문명 간 교류의 하나의 대표적 산물로서 존재한다. 이러한 뵈르가 만들고 뵈르를 소재로 만들어지는 영화로서 뵈르 영화는 어떠한가. 90년대 이후 현시대에 이르기까지 뵈르 영화는 내용과 양적인 면에서 진화를 거듭하면서 자리를 잡아왔다. 프랑스 영화사의 공백을 채워 넣을 새로운 내러티브와 역사·문화적 콘텐츠를 부단히 발굴해내는가 하면, 오늘날 청년문화의 컬트로 호응을 받으면서 지속적으로 화제가 되는 방리유 문화의 중심에는 바로 뵈르 문화가 있다는 데에 이견이 없을 것이다. 최근 뵈르 세대 진영에서는 자국 뿐 아니라 세계 시장에서의 경쟁력과 자생력을 갖춘 대작 영화와 거장 감독들도 나오고 있음을 보게 된다. 대표적으로 <영광의 날들(Indigènes)>이나 <생선 쿠스쿠스>등이 예가 될 것이다. 오늘날 뵈르 영화의 진화를 거쳐 포스트-뵈르영화를 논하는 이유는 바로 이러한 기존의 뵈르적 가치 이상의 문화가 만들어지고 있는 현장, 즉 지중해 근·현대를 관통하는 문명 간 교류의 흔적으로서 뵈르 문화의 가치를 발견하려는 작업이기도 하다.

참고 문헌

김미성 「뵈르문학 - 자서전적 글쓰기를 통한 정체성 탐구과정 연구」, 『불어불문학연구』, 90, 2012, p. 42-63.

김승민, 「영화 <증오>와 프랑스 사회의 이민자 문제」, 『한국프랑스학논집』, 66, 2009, p.305-320.

김의석, 「압벨라티프 케시시의 영화 속에 나타난 공존과 화해의 미학」, 『프랑스문화예술연구』, 41, 2012, p. 231-264.

김태훈, 「세계화 시대의 프랑스의 영상정책 - 문화적 예외와 다양성의 공존」, 『프랑스학연구』, 34, 2005, p.445-470.

박단, 「영화 <증오>를 통해 본 프랑스의 이방인들」, 『프랑스사연구』, 20, 2009. p. 185-205.

박은지, 「1990년대 프랑스 작가영화에 나타나는 탈중심주의와 가족구조」, 『영상예술연구』, 19, 2011, p. 229-255.

이송이, 「정체성과 혼종성, 게토와 유토피아 사이의 방리유: <증오>, <국외자들>을 중심으로」, 『프랑스학연구』, 48, 2009, p. 365-390.

_____, 「영화속의 해항도시: <도시는 고요하다>, <바이 바이>에 나타난 마르세이유>」, 『프랑스문화예술연구』, 31, 2010. p.235-256.

_____, 「<생선 쿠스쿠스>와 지중해권 해항도시 세트에 나타난 혼종과 소통의 미학」, 『프랑스문화연구』, 21, 2010. p. 67-94.

조윤경, 「알제리를 다룬 영화에 나타난 혼종적 정체성: <추방된 사람들>과 <영광의 날들>을 중심으로」, 『프랑스 문화예술연구』, 32, 2010, p. 663-694.

진인혜, 「뵈르 문학 속에 나타난 사회통합과 자기정체성」, 『유럽문화연구』, 2, 2009, p. 1-14.

Bhabha, Homi, *The Location of culture,* London & NY: Routledge, 1994.

Bloom, Peter, "Beur cinema and the politics of location: French immigration politics and the naming of a film movement", *Social Identities,* 1999, 5:4, p. 470.

Bosséno, Christian, "Immigrant Cinema: National Cinema-The Case of Beur Film.", in Richard Dyer & Ginette Vincendeau (eds.), *Popular*

European Cinema, London: Routledge, 1992, p. 47 - 57.

_____, "Un cinema de transition", *Cinema Métis: de Hollywood aux films CinémAction,* 1990, 56, p. 146-7.

Caillé, Patricia, 'The illegitimate legitimacy of The Battle of Algiers in French film culture', *Interventions: International Journal of Postcolonial Studies*, 9:3, p. 371-388.

Derrida, Jacques, *Of hospitality,* Stanford: Stanford University Press, 2000

Durmelat, Sylvie & Vinay Swamy (eds.), *Screening Integration Recasting Maghrebi Immigration in Contemporary France,* London: University of Nebraska Press, 2012.

Dyer, Ricard & Ginette Vincendeau (eds.), *Popular European Cinema,* London: Routledge, 1992.

Ervine, Jonathan, "La ballade des sans-papiers: dix ans après", *French Studies Bulletin,* 28 (104), 2007: 64-67

Frodon, Jean-Michel, "Mehdi Charef: naissance du cinema 'beur'", *Le Point,* no. 658 (29 avril 1985), pp. 134.

Hargreaves, Alec G., "Boys in the Mud: Maghrebi filmmakers in France", *Middle East Report,* 211, 1999, p. 34-35.

_____, *Immigration, "Race," and Ethnicity in Contemporary France*. London: Routledge, 1995.

_____, "Resuscitating the father: New cinematic representations of the Maghrebi minority in France", *The Journal of Twentieth-Century/ Contemporary French Studies,* 4:2, 2000, p. 343-351.

Hayward, Susan, *French National Cinema,* London & New York: Routledge, 1993

Horvilleur, Gilles, "Interview with Farida Belghoul", *Cinématographe,* 112, July, 1985, p.19.

Konstantarakos, Myrto, "Le Renouveau du cinéma français dans les années 1990: s'agit-t-il d'une nouvelle nouvelle vague?", *Contemporary French Civilization,* 23:2, 1998, p. 140-171.

Levinas, Emmanuel, *Time and the other*, Pittsburgh: Duquesne University Press, 1987.

_____, *Totality and Infinity,* Stanford: Stanford University Press, 2008.

Marie, Michel, *Le Jeune Cinéma Français*, Paris: Nathan, 1998.

Powrie, Phil, *French Cinema of the 1990s: Continuity and Difference*, Oxford: Oxford University Press, 1999.

Prédal, René, *Le Jeune Cinéma Français*, Paris: Nathan, 2002.

Rosello, Mireille, *Postcolonial hospitality*, Stanford: Stanford University Press, 2001.

_____, 'Unhoming Francophone studies: a house in the middle of the current', *Yale French Studies*, 103, 2003

_____, "Frontières invisibles autour des Banlieues: des ≪dérouilleurs≫ aux ≪soldats perdus de l'Islam≫", *Contemporary French and Francophone Studies*, 8: 2, 2004, p. 143-157.

Tarr, Carrie, *Reframing differences: Beur and banlieue filmmaking in France*, Manchester & NY: Manchester University Press, 2005

Trémois, Claude-Marie, *Les enfants de la liberté: le jeune cinéma français des années 90*, Paris: Seuil, 1997.

2. 중부 지중해 I : 19세기말 이탈리아와 프랑스 문학 지식 교류_김희정

1) '틔우지 못한 싹'과 '거인': 이탈리아와 프랑스

교류 담론을 논할 때 간과하지 말아야 할 것은, 바로 문명교류의 성과를 위해서는 반드시 학문교류가 병행되어야 한다는 사실이다. 본 글은 카푸아나와 베르가의 작품을 통해 19세기 이탈리아 문학 작품의 탄생 배경과 역사연구를 인지하고, 더 나아가 당대 이탈리아와 프랑스 간의 문학 상관관계 및 지식 교류를 살펴보고자 한다.

19세기말 이탈리아에서는 '진실주의(Verismo)'라는 문학 운동이 일어난다. 당시는 이탈리아 낭만주의 및 신고전주의 문학이 국가통일과 맞물려 그 이상과 활력의 토대를 잃고 쇠퇴일로를 걷는 시기였다. 이때 국가통일의 혜택을 받지 못한 채 허덕이던 이탈리아 최남단 시칠리아에서 베르가(Giovanni Verga)에 의해 이른바 베리스모(Verismo), 즉 '진실주의'가 탄생된다.

프랑스 자연주의 문학과 실증주의 사상, 산업의 급속한 발달은 과학적인 관점에서 진실을 탐구하려는 경향을 낳았다. 그런 경향을 재빠르게 비판 수용하면서, 이른바 '이탈리아적'으로 해석하고 이론화한 인물이 카푸아나(Luigi Capuana)다. 그의 이론은 베르가의 작품으로 힘을 얻는다. 19세기 후반에 프랑스 작가들과 프랑스에서 유래한 사상들은 이탈리아 작가들의 효모(leaven)이자 척도로 여겨졌다.

카푸아나는 시칠리아 출생으로, 이른바 이탈리아 진실주의의 이론가이며 보급자다. 동 시대 작가 베르가를 돕고 그의 위대함을 소개함으로써 이탈리아 소설사에서 중요한 위치를 차지한 인물이다.

베르가의『말라볼리아 가(家) 사람들(I Malavoglia)』은, 사회 현실 속에서 살아남기 위해 무산계급에서 권력자까지, 계급을 막론하고 벌이는 투쟁을 묘사한 작품이다. 베르가는 현실을 그대로 묘사하는 프랑스 자연주의를 넘어서, 작가의 목소리를 숨기고 등장인물들이 그들의 감정과 내면심리를 직접 이야기하게 하는 서술 방식을 택했다.[1]

특히 베르가의 소설은 1861년 양시칠리아 왕국이 통일되면서 수면 위로 떠오른 문제를 드러낸다. 당시 통일은 이탈리아 남부지방의 문제들을 해결해줄 것이라 기대했지만 19세기 중반의 현실은 녹록치 않았다. 번창했던 북부와 달리, 새로운 관세규칙과 부담스러운 의무 군복무 조건에 억압된 남부의 빈곤층은 그 어느 때보다도 궁핍했다. 이 작품은 남부 이탈리아사람들이 견뎌내야 했던 조잡하고 열정 없는 삶을 재현함으로써, 사실주의적 서술에 귀중한 기여를 했다고 평가 받는다.

이탈리아 진실주의의 걸작으로 인정받은 이 작품은 카푸아나의 중요한 비평(1881) 도입부에 등장한다.[2]

---

1) 『말라볼리아 가(家)의 사람들』은 시칠리아의 작은 어촌에 사는 가족 이야기다. 끈끈한 유대로 뭉친 이들은 오랜 전통과 가부장주의에 순응하며 살아간다. 어떤 종류의 변화나 발전도 상상조차 할 수 없는 시칠리아의 모습을 묘사하고 있다.

2) 카푸아나의 비평은 1881년 5월 29일자 *Il Fanfulla della Domenica*에 개재되었고, 이후에는 그의 'Studi sulla letteratura contemporanea, *Serie 11* (Catania: Giannoita, 1882)에 수록되었다. 현재는 'Luigi Capuana, *Studi sulla letteratura contemporanea*. Seconda serie, ed. P. Azzolini, (Napoli: Liguori, 1988)에 수록됨.

당시 프랑스어로 쓰여 진『말라볼리아 가(家) 사람들』은 작가의 명성을 유럽 전역으로 퍼뜨렸고, 적어도 20 회 이상 출판되었다. 소수만이 그 작품을 알고 있는 이탈리아의 상황과 대조된다. [...] 가령 데 상티스De Sanctis가 이 작품을 에밀 졸라Emile Zola의 작품과 제대로 비교했을까 의구심이 들 정도다. 그러나 소수의 이탈리아 현대 비평은 데 상티스의 날카로운 비평이 오히려 이 작품의 가치를 더 부각시켰다고 평가한다.

카푸아나는『말라볼리아 가 사람들』이 프랑스 작품이었다면, 프랑스 저자가 프랑스에서 출간한 프랑스 소설이었다면, 이탈리아 독서 대중을 상대로 성공한 것보다 더 성공했을 것이며 이탈리아뿐만 아니라 이탈리아 외부에서 광범위한 비평적 주목을 이끌어냈을 것이라고 주장하고 있다.3)

국민국가가 부상하던 19세기의 맥락에서 볼 때, 카푸아나의 이런 가정은 문학적이라기보다는 사회·정치적인 해석이라 할 수 있다. 그러나 유럽 문학계에서 호평을 받았는데도 왜 대중적으로 성공하지 못했는지, 왜 작가 베르가의 명성이 이탈리아 외부에서 졸라에 비할 수 없었는지를 해명하는데 도움이 될 만한 구체적 진술은 없다. 카푸아나는 당대 다른 소설과 구분되게『말라볼리아 가의 사람들』의 내재적/형식적 특성이나 자연주의 소설의 유형(typology)을 고려하지 않았고, 독자 반응의 역학에 대한 가장 기초적이며 표면적인 개념을 드러내지도 못했다. 그리고 기존의 전통 양식인 전지적 적가 시점에서 벗어난『말

---

3) 『말라볼리아 가(家) 사람들』은 1881년 2월에 이탈리아에서 출간되었는데, 이 작품을 비평한 사람은 펠리스 카메로니(Felice Cameroni, *Il Sole*, 1881년 2월), 카를로 델 바이조(Carlo Del Baizo, *Rivista Nuova di Scienze e Lettere ed Arti*, 1881년 3월), 프란체스코 토라카(Francesco Torraca, *Rassegna Settimanale*, 1881년 8월 7일), 란젤로(I. L'Angelo, *Cronaca Bizantina*, 1881년 6월 30일), 그리고 카푸아나 뿐 이었다. 이탈리아 외부에서는 에두아르드 로드(Edouard Rod, *Le Parlement*, 1881년 7월 4일)와 빌라 데이 캄피(Vila dei campi), 엘레노르 트로페(Eleanor Trollope, *Forinightly Review* XXN 11881, 459-77)가 이 작품을 비평했다. 이탈리아 국내에서 졸라 작품에 대한 비평은 다음 글을 참조하라. (Gian Carlo Menichelli, *Bibliographie de Zola en Italia*, Publications de l'Institut Français de Florence, 1960).

라볼리아 가 사람들』의 스토리텔링 기법과 화법이 만들어내는 난점을 깊게 인지하지 못한 듯 보인다. 같은 이유로 로렌스(D. H. Lawrence) 가 1921년 말에『말라볼리아가 사람들』이 아닌『마스트로 돈 제수알 도(*Mastro don Gesualdo*)』를 번역하기로 결정했다는 것을 되새겨 볼 필 요가 있다.

간략하게 인용된 상기 문구에서, 카푸아나는 현대 비교 연구자가 아니라 다소 '전투적인' 이탈리아 현대 문학 평론가로서 기술하고 있다. 오히려 평론가보다는 대변인에 가깝게 글을 쓴다고 할 수 있다. 구체적으로 말하자면, 그는 자신과 근대화 프로그램을 공유하는 동료 시칠리아인들의 공적을 옹호하는 시칠리아 주민인 동시에, 자국의 문학가들과 문화 역사가들을 추종하는 이탈리아인의 입장에서 글을 쓴다는 얘기다.

카푸아나는 '못 가진 자'의 입장에서, 지정학적으로 유리한 곳에 속한 작가들이 혜택(명성과 금전적 보상)을 받는 자매국가(문맥상 '프랑스'를 지칭함)를 바라보고 있으며, 자국인을 무시하고 졸라에만 주목한다는 이유로 데 상티스를 반역자로 취급하고 비난을 퍼부었다(De Sanctis 1951).[4]

그로부터 40년이 지난 후 피란델로(Pirandello)의『새로운 연극과 오래된 연극(*Teatro nuovo e teatro vecchio*)』(1922)에서도 다소 '교정'되어 있기는 하지만, 이런 태도를 엿볼 수 있다. 피란델로는 작품을 통해 안경만 제대로 고르면 문맹에서 벗어날 수 있다고 생각할 만큼 순진무구한 농부가 검안사를 찾아가는 흥미로운 이야기를 전하고 있다. 여기서 순진한 농부는 이탈리아의 일반적인 극작가들을 의미하며, 안경은 프랑스에서 수입된 희곡 양식을 의미하는데, 사르두(Sardou, 1831~1908),

---

4) 1878년, 데 상티스는 나폴리 일간지 *Roma*를 통해 졸라에 관한 기고문 11편을 연달아 발표했고, 1879년 6월 15일에는 나폴리 치르콜로 필로로지코(Circolo Filologico)에서 '*Zola e l'Assommoir*' 를 주제로 유명한 강연을 했다. 이 내용은 현재 다음과 같은 출판물에 수록되어 있다.

베크(Becque, 1837~1899), 큐렐(Curel, 1854~1928), 바타이유(Bataille, 1872~1922), 번스타인(Bernstein, 1876~1953)의 영향력에서 벗어나지 못하는 상황을 꼬집은 것이다.

이탈리아인들의 습관적인 프랑스 선망과 자기 비하의 역사적·심리적 원인이 무엇이든, 19세기 후반, 특히 통일 이후의 이탈리아 작가들에게 프랑스 작가들과 프랑스 사상은 하나의 효모(leaven)이자 척도였다는 것은 의심할 여지가 없다. 낭만주의 시대에 이미 공격을 받았던 토착적이고 고전적인 전통은 이때에 이르러 당대의 요구나 열망에 부합하기에는 너무 버거워 보였다. 카푸아나는 자전적인 저작 『내가 작가가 된 것은(*Com'io divenni novelliere*)』(1888)에서 이러한 상황을 설득력 있게 묘사하고 있다. 그는 자신의 경력을 돌아보면서 1860년대 이탈리아 소설을 '아직 싹 틔우지 못한'(non ancora in germe) 존재로, 프랑스 소설을 '이미 거인'(già gigante)이 된 존재라고 평가하며, 자신의 작품을 후자와 연결하기로 한 자신의 결정의 이유를 발전의 불균등의 탓으로 돌린다.

문학사가들은 카푸아나가 1864년에 로마, 밀라노, 토리노, 나폴리가 아닌 피렌체로 활동 무대를 옮긴 것이 특히 중요한 변화라는데 의견을 같이 한다. 이때는 카푸아나가 자신의 '섬' 시칠리아를 버리고 이탈리아 본토를 '정복'하기로 작정했던 시기였다. 그는 신생 독립국 이탈리아의 임시수도가 된 이곳에서 자신보다 먼저 입성한 시칠리아 출신의 문인들을 발견했고, 지적·예술적으로 자극을 받기도 했다. 당시 피렌체는 극장이 매우 번성하는 곳이었다. 카푸아나는 이탈리아의 셰익스피어가 되겠다는 야망을 가졌고, 역사를 주제로 하는 운문 희곡을 대거 창작할 계획을 세웠다. 그가 다루고자했던 것은 11세기에 신성 로마제국의 황제와 대적했던 아뒤노 들브리아(Arduino d'lvrea)부터 15세기의 독재자 세자르 보르지아(Cesare Borgia)에 이르기까지 다양했다. 카푸아나가 피렌체에 도착하고 얼마 되지 않아 자신의 전통적이고 지역적인 스타일을 완전히 버렸다는 것은 그가 환경 변화에 재빨리 적응할 수 있는 통찰력을 갖추었다는 사실을 방증한다. 친구에게 보내는 그의 서신을 통해, 그때까지 작업하던 역사극을 제쳐두고 현대 산문 희곡으로 방향을 전환했음을 알 수 있다. 그는 페르골라(Pergola)를 비롯한 피렌체의 여러 극장에서 오지에(Augier), 뒤마(Dumas), 그리고 사르두(Sardou)의 희곡이 성공하는 것을 지켜봤고, 제도권 미술을 버리고 '새로운' 미술[5]을 추구했던 토스카나 전위 미술가들이 조직한 마키아파(Macchiaioli)와도 교류했는데, 이런 배경들은 그가 빠르게 진전했던 발판이 되었다.[6]

2) 이탈리아에서 프랑스 리얼리즘 재구성하기

이탈리아에서 프랑스 리얼리즘을 소위 '재구성(restructuring)'했다고 볼 수 있는 과정을 살펴보려한다. 이런 재구성이 모자이크화 되면서 결국 진실주의가 탄생했다. 문학 이론과 실천적인 차원에서 독자적 정체성을 갖고, 포괄적인 차원의 비교 연구에서 자연주의와 차별화를 보였다. 특히 이 차별화는 카푸아나와 베르가의 수많은 저술에서 거의 20년 간 등장했으며, 그 결과물이 『말라볼리아 가 사람들』이다.

이런 과정은 19세기 후반 이탈리아 서사문학 연구에서 그 중요성을

---

5) 예컨대 1855년 파리 만국박람회에서 모습을 드러낸 것으로, 쿠르베Courbe가 회화를 통해 보여주었던 미술 양식.

6) 초창기의 자전적 비평(S. Eugene Scalia, *Luigi Capuana and His Times* [New York: S. F. Vanni, 1952, / C. Di Blasi, *Luigi Capuana:Vila-amicizie-relazioni letterarie* [Mineo: Edizioni Biblioteca Capuana, 1954])으로 시작된 카푸아나의 '여정'은 크게 수정되지 않았다. 보다 최근의 비평은 다음 글을 참조하라: Gianni Oliva, "Capuana nella critica recente (1960-1978)," *Capuana in archivio*, Caitanissetta: S. Sciascia, 1979; *Capuana verista. Atti dell'incontro di Studio, Catania, 29-30 ottobre 1982*, Catania: Biblioteca della Fondazione Verga, 1984; *L'illusione della realtà. Studi su Luigi Capuana*, eds. Michelangelo Picone and Enrica Rossetti, Roma: Salerno Editrice, 1990.

제대로 인정받지 못한 로베르토 비가치(Roberto Bigazzi)의 『진실의 색, 서술의 20년(*I colori del vero: Vent'anni di narrativa*)』(1860-1880)에서도 드러난다.[7]

피렌체의 환경에서 프랑스 리얼리즘을 재구성한다는 것이 어떤 의미인지 알아보기 전에, 이와 관련되어 데 상티스와 카푸아나가 언급한 내용을 비교해보자. 데 상티스의 『19세기 이탈리아 문학(*La letteratura italiana nel secolo decimonono*)』제 3권의 내용과, 1867년에 썼던 카푸아나의 희곡 비평에서 발췌 된 내용이다.

1872년에 쓰여 진 데 상티스의 글을 통해, 프랑스 리얼리즘이 이탈리아 전통과 통합되는 사상사적 과정을 파악할 수 있다. 그는 문제의 핵심이 '실제(reale-real)', '진실(vero-true)' 그리고 '이상(ideale-ideal)'의 의미 변화라는데 있다고 보았다. 데 상티스는 '사실로부터 떼어내기(togliere dal vero)', 즉 마키아이올리파를 비롯한 풍경화가들이 야외에서 자연을 모방하는 행위가 '이상화(ideaiizzare-idealize)', 즉 예술가들이 창작 행위를 가리킬 때 종종 사용하는 용어와 대립되는 개념이라고 주장한다. 그러나 데 상티스는 다음과 같이 덧붙이고 있다. "사실은 이상의 부정이 아니다 […] 사실과 이상은 동일하게 '실제'로부터 제약을 받고 […] 사실은 이상으로 가는 수단이다"[8]. 이는 모든 표현에서 '진실'은 '실제'에 가까운 의미를 내포하는 것으로 보일 때도 있지만, 결국 '이상'의 영역으로 복귀하고 만다는 것이다. 이에, '실제'와 '진실'이 개념적으로 분리되었다는 증거가 있는데, 이 두 가지 개념은 한 때 동일어로서 작가가 관찰한 것을 충실하게 복제한 것, 또는 원본과 똑같이 모방하는 것을 가리키는 용어이자, 이상, 환상, 가상이 창조한 것과 일반적

---

7) Roberto Bigazzi, *I colori del vero: Vent'anni di narrativa, 1860-1880*, Pisa: Nistri-Lischi, 1969; 2nd ed., with an added chapter, "Da Verga a Svevo" (1978).

8) "Il *vero* non è la negazione dell'ideale […] il vero e l'ideale stesso limitato e misurato dalle condizioni di fatto" […] "il vero è la misura dell'ideale".

이고 무조건적으로 반대되는 것을 가리키는 용어였다.9)

달리 말해, 진실주의(verismo)는 자연주의, 더 나아가 사실주의 (realism)와 전혀 다른 의미라는 것이다. 진실주의는 '진실'을 강조하는 데, 이때의 '진실'은 '실제'와 동일한 의미가 아니다. 적어도 진실주의 주창자들은 그렇게 본다. 여기서 '진실'과 '실제'가 근본적으로 다르다 는 피란델로의 주장을 언급하지 않을 수 없다. 피란델로는 자신이 창 조한 6가지 인물을 "창조된 실제들이자 변하지 않는 공상의 결과물로 보다 실제적이고 변화무쌍한 존재"라 설명하고 있으며, 이런 인물 가 운데 하나는 "아주 생생한데, 숨 쉬고 속옷을 입는 사람들보다도 생생 하다! 아마 덜 실제적이지만 보다 사실적이다"라고 주장한다.

작가들이 창조한 인물들은 '진실한' 주인공들이며, 피와 살로 이루 어진 사람들은 '실제적')이다. 당연하지만, 사실주의의 역설이자 난제 는 예술이 '진실', 그리고 '실제'가 아닌 것만을 창조할 수 있다는 점 이다. 이탈리아어 진실주의는 고전주의 미학에 뿌리를 두고 있다.

카푸아나의 주장도 이와 유사한 결론에 도달하는 듯하지만, 도달하 는 경로는 다르다. 카푸아나는 『오브리 부인의 꿈(Les Idees de Madame Aubray)』(1867)을 검토하면서, 뒤마의 『동백 아가씨(La Dame auxcamelias)』 를 반추하고, 초기부터 현재까지 자신이 걸어온 길을 대략적으로 기술 한다. 특히 그는 새롭게 건설된 이탈리아가 필요로 하는 사회적 평등 과 계급 협력에 대한 열망을 반영하고 있다는 이유로 『동백 아가씨』를 선호한다.

그러나 카푸아나는 예술은 '정신의 과도한 지배(l'eccessiva dominazione dello spirito)'를 패퇴시키려는 욕망으로 육체의 과도한 지배를 찬미했 다고 덧붙인다. 보다 높은 차원의 통합, 즉 시대와 통합해야 하는 시기

---

9) 베르나르드 와인버그(Bernard Weinberg)의 『프랑스 리얼리즘: 비판적 대응(French Realism: The Critical Reaction 1830-1870, Chicago: University of Chicago Press, 1937)』은 사실주의 회화에 대한 프랑스인들의 비판적인 견해를 살펴보는데 도움이 된다. 특히 1840년에서 1860년 사이의 정기간행물에서 이 견해를 확인할 수 있다.

가 도래하자, 뒤마는 『오브리 부인의 꿈』을 완성했는데, 그는 이 작품을 통해 '정신과 육체의 조화 (l'armonica unità dello spirito e della carne)'를 추구한다. 데 상티스와 마찬가지로, 카푸아나도 헤겔 철학으로부터 분명 영향을 지향하는 발전을 받았다. 두 사람 모두가 종합을 지향하는 발전을 말한다. 그러나 데 상티스의 기준 틀은 미학(혹은 철학)인 반면, 카푸아나는 도덕(혹은 윤리)이다. 카푸아나는 묘사하지 않고 주제를 얘기한다. 그는 열정과 불륜을 찬미하기를 거부하고, 보다 사회적으로 의미 있는 사랑, 19세기 식 표현으로 '따뜻한 가정(family hearth)'을 배경으로 하는 사랑을 지향한다.

베르가의 작품도 언제나 카푸아나 이론과 유사한 형태로 발전했다. 그의 작품도 '정신과 육체의 조화'를 추구했다고 볼 수 있다. 1856년에 피렌체에서 완성한 『죄인(Una peccatrice)』에서 주인공은 자신을 "귀족 처녀 마르게리타(questa Margherita dell'aristocrazia)"라고 소개하며 '네스폴로 가문'의 회복을 찬미했고, 『말라볼리아가 사람들』에서는 언제나 분명한 태도로 열정이나 성적인 사랑보다는 감정, 가족 사랑을 지향했다.

피상적인 개념정의로 일반적인 의미의 진실주의와 베르가의 진실주의를 아우를 수 없다. 바로 베르가의 진실주의는 지역주의, 사회계급에 관한 문제를 기술하는 것으로, 외국의 '주의(ism)'를 수입해 이탈리아에 맞게 개조한 형태이기 때문이다.[10]

카푸아나는 데 상티스와 유사하면서도, 프랑스인의 충동(impulse)과 이탈리아인의 충동을 더욱 교묘하게 융합한다. 이러한 것을 표면화하는 것은 전문가의 몫이다. 말하자면, 대학에서 훈련받은 비교연구 종

---

10) 지오반니 세체티(Giovanni Cecchetti)는 이 문제를 반복해서 다뤘다. 그의 기고문 참조("Sui rapporti fra Verga e il naturalismo francese," in *Perspectives on Nineteenth-Century Italian Novels*, ed. Guido Pugliese, Ottawa: Dovehouse Editions Inc., 1989).

사자가 아니라, 문화교류에 특히 민감하고 역사가이기도 한 문학 비평가의 일이다. 잘 알려져 있다시피, 신(新)비평(New Criticism)이 대학에 미친 파급효과 가운데 하나는 학계의 비평가들과 학생들 모두가 직접 공부하면서 실천하고 인식해야 하는 일련의 정예 텍스트(알짜)를 탄생시킨 것이다.

'개성의 시대(age of personality)'가 도래하면서, 초점은 작품 자체에서 '소비자'(독자, 비평가, 학자)로 빠르게 이동했다. 이런 상황에서는 객관성을 추구하고 확실한 정보에 의존하는 역사가의 독살스러운 태도가 인기를 얻기는 어려웠을 것이다. 모든 것을 돈 벌잇감으로 삼고, 검증된 현실에 존재한다는 이유로 역사학적으로 구분되어야 하는 것만을 유일한 도전과제로 취급하고, 저속한 난제는 재빨리 옆으로 치워버려야 하는 역사가들은 이런 상황을 이해하기 어려웠다. 미국의 여러 대학에서 베르가와 졸라가 가끔 비교 연구되고 앞에서 카푸아나의 기록된 경험을 통해 언급했던 프랑스 작가들이 주목 받지 않은 이유가 이것이다.[11]

19세기 말의 이탈리아 문학에서 조르주 상드(George Sand), 발자크(Balzac), 빅토르 위고(Victor Hugo), 보들레르(Baudelaire), 유진 슈(Eugène Sue), 테오필 고티에(Théophile Gautier), 뒤마(Dumas), 오지에(Augie), 사르두(Sardo), 뮈르제(Murger), 샹플뢰리(Champfleury), 모니에(Monnier), 페도(Feydeau), 푀이에(Feuillet), 발레스(Vallès), 졸라(Zola), 플로베르(Flaubert), 모파상(Maupassant), 공쿠르 형제(Goncourt brothers), 폴 부르제(Paul Bourget)를 위시한 프랑스 작가들의 역할은 결정적이었고, 이들의 역할은 그 이전의 스탈부인(Mme de Staël)이나 그 이후의 프루스터(Proust)가 수행했던 역할과 비견될 정도였다. 본문 서두에서 언급한 카푸아나의 외국인 혐오 발언이 주는 인상과는 반대

---

11) 최근 몇 년간의 상황은 *MLA International Bibliography*를 참고하라.

로, 작가들은 언제나 자신의 단일 작품을 저널리스트적인 비평가들에게 보냈고, 비평가들은 60년대, 70년대, 80년대에 걸쳐 가장 최근에 성공한 프랑스 작품을(종종 원본으로) 페라리(Ferrari), 토렐리(Torelli)와 같은 극작가들이나, 트론코니(Tronconi), 파리나(Farina), 카푸아나, 베르가와 같은 소설가들의 작품과 번갈아가면서 그리고 동시에 검토했다.12)

3) 나가는 말

19세기 이탈리아와 프랑스의 작가와 비평가들은 촘촘한 관계망을 형성했으며, 이러한 관계망은 프랑스어가 이탈리아 문인들에게 널리 전파되면서 더욱 강화되었다.

프랑스 문학사가들에게 프랑스 작가들이 이탈리아(또는 다른 지역)에 미치는 영향은 중요한 주제가 아니었고, 이들은 단지 프랑스 텍스트의 생산과 의미에 초점을 두었다. 19세기 말 프랑스-이탈리아 문학 교류 연구에 기여한 사람들의 대부분은 프랑스 문학을 연구하는 이탈리아 학자들이었다. 이탈리아 편에서 프랑스에 대해한 전문적인 식견과 언어 습득력을 가진 존재를 중심으로 양국의 교류 관계가 파악된 것이다.13) 추정컨대, 이들이 언어 구사 능력을 보유하고 있었을 뿐 만 아니라, 이 시기의 문학에 정통했기 때문일 것이다.

최근 19세기 말의 프랑스, 이탈리아 문학 작품이 점점 많이 간행되고 있으며 접근성도 좋아지고 있다. 필자도 뚜렷하게 기억하고 있지

---

12) 귀도 만초니(Guido Mazzoni)의 *L'Ottocento*(Milano: Vallardi, 1913; 2nd ed. 1934)에서는 학계의 외국인 혐오증이 돌이킬 수 없는 수준에 이른 것으로 보이며, 텍스트에는 비(非)이탈리아 작품과 해외 작가들이 등장하는데도 색인에는 이런 것들이 전혀 기재되어 있지 않다. 이 작품은 많은 측면에서 19세기 이탈리아 문학 연구자들이 반드시 참조해야 하며, 문학 교류 연구자들에게는 난해하지만 흥미로운 자료이기도 하다.

13) 토리노 대학의 정기 간행물 *Studi francesi*를 참고하라.

만, 카푸아나의 작품을 비롯해, 이런 작품 가운데 상당수는 얼마 전까지만 해도 도서관이나 고서적상을 통해서만 확인할 수 있었고(유통되지 않는다는 의미다), 그런 것들도 오래되어 누렇고 푸석푸석한 원본이었다. 필자는 문학 교류를 연구하면서, 작품이 탄생하고 영향을 미치는 콘텍스트에도 텍스트 못지않게 면밀한 주의를 기울였다. 비평과 역사 연구는 끈기 있고 신중한 조사, 다시 말해 학문을 통해 과거에 존재했지만 지금은 망가되었을 수도 있는 관계를 파악하고 이에 대한 인식을 재정립할 때까지 함께 진행되어야 한다. 19세기 말의 이탈리아 문학사는 이런 비교 연구에 특히 적합한 영역인데, 특혜를 받은 프랑스 텍스트와 그렇지 못한 텍스트가 존재한다는 것은 하나의 가설이나 추정이 아니라 상호 접촉하는 역사적 실재에 뿌리박고 있는 엄연한 사실이기 때문이다.

이 글 첫 머리에서도 언급했듯 교류 담론을 논할 때 간과하지 말아야 할 것은, 문명교류의 성과를 위해서 반드시 학문교류가 병행되어야 한다는 사실이다. 19세기 프랑스와 이탈리아 간의 문학사 상관관계를 카푸아나의 비평과 베르가의 작품 등 구체적 자료를 토대로 정리하고 분석한 본 글을 통해 근·현대 중부 지중해의 문화지식교류의 맥을 살펴보았다.

참고문헌

Bernard Weinberg, *French Realism: The Critical Reaction 1830-1870*, Chicago: University of Chicago Press, 1937.

Carlo Del Baizo, *Rivista Nuova di Scienze e Lettere ed Arti*, 1881년 3월.

Carlo Denina, *Discorso sopra le vicende della letteratura*, 1760; 2nd ed., 1784.

C. Di Blasi, *Luigi Capuana:Vila-amicizie-relazioni letterarie*, Mineo: Edizioni Biblioteca Capuana, 1954.

De Sanctis, *Saggi critici*, ed. Luigi Russo, Vol. III, Bari: Laterza, 1952.

Edouard Rod, *Le Parlement*, 1881년 7월 4일.

Eleanor Trollope, *Forinightly Review* XXN 11881, 459-77.

Enrico Ghidetti, *Verga. Guida slorico-critica*(Roma: Editori Riuniti, 1979.

Felice Cameroni, *Il Sole*, 1881년 2월.

Francesco De Sanctis, *Storia della tetieratura iiatiana del secolo XIX,* ed. A. Asor Rosa, Milano: Feltrinelli, 1958, III, 7-9.

_____, *Storia della tetteratura itatiana nel secolo XIX,* 1, Chaps, i.x / xii, d. A. Asor Rosa, Milano: Feltrinelli, 1958, III, 7-9.

Francesco Torraca, *Rassegna Settimanale*, 1881년 8월 7일.

Gian Carlo Menichelli, *Bibliographie de Zola en Italia*, Publications de l'Institut Français de Florence, 1960.

Gianni Oliva, "Capuana nella critica recente (1960-1978)," *Capuana in archivio*, Caitanissetta: S. Sciascia, 1979.

Giovanni Cecchetti, "Sui rapporti fra Verga e il naturalismo francese," in *Perspectives on Nineteenth-Century Italian Novels,* ed. Guido Pugliese, Ottawa: Dovehouse Editions Inc., 1989.

_____, *Capuana verista. Atti dell'incontro di Studio, Catania, 29-30 ottobre 1982*, Catania: Biblioteca della Fondazione Verga, 1984.

_____, *L'illusione della realtà. Studi su Luigi Capuana,* eds. Michelangelo Picone and Enrica Rossetti, Roma: Salerno Editrice, 1990.

Guido Mazzoni, *L'Ottocento*, Milano: Vallardi, 1913; 2nd ed. 1934.

I. L'Angelo, *Cronaca Bizantina*, 1881년 6월 30일.

Luigi Capuana, *Il Fanfulla della Domenica*, 1881년 5월 29일자.

'Studi sulla letteratura contemporanea', *Serie 11*, Catania: Giannoita, 1882.

_____, *Studi sulla letteratura contemporanea*. Seconda serie, ed. P. Azzolini, Napoli: Liguori, 1988

_____, *Verga romanziere e novelliere*, Torino: Edizioni R.M, 1961, p. 38.

_____, *Il teatro ilaliano contemporaneo: Saggi crilici*, Palermo: Pedone Lauriel, 1872, 235-55. *Giacinta*, 3rd ed., Catania: Gian notta, 1889.

Luigi Pirandello, *Sei personaggi in cerca d'autore,* Prefazione and Atto 1.

Roberto Bigazzi, *I colori del vero: Vent'anni di narrativa, 1860-1880*, Pisa: Nistri-Lischi, 1969; 2nd ed., with an added chapter, "Da Verga a Svevo", 1978.

S. Eugene Scalia, *Luigi Capuana and His Times*, New York: S. F. Vanni, 1952.

3. 동부 지중해 I : Diversity of Olive Culture in Mediterranean: From the Case of Tunisian Traditional Olive Oil_Futatsuyama Tatsuro

■ Introduction

Olive oil is one of the most widespread products, exported from the Mediterranean to developed countries in several decades.[1] The Mediterranean diet, which uses olives extensively, was registered as an intangible cultural heritage by UNESCO in 2013; thus, it is estimated that the demand for olive oil will continue to grow. However, olive production regions are extremely limited because of inadequate climate and soil conditions. The origins of olive tree (*Olea europaea* L.) cultivation have been the subject of much debate, but cultivation is speculated to have begun on the Eastern Mediterranean Coast or

---

1) Its consumption has increased by 2.5 times in the United States of America and by 14 in Japan in the last 25 years [Granitto 2016]. Republic of Korea imported 17,637 tons in 2013-14, almost double the amount in 2008-09 (9,590 tons) [International Olive Council 2014].

possibly in sub-Saharan Africa in the early Bronze Age [Bartolini 2002].[2] Although several countries and regions have now begun to cultivate olive trees, such as Argentina, Australia, California, and South Africa, approximately 90% of production is located in the Mediterranean basin. It can thus be said that olive oil culture is of Mediterranean origin, and is now spreading globally.

In developed countries, how is this Mediterranean ingredient presented to the "new" (non-Mediterranean) consumer? Some of the biggest factors in olive oil selection in the modern global market are its authenticity and grade. International organizations such as the European Economic Community, the International Olive Oil Council (IOC), and the Codex Alimentarius Commission all define grades of oil, each using slightly different parameters; however, common to all of them is that fresh oil is accepted based on criteria for quality [Aparicio et al. 2013]. For example, IOC, the most influential public institution, has determined the four labels of "Extra virgin," "Virgin," "Ordinary," and "Lampante" for olive oil, which are applied based on various indexes, one of the most important of which is "free acidity," expressed as oleic acid. Some of IOC's basic quality parameters are 1) free fatty acid value, 2) peroxide value, 3) ultraviolet absorption, and 4) other indexes, such as panel tests, that have been determined by the Commission Regulation (EEC) No. 2568/91 (1991)[3] [Aparicio et al.

---

2) One of the most well-known indications of the origin of olive cultivation is from the Levant region around 3600-3000 B.C. By 1000 B.C., the Phoenicians had expanded olive cultivation to include almost the entire Mediterranean basin.

3) "Free fatty acids" is the index for good harvesting and handling processes, where EVOO is no more than 0.8% acidity and virgin olive oil is less than 2%. "Peroxide" value indicates the oxidation of olive oils, which causes rancidity. The IOC standard for peroxide value is no more than 20 mEq O_2/kg. The "ultraviolet absorption" index measures unwanted oxidized substances

2013: 596-600]. The decisive factor in meeting these criteria is reduction of oil deterioration and oxidation.

As olive oil and its uses have spread from the Mediterranean to the world, IOC quality parameters such as Extra Virgin Olive Oil (EVOO) have become popular in the modern global market. Thus, most countries that import the oil follow the quality standards that consider olive oils with low free acidity and peroxide most valuable. For example, in Japan, virgin olive oil and EVOO accounted for 72% of total imports, and in Republic of Korea, 76% [International Olive Council 2014]. Thus, these countries predominantly sell virgin and extra virgin oils. Furthermore, Japanese consumers not only prefer the EVOO label, but also the "Made in Italy" label, because they consider it a symbol of quality assurance [D'Addazio 2014]. Of course, these homogenous standards and labels can be deceptive, as revealed by the book *Extra Virginity: The Sublime and Scandalous World of Olive Oil*, by Tom Mueller [Mueller 2013].

The history of olives in the Mediterranean basin over the past thousands of years has generated a rich and diverse set of olive culture s, with each possessing unique quality parameters. It is important to understand the diversity of these olive cultures in order to reconsider the standardized criteria in the modern global market. Therefore, this paper demonstrates the diversity of olive cultures and quality parameters, focusing on a case study of olive oil in Tunisia.

---

related to the absorption of ultraviolet light. This score is relative to the freshness of the oil; for example, oil that passes two years after harvest indicates a high score [Mailer & Beckingham 2006; Aparicio et al. 2013: 596-600].

1) Symbolism of the olive in Mediterranean civilization and previous studies

Contemporary "new" (non-Mediterranean) olive consumers consider olive oil a primarily healthy food. For example, in Japan, many books are sold that focus on medical benefit of this oil. However, in the Mediterranean, olive oil is not only associated with health, but also represents cultural and spiritual symbols from different historical periods in various Mediterranean regions. Even today, the olive tree and oil are perceived as spiritual in some contexts. For example, the Spanish film *The Olive Tree*, released in 2016, depicts the millenary olive tree as a symbol with significant spiritual meaning.[4] Another significant example shows that several flags, such as that of the United Nations, have incorporated olive leaves and branches to symbolize peace. Conversely, following the Arab–Israeli conflict the Palestinians considered the olive tree a symbol of resistance and endurance [Namdari et al. 2016].

Since ancient times, the olive tree and oil have represented some symbolic meaning. For example, previous studies illustrate that it has symbolized "victory" and "strength" in ancient Greece, "fidelity" for the Phoenicians, "renaissance" among the Jews, "resurrection" and "immortality" in ancient western Anatolia, and "happiness" and "health" for Slavs, to name a few [Benhayoun & Lazzeri 2007: 17-20; Kuçukkomurler 2011]. In the Roman Empire, which conquered almost the entire Mediterranean coast, olives symbolized "immortality"

---

4) This film was nominated as one of three Spanish films for Best Foreign Language Film at the 89th Academy Awards, but it was ultimately not selected.

[Boussaada 2011: 353-363].

This symbolism has been deeply connected with various religions in Mediterranean history, a topic considered by several previous studies. For example, Kuçukkomurler considered the various religious rituals incorporating olive trees, branches, or oil in the Mediterranean basin [Kuçukkomurler 2011]. In addition to regional religious rites, monotheism in Mediterranean civilization has been deeply connected with olive oil. For example, Nouri mentioned that olive oil is mentioned in the sacred books of the three great monotheistic religions [Nouri 2008: 23-24]. Other previous studies focused on how olives are mentioned in the Old Testament and Qur'ān [Musselman 2003; Rhizopoulou 2007; Sebby 2011]. The word "Messiah" means "the anointed one," and oil was indispensable in the baptismal rites of the Eastern Orthodox Church, as well as in the Roman Catholic Church on Holy Thursday to reject evil, temptation, and sin [Vossen 2007: 1093].

Although few, some previous studies discuss the religious symbolism of olives in Islam. For example, Waines, Marwat, et al., as well as Varisco and Johnstone, mention the Islamic understanding of olives, quoting the Qur'ān and several Ḥadīth. In the Qur'ān, olives are described six times,[5] and Surat al-Nūr (Q 24: 35) and Surat al-Tīn (Q 95: 1) are frequently quoted in these studies to indicate that the olive tree is blessed by Allāh.[6] Waines considered the importance of olives

---

[5] It is described in al-An'ām (Q 6: 141), al-An'ām (Q 6: 99), al-Naḥl (Q 16: 11), al-Nūr (Q 24: 35), 'Abasa (Q 80: 29), and al-Tīn (Q 95: 1).

[6] "Allah is the Light of the heavens and the earth. The example of His light is like a niche within which is a lamp, the lamp is within glass, the glass as if it were a pearly [white] star lit from [the oil of] a blessed olive tree, neither of the east nor of the west, whose oil would almost glow even if untouched by fire" (24: 35).

in Islam, quoting Ibn Ḥabīb's medical compendium, and discussed several benefits of olive oil indicated by Muḥammad [Waines 2001: 361; 2002: 485-486]. Marwat et al. mentioned the importance of olive oil in Islam, quoting Ḥadīth, and focused on its medicinal value in treating rheumatism, tuberculosis, respiratory disease, the common cold, and so on [Marwat et al. 2009: 286-287].[7] Varisco and Johnstone discussed the medicinal value of olive oil as well, stating that it works for every disease [Varisco & Johnstone 2011: 22-24].

Although they conducted research based on literature, some previous studies focused on Islamic religious practices incorporating olive symbolism. For example, Reat mentioned that the designs in several mosques describe Qur'ān verse Surat al-Nūr (Q 24: 35), and portray a lamp and olive tree before the niche (Qibla) and on several prayer rugs (Sajjāda) [Reat 1975: 18]. Meanwhile, Futatsuyama stated that Muslims considered the olive tree a blessing from Allāh, and the olive motif was considered an Islamic design in Tunisia [Futatsuyama 2011, 2016].

These previous studies which specialized on religious symbol of olive are characterized in two types; first type is quoting the Qur'ān or historical documents to disclose how olive has been considered as religious symbols. Second type is investigation on people's religious practices with olive. These previous studies are valuable in understanding the various olive cultures and how olives relate to religion. However, no research has been conducted on the uses of olive oil and the quality of olive oil that is considered valuable. In other words, previous studies

7) Marwat et al. mentioned Abū Hurayra's narration: "Eat the olive oil and massage it over your bodies since it is a holy [mubarak] tree" [Marwat et al. 2009: 287].

have focused on the cultural and religious symbolism of olives, not on what quality made such symbols meaningful. Therefore, it is important to investigate the subject to compare with the quality value of olive oil today.

2) Aim of this study

With respect to issues that previous research has not addressed, this study aims to consider: 1) what olive oil quality is preferred by Tunisians, and 2) why they prefer that quality. The study was conducted through participant observation, generally applied in cultural anthropology, in a case study on south Tunisian Muslims. From this perspective, the study intends to reconsider the homogenous standards and labels applied to olive oil distributed in the modern global market.

3) Methods

To examine these questions by participant observation, I resided for an aggregate period of 17 months in a small village, C, between 2010 and 2014. Village C's chief livelihood is the olive industry, and it is located in the Tataouine Governorate (approximately 550 km south of the capital, Tunis). I studied all the activities associated with olives— methods of olive farming, harvesting, extraction, and utilization—and interviewed village inhabitants regarding the value of olive oil. These field data were used to consider the Tunisian participants' preferred olive oil quality and the reasons for their preference.

4) General information on olives in Tunisia and village C

Tunisia is the world's fourth largest exporter of olive oil (151,935 tons/approximately US$ 504,681,000 in 2013) [FAO STAT: accessed February 26, 2017]. The country contains nearly 66 million olive trees, and approximately 30% of the agricultural workforce is involved in olive production, accounting for 309,000 small and middle-size olive farmers [Larbi & Chymes 2010: 8]. Olive oil contributed to 44% of Tunisia's food exports, and 30% of the exported olive oil is for EVOO [Larbi & Chymes 2010: 11-12]. Olive oil is one of Tunisia's most valuable products in terms of employment and foreign currency revenue.

Historically, olive cultivation began during the Phoenician period in north Tunisia. After conquest by the Roman Empire, south Tunisian olive oil was exported across the Mediterranean Roman Empire [Mattingly 1988]. Culturally and symbolically, the name "Zaytūna" (olive) is used in various situations to denote good fortune and the blessings of Allāh. Hence, various companies and institutions in Tunisia carry the name "Olive/Zaytūna," such as Olive Mosque (Jāmi 'al-Zaytūna), Olive Bank (Maṣrif al-Zaytūna), and so on.[8] Olive motifs are present on Tunisian coins such as the one dinar coin, five dinar coin, and five millim coin. As Futatsuyama noted, olive motifs and branches are symbols of good things and blessings. This study shows that ordinary Tunisian spaces are decorated with interior ornaments bearing an olive tree motif, or with actual olive branches

---

8) Olive Radio (Idhā 'a al-Zaytūna FM), Olive Hospital (Clinique les Oliviers/Maṣḥḥa al-Zayātīn), Olive Restaurant (Maṭ 'am al-Zaytūna). One restaurant owner explained, "We [Tunisian people] have an olive culture. It is the symbol of our life. We use the olive name for good things" [From field note 2015.01.27.].

[Futatsuyama 2013, 2016]. Such cases indicate that the olive is one of the most popular relisioug symbols in Tunisia.

Village C, where I conducted my field research, had 404 inhabitants comprising 98 households in 2014. In 1994, the population was 644, showing a steady decline over the past decade[9] [National Institute of Statistics: accessed February 01, 2017]. The primary source of cash income for inhabitants of village C comes from expatriates employed by the prefectural government, or those working in the capital, Tunis, or in France. Within the village itself, people are employed at construction sites, quarrying stone for construction, serving in tourist restaurants, and conducting agricultural or pastoral work.

Photo 1: Olive Company (2014.12.09. at Djerba, by author)

---

9) In this village, there is one primary school (36 students), one dispensary (every Wednesday morning, a doctor comes from prefectural government), one post office, two shops that sell utensils and groceries, one cafe, and two restaurants that cater to tourists.

The primary agricultural product of the Tataouine Governorate is olives.[10] According to an interview survey conducted by the CRDA (Commissariat Régional au Développement Agricole de Tataouine) in 2005, in 2005, each household in village C has an average of 37.1 olive trees, 11.9 fig trees, 10.7 date palm trees, and 0.9 other trees [Office de Développement du Sud 2005]. This figure indicates almost a monoculture of olive cultivation. In this region, several olive varieties are grown, including Chemlali Tataouine, Fakhari Douirat, and Zarrazi Douirat; the Chemlali Tataouine variant is the most commonly cultivated.

5) The field date: The value of olive oil in village C

Based on my fieldwork I found that the inhabitants consume olives in three forms: olive fruit, olive oil, and olive paste made from extract. It is rare for inhabitants to eat the fruit or paste directly; they normally consume olives as oil. During my fieldwork I noted that, on average, villagers consumed 55 ml of oil per day per person; it was indispensable during mealtimes.[11]

As previous studies have shown, some participants associate olives with Islamic significance, especially related to Surat al-Nūr (Q 24: 35). For example, one inhabitant stated:

The olive tree means tree of blessing (Baraka). In addition, the olive

---

10) According to the document of the Office de Développement du Sud in 2014, cultivated land comprises 40,715 ha for olives, 10,862 ha for grain, 925 ha for figs, 419 ha for almonds, and 146 ha for date palms [Office de Développement du Sud 2014].

11) According to Larbi and Chymes, Tunisians consume about 6.7 kg of olive oil per person per year, versus 15.16 kg vegetable oils per person per year [Larbi & Chymes 2010: 13].

tree is sacred, different from other trees. The reason is because it is mentioned in the Qur'ān as a "blessed olive tree." In addition, the Qur'ān also states, "neither of the east nor of the west, whose oil would almost glow even if untouched by fire" Surat al-Nūr (Q 24: 35). [From field note 2010.10.10.]

In addition, some inhabitants narrate the reason why olive may connect with concept of Baraka. For example, one informant explained:

Olive oil become medicals, all sort of medicals. When we have a sore throat or arthritis or when we have a high cholesterol, it is good effect for our health. (omission) While even palm tree is also Baraka, however, olive tree has a character that which produce oil. We can not drink other oil like vegetable oil, and even if we do so, it do not makes health. However, olive oil cure the disease as a medical. That is why olive is given a Baraka. [From field note 2012. 03. 09.]

They also consume olive oil and paste for medicinal purposes. The oil is used to relieve headaches and pain of the throat, joints, and skin. The paste is used to improve gastrointestinal function. A geographer who was born in this region and worked here noted, "Oil is more than a product. It's a myth. It is not only the fundamental element of Southern cuisine but also an 'all-purpose' cure. Almost everywhere oil is present to prevent harm and guarantee health" [Zaïed 2006: 133]. In informal interviews, many inhabitants also explained:

Olive is not only used for the meal but also a medicine. It becomes a medicine for all diseases. It is like a vitamin. With my Lord.

Glory to Allāh. [From field note 2012.03.04.]

For example, inhabitant A drank one cup of oil for his cold. I noted, "One of the village men has a cold these two days so I visited him. I asked about his condition and he replied that he had drunk olive oil and medicine and was now getting better" [From field note 2012.03.10.]. Another inhabitant, B, used the oil to ease his skin disease [From field note 2012.04.06.].

According to Tunisian tradition, aged olive oil is considered more effective for medicinal purposes to relieve throat, joint, and skin pain. Hence, the oil for this purpose is often stored for several decades. As I will discuss later, there are several storehouses in the village to store large amounts of olive oil, so oil and other preserved food are stocked for several decades.

In general, it is said in the modern market that fresh oil contains greater medicinal properties, while oxidized oil is harmful. Thus, the quality of olive oil preferred for medical purposes in village C is opposite that of the modern market. The next section will consider why the inhabitants of village C prefer aged, acidic olive oil, despite living among olives. Their methods of olive oil production are crucial in this consideration.

6) The field date: The method of cultivating and extracting olive oil

The olive picking season differs for the modern and traditional markets. In the Mediterranean basin, harvesting for modern market oil generally begins between October and December at the latest, because unripe olives are better for extracting virgin oil. However, in south Tunisia, harvesting begins between late January and March or April. As photos 2 and 3 show, unripe green olive fruits are completely different from ripe black and dried fruits. Although the former is most common for selling in the modern market, the traditional south Tunisian method waits to harvest the olives until they ripen in spring. As the inhabitants of the village explained, the farmers are concerned not with the freshness but with the moisture content of the fruit, because transportation and extraction of oil is easier when moisture content is lower.[12)]

Photo 2: Unripe olives fruits   Photo 3: Ripe and dried fruit
(2013.12.02. at Siliana by author)   (2012.02.15. at Tataouine, by author)

The method of harvesting for modern and traditional markets also differs. The method of harvesting for the modern market is swift and rapid to prevent any abrasions or oxidation. Generally, the olive fruits are picked, dropped on the seat, and gathered into a container, and it

---

12) Even today, there are only a few cars in the village, and the major means of transport is domestic animals.

Photo 4: The method of harvesting for the modern market (2013.12.02. at Siliana by author)

Photo 5: The traditional method of harvesting (2012.02.18. at Tataouine)

is preferable that the oil is then extracted within 24 hours (Photo 4). Conversely, instead of extracting oil from fresh fruit, the traditional method of harvesting in this area is as prolonged as possible. For example, fruit is not only picked from the branches, but also collected when it has already fallen to the ground.[13] Generally, the modern market considers the oil from fallen fruit inferior. However, in Tunisia fruit is collected that may have fallen from trees up to a year previously (Photo 5). The gathered fruit is washed to remove soil, branches, and leaves. Though this process scuffs and oxidizes the fruit, the villagers are not concerned, because they are not interested in freshness.

Olive oil is extracted using three primary methods: 1) traditional pressure, 2) centrifugation, and 3) selective filtration. Figures 1 and 2 indicate the methods used for modern and traditional extraction shown by Kapellakis et al. Today, most modern olive oil is extracted by

---

13) In south Tunisia, three steps are involved in harvesting: 1) squeezing fruit from the branches, called "harutān," 2) collecting fallen fruit and placing them in baskets, called "masuhān," and 3) sieving collected fruit to remove soil, branches, and leaves, called "takharubī."

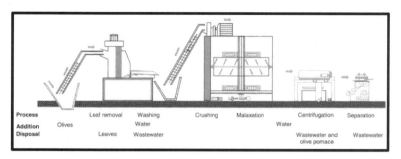

Process		Leaf removal	Washing	Crushing	Malaxation	Centrifugation	Separation
Addition	Olives		Water			Water	
Disposal		Leaves	Wastewater			Wastewater and olive pomace	Wastewater

Figure 1: Modern extraction method [Kapellakis et al. 2008: 6]

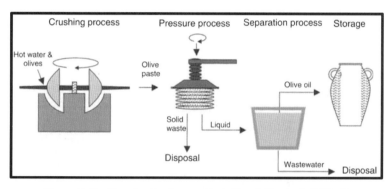

Figure 2: Traditional extraction method [Kapellakis et al. 2008: 4]

centrifugation, accomplished using a horizontal centrifuge as shown in Figure 1. These machines produce 1.5 to 6.5 tons of oil per hour [Kapellakis et al. 2008]. In Tunisia, this centrifugation method, called "modern extraction" (mi'ṣara al-'ṣrī), is very popular, and used to extract the majority of exported oil. A manager of an olive oil factory that exports oil to the U.S. and Japan explained, "After picking it, we extract and pack the oil within 24 hours to prevent oxidation for quality assurance" [From field note 2013.12.03.].

In contrast, the traditional pressure extraction method, called "Arabic extraction" (mi 'ṣara al- 'rabī) is completely different.[14) The harvested fruit is laid out in the storehouse or sometimes in the sun for between one month and one year to decrease its moisture content.[15] The traditional pressure process, which involves manually crushing and pressing the fruit, extracts about 60 liters of oil over two days (approximately 20% to 25% of the fruit).[16] Notably, none of these processes are designed to prevent oxidation. The inhabitants explained that good olives are determined by a higher extraction rate. Hence, the fruit is left on the ground or in a storehouse, sometimes in the sun. This implies that the value of the oil is dependent not on the freshness

Photo 6: Traditional extraction (2012.02.15. at Tataouine, by author)

---

14) In Village C, there are six refineries that are powered by camels. Compared to modern refineries, of which there are 18 in the Tataouine Governorate (2014), traditional refineries now remain in only a few small villages.

15) After a bumper crop year, oil is refined throughout the following year.

16) Equal amounts of fruit and water are combined and the fruits are ground between millstones for three hours. The extracted paste is placed into a net woven from grass (shamil) and pressed using the trunk of a date palm.

of fruit but on its ripeness and desiccation.

Thus, the traditional preservation method is completely different from the modern one. As mentioned above, the village has several storehouses (over 200 for the 98 households) to store olive oil, called "*Ksūr*". Here, olive oil and other preserved foods are stocked for several decades. One inhabitant, a head of the village, told me:

> When we were children [in the 1960s and 70s], every ingredient was preserved, such as olive oil, date palm, meat, wheat flour, etc. And all those meals were healthier than modern packed meals [From field note 2014.12.16.].

Table 1: The annual rainfall and yield of olive fruit from 2000 to 2014 in the Tataouine Governorate

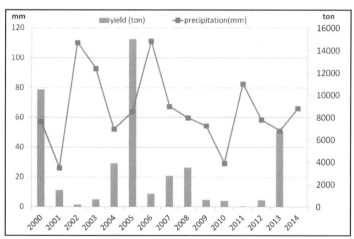

The reason why the villagers stock large amounts of oil is related to unstable olive yields. In an arid region such as south Tunisia, unpredictability of harvests is a major problem, tending to vary every

year, concurrent with alternate-year bearing and fluctuations in annual rainfall. Table 1, which displays the annual rainfall and yield of olives from 2000 to 2014 in the Tataouine Governorate, illustrates the unpredictability of both parameters. This instability can potentially destabilize the income generated from olive farming. However, it also implies that a year of good harvest will come once in a period of several years. To overcome this concern, the inhabitants constructed storehouses to preserve olive oil. Based on the traditional livelihood and ecological system, their life cycle has progressed for several years; hence, their food and savings must be stored. Their concern is not with freshness and oxidation, but with preserving supplies over a long period. Thus, for both medicinal and ordinary use, aged or long-lasting oil was important for traditional livelihood. In modern times, the villagers' incomes are not based on only monoculture of olives, but varied, as mentioned previously. However, even now, each household has an average of 37.1 olive trees, and its yield, or the amount of olive oil that can be obtained and the income from the oil, is unstable.

Consequently, the traditional method of picking, extracting, and preserving olives is completely different from the method used in the modern market. Table 2 shows the characteristics of oil-making for the modern market and in traditional south Tunisia. In actuality, some modern techniques are used in this village, so their methods are mixed and complex. However, the typical characteristics of traditional oil-making are completely different from the methods used in the modern market. All the processes conducted to oxidize and age the oil are for the sake of preservation based on the ecological system. Thus, the aged oil is not considered "degraded."

7) Discussion

Several previous studies have examined the cultural and religious symbolism of olive oil. However, there no studies addressed what quality is considered important in olive oil. Therefore, this paper considers 1) what olive oil quality is preferred by Tunisians, and 2) why that quality is preferred especially in Tunisia; this assists in reconsidering the homogenous standards and labels applied to olive oil distributed in the modern global market.

Table 2: The characteristics of oil-making for the modern market and in traditional south Tunisia

	For the Modern market	In South Tunisia
Picking season	October to December	January to March/April
Method of picking	Pick and drop on the seat	Collect it on the ground
Extraction	Within 24 hours	After one month to one year passed
Expiration date	Within two years	Durable for several decades
The value of the oil and fruits	Without abrasions and oxidation	Ripeness and desiccation

Informants in south Tunisia prefer aged oil to fresh virgin oil, especially for medicinal purposes, because oil that is stored for a lengthy period is considered more effective. In the traditional village, most oil is stored for several years, and olive oil is valued not based on its freshness and oxidation index, but on its capability for preservation. In terms of value, both traditional Tunisia and the modern global market agree that olive oil has several health benefits. However, it is interesting that their quality parameters are opposite.

In addition, this study considered the reason why people in traditional Tunisia preferred a certain quality. Their methods of farming, extracting, and preserving oil are designed to allow it to be stored for a longer period. This relates to their ecological background, which requires preservation of the oil for longer, given the aridity of the climate and instability of harvest yields. Generally, in the modern market, the expiration date of olive oil is within two years. On the contrary, traditional olive oil has been used as a durable preserved food and medicine. This study therefore connected the valued qualities of olive oil with the traditional inhabitants' ecological system.

Of course, there may be another explanation. In Tunisian bookstores, many books mention the health benefits of olives. Some of these mention the quality of olive oil. For example, Ibn Qayyim (1292-1350), a famous medieval Islamic jurist, wrote about Prophetic medicine; in his book, *Al-Ṭibb al-Nabawī*, olive oil was said to possess medicinal benefits against poisons and burns [Ibn Qayyim al-Jawzīya 1998: 335-336]. Ibn Qayyim emphasized that the oil extracted from ripe olives was better than that from unripe ones, and that aged oil was also healthier. This book and others that quote Ibn Qayyim see widespread sales in Tunisian bookstores. In addition, some websites consider the benefits of olive oil, quoting Ibn Qayyim's idea [HealthyMuslim.com: accessed February 26, 2017]. This study cannot prove the connection between Ibn Qayyim's medieval Islamic knowledge of Prophetic medicine and its usage by Muslims in modern Tunisia today. However, it is certain that Ibn Qayyim and traditional Tunisians value the oil similarly. Moreover, throughout the

Mediterranean basin, the value and quality parameters used to judge olive oil are completely different from those determined by the modern global market.

Today, Tunisia exports EVOO to Europe, so its major products have changed to fresh and low acidity oils. Traditional olive oil cannot be sold in the industrial market, and only rural areas maintain its traditional value, such as village C. However, historically, most Tunisian olive cultivation and extraction methods utilized the traditional style that prepared olives for long-term preservation. This Tunisian case study demonstrates the indigenous method of olive cultivation and oil extraction as well as its value in different Mediterranean regions. Farmers who have thus far produced traditional and indigenous olive oil are now faced with the differences of the global market, and must choose in which direction they intend to progress.

The modern global market, which is based on IOC parameters, has defined a homogenous index for oil quality, such as freshness and free acidity, and the label "EVOO" has spread globally. This study considers multiple and diverse olive oil cultures around the Mediterranean basin from the case of Tunisian traditional value. Olive culture, which developed in the history of Mediterranean civilization, is not simple or homogenous but complex and pluralistic, dependent on region and religion. If consumers are interested in the Mediterranean diet and consuming olive oil for their health, and because UNESCO has registered the Mediterranean diet as an *intangible cultural* heritage, we must reconsider the quality parameters used to appraise olive oil.

Reference

D'Addazio, D. 2014. Foreign Products Influence on Consumers in Japan: Values of Made in Italy Olive Oil as Symbol of the Italian Culture. Bachelor's Thesis, Università Ca'Foscari Venezia.

Aparicio, R., L. S. Conte, and H.-Jochen Fiebig, 2013. Olive Oil Authentication. In R. Aparicio and J. Harwood eds., *Handbook of Olive Oil: Analysis and Properties* (Second Edition). New York: Springer, pp. 589-653.

Bartolini, G. and Petruccelli, R. 2002. *Classification, Origin, Diffusion and History of the Olive*. Rome: Food & Agriculture Organization of the United Nations.

Benhayoun, G. and Y. Lazzeri. 2007. *L'olivier en Méditerranée: du symbole à l'économie*. Paris: Harmattan.

Boussaada, A. 2011. Rome: L'olive et le sacré. In Shehil Samira ed., *L'olive en Méditerranée entre histoire et patrimoine*. Tunis: Centre de Publication Universitaire La Manouba, pp. 353-363.

Futatsuyama, T. 2011. The Religious Meaning of the Olive: A Case Study of Southeast Tunisia, *Interdisciplinary Approaches to the Asian and African Area Studies*, pp. 37-42.

_____. 2013. Reconsideration on Faith Concerning of Trees in the Islamic World: In the Case of Olive in Tunisia, *Kyoto Bulletin of Islamic Area Studies* 6, pp. 274 - 292.

_____. 2016. Islamic Religious Practices Involving Trees: A Case Study of Olive Trees in Contemporary Tunisia, *Tradition and Transformation in the Past and Present*, pp. 57-61.

Granitto, Y. 2016. World Olive Oil Consumption Increased by 73 Percent Over a Generation, *Olive Oil Times* [Browsing October 26, 2016] https://www.oliveoiltimes.com/olive-oil-business/world-olive-oil-consumption-increased-by-73-percent-over-a-generation/50731

Ibn Qayyim al-Jawzīya. 1998. *Al-Ṭibb al-Nabawī*, Beirut: Dār al-Jīl.

International Olive Council 2014. Japan and South Korea Imports of Olive

Oil and Olive Pomace Oil in 2013/14, *Market News Letter* 87.

Kapellakis, I. E., K. P. Tsagarakis and J. C. Crowther 2008. Olive Oil History, Production and by-Product Management, *Reviews in Environmental Science and Bio/Technology* 7(1), pp. 1-26.

Kuçukkomurler, S. 2011. Olive in Culture, *Pakistan Journal of Nutrition*, 10(2), pp. 200-202.

Larbi, W., and A. Chymes. 2010. The Impact of the Government Policies and Incentives to Promote the Export of Agricultural Products in Tunisia: The Case of Olive Oil, *Food Economics － Acta Agricult Scand C* 7(2-4), pp. 107-118.

Mailer, R. and C. Beckingham. 2006. Testing Olive Oil Quality: Chemical and Sensory Methods, *Primefact* 231, pp. 1-5.

Marwat, S. K., M. A. Khan, M. A. Khan, M. Ahmad, M. Zafar, F. Rehman, and S. Sultana. 2009. Fruit Plant Species Mentioned in the Holy Qura'n and Ahadith and Their Ethno Medicinal Importance, *American-Eurasian J. Agric. & Environ. Sci.* 5 (2), pp. 284-295.

Mattingly, D. J. 1988. Oil for Export ?: A Comparison of Libyan, Spanish and Tunisian Olive Oil Production in the Roman Empire, *Journal of Roman Archaeology* 1, pp. 33-56.

Mueller, T. 2013. *Extra Virginity: The Sublime and Scandalous World of Olive Oil.* London: Atlantic Books.

Musselman, L. J. 2003. Trees in the Koran and the Bible, *Unasylva 213* (54), pp. 45-52.

Namdari, E., H. Motavali and M. B. Pouri. 2016. Olive, The Symbol of Resistance in Contemporary Arabic Poetry, *International Journal of Humanities and Cultural Studies* 2356-5926. 1(1), pp. 880-890.

Nouri, N. 2008. *Une Richesse Inouie: Approche socio- économique.* Sfax: Reliure d'art.

Reat, N. R. 1975. The Tree Symbol in Islam, *Studies in Comparative Religion* 19(3), pp. 1-19.

Rhizopoulou, S. 2007. Olea europaea L. A Botanical Contribution to Culture, *American-Eurasian Journal of Agricultural & Environmental Sciences* 2, pp. 382-387.

Sebby, H. 2011. The Extraordinary Olive, *Ethnobotanical Leaflets* 2000 (2),

Varisco, D. M. and P. C. Johnstone. 2011. Olive Tree. In D. Waines ed., *Food Culture and Health in Pre-Modern Muslim Societies*, Boston: Leien, pp. 22-24.

Vossen, P. 2007. Olive Oil: History, Production, and Characteristics of the World's Classic Oils, *HortScience* 42 (5), pp. 1093-1100.

Waines, D. 2001. Tree(s). In J. D. McAuliffe ed., *Encyclopaedia of the Qur'ān vol. V*, Boston: Brill, pp. 358-362.

_____. 2002. Zayt. In H. A. R. Gibb et al. eds., *The Encyclopaedia of Islam New Edition, vol.*, Leiden: E. J. Brill, pp. 485-486.

Zaïed, A. 2006. *Le monde des ksours du sud Tunisien.* Tunis: Centre de publication universitaire.

Website and goverment documents:

FAOSTAT, http://www.fao.org/faostat/en/#data [Accessed October 26, 2016]

Healthy Muslim .Com, http://www.healthymuslim.com/articles/ipyru-ibn-al-qayyim-the-benefits-of-olive-oil.cfm
[Accessed October 26, 2016]

National Institute of Statistics, http://www.ins.tn/en/statistics-tunisia-national-institute-statistics [Accessed October 26, 2016]

C. R. D. A. (Commissariat Régional au Développement Agricole de Tataouine). 2005. "Enquête del'UST à Tataouine"

C. R. D. A. (Commissariat Régional au Développement Agricole de Tataouine). 2014. "Notes sur l'oléiculture à Tataouine"

4. 동부 지중해 II : 알레비종파에 나타난 싱크레티즘* _우덕찬

1) 알레비 종파의 성립 배경

일반적으로 싱크레티즘(Syncretism)[1]이라 함은 특정종교에 나타나는 종교적 혼효(混淆) 현상을 의미하는데 통상적으로 제설혼합주의, 제 교리혼합주의를 지칭한다. 우리는 이러한 종교적 혼효현상, 즉 싱크레티즘을 초기 기독교의 발생과정에서도 찾아볼 수 있다. 기독교가 발생한 기원 전후 시기의 서아시아는 로마제국의 정치적 압제에서 많은 갈등을 겪고 있었다. 로마제국의 이념적 기초인 헬레니즘과 전통 유대교 이념 간에 심각한 갈등이 발생했을 뿐만 아니라, 강대한 로마제국이 형성되는 과정에서 개개의 민족적·국가적 종교는 고유의 기반을 잃고 해체되어, 이른바 종교의 혼효 즉 싱크레티즘 현상이 곳곳에서 일어났다. 요컨대 헬레니즘적 로마세계와 헤브라이즘적 전통세

---

* 이 글은 "터키 종파에 나타난 싱크레티즘"(『중동문제연구』, 209권 2호)을 인용 및 수정하였음.
1) 싱크레티즘의 사전적 의미는 이질적인 철학사상이나 종교적 교의, 의례 등을 절충 내지 통합하려는 절충주의나 그러한 운동을 지칭한다.

계 간의 부조화가 격화되면서 전통적인 체제와 가치가 붕괴되어 걷잡을 수 없는 사회적 불안과 혼란이 일어났다. 이러한 지중해사회의 갈등과 모순의 해결이라는 시대적 요청에 부응하여 출현한 것이 바로 기독교이다.

오늘날, 그 대표적 전형은 터키에 존재하는 알레비 종파에서 발견된다. 알레비 종파는 터키에서 그 신자 숫자나 규모면에서 살펴볼 때 제2의 종파를 형성하고 있다. 데이터 부족으로 그 정확한 숫자에 관해서는 학자들 마다 혹은 통계자료마다 차이가 있지만 대략 터키인구의 1/4 이상을 점유하고 있다[2](우덕찬 2006: 19; 우덕찬 2010: 189) 이 종파는 투르크족이 이슬람 화 이전 유목생활을 영유하며 몽골고원에서 신봉해 오던 자연숭배, 샤머니즘, 천신사상과 같은 전통신앙들과 이후 오늘날의 소아시아지역으로의 이동과정에 접한 기독교, 조로아스터교, 불교 등의 영향 하에서 정착민족의 고등종교라 할 수 있는 이슬람을 받아들이게 되면서 그들의 새로운 사회구조에 적응시킨 제 교리 혼합주의적 성격의 비 정통 이슬람 종파이다[3].

알레비종파 형성에 결정적 계기가 된 사건은 셀주크제국기에 발생한 바바이 반란(Babailer Rebellion, 1239~1240)[4]이다. 이 반란은 정통 순니세력이 아닌 비 정통이슬람세력이 중심이 된 정치적 반란이었지만 반란이 진압된 후 바바이들에 의해 종교운동[5]으로 발전되었고

---

2) 오늘날 터키의 알레비 분포지역에 대해서는 다음 웹사이트의 지도를 참고하시오
   (http://en.wikipedia.org/wiki/File:Alevi.png)

3) 이와는 달리 터키정부는 이 종파가 가지고 있는 할리파 알리 숭배, 12이맘 숭배 등으로 인해 시아파의 한 갈래로 받아들이고 있는데 이는 터키정부 산하의 종교성(Diyanet İşleri Başkanlığı)의 공식입장이기도 하다. 하지만 논자가 기존의 연구에 밝혔듯이 상기 시아파적 교리는 16세기 이란의 사파비조의 종교적 선전에서 비롯되었고 이 종파가 가지고 있는 비 이슬람적 요소 특히 제 교리혼합주의적 요소에 비추어 볼 때 설득력이 떨어진다. 한편 투르크 민족사에 투영된 이 슬람의 제 유형에 대해서는 다음 연구를 참고하시오.

4) 이 반란은 셀추크제국기 아나톨리아지역의 투르크멘부족들이 중심이 되어 일으킨 대규모의 민중반란으로 반란세력을 흔히 바바이라고 부르는데 그 명칭은 반란의 주동자였던 '바바 일야스 호라사니'(Baba İlyas Horasani)와 그를 계승한 수제자 '바바 이스학'(Baba İshak)에서 유래되었다. 이 반란에 대해서는 다음 연구를 참고하시오.

오늘날의 알레비종파가 형성되는 결정적 계기가 되었다. 특히 당시 바바이 성자들이 남긴 영웅담을 터키어로 빌랴예트나메(Vilâyetname) 또는 메냐큽나메(Menâkıbname)라고 부른다(Ocak 1997). 이상의 영웅담들에 알레비종파가 가지고 있는 여러 제 교리 혼합주의적 모티프들이 존재하고 있다.

2) 샤머니즘 모티프

(1) 주술과 주술적 치료능력

일반적으로 샤머니즘이란 천지만물에 정령이 존재한다고 믿는 애니미즘 적 기반에 서서 엑스터시(Ecstasy) 기술에 의해 신, 신령, 정령과 교융(交融)하는 능력을 가진 주술사 역할을 하는 샤먼(Shaman)을 중심으로 그들을 둘러싼 신자들에 의해 형성된 종교현상이 라 할 수 있다. 따라서 주술사인 샤먼의 기능과 역할이 샤머니즘의 근간을 이루고 있다고 할 수 있다. 바바이들의 영웅담 속에도 주술사의 기능이 묘사된 모티프들이 존재하고 있다. 바바 일야스 관련 영웅담인 '메나크불 - 쿠드스예(Menâkıbu'l-Kudsîye)'에 따르면 바바 일야스는 뛰어난 주술사였고 어떤 주술사도 그를 능가할 수 없다고 전한다. 또한 그의 추종자들도 그와 같은 주술능력을 가지고 있으며 이러한 주술기능으로 바바이 반란 진압에 나선 셀추크 군대를 격파시킬 것이라고 전하고 있다(Ocak 2005: 144).

13세기 다양한 경로를 통해 아나톨리아에 이주해 온 투르크멘 부족들의 지도자들이 투르크 샤만 들이 이슬람화 된 전형적인 실례라는 사실은 이미 기존의 연구를 통해 이미 논증된 바 있다. 물론 모든 투르

---

5) 이 시기의 바바이들을 '소아시아의 고행자들'이라는 의미의 '룸 압달라르'(Rum Abdalları)라고 부르고 이들이 전개한 종교운동을 '룸 압달라르운동'이라고 부른다.

크멘 부족장들이 이러한 샤만의 기능을 했다고 볼 수 는 없지만 그들 대부분이 이슬람 화된 샤만으로서 선행과 문제해결을 위해 주술사 역할을 했다고 보인다. 이 밖에 코윤 바바(Koyun Baba) 관련 영웅담인 '빌라예트나메이 코윤 바바(Vilayetname-i Koyun Baba)'에도 그가 대중을 위해 주술행위를 했다는 기록이 전하고 있다(Ocak 2005: 147).

샤먼의 또 다른 주요한 기능은 주술적 치료 기능이다. 이러한 기능은 중앙아시아와 북아시아 샤먼들의 주요기능이라 할 수 있다. 이 지역 사람들은 질병의 원인에는 여러 가지가 있다고 믿었는데 가장 널리 퍼져 있는 것은 영혼의 유괴가 질병의 원인이라는 믿음이다. 즉 이들은 영혼이 길을 잃거나 도둑을 맞을 때, 그 영혼의 주인은 질병에 걸리고 이를 병자의 몸속에 되돌려 놓아야 한다고 믿고 있다(엘리아데 1992: 205). 고대로부터 중앙아시아와 북아시아지역을 중심으로 거주하던 투르크 민족 샤먼들의 가장 중요한 기능도 환자의 몸속에 들어온 나쁜 영혼들을 내쫓아 환자를 회복시키는 주술적 치료기능이었다.

'메나크불-쿠드스예(Menakıbu'l-Kudsîye)'에 의하면 바바 일야스의 대표 추종자였던 하즈 미만(Hacı Mihman)은 어떤 병자든지 그가 숨을 불어 넣으면 병이 치유되었고 그 자신이 이러한 기적의 치유능력이 바바 일야스로부터 전수받았다고 전하고 있다. 오트만 바바(Otman Baba) 관련 영웅담 '빌라예트나메이 오트만 바바(Vilayetname-i Otman Baba)'에도 이러한 치유능력에 대해 언급되고 있다. 오트만 바바가 무사 벡(Musa Beg)이라는 인물에 의해 초대되었을 때, 그의 주변에 있는 병자들을 발견하고 그들에게 자신의 숨을 불어 넣은 물을 마시게 하자 병이 모두 치유되었다는 기록이 전한다. 벨리 바바(Veli Baba) 관련 영웅담에도 그가 숨을 불어 넣음으로써 신체적 불구, 중증의 고통을 가지고 있던 병자들이 치유되었다는 모티프가 전한다(Ocak 2005: 147-148).

(2) 천계 상승능력

천계상승이라는 모티프도 중앙아시아나 북아시아 샤머니즘에서 나
타나는 대표적 모티프이다[6] 이란 매우 특별한 존재로서 보통사람이
구사할 수 없는 능력을 소유하고 있는데 엑스터시 상태에서 천계로 상
승할 수도 있고 지하계로 하강할 수도 있는 주술적 비상능력을 가지고
있다. 바바이들의 영웅담에도 샤먼이 갖는 이러한 주술적 비상능력들
이 묘사되고 있다. 바바 일야스 관련 영웅담인 '메냐크불-쿠드스예
(Menakıbu'l-Kudsîye)'에 천계상승과 관련해 다음 두 가지의 모티프가
전한다.

첫 번째는 그의 막내아들 무리스 파샤(Muhlis Paşa) 관련 모티프이
다. 1240년 오늘날의 크르셰히르(Kırşhir) 근처의 말야(Malya)전투에서
바바 일야스가 셀추크 정부군에 의해 살해되자 무리스 파샤는 아버지
의 복수를 위해 셀추크의 술탄 케이후스레브 2세(Keyhusrev II, 1237~
1246)에 대항해 반란을 계획하게 되었다. 그러나 이러한 반란계획은
적발되었고 그는 체포되고 말았다. 술탄은 그를 온갖 고문을 통해 살
해하려했지만 실패로 끝나자 유화책의 일환으로 높은 직위의 관직을
주려했는데 이에 무리스 파샤는 자신의 행동은 천계로 상승에서 만난
알라의 명령이며 알라가 자신을 지상의 통치자로 명했다고 주장하면
서 술탄의 제의를 거절했다고 한다.

두 번째는 그의 또 다른 아들 아슥 파샤(Aşık Paşa) 관련 모티프이
다. 이에 따르면 그는 천계에 상승해서 알라와 이야기를 나누었고 천
계의 비밀스러운 모습을 직접 보았으며 알라가 그 자신에게 천계에 대
해 소상하게 알려주었다고 전한다. 이상의 두 영웅담에서 어느 정도

---

6) 오늘날 알타이 샤먼이나 야쿠트 샤먼의 경우, 천계상승 전에 백마를 희생물로 천신께 바치는
특별한 의식을 진행한다. 샤먼은 백마의 영혼을 하늘로 보내면서 자신의 영혼도 천상계에 도달
했다고 믿고 천상으로의 여행 중 자신이 경험한 일들과 천상에서 천신과의 대화내용을 주변사
람들에게 설명하면서 의식을 진행한다.

이슬람 적 분위기가 엿보이기는 하지만 중요한 사실은 무리스 파샤, 아슬 파샤 두 인물 공히 무함마드처럼 알라와 직접 관계를 가졌고 알라로부터 지시를 받았다는 데에 있다. 즉 이상의 모티프들은 천계에 상승해서 천신을 만나 그로부터 은밀한 지식을 전수받는 샤먼의 모습과 매우 흡사하다.

한편 바바 일야스의 천계상승에 관련해서도 당시 바바이 반란을 직접 목격했던 프랑스인 시몽 드 쌩 꿰텡(Simon de Saint-Quentin)이 남긴 기록에도 존재하고 있다. 바바 일야스가 아마스야 전투에서 셀추크 군에 의해 패배를 당하자 그를 따르던 추종자들이 전투의 승리를 공언했음에도 불구하고 패배하게 된 이유를 묻자 내일 천계에 상승해서 신에게 그 이유를 물어보겠다고 했다는 기록이다(Ocak 2005: 158). 논자가 보기에 바바 일야스의 이러한 모습 역시 신자들 앞에서 천계상승을 준비하는 샤먼의 모습과 매우 흡사하다.

(3) 탈혼(脫魂) 능력

일반적으로 샤먼은 춤으로써 무아의 경지에 돌입하여 탈혼(脫魂)의 과정을 거쳐서 접신을 하게 되고, 신탁을 통하여 반신반인의 기능을 발휘하게 되고 인간의 소망을 신에게 고하고, 신의 의사를 탐지하여 이를 인간에게 계시해 주는 영매자로서의 구실을 맡고 있다는 것은 주지의 사실이다. 따라서 탈혼의 능력은 모든 샤먼이 가지고 있는 대표적인 능력이라고 할 수 있다. 바바이 관련 영웅담에도 이러한 탈혼 능력과 관련된 모티프들이 존재하고있다.

'메냐크불-쿠드스예(Menakıbu'l-Kudsîye)'에 따르면 바바 일야스의 아들인 야야 파샤(Yahya Paşa)의 경우 그가 원하면 엑스터시의 상태에서 마치 기병이 말을 타고 사라져 버리듯이 그의 영혼이 신체를 급히 떠났다가 다시 돌아오곤 하는데 종종 이러한 탈혼 기간이 40일 심지어는 두 달을 지속했다고 전한다. 오트만 바바(Otman Baba) 관련 영웅담 '빌라예트나메이 오트만 바바(Vilayetname-i Otman Baba)'에도 이러한 탈혼 능력과 관련된 모티프가 존재한다. 오트만 바바 경우도 종종 기도를 할 때 엑스터시의 상태에서 영혼이 몸을 떠났다가 1시간 이후 다시 돌아와 기도를 마쳤는데 그 자신에게 다녀온 곳을 물으면 성자들의 영혼 속으로 들어가 천상의 신의 세계(Alem-i ulviyeti)를 방문 했다고 전한다.

위의 두 영웅담에 나타난 모티프 역시 샤머니즘에서 의식을 집전하는 샤먼의 모습과 매우 유사하다. 샤먼이 미래에 대한 예언을 할 때나 병자를 치료할 때 그의 영혼은 자신의 신체를 떠나는데 이를 위해 샤먼은 춤을 추고 지상으로 뛰어 오르면서 엑스터시 상태에 들어가게 된다. 샤먼의 몸을 떠난 영혼은 여러 영혼들을 만나 미래의 길흉화복에 대한 이야기를 듣거나 병자의 영혼을 만나 다시 병자의 몸으로 돌아올 것을 설득한 후 다시 자신의 몸으로 돌아와 자신이 경험한 일들을 주변사람들에게 상세하게 설명한다(Ruben 1947: 42-43).

한편 이와는 달리 중앙아시아의 알타이지역에는 그 지역의 천신인 바이 윌겐(Bay Ulgen)을 위한 말의 공희 굿이 존재하는데 이 경우, 샤먼 대신 그 대리인의 혼이 접신을 하게 된다. 공희 굿을 위한 준비를 마친 샤먼은 신이 좋아 할 색깔의 연한 말 한 마리를 고르고 말 머리를 잡을 사람을 한 명을 지명한다. 이어 샤먼은 말의 등 위에서 자작나무 가지를 흔들어 말의 혼이 육신을 떠나 바이 윌겐에게 날아갈 준비를 하게한다. 이어 말머리를 잡는 사람7)의 머리 위에다 대고도 자작나무 가지를 흔들어 이 사람의 혼도 천상으로 보내는데 이렇게 육신을 떠난 말머리 잡는 사람의 혼은 샤먼의 혼을 대신해서 천상계에서 바이 윌겐과 이야기를 나누게 된다(엘리아데 1992: 182-183).

---

7) 알타이 지역에서는 말머리를 잡는 사람을 투르크어로 "바쉬 투트칸 키시"(baş tukan kiş)라고 부른다.

(4) 미래에 대한 예지 능력

샤먼이 가지고 있는 또 다른 중요능력은 미래에 대한 예지능력이다. 바바이들이 남긴 영웅담들 속에 자주 등장하는 것이 미래에 대한 예지 능력과 관련된 모티프들이다. 즉 이상의 영웅담 속에 영웅들이 그들의 수제자들에게 미래에 발생할 길흉화복에 대해 알려주는 전달자의 역할을 담당하고 있다. 예를 들어 압달 무사(Abdal Musa)의 경우, 자신의 수제자들이 땅을 파다가 황금으로 가득 찬 솥을 발견하자 주인이 누구라는 것을 밝혔고 얼마 후에 솥의 주인이 나타났다고 전한다. 또한 압달 무사와 관련해 그가 진정한 성자라는 사실을 믿지 않고 그를 미워하던 하슴 벡(Hasım Beg)이 수하들을 보내 죽이려했는데 이를 미리 예견한 그는 수제자들에게 알려 목숨을 구했다는 모티프가 존재한다. 오트만 바바(Otman Baba)도 자신의 수제자들에게 불행이 닥치면 미리 알고 도움을 주었고 그들을 구해 주었다고 전한다. 또한 그의 미래에 대한 예지능력과 관련해 오스만제국의 정복군주 술탄 메흐메트 2세(Mehmet II, 1444~1481) 사이에 다음과 같은 유명한 일화가 존재한다. 어느 날 사냥에서 돌아오던 메흐메트 2세가 실리브리카프(Silivrikapı)[8]를 지날 때 마침 그곳에 앉아있던 오트만 바바를 만나게 된다. 그는 술탄에게 도시를 점령할 수 없기 때문에 베오그라드(Beograd)로 진격해 가지 말 것을 권유한다.

그러나 베오그라드 공격을 원하던 술탄은 화가 나서 칼을 뽑아 그의 목을 베려하자 술탄을 수행하던 마무트 파샤(Mahmut Paşa)는 오트만 바바가 성자임 밝히고 술탄을 진정시켰는데 결국 진격에 나선 술탄은 베오그라드를 함락시키지 못하고 회군하게 된다. 하즈 벡타쉬 영웅담에도 이와 관련된 모티프가 존재한다. 하즈 벡타쉬를 크르셰히르(Kırşhir) 총독 누룻딘 자자(Nuruddin Caca)가 술루자카라외윅(Sulucakaraoyuk)에

---

8) 이 지명은 오늘날 이스탄불의 제이틴부르누(Zeytinburnu) 구에 속한 동의 이름이다.

서 추방시키자 그는 총독이 그 직에서 떠나게 될 것이고 고문을 받게 될 것이라고 했는데 그의 말대로 누룬딘 자자는 총독 직을 떠나게 되었고 고문을 받게되어 장님이 되었으며 종국에는 옥사하게 되었다. 이와 비슷한 또 다른 모티프로는 하즈 벡타쉬가 무고한 사람을 구속시킨 카이세리 벡(Kayseri Beg)에게 석방을 탄원했지만 거부당하자 그가 술탄에 의해 처형될 것이라고 예언했는데 결국 그는 술탄이 보낸 사람들에 의해 처형되고 말았다(Ocak 2005: 150-151).

일반적으로 샤먼은 탈혼의 과정을 거쳐 신비의 세계를 경험하거나 천계에 상승해서 천신과의 만남을 통해 미래에 대한 예지나 예언을 할 수 있다(İnan 1972: 155-159). 물론 이러한 능력은 무함마드(Muhammad)의 경우처럼, 꾸란이나 하디쓰에서도 발견되기도 하지만 논자가 보기에 위의 바바이 영웅담에 나타난 모티프들은 앞에서 살펴 본 주술적 치료능력, 천계상승능력, 탈혼능력 관련 모티프들과 더불어 투르크민족의 고유 신앙 중의 하나였던 샤머니즘 전통과 그 궤를 같이한다고 생각된다.

(5) 남녀 합동의식

샤머니즘에서 종교적 행사나 의식을 거행할 때 남녀가 합동으로 참여한다는 것은 주지의 사실이다. 바바이들이 남긴 영웅담에도 이와 관련된 모티프가 존재하고 있다. '메냐크불-쿠드스예(Menakibu'l-Kudsîye)'에 따르면 바바 일야스가 아마스야 근처의 차트 쾨위(Çat Köyü)에 정착한 후 3년 만에 남녀를 포함해서 72,000명의 수제자들이 모여들어 함께 예배와 종교적 의식을 거행했다고 전한다.

남녀가 합동으로 예배나 종교적 의식에 참여한 다는 것은 정통 이슬람과는 거리가 먼 것으로서 이 모티프는 샤머니즘을 신봉하던 고대의 투르크 민족이 남녀 합동으로 진행했던 종교적 행사나 의식을 연상시킨다. 이미 쾨프류류(Köprülü)가 연구에서 밝혔듯이 투르크민족이 이슬람을 받아들인 이후에도 특히, 아나톨리아지역에서 유목생활을 영위하던 투르크민족에게 이러한 샤머니즘적 전통이 계속 유지되었고 바바 일야스가 속했던 와파이 종단을 비롯해서 13세기의 여러 수피종 단에서도 계속되었다(Köprülü 1976: 33-34, Ocak 2005: 176).

이러한 전통은 오늘날에도 계속 유지되고 있다. 예를 들어 알레비종 파의 중요한 종교의식인 '젬 의식(Ayin-i Cem)'이 그 대표적인 실례라 할 수 있다. 이 의식은 알레비 종파에 속하는 벡타쉬나 크즐바쉬에 있어서도 수세기에 걸쳐 계속되어 온 매우 중요한 의식이다. 이 의식은 주로 저녁 7시 무렵에 거행되는데 남녀의 구별을 두지 않는 남녀 모두 참여하는 합동의식이다. 이 의식에 참여하는 사람들은 모두 집에서 의식 중에 함께 먹을 음식을 준비해

온다. 의식은 데데(Dede)가 주관하는데 샤만의 기능과 역할은 그에 게서도 발견된다. 그는 현세와 영혼을 연결시켜주는 중개자 역할을 하며 의식이 거행되는 식장의 가장 상석의 가죽의자에 앉으며, 의식이 시작되면 제일 먼저 사방을 향해 큰절을 올린 후 입에 물을 머금어 식장 주변에 뿜어댐으로써 부정을 씻는 의식을 수행한다. 주지하듯이 이러한 의식은 샤머니즘의 굿에서도 자주 목격이 되는 의식이다.

3) 자연숭배 모티프

(1) 산 숭배 모티프

산은 인류역사가 시작된 이래 그 높이 그리고 천상과 인접해 있다는 이유로 인해 우리 인류의 숭앙대상 중의 하나였는데[9] 이는 산에

---

9) 사우디아라비아의 아라파트산, 그리스의 올림포스산, 북아프리카의 아틀라스산, 인도의 히말라야산에 대한 숭배가 있으며, 중국의 오대산, 일본의 후지산에 대한 숭배도 널리 알려진 일이다

있다고 믿어지는 신, 즉 산신에 대한 외경심에서 비롯되었다. 전통적
으로 산 숭배는 투르크민족의 자연숭배 대상 중의 하나로 그들은 근거
지역의 성산(聖山)을 신성시 했는데 과거 중앙아시아지역을 중심으로
유목생활을 하던 시절의 역사기록에서도 발견된다. 예를 들어 돌궐(突
闕)의 자체기록인 오르콘비문에 그들이 신성시한 성산(聖山) 외튜켄
(Ötükän)10)과 관련해서 다음과 같은 기록이 전한다.

> … 중략(K-S:3) 나는 모두 조직하였다. 그들은 전혀 나쁜 상태에 있
> 지 않다. 돌궐 카간이 외튜켄산 지역에서 통치한다면 나라에 아무
> 런 걱정이 없다11) …

> … 중략(K-S:5) 중국 사람들은 돌궐민족에게 많은 금과 은, 그리고
> 비단을 주었다. 그들의 말은 달콤하였고 그들의 물건들은 부드러웠
> 다. … 중략(K-S:8) 돌궐 민족이여 그곳으로 가면 모두 죽게 될 것
> 이다. 외튜켄산 지역에 거주하면서 대상들을 보낸다면 어떤 근심도
> 없을 것이다12).

상기 돌궐비문의 기록들은 돌궐민의 성산인 외튜켄산의 중요성을
강조하면서 외튜켄 지역을 떠났기 때문에 제1돌궐제국이 패망했음을
밝히고 있다.

바바이들이 남긴 영웅담들에도 이러한 산 숭배 모티프들이 존재하
고 있다. 먼저 메냐크브 하즈 벡타쉬 벨리((Menâkıb-ı Hacı Bektaş-ı
Velî)에 다음과 같은 모티프가 전한다. 하즈 벡타쉬가 술루자카라외육

---

10) 중국문헌에는 鬱督軍山, 烏德鞬山, 於都斤山이라고 기술되어있다.

11) … 중략 (K-S:3) qoop: itd(i)m: ol(a)mtï: (a)ñ(ï)γ yoq: türük: q(a)γ(a)n: ötük(ä)n: yïš: ol(o)ra(a)r:
iltä: buŋ yoq … 이상과 같이 (K-S:3)과 같은 표기는 비문을 약칭하는 방법으로 앞의 K는 퀼
테긴 비문을, E, W, S, N는 비문의 방위에 해당하는 면을, 끝숫자는 비문의 행을 표시한다.

12) … 중략(K-S:5) altun kümüš isgiti qutay buŋsïz anča birür. tabγač bodun sabï süčïg, aγïsï
yimšaq ärmis. … 중략(K-S:8) ol yergärü barsar, türük bodun, öltäči sän. ötük(ä)n yir olurup
arqïš tirkiš ïsar,

(Sulucakaraöyük)에 정착한 후, 근처의 산13)을 신성시했으며 산속에 위치한 동굴을 경배의 장소로 삼았다는 기록이 전한다. 빌라예트나메이 하즘 술탄(Vilâyetname-i Hacım Sultan)에도 하즘은 경배의 장소로 인근의 산들을 중시했는데 특히 크즐부룬(Kızılburun)이라는 이름의 산에 올라 몇 일간 금식 기도를 드렸다는 기록이 존재한다. 벨리 바바 메냐큽나메(Veli Baba Menâkıbname)에 따르면 성자들이 죽으면 인근의 성산에 매장되었다고 전한다. 예를 들어 벨리 바바의 인척이었던 겔린직 아나(Gelincik Ana)도 그녀가 죽자 인근 산 정상에 매장되었고 이로 인해 산의 이름을 겔린직(Gelincik)이라고 명명했다고 한다(Ocak 2005: 114-115).

(2) 암석과 나무숭배 모티프

일반적으로 암석숭배는 돌이나 바위에 신성한 힘이 있다고 생각하고 숭배하는 일종의 종교적 관습으로 이슬람 화 이전의 투르크민족의 자연 숭배 대상 중의 하나였다. 이와 관련해 위구르족이 신성시하던 쿨 다으(Kut Dağı)라고 부르던 바위와 관련된 설화는 이를 입증하는 좋은 실례이다. 설화에 따르면 위구르족은 이 바위로 인해 국가에 다가오는 수많은 재앙을 피할 수가 있었는데 이를 안 중국의 당조는 위구르족에게 재앙을 가져다 줄 목적으로 당 황제의 공주를 위구르 카간의 아들에게 혼인 시키는 조건으로 이 바위를 원하게 된다. 위구르 민중들의 반대에도 불구하고 카간은 이러한 제안을 받아들였고 당조는 이 바위를 조각 내어 중국에 가져가게 되었는데, 그 결과 위구르국에는 기근이 들게 되었고 그들은 본영을 떠나 이주를 해야만 했다(Gökalp 1941: 74-75).

바바이들의 영웅담들 중에 암석숭배와 관련된 모티프들은 유일하게

---

13) 이 산의 이름은 알려져 있지 않지만 하즈 벡타쉬 성묘에서 도보로 약 30분 거리에 위치하고 있으며 오늘날 알레비들에게 성지로 알려진 산이다. 매년 수 많은 알레비들이 순례의 지역으로 찾고 있다.

메냐크브 하즈 벡타쉬 벨리((Menâkıb-ı Hacı Bektaş-ı Velî)에 다음 세 가지가 전하고 있다. 첫 번째는 하즈 벡타쉬가 성자임을 의심한 한 사람이 성자임을 입증하기 위해 칼로 바위를 가르라고 하자 하즈 벡타쉬는 칼로 바위를 이등분 해버렸고 불신자는 바로 문하에 들어와 수제자(Mürid)가 되었다. 이후 이 바위는 하즈 벡타쉬가 머무르던 성소로 옮겨져 경배의 대상이 되었다. 두 번째는 세이드 마흐무드 하이라니(Seyyid Mahmud Hayrânî)라는 성자가 사자를 타고 하즈 벡타쉬를 방문해 오자 그는 붉은 바위를 타고 마중을 나갔다는 모티프이다. 이 바위는 하즈 벡타쉬 성묘에서 350m 떨어진 곳에 현존하고 있는데 오늘날 알레비들은 이 바위가 실제로 움직인다고 믿고 있다.

마지막 세 번째 모티프는 하즈 벡타쉬가 비둘기 형태로 아나톨리아 지역으로 날아와서 그가 정착했던 술루자카라외윅(Sulucakaraöyük) 지역의 한 바위에 내려앉아 바위에 발자국을 남겼고 어느 날 그가 진흙을 빚어 벽돌을 만들고 있는 한 남자를 만나게 되었는데 그 남자가 하즈 벡타쉬에게 진정한 성자라면 옆에 있는 바위를 진흙처럼 발로 빚어 보라고 하자 바위를 발로 진흙처럼 빚었다는 모티프이다. 이 바위는 현존하고 있는데 진흙바위(Hamurkaya)라고 불리고 있으며 하즈 벡타쉬의 발자국이 남아있다(Ocak 2005: 124-125).

주지하는 바와 같이, 고래로부터 나무는 신성한 존재로서 우리 인류의 중요 숭배대상이었다. 나무는 우주나 세계를 창조하는 근원으로 또는 서로 다른 세계의 연결 고리로, 인류를 보호하는 수호신으로, 다산이나 풍요, 영생을 기원할 수 있는 대상물로 상징화되었고 이러한 나무숭배사상은 문화가 전래된 이동 통로를 따라, 지구상의 구석구석으로 전파 되었다. 중앙아시아지역을 근거로 유목생활을 영위하던 고대 투르크민족에게도 나무숭배[14]의 흔적들이 여러 곳에서 발견되고 있

---

14) 이러한 나무숭배는 오늘날 알타이지역의 민족들에게도 계속 되고 있다. 몇몇 연구에 따르면 나무숭배의 흔적은 중앙아시아에서 알타이지역에서 주로 발견되고 북극이나 시베리아의 비알

다15). 프랑스학자 루(Roux)는 나무는 투르크민족의 가장 중요한 숭배 대상이었고 이러한 나무숭배 사상이 출현한 지역을 투르크민족의 성산이 위치한 외튜켄 지역으로 추정하고 있는데(Roux 1994: 123-124), 흉노의 경우, 매년 여름이 지나면 천신에 대한 제사를 수도 용성(龍城) 근처의 큰 소소나무 옆에서 지냈다고 전하고 있다. 위구르의 기원설화에도 이러한 나무숭배의 흔적이 엿보인다. 설화에 따르면 위구르족은 카라코룸의 툴라강과 셀렝가강이 합류하는 지역의 나무들 사이로 천상에서 내려온 빛을 받아 기원했다고 전하는데 즉 다시 말하면 천상에서 내려온 빛이 나무들을 임신시켜 위구르족의 시조가 태어났다고 밝히고 있다(Ocak 2005: 131).

나무숭배 모티프들은 바바이들이 남긴 영웅담들 중 메냐크브 하즈 벡타쉬 벨리((Menâkıb-ı Hacı Bektaş-ı Veli)와 빌랴예트나메이 술탄 슈자운딘(Vilâyetname-i Sultan Şucauddîn) 그리고 메나크브 코윤 바바((Menâkıb-ı Koyun Baba)에 존재하고 있다. 첫 번째 영웅담에 따르면 하즈 벡타쉬가 처음 슐루자카라외육에 왔을 때, 사람들은 그가 진짜 성자인지를 몰랐다. 그러나 그가 떠난 후, 진짜 성자임을 알게 된 사람들이 그를 모셔가기 위해 몰려들자 하지 벡타쉬는 이들을 피할 목적으로 근처의 흐르카 산(Hırka Dağı)에 있는 한 큰 나무로 피신하게 되었다. 그러자 그 나무의 가지와 잎들은 천막형태로 변해 그를 숨겨주었고 어느 누구도 그들 찾을 수 없었다. 이후 하지 벡타쉬는 그곳에서 40일간 기도와 금식의 시간을 가질 수 있었다고 전한다. 이 나무는 데브직 나무(Devcik Ağaç)라고 부르는데 그 신성성으로 인해 오늘날까지 많은 사람들이 찾고 있다. 두 번째 영웅담에 따르면 슈자운딘은 그는 어디를 가던 지 거대한 소나무 아래에서 기도와 명상에 잠겼다고 전하며 특히 그가 기도장소로 이용한 소나무들의 이름은 크륵라르(Kırklar)

타이계 민족들에게는 이러한 흔적이 발견되지 않고 있다.

15) 고대 투르크민족에게는 나무숭배 이외에도 산림숭배 흔적들도 많이 발견된다.

와 뵐뤽(Bölük)이었다고 전한다. 마지막 세 번째 영웅담에는 포플라나무의 신성성에 대해 언급되고 있다. 코윤 바바가 적의 공격으로 위험에 처해지자 인근의 포플라 나무가 그를 감싸 목숨을 구했다고 전하며 그는 항상 40일 간의 금식기도 장소로 포플라 나무를 선택했다고 전한다.

4) 불교 · 조로아스터교 모티프

(1) 불교 모티프

환생(還生)은 죽은 생명체가 다시 태어나는 것을 의미하는데, 생명이 있는 것, 즉 중생은 죽어도 다시 태어나 생이 반복된다고 하는 불교사상으로 불교에서 흔히 윤회(輪廻)16)라 부른다. 바로 이러한 윤회사상이 지배했던 대표적 나라는 고대 인도였는데 여기서 탄생한 불교의 근본 교리가 되었다. 주지하는 바와 같이, 중국 측 문헌에 따르면 고대 투르크민족에게도 불교가 전해져 돌궐이나 위구르도 불교를 숭상했다는 기록이 존재한다. 유태교나 기독교와 같은 유일신 종교나 정통 이슬람에서도 이러한 윤회사상이 존재하지 않는다. 그러나 비 정통 이슬람 즉 다시 말하면 여러 신비주의 성격의 이슬람 종단에서는 윤회사상이 받아들여졌고 몇몇 종단에서는 근본 교리가 되었다17). 특히 본 연구의 주 대상인 알레비종파에서도 윤회사상의 흔적이 여러 곳에서 발견되는데 바바이들이 남긴 영웅담들 속에서도 많은 윤회사상의 모티프들이 존재하고 있다. 이들 중 몇 가지 예를 들면 다음과 같다.

먼저 '메나크불 쿠드스예(Menâkıbu'l-Kudsîye)'에 따르면 물리스 파

---

16) 윤회는 산스크리트의 삼사라(sasâra)를 번역한 말로, 전생(轉生) · 재생(再生) · 유전(流轉)이라고도 한다. BC 600년경 우파니샤드(優波尼沙土)의 문헌에서 비롯되어 대중에게 전파되었다. 불교에서는 윤회하는 세계에 지옥 · 아귀(餓鬼) · 축생(畜生) · 아수라(阿修羅) · 인간 · 천상(天上)의 육도(六道: 六趣)가 있다고 한다.

17) 그 대표적 종단으로는 예지드종단(Yezidilik)과 누사이리종단(Nusayrilik)을 들 수 있다.

샤(Muhlis Paşa)는 죽은 후 10년 후에 다시 태어났고 또 10년 후에 그의 아들인 아슥 파샤(Aşık Paşa)가 태어났는데 데데 가르큰(Dede Garkın), 바바 일야스(Baba İlyas) 그리고 물리스 파샤로 이어지는 바바이 가계의 같은 영혼이 전달되어 아슥 파샤가 태어났다고 밝히고 있다. 다음으로 메냐크브 하즈 벡타쉬 벨리((Menâkıb-ı Hacı Bektaş-ı Velî)에는 하즈 벡타쉬가 정통 할리파의 마지막 인물인 알리(Ali)의 영혼이 전달되어 태어났다고 밝히고 있다. 빌랴예트나메이 오트만 바바(Vilâyetname-i Otman Baba)에도 알리의 영혼이 오트만 바바의 몸속에서 살아가고 있다고 밝히고 있다. 마지막으로 빌랴예트나메이 압달 무사(Vilâyetname-i Abdal Musa)에 따르면 압달 무사는 죽은 하즈 벡타쉬의 영혼이 전달되어 태어났다고 밝히고 있다.

불교에서 동물로의 환생도 윤회사상을 구성하는 대표적 요소이다. 투르크민족이 남긴 설화에도 이러한 동물변신 모티프(the animal metamorphosis)[18]들이 존재하고 있지만 바바이들이 남긴 영웅담들에도 이와 관련한 모티프들이 많이 존재하고 있다. 변신 모티프의 대상 동물로는 주로 사슴이나 새가 등장하고 있다. 먼저 사슴 관련 모티프들을 살펴보면 다음과 같다. 먼저 메냐크브 카이구수즈 바바((Menâkıb-ı Kaygusuz Baba)에 다음과 같은 기록이 전하는데 이 이야기는 카이구수즈 압달(Kaygusuz Abdal)이 압달 무사(Abdal Musa)의 수제자가 된 배경을 설명하는 이야기로 오늘날 터키 내 알레비들 사이에도 널리 회자되고 있는 이야기이다.

영웅담에 따르면 어느 날 아라이예 벡(Alâiye beg)의 아들 가이비 벡(Gaybî beg)은 수하들과 사냥을 하게 되는데, 사냥도중 아름다운 사슴 한 마리를 발견하고 추적하여 활을 쏘아 사슴의 앞 다리에 상처를 입힌다. 그러나 사슴은 도망쳐 압달 무사가 머무르던 테케(Tekke)[19]로

---

18) 터키학자 에르군(Ergun)은 유라시아에 넓게 분포되어 있는 25개 투르크민족의 설화들 가운데 특별히 변신 모티프에 대한 자료를 수집하여 두 권으로 출간했다.

들어 가 사라지게 된다. 말을 타고 뒤 따라온 가이비 벡은 사슴을 못 보았냐고 묻자 데르비쉬들은 못 보았다고 말하면서 그들의 셰이크인 압달 무사에게 여쭈어보라고 말한다. 압달 무사를 만난 가이비 벡이 상황을 설명하자 그는 자신이 입고 있던 가운을 위로 올리면서 앉아있던 의자에 박힌 화살을 가르킨다. 이 상황을 목격한 가이비 벡은 화살로 상처를 입힌 사슴이 압달 무사였음을 깨닫고 그에게 용서를 구하면서 그의 문하에 들어가게 된다는 이야기이다.

빌랴예트나메이 술탄 슈자운딘(Vilâyetname-i Sultan Şucauddîn)에도 사슴모티프 관련 다음의 영웅담이 존재한다. 바바 하크(Baba Hakı)라는 인물이 압달들과 더불어 술탄 슈자운딘을 방문하러 룸(Rum) 지역20)으로 길을 떠난다. 가는 도중 일행은 사막에 도달하게 되는데 사막 중간에서 큰 폭풍을 만나 길을 잃어버리게 되고 식량이 없어 아사위기에 처하게 된다. 바로 그 때 한마리의 사슴이 나타나자 그들은 사슴고기를 먹기 위해 사슴 목에 줄을 묶으려고 했다. 그러나 사슴은 도망쳤고 또 다시 사슴을 잡아 목에 줄을 묶으려고 했지만 사슴은 도망쳤고 이런 일을 반복한 끝에 일행은 시골마을에 도착하게 되어 목숨을 구하게 되었는데 사슴은 사라지고 말았다. 마침내 룸 지역에 도착한 일행은 술탄 슈자운딘을 만나게 되었는데 그는 일행에게 사슴을 잡기 위해 그들이 사용한 줄을 보여주었다. 일행은 그가 사막의 폭풍 속에 그들을 구한 구세주였음을 알고 모두 문하에 들어가 수제자가 되었다는 이야기이다.

새 관련 모티프들은 주로 메냐크브 하즈 벡타쉬 벨리((Menâkıb-ı Hacı Bektaş-ı Velî) 에 존재하는데 예를 들면 다음과 같다. 하즈 벡타쉬는 호라산(Horasan)21) 지역을 공격하여 무슬림들의 재산을 약탈하

---

19) 테케는 데르비쉬(dervish)들이 머무르는 처소를 의미한다.

20) 여기서 룸은 오늘날의 터키 공화국이 위치한 아나톨리아지역을 의미한다.

21) 이 지역은 오늘날 이란 동북부를 중심으로 아프가니스탄, 투르크메니스탄에 걸쳐 있는 지역으

면서 아메드 야세비(Ahmed-i Yasevî)의 아들인 쿤부딘 하이다르(Kutbuddîn Haydar)를 포로로 잡고 있던 이교도 베다샨(Bedahşan) 민중들과 전쟁을 수행할 때 매로 변했고 전쟁에서 승리하고 그들을 이슬람 화 시키는데 성공한 후, 그들이 보는 앞에서 비둘기로 변해 호라산 지역으로 날아갔다고 전한다. 또 다른 모티프로는 하지 벡타쉬의 계승자 중의 하나인 사르 이스마일(Sarı İsmail)이 노란색의 매가 되어 타바스(Tavas) 지역으로 전도여행을 떠났는데 그 지역의 이교도들이 그를 잡아 죽이려하자 그의 몸은 인간의 형태로 변했고 이를 목격한 이교도들은 모두 무슬림이 되었다는 모티프이다. 마지막으로 빌랴예트나메이 술탄 슈자운딘(Vilâyetname-i Sultan Şucauddîn)에도 새 관련 모티프들이 존재하고 있는데 그도 하지 벡타쉬처럼 아나톨리아 지역에 비둘기형태로 날아와 정착했다고 전하고 있다(Ocak 2005: 219-221).

(2) 조로아스터교 모티프

주지된 바와 같이, 인류 역사에서 불은 아주 중요한 의미를 지닌다. 인류는 불을 발견하면서 비로소 음식을 익혀 먹고, 어둠을 밝혀 활동할 수 있는 시간을 크게 연장시켰으며 추위를 이겨낼 수 있었다. 이로 인해 세계 각지의 신화에서 불의 발견은 인류 문화의 기원을 설명하는 중요한 요소로서 자리매김하고 있으며 신화와 더불어 불을 숭배하는 제의(祭儀)도 세계 각처에서 다양한 모습으로 전승되고 있다. 불에 대한 숭배가 존재하는 종교로는 그 대표적인 것이 일명 배화교(拜火敎)로 알려진 조로아스터교(Zoroastrianism)[22]이다. 조로아스터교는 인류

로 고래로부터 실크 로드가 관통했던 지역으로 동서 문화교류의 중심지였다.

22) 조로아스터교는 예언자 조로아스터(Zoroaster)의 가르침에 종교적·철학적 기반을 두고 있으며, 유일신 아후라 마즈다(Ahura Mazda)를 믿는 고대 페르시아 종교이다. 조로아스터교를 일컬어 배화교, 즉 불을 숭배하는 종교라고 말하기도 하는데, 이는 조로아스터교의 제례 의식에서 비롯된 것으로 보인다. 조로아스터 신자들은 불이 타오르는 작은 제단 앞에서 제례를 치르는데, 이 때 신자들은 불 자체를 숭배한 것이 아니라, 동물이나 나무 막대기 헌주 등의 봉헌물

최초의 계시 종교들 가운데 하나일 뿐 아니라 문화사에서도 중요한 의미를 가지고 있는 종교이다. 조로아스터교는 고대 인도의 베다(Veda) 종교 혹은 훨씬 이전의 인도-아리안 계 토속 신앙과도 연계되어 있다. 조로아스터교는 또한 비슷한 시기에 융성했던 불교, 유대교, 기독교, 마니교에도 중요한 영향을 미쳤으며 기원전 6세기부터 기원후 7세기까지 1,000년 이상 이란에서 가장 중요한 종교의 지위를 누려왔다. 하지만 난해한 교리와 공동체의 신분적 차별제도 등으로 인해 만인 앞에 평등하다는 이슬람에 밀려 소수종교로 전락하고 말았다(신양섭 2009: 35).

이 종교는 이슬람 화 이전 중앙아시아 지역에 산재하던 투르크 민족들에게도 전파된 대표 종교로 투르크 민족들 사이에서도 일시적으로 신봉되었던 종교이기도 하다(신양섭 2009: 54-57). 따라서 전문 학자들의 연구에 따르면 조로아스터교도 알레비 종파 형성에 중요한 역할을 수행 하였다. 바바이들이 남긴 영웅담들에 나타난 주요 불 숭배 모티프들을 살펴보면 다음과 같다. 메냐크브 하즈 벡타쉬 벨리(Menakıb-ı Hacı Bektaş-ı Veli)에 하즈 벡타쉬가 정착했던 술루자카라 외육에서 일어났던 이야기를 전하고 있다. 어느 날 하즈 벡타쉬는 자신의 수제자들과 흐르카 다으(Hırkadağı)라는 언덕에 오른다. 제자들은 그의 지시대로 인근에 있는 나뭇가지들을 모아 불을 지핀다. 하지 벡타쉬는 일어나서 세마(semâ) 춤을 추기시작하고 이어 그의 수제자들도 그를 따른다. 신에 대한 찬송과 더불어 정확히 40회의 세마 춤을 불 주위에서 추고 나서 그는 자신의 등의 흐르카(Hırka)[23]를 불에 던진다. 불에 탄 흐르카의 재는 하늘로 오르고 땅에 떨어진 재에서는 샘물이 솟구친다. 이로 인해 이 언덕을 흐르카 다으라고 부르게 되었다는 모티프이다.

한편 빌랴예트나메이 오트만 바바(Vilâyetname-i Otman Baba)에는

에 불꽃과 냄새를 피워 경배를 표현했던 것이다.
23) 흐르카는 데르비쉬들이 세마 춤을 출 때 입는 망토를 의미한다.

다음과 같은 모티프가 전하고 있다. 오트만 바바는 자신의 수제자들과 함께 어디로 가던 그곳에서 마른 나무들을 모아 신과의 진정한 합일을 위해 불을 지폈으며 항상 그 주위를 돌며 세마 춤을 추었다고 전한다. 한 번은 그의 제자 중의 하나인 화티(Fatih)가 병이 나자 그는 커다란 네그루의 노송나무를 태워 불을 지폈고 불 주위에서 행한 기도 결과, 화티의 병이 나았다는 모티프이다.

5) 기독교 모티프

이슬람 화 이전시기 투르크민족의 기독교와의 접촉 혹은 그들로의 전파에 관하여서는 동, 서양 사료의 제한으로 거의 알려진 것이 없다. 그러나 이슬람 화 이전 중앙아시아지역에 산재해 있던 투르크계 민족들로의 기독교 전파의 개연성을 비정할 수 있는데 이는 바로 네스토리우스파 기독교 즉 경교의 동방전파에서 찾아볼 수 있다(김호동 2002). 이 종교는 콘스탄티노플의 총대주교 네스토리우스가 주창했던 기독교의 일파로 그는 기독교의 신성과 인성의 일치를 부정하고 마리아는 예수의 어머니이며 신의 어머니는 아니라 주장했기 때문에 기원 후 431년 에베소에서 개최된 제3차 공의회에서 이단으로 몰려 파문을 당하고 말았다. 이후 추종자들은 동방전파에 나서게 되었는데 특히 당시 사산조 페르시아 지배하던 오늘날의 이란지역을 중심으로 선교와 전도활동에 종사하였다. 이 종교는 박트리아, 소그디아나를 거쳐 천산산맥의 북록 및 타림분지로 확산되었고 7세기 중국으로도 전해졌다[24]. 여기서 중요한 사실은 위구르의 서천[25] 후 위구르 민족에게 경교가

---

24) 중국전래 후 이 종교는 경교라 불리어졌고, 그 사원은 대진사라 칭하여졌다.

25) 840년 크르그즈의 침공으로 오르콘 위구르제국은 멸망하였고 이후 위구르민족은 서천하여 9세기 중엽 오늘날의 타림분지 지역을 중심으로 몇몇 위구르계 왕국들을 건설하였고 이들은 스텝의 변이라 할 수 있는 정착 위구르문명을 창조해 나갔고 동서교역의 중계자로서 결정적 역할을 수행했다.

전해졌음을 입증하는 자료로 비록 소수지만 경교관련 종교문헌이 발굴되었다는 데에 있다(Kwanten 1979: 57). 특히 고창에서는 시리아어, 소그드어, 위구르어 등으로 된 복음서, 교회당지 그리고 기독교 관계 벽화들이 발견되었다. 이와 같은 제반 상황을 고려해 볼 때, 투르크민족이 소아시아 이동과정에서 경교와 접촉을 했거나 경교를 신봉하는 투르크계 부족들이 유입되어 알레비종파 형성에 영향을 미쳤을 가능성을 상정해 볼 수 있다. 바바이들이 남긴 영웅담들에 나타난 주요 기독교 관련 모티프들을 살펴보면 다음과 같다.

(1) 승천 모티프

기독교에서 예수의 승천 갖는 중요성은 두 번 강조해도 지나치지 않다. 예수의 승천은 예수가 십자가에 못 박혀 죽은 후 부활한 뒤 열한 제자가 있던 가운데에서 천국으로 올라간 뒤 하늘나라에서 아버지의 오른편에 앉은 것을 가리키는 것으로 이는 기독교의 근본 교리이다. 바바이들이 남긴 영웅담들에도 이러한 승천 모티프들이 존재하고 있다. 먼저 '메나크불 쿠드스예(Menâkıbu'l-Kudsîye)'에 다음과 같은 바바 일야스의 승천 모티프가 존재한다. 바바 일야스가 그야숟딘 케이후스레브 2세(Gıyâsuddîn Keyhusrev II)에 의해 아마스야 성에 투옥되었다. 감옥에는 한명의 승려가 있었는데 바바 일야스는 그를 무슬림으로 만들었고 그를 따르는 열렬한 추종자가 되게 하였다. 얼마 후 바바 일야스는 그를 떠난다고 말하고 자신의 얼굴과 몸을 승려에게 맡긴다. 그러자 승려는 바바 일야스의 모습으로 변하였고 바로 그때, 보즈(Boz)라는 이름의 바바 일야스의 말이 감옥 벽을 타고 안으로 들어오자 그는 말을 타고 하늘로 사라져 버린다. 이어 병사들이 들어와 승려를 데려가 처형을 한다는 모티프이다.

빌랴예트나메이 오트만 바바(Vilâyetname-i Otman Baba)에는 다음과 같은 승천 모티프가 전한다. 오트만 바바는 죽기 전에 추종자들을 모아놓고 자신의 죽음을 알리면서 말을 타고 하늘로 승천할 것을 예견했는데 그의 추종자들은 꿈속에서 하늘에서 내려온 사자들이 초록색 날개를 가진 회색 말을 가져와 오트만 바바를 태우는 것을 목격했다고 전한다(Ocak 2005: 254-255).

(2) 오병이어(五餠二魚) 모티프

성경에서 오병이어 모티프는 예수가 일으킨 기적 중의 하나로 마태복음 14장은 다음과 같이 전하고 있다.

> … 제자들이 가로되 여기 우리에게 있는 것은 떡 다섯 개와 물고기 두 마리뿐이니이다. 가라사대 그것을 내게 가져오라하시고 무리를 명하여 잔디 위에 앉히시고 떡 다섯 개와 물고기 두 마리를 가지사 하늘을 우러러 축사하시고 떡을 떼어 제자들에게 주시매 제자들이 무리에게 주니 다 배불리 먹고 남은 조각을 열두 바구니에 차게 거두었으며 먹은 사람은 여자와 아이 외에 오천 명이나 되었더라(마태복음 14장: 17-21)

바바이들이 남긴 영웅담들에도 이와 유사한 모티프들이 존재하고 있다. 먼저 빌라예트나메이 하즘 술탄(Vilâyetname-i Hacım Sultan)에 전하는 모티프를 살펴보면 다음과 같다. 하즘 술탄이 호라산에서 아나톨리아로 올 때 아메드 야세비로부터 받은 음식이 있었다. 그는 이 음식을 나무 위에 올려놓고 지나가는 사람들이 먹도록 했다. 아무리 많은 사람들이 먹어도 음식은 그대로 남아있었고 40년 동안 행인들의 배를 불렸다고 한다. 한편 빌라예트나메이 압달 무사(Vilâyetname-i Abdal Musa)에도 다음과 같은 모티프가 전한다. 어느 날 압달 무사는 수제자들에게 배를 타고 수많은 병사들이 테케를 방문한다는 소식을 전하면서 이들을 위해 음식을 준비하라고 명한다. 한 시간 후 병사들이 해안가에 도착하고 수제자들은 그들을 테케로 데려온다. 테케에 도착한 병사들은 난로 위에 작은 솥 하나를 보고 음식을 배불리 먹지 못할 것을 우려하며 큰 실망을 한다. 압달 무사는 병사들에게 음식을 나누어 주라고 명한다. 4만 명의 병사들이 음식을 나누어 먹었음에도 불구하고 솥 속에는 음식이 처음처럼 그대로 남아있었다는 모티프이다.

(3) 개안(開眼) 모티프

신약성경에 소경의 개안 모티프도 예수가 행한 중요 기적 중의 하나이다. 마태복음 9장은 다음과 같이 전하고 있다.

> … 예수께서 거기서 떠나실 때 새 두 소경이 따라오며 소리질러 가로되 다윗의 자손이여 우리를 불쌍히 여기소서 하더니 예수께서 집에 들어가시매 소경들이 나아오거늘 예수께서 이르시되 내가 능히 이 일 할 줄을 믿느냐 대답하되 주여 그러하오이다 하니 이에 예수께서 저희 눈을 만지시며 가라사대 너희믿음대로 되라 하신대 그 눈들이 밝아진지라 예수께서 엄히 경계하시되 삼가 아무에게도 알게 하지 말라하셨다. … (마태복음 9장: 27-30).

소경의 개안모티프는 유일하게 메냐크브 카이구수즈 바바(Menâı-ı Kaygusuz Baba)에 전하는데 주요내용을 살펴보면 다음과 같다. 카이구수즈 바바는 수제자들과 함께 이집트를 방문한다 그 곳을 다스리던 술탄은 한쪽 눈을 볼 수 없었는데 그는 카이구스 바바가 진정한 성자인지를 시험하게 된다 마침내 기도 끝에 술탄은 볼 수 없었던 눈을 뜨게 되었고 카이구수즈 압달을 진정한 성자로 받아들이게 되었다는 모티프이다(Ocak 2005: 265).

참고문헌

정해조.(2003). "유럽 시민권 형성에 있어서 민족성과 이질화의 문제-독일계 터어키계 무슬림들을 중심으로"『국제지역연구』제7권 제1호.

박은경(1987). "종족성 이론의 분석".『한국문화인류학』제19호. 59-92.

서재만(2000). "터키의 종교정책".『중동연구』. 제19권 1호. 247-294.

우덕찬(2004). "오스만제국 말기 청년지식층과 여성".『지중해지역연구』제6권 2호. 107-130.

_____(2006). "터키 알레비종파 형성의 역사적 배경".『한국이슬람학회논총』. 제 16-2집. 17-35.

_____(2009). "터키 알레비종파 에 나타난 샤머니즘 모티프".『중동문제연구』. 제8권 1호. 55-79.

이희철(1995). "터키의 EU관세동맹협정 체결과정".『중동연구』. 제14호. 25-45.

Akgül, Suat(1992). *Yakın tarihimizde Dersim isyanlarıve gerçekler*, İstanbul, Boğaziçi Yayınları.

Akın, Rıdvan(2001). *TBMM Devleti(1920-1923). Birinci Meclis Döneminde Devlet Erkleri ve İdare*, İstanbul, İletişim.

Bal, Hüsseyin(1997). *Alevi-Bektaş köylerinde toplumsal kurumlar*, İstanbul, ANT yayın

Bayzan, Ali R(2008), *Misyoner Örgütlerin Kürt ve Alevi Operasyonu*, İstanbul, IQ Kültür Sanat Yayın.

Beşikçi, İsmail(1992). *Tunceli kanunu(1935) ve Dersim Jenosidi*, Ankara, Yurt.

Black, Cyril Edwin(1967). *The Dynamics of modernization: a study in comparative history*, New York, Harper & Row.

Çamuroğlu, R(1998). "Alevi Revivalism in Turkey", *Alevi Identity: Cultural, Religious and Social Perspective*, T. Olsson, E. Özdalga and C. Raudvere(Eds.), İstanbul, Swedish Reserach Institute, 79-84.

Dersimi, Mehmed Nuri(1952), *Kürdistan Tarihinde Dersim*, Aleppo.

Flemming, Barbara(1987), "Sahib-kuran und Mahdî: Türkische Endzeiterwartungen im Ersten Jahrzehnt der Regierung Süleymans", *Between the Danube and the Caucasus*, 43-62.

Kehl-Bodorgi, Krisztina(1988). *Die Kizilbash/Aleviten*, Berlin: Klaus Schwarz Verlag.

Laçiner, Ömer(1989). "Der Konflikt zwischen Sunniten und Aleviten *in der Türkei"*, *Islam und Politik in der Türkei*, Blasschke, Jochen & Bruinessen, Martin van(Eds.), Berlin, Edition Parabolis, 223-254

Mélikoff, Iréne.(1998). *Hadji Bektash.* Leiden, E.J. Brill.

Ocak, Ahmet Yaşar.(2000). *Babaîler İsyanı.* İstanbul, Dergâh Yayınları

_____(2004). *Türk Sufiliğine Bakışlar.* İstanbul: İletişim Yayınları.

_____(2005). *Alevî ve Bektaşî İnançlarının İslam Öncesi Temelleri*, İstanbul, İletişim Yayınları.

Öz, Baki.(1992). *Osmanlı'da Alevi Ayaklanmaları.* İstanbul.

Riggs, Henry H(1997). *Days of Tragedy in Armenia. Personal Experiences in Harpoot, 1915-1917*, Michigan: Gomidas Institute.

Shankland, D(2003). *The Alevis in Turkey: The Emergence of Secular Islamic Tradition*, London, Routledge Curzon.

Üzüm, İlyas(2000). *Günümüz Aleviliği,* Istanbul, İSAM.

Vorhoff, Karin(1995). *Zwischen Glaube, Nation und neuer Gemeinschaft: Aleviitische Identität in der Türkei der Gegenwart,* Berlin, Klaus Schwarz Verlag.

Zeidan, David.(1999). "The Alevi of Anatolia," *MERIA,* Vol. 3, No. 3, September, 74-89.

Zürcher, Erik Jan(2000). "Young Turks, Ottoman Muslims and Turkish Nationalists: Identity Politics 1908-1938"', *Ottoman Past and Today's Turkey,* K. Karpat(Ed.), Leiden, E.J. Brill.

Cem Töreni Nedir ? http://www.karacaahmet.com/Content.ASPX/17/32295/ soru-64--bir-alevi-cem-t%C3%B6reninik%C4%B1saca-anlat%C4%B1 r-m%C4%B1s%C4%B1n%C4%B1z--(Search:2009. 9.8)

World Muslim Population http://www.islamicpopulation.com/asia/asia_general. html(Search:2009.10.15)

5. From Scattered Outposts into a Global Imperial Network: A Case Study of how Mediterranean Zones Integrated into the Global Economic System during the Nineteenth Century_John Chircop

■ Introduction

This essay presents the argument that the Mediterranean was incorporated, in a fragmented manner, into the world economic system ushered in by western colonial expansion. This entailed an intricate process of integration that was facilitated by modern technology, particularly the steamship, the railway and the cable telegraph. Such technological innovations, as D.A. Headrick has argued, were 'tools of empire' (Headrick 1981; 1988; Das Gupta 2007) used by industrial countries to link scattered ports and territories under their rule into regional networks and colonial systems, which in turn facilitated their integration into an emergent global capitalist economy. Critically engaging with a growing corpus of historical literature this essay explores the building of modern Western European empires as essentially the creation of webs of linkages and colonial networks through which capital, commodities, labour, troops and migrants were channelled from one part to another (Bayly 2004; Magee and Thompson 2011; Potter 2007, 621-27). Set against this backdrop, this research work focuses on the construction of the British colonial network in the Mediterranean which, although it developed from a regional chain of colonial ports into the so-called *Lifeline of the British Empire* by the end of the 19th century, remains relatively under-researched.

To be able to understand the transformation of, and the impact left by, this British imperial network, one needs to include the geopolitical shifts occurring in the regional spheres in the analysis. These played a crucial part in shaping the Empire's development from a loose set of islands and coastal zones into such an *Imperial Lifeline*. While concentrating on the interconnectivity of these albeit separate and remote islands and ports into one identifiable imperial network, as well as its integration into the world economy, it must at least be acknowledged that this same process had a tremendous effect on indigenous traditional production/ manufacture and customary economic practices in various areas of the region – wreaking havoc in ancient maritime-based economies. As has been indicated in other research papers (Chircop 2002, 43-61; 2016, 51-66), the incorporation of islands, archipelagos and coastal ports – such as those discussed in this study, in imperial global networks led to their severance from their ancient geo-historical ties. In other words, it is safe to conclude that integration into supra-regional imperial systems was founded on the devastation of indigenous regional economies and the fragmentation of customary flows of exchange. (Chircop 2016, 51-55).

With the end of the Anglo-French Wars and following the Congress of Vienna in 1815, Britain further extended its control of archipelagos, islands, ports and main coastal territories in various seas of the globe. Trinidad, Tobago and Santa Lucia had just been acquired in addition to Bermuda, Jamaica and the Leeward Islands, thus consolidating the British West Indies imperial system. In 1819 Singapore was also occupied, and this allowed Britain to command the commercially strategic channels to the East Indies and the China Seas. The same industrial power also maintained the island of Saint Helena in the Atlantic, and enhanced its command over West Africa with Sierra Leone and the Gold Coast (Kennedy 1991; Porter 1984; Hunter 2008). With the Cape of Good Hope, these West African territories made up Britain's 'round the Cape' principal line of shipping and communication. Simultaneously, Britain acquired a set of scattered territories in the Mediterranean, gaining control of Malta and establishing a protectorate over the Ionian Islands, its century-old hold on Gibraltar still secure. It was with the consolidation of this set of strategic outposts that the Mediterranean grew in its importance in British imperial strategy.

Consequently, in the first sixty years or so of the 19th century, Britain – in rivalry with France – intensified its informal colonial control over extensive areas of the Middle Sea, consolidating its hold over the principal trade routes and strengthening its political influence on the Sublime Porte and its Ottoman territories. This was executed from its chain of colonial outposts Gibraltar-Malta-Corfu/Ionian islands, through which it controlled regional trade and shipping. It also sought to penetrate the Maghreb, the Levant and wider still, in order to construct a secure strategic line of communication which linked Britain with the Orient/India (Chircop 2015, 29-57).

During the first decade or so of British rule on the Ionian Islands and Malta, imperial discourse revolved around the need to intensify control over these scattered islands and maritime zones through a policy of centralised command and the strengthening of port-to-port linkages. With this, the Colonial Office sought to create an identifiable British imperial network that linked the metropolis to the most strategic ports in the Eastern Mediterranean and to the overland route to India, passing through the Turkish domains. This all-regional network was to be based on the construction of a system through which commodities, labour, troops and intelligence flowed securely between each colonial port. It is only at this time – but not after the 1830s – that Jan Morris's assertion that the Empire was' all bits and pieces. There was no system [⋯] nothing was the same from colony to colony' (Morris 1975, 211-12) made sense.

One other issue dealt with in this essay relates to the changes in British colonial rule over their Mediterranean network of possessions throughout the 19th century. During the first seventy years, London's imperial strategy was directed towards the region, and this set of islands and archipelagos operated to expand British informal colonial control and economic penetration in this corner of the world in rivalry with other powers. The increasing number of British consular agents in the main ports of the Maghreb and Levant demonstrates how important the Mediterranean was becoming for the British. Throughout this period, Britain was primarily concerned with maintaining the balance of power in Europe. The weakness and gradual decline of the

Sublime Port as the centre of a huge empire created anxieties over Russia's repeated attempts to gain a hold over Ottoman territory (Napier 1821, 32-37) and thus be able to penetrate the Mediterranean through the Black Sea and the Dardanelles. Besides, the British became ever more concerned over French intrigues and rising influence in Egypt and the main ports of North Africa, particularly after 1830 with the French occupation of Algiers. In 1865, the British perceived the French, in Viscount Palmerston's own words as attempting 'to make the Mediterranean a French Lake.' (quoted in Richmond 1946, 269). These geostrategic interests and apprehensions came to forge Britain's involvement in the region, especially with regard to its attempts to protect its sea-overland route to India (Chamberlain 1995, 106). It was actually with the opening of the Suez Canal in 1869 that the all-maritime imperial route to India definitely emerged as being of paramount importance to the formulation of British foreign policy and imperial designs in the Mediterranean and beyond.

1) Consolidating the British Colonial Network in the Region

The first stage in British endeavours at an imperial aggregation of its new possessions in the Mediterranean started in 1815 and went on until around 1830, with the centralisation of colonial power in the hands of a single imperial representative on the spot. Holding the dual position of first High Commissioner of the Ionian Protectorate and first Governor of Malta, Lord Thomas Maitland saw himself as the person whose main purpose was to forge a unified imperial network out of these scattered maritime bits and pieces (Maitland/ Bathurst

1815 CO.158/26). Lord Maitland started by excluding from British imperial responsibility – and from the British Empire – the ex-Venetian port town of Parga, which came under British control in 1815 together with the Ionian Islands (De Beauchamp 1830, 265-268). This area on the Albanian coast was, at that juncture in time, considered to be of little value to British strategic requirements in the region, particularly as it was positioned too near Corfu. Moreover, wanting to secure a continued supply of timber that was so essential for the British naval arsenals (Goulborn/Maitland 1818, FO.42/17), Maitland negotiated the cession of Parga to Ali Pasha of Ionnina in 1821, thus guaranteeing such provisions (De Bosset 1822, 3-20).

Further to his plan to connect as much as possible all strategic possessions, Maitland exhibited all the features of a classic type of Proconsular overlord, found in other areas of the British Empire (Benyon 1991, 193). He acted as colonial agent/intermediator between the remote imperial metropolis and the territories situated in the various seas of the Mediterranean. On a political level, he was also given the general direction of all British consuls in North Africa excluding Morocco (MGG. 18 Oct.1815). In this way, all diplomatic affairs and correspondence between the general consuls on the spot in the main regional ports and the metropolis were filtered and interpreted from Maitland's office in Corfu or Valletta before reaching the colonial authorities in London (Maitland/Bathurst 1817, NAR.M.). This became routine practice which regulated and systematised communication between London, its set of colonial domains, and the intelligence network of consuls in the main ports of North Africa and the Levant.

Early attempts to merge the various outposts into one network were given a further push and actually gained a sense of urgency in the 1830s, with the occupation of Algiers by the French and the geopolitical changes which it brought about in the region. The advent of the steamship and the telegraph as from the 1840s provided a new spur to linking these colonial ports. As this rapid technology took over, reducing time and distances between London and all corners of the Mediterranean and beyond, the Colonial Office could consolidate itself as the central source of decision-making in the Empire (Christopher 1988, 64), while further strengthening connections with and between its colonies:

'While the mother country continues to exercise control over the proceedings of the colonies [⋯] speedy communication is of highest consequence in the preservation of satisfactory relations between them.' (PP. 1853, 141).

Further advances in technology during the 1850s, which intensified speed in travel and communication, meant that decisions taken in London could be rapidly communicated to the various imperial administrators, and subsequently acted upon, in each of the British colonies and dependencies (Garrat 1940, 8). This itself encouraged further integration of distant imperial outposts into a more compact and identifiable imperial system, facilitating the flow of communication.

More specifically, the port-to-port intra-imperial link (Bartlett 1851, 6) between Gibraltar, Malta and Corfu depended on – and indeed led to – the modernisation of their harbour infrastructures (both commercial and naval) as well as the setting up of dockyard facilities. The frequent movement of troops and fleet manoeuvres secured direct and open communications between these colonial ports (Report 1834, 32-33). Troops were usually stationed, trained and moved from one station to another in the Mediterranean quite frequently, and this was carried out according to imperial requirements.[1] Such naval-military activities reached their maximum efficiency during periods of regional disturbances, as happened during the Crimean War (1853-56) (G.Ch 1855-56; MT 1855-56). For one, Gibraltar itself had been operating as a key military centre for the Mediterranean (MacMillan 1915, 460-61) and more specifically as a 'seasoning ground' or climatisation station for the British regiments en route to the West Indies as from the mid- 1700s (Duffy 1987, 44-45, 127). This fortified colony operated as a pivot for British sea power projections and empire building, owing to its location at the entrance to the Mediterranean and its open access to the Atlantic. On the other hand, the imperial military-naval strategic function of the Maltese and Ionian Islands (mainly Corfu) axis was aimed principally towards North Africa and the Levant (MacMillan 1915, 287-91; Report 1834, 30-40).

The security and stability brought about by the military and naval presence in these outposts attracted British merchants and other business protégés from all over the region. These in turn brought with them direct financial relations with major firms in Manchester, London and Liverpool (Anon. 1856, 13). So, from the very early days of British rule or 'protection', British shipping and insurance companies[2] – such as the jointly-shared British *Ionian and Maltese Mediterranean Gas*

---

1) For instance, Fort Ricasoli in Malta was used as a sub-station for British troops bound to the Ionian Islands (Wheeler 1851, 205, 207). For the movement of British troops from one station to another in the Mediterranean (see Report 1834, 35-45).

2) *Holden's Triennal Directory for 1809, 1810, 1811*, for insurance companies and a list of their representatives in these British-controlled ports early in the British period. See MGG. 14 May and 20 May 1812 for information on the establishment of British insurance companies in Malta. For the Corfu representative of the 'London Steamship Company Limited' see the Ionian Islands government gazette, officially titled *Gazzetta degli Stati Uniti delle Isole Jonie* [hereafter IIGG], 15 Feb. 1862.

Company[3] – were set up in Malta and Corfu along the same lines as in Gibraltar. Meanwhile, a network of British (or mainly British) financial companies and banks established themselves in Gibraltar, Malta and the Ionian Islands (Consiglio 1983, 5-10). As early as 1839, an Anglo-Ionian bank was founded in Corfu, (Sweet-Scott 1954, 155) with branches operating in the other Ionian islands of Zante and Cephalonia (Kirkwall 1863, 73). These banks catered primarily for British imperial requirements – particularly for the military chest, but would also facilitate the colony's local- and regional-oriented business. In the long term, they assisted British colonial expansion and hegemony but – perhaps more importantly for our line of reasoning – also solidified, to a great extent, the economic-financial links between London and each of these Mediterranean possessions.

Following the setting up of these banks, the colonial authorities started to officially consolidate the circulation of British coinage in Malta and the Ionian Islands, seeking to create as much as possible a standard system of currency exchange. During the 1820s, the administration introduced the pound sterling currency in Malta, although Italian and Spanish coins remained in use until 1855 – when the former was declared the main legal tender in this Crown colony (Sammut 1992, 134-35). In Gibraltar, Spanish coins were also kept in use alongside the pound sterling, creating what came to be known as 'Anglicized Spanish moneys' (Ford 1845 [1966], 507-09). Similarly, in the Ionian Protectorate, British currency was launched into circulation in June

---

3) See 'Call for Shares' in the 'Mediterranean Gas Company Limited' in Corfu in various issues of IIGG., 28 July 1862. Also *Relazioni dei Direttori della Compania "The Mediterranean Gas Comp. Relativamente alla Provvista de Gas in Malta* (Malta, n.d.)

1825, even though Spanish dollars and Italian coins remained in use (Montgomery-Martin 1843, 375). Before the opening of the Suez Canal, such 'mixed currencies' served that portion of British imperial trade conducted from these ports with neighbouring markets. At the same time, the pound sterling linked these outposts with the rest of the British Empire, and created an early sense of imperial identity – at least in the urban port epicentres – within each of these domains. Nonetheless, it was in the post-1869 period that the pound sterling became the only official currency in circulation in Malta and Gibraltar (Sammut 1992, 134; Cavilla 1994, 103) – as by that time the Ionian Islands had been ceded to Greece, reflecting a greater degree of integration of these two possessions of the British Empire.

To measure the level of incorporation of these Mediterranean possessions within the British imperial system, one needs to consider the volume and nature of the trade and shipping passing through these British-controlled ports. When it comes to the origins of the products exchanged, statistics show that notwithstanding the efforts of the colonial administrations, commerce of indigenous products between these British controlled ports remained low in comparison to the high volume of trade in goods (especially manufactures) deriving from Britain and its colonies outside the region. But the dominance of British and colonial products flowing in the Gibraltar-Malta-Ionian Islands network is also reflected in the number of British ships and volume of tonnage which entered and cleared at each of these ports. This of course makes evident the changing functions of this chain of colonial port of call as distribution centres and entrepôts for British goods. Besides, each port also serviced each other's garrison and naval requirements, with necessary products and materials purchased or extracted from neighbouring markets. This colonial trade strengthened the links between these ports, establishing a visibly identifiable imperial network cutting across the Mediterranean.

Malta imported cereals and timber – which were required for its garrison and the royal arsenals – from the Adriatic and the Levant through the agency of Corfu (Dedomenico 1857, 54). Conversely, Corfu itself and the other Ionian Islands were supplied with British and a range of other non-regional colonial products such as rum, spirits and sugar from British ports by way of Malta (Adam/Hay 1830, CO.136/56). While this British imperial trade intensified, the exchange of native goods between the Ionian Islands, Malta and Gibraltar constituted a low proportion of the total volume of commodities passing through their port-to-port network.[4] Overall, this reflected the intermediary commercial role which these ports played in connection to one other within the region. In any case, by the 1850s most of the Ionian and Maltese wooden vessels, which traditionally carried local and regional commodities, were outdone by the new British and European-owned steamships which came to dominate these waters. The average annual Ionian tonnage entering Malta's harbour during the period 1855-1863 was 9,000 tons, and mostly by sail ships. This figure is calculated as an average of some eight to nine per cent of the total annual tonnage entering this very busy harbour during the established period. The bulk of the tonnage was by this time being increasingly carried by British and

---

4) One problem with published statistics is that when it comes to shipping the real ownership (and/or 'nationality') of vessels traversing the waters from one British-held port to another, is rarely indicated. Hence, frequently, Maltese and Gibraltarian-owned merchant vessels were listed as 'British' in the Ionian Protectorate's statistics (Dedomenico 1857, 54; IIBB. 1830-1835).

European steamships, which were making local sail ships uncompetitive.

2) First Attempts of Integration in the Global British Empire

Direct trade between this colonial network of ports in the Mediterranean and other far-flung British colonies in other parts of the world was however obstructed by the Navigation Acts, which reserved the carrying of colonial products to British ships. By these same regulatory acts, all colonial products had to be shipped to – and unloaded in – a port in Britain before being re-exported to any other destination. This system remained in existence until 1849 (Kennedy 1991, 193). As early as 1812 John Galt, representing the interests of many British merchants located in the Mediterranean, openly criticised these regulations by which colonial products from the Americas, mainly sugar and coffee, were conveyed to Britain before being shipped to Malta. It was calculated that the expenses incurred by this mercantilist system translated into a twenty per cent price rise (Galt 1812, 131-32). Two years later, attempting to intensify their hold over colonial trade in the regional markets, merchants in Malta suggested the opening up of direct trade with the West Indies (Maitland/Bathurst 1814, CO.158/25). In March 1815, in response to these demands, a King's Order in Council gave some concessions for direct trade between the West Indies, the American plantation colonies and Malta. The same Act also permitted the loading and transhipment of regional products from Valletta Harbour directly to the West Indies (Capitolo XXIX 1815). As a result of subsequent protests from the Gibraltar merchants, these concessions were extended to include Gibraltar (An Act 1817). These

Orders in Council were nonetheless opposed by British businesses, wanting to hold on to their monopoly in imperial commerce and shipping (Williams 1972, 87-88). Political leverage employed by this commercial lobby blocked any prospect of long-distance direct trade between the British Mediterranean ports and the West Indies as well as other zones for the time being. The Gibraltar-Malta-Corfu chain of ports continued to operate as trade go-betweens and also enabled the transhipment of British/colonial products in the region, especially to North Africa and the Levant, but with little direct trade taking place with other parts of the Empire.

One other serious attempt to connect these possessions with the wider global imperial system, especially with the West Indies, was made with schemes to supply Maltese labour to plantations in the latter. The imperial authorities saw that the ever-increasing problem of overpopulation in the Maltese Islands (Price 1954, 220) could be remedied by the export of local indentured labourers to the West Indies, at a time when slave labour in the plantations had been abolished. This led to an early experiment in the exportation of indentured labour to Jamaica with Maltese workers in 1825, which however was not successful. Another bid for the organised supply of labourers came after the Colonial Secretary of State issued an Order in Council authorising the movement of indentured workers within the Empire. Immediately upon reception of this news, agents in Malta signed on groups of labourers who were shipped to the Gladstone Sugar Estates in Veendenhoop and Veedenstein (Burns 1854, 589-93, 626-29). Two years later, a shipload of Maltese indentured labourers – bound by a five-year contract – were transported to work on the estates of Grenada (Checkland 1971,

32-23). In the same year, other contracted workers were sent to plantations in British Guiana (Bouverie/ Russell 1839, NAR.M). Contrary to Colonial Office expectations, these workers did not adapt to the new environment. Immediately feeling homesick, many of them also fell ill while most resisted the work discipline imposed upon them on the plantations. Failing to garner any substantial support from local authorities for further schemes, and with very few labourers ready to list, export of Maltese or any Mediterranean indentured labour to remote areas of the empire stopped. Later in the 19th and early 20th centuries, advances in transport and development in global intra- imperial communication made migration of labour to other parts of the Empire much easier.

At the same time, the colonial authorities of the other outposts in the region reported that they lacked readily available cheap labour. This problem was resolved by the importation of transported convicts – especially in Gibraltar – as was occurring elsewhere in distant strategic bases such as Bermuda (Stranack, 1990, 103-06). However, as convict labour became rather expensive in relation to alternative hired labour (Howes 1991, 120-29), the imperial authorities turned to the employment of low-cost and readily available Maltese workers. As argued in relation to the efforts at shipping indentured labour to the West Indies, export of labour also aimed to resolve Malta's overpopulation problems, while at the same time meeting the demands made by the lack of skilled workers in other colonial territories. In 1826 James C. Napier, the governing resident of Cephalonia – the largest island of the Ionian Protectorate, attempted to resolve the lack of skilled agricultural labourers there by implanting a colonial agricultural settlement with Maltese labourers (Napier 1883, 530). The latter were known for their agricultural skills in terracing fields and developing dry land, the sort of which was abundant in Cephalonia (Chircop 2001, 48-65). They were therefore – in the words of the Ionian authorities – to be employed, if anything, to'set an example to the Cephalonians' on how to work such land (Ross 1969, 106). The first three hundred Maltese under contract for five years (Adam/Napier 1826, CO.136/110) embarked for Pronos, where land was appropriated for this agricultural colony. However, after a couple of months, this establishment was bogged down by insanitation, disease and indiscipline. The Ionian authorities immediately put the blame on the British administration in Valletta for the failure of this experiment, arguing that most of these labourers had been 'collected from the streets and hospitals of Malta' (Napier/Adam 1826, CO.136/1309), explicitly arguing that the authorities in Malta had taken the opportunity to get rid of the most burdensome elements form the population (Napier 1883, 277). As a result, the Cephalonian government stopped the distribution of rations which formed part of the Ionian government's contractual obligations (Adam/Napier 1826, CO.136/110); this in turn led to the dispersal of the colony (Napier 1883, 255).

Besides this experiment, Maltese labourers moved to Gibraltar to work with the services and meet the demands of the naval dockyard (Dennis n.d., 333). By 1870, these came to form a community, living with the Spanish and the English in that strategic fortress enclave (Dennis 1990, 78-79). The circulation of native colonial labour across the British domains would take time to gather momentum. In addition, it was only from the last quarter of the nineteenth century – consequential to the integration of Gibraltar, Malta and later Cyprus in the British imperial division of labour – that a massive number of Maltese,

Cypriots and other British protégés started emigrating to Australia and other far-flung parts of the Empire (MGG. 1820; Eggleston 1993).

Maturing links and flows between the British Mediterranean ports and the metropolis were also shaped by advances in technology, especially the steamship and the cable telegraph. From 1815 to 1830, sailing ships linked Britain with Gibraltar, Malta and the Ionian Islands . As already described above, these vessels carried commodities, travellers, labourers and troops as well as surface mail ('Arrivals', G.Ch. 1815-1830; Wardle 1948, 278-298). Coming to be considered as pivotal for intra-imperial communications, the development of the postal service was given priority by the Colonial authorities (Christopher 1988, 61-62).[5] It was further given impetus by the advent of the steamship which made the dispatching of mail faster, more reliable and regular. In 1830, the first packet steamer began operating in the British-Mediterranean, carrying mail from Falmouth – with a one-day stopover in Gibraltar – to Malta in thirteen to fourteen days (Howes 1991, 89). By 1843 – as recorded in the series of schedules published in the official Ionian and Gibraltarian government gazettes, packet streamers from Southampton carried mail to Gibraltar and Valletta and straight to Corfu and Zante (IIGG. 4 Feb. 1843), hence consolidating a direct postal service link between all British colonies and dependencies in the region. Also by this time, the Ionian government had acquired two steamships, which made contacts between the administrative centre at Corfu and the more peripheral Ionian islands much faster and far more reliable (IIGG. 23 Nov.1847).

---

5) This link was consolidated with an organized postage system from the U.K to the Ionian Islands via Gibraltar and Malta (IIGG. 16 Dec. 1843).

Advertisements and shipping timetables from *Il Corriere Mercantile, Gibraltar Chronicle* and the Ionian Islands government gazettes (1854 – 1857):

LONDON, ST. PETERSBURG, ANTWERP, ROTTERDAM, HARLINGEN,

STETTIN, BREMEN, LUBECK, HAMBURG, LIMERICK, CORK, WATERFORD, BELFAST,

COAST OF SPAIN, HAVRE DE GRACE. GIBRALTAR. MALTA, SMYRNA

CONSTANTINOPLE & ODESSA

Line of first class and powerful Steamers.

Auckland	Aheona	Citizen	Dublin
Norna	Brenda	Ranger	Sylph
Minna	Flora	Undine	Ossian
Vesta	Adonis	Diana	Byron
Dutchman	Harlingen	Shamrock	Mars
Bellona	Aurora	Camilla	Will. Penn
Magnet	Lion	Russel	Peel
Luna	City of London	City of Rotterdam	

For SMYRNA, CONSTANTINOPLE & ODESSA.

The *BRENDA*, 1000 Tons, 300 Horse Power, capt. A. Scott, due here from London and Havre on the 26th instant.

The *BELLONA*, 1200 Tons, 300 Horse Power, capt. O. K. Smith, due about the 10th prox.

For GIBRALTAR & LONDON.

The *NORNA*, 1200 Tons, 300 Horse-Power, capt. E. Dixon, due here from Constantinople and Smyrna on or about the 4th prox.

The *AHEONA*, 2200 Tons, 400 Horse Power, capt. G. Smith, due here from Alexandria about the 12th prox.

—For rates of Freight or Passage apply at the Agency 40 D Strada Zecca.

N.B.—The offices will be removed to 79 D, Strada Santa Lucia on the 1st January next.

COMPAGNIA GENERALE DI NAVIGAZIONE A VAPORE.

LINEA TRA

Marsiglia,
Turchia, Egitto, Siria,
Tunesi,

Algieri e Marocco
toccando
Malta e Sico.

Il Vapore Francese *ASSYRIEN*, cap. Bonnefoy, atteso da Livorno verso il 3 Gennajo, proseguirà per Beirut, Alessandretta, Mersina e Larnaca poche ore dopo il suo arrivo.

Chiunque volesse prendere passaggio o carico mercanzie si dirigga da
T. G. Micallef, Agente, 157, Strada Mercanti.

LONDON, CONSTANTINOPLE AND ODESSA

Line of first class and powerful steamers calling at

HAVRE, GIBRALTAR, MALTA AND SMYRNA

Aheona	Bellona
Brenda	Dutchman
Minna	Flora
Norna	Vesta

For LONDON

MINNA Capt Penn due here from Smyrna on or about the 3rd July.

For SMYRNA, CONSTANTINOPLE & ODESSA

BRENDA Cap A Scott due here from London on or about the 13th July

or here to Addison Duncan, Agent.

Besides a secure postal link with and between their colonial ports, the British intensified efforts to extend mail service across the Mediterranean towards the East. Since 1832, London merchants with vested interests in the East India trade had been suggesting to the Admiralty that communications between Malta and Alexandria should be placed on a permanent footing' by which means the mails from Bombay, brought by the steamers from hence, may be regularly forwarded to Malta with as little delay as possible' (Annual Register 1832, 139). In 1843, the British Peninsular & Oriental Company established a secure route which connected Southampton to Alexandria via Gibraltar, Malta, Corfu and Zante (IIGG. 4 Feb. 1843). From this port, cargoes were conveyed by land to Suez and then shipped by an East India Company steamer to Bombay (Barber 1845, 36). With further advances in the steamship engine, increased bunkering space and accelerated speed, by the early 1850s the journey to Suez and on to India could be covered in less time. Overall this meant better and more secure sea connections, which in turn made the transmission of information/intelligence to more distant ports regular and faster (MGG. 9 Jan. 1854; Mac Cullogh 1852, 1238). Britain thus became connected to a chain of strategic ports in the Levant, abetting a process which would by the late century, lead to the integration of these same regional ports in the emerging web of world communications (Kasaba et.al., 1986, 121-23). In the background, rival European industrial powers were also taking part in this process. The French and Austrian steamship lines also provided surface mail – the former linking Marseilles and the latter Trieste to the main Eastern Mediterranean ports and beyond (Mac Gregor 1848, 78).

Supplementing – and later supplanting – mail steamships, the laying of submarine telegraphic cables sped up intra-imperial communication (Headrick, 2000), and further integrated the British outposts into an identifiable imperial network. During the Crimean War, schemes were devised in London to submerge telegraph lines between the British colonial ports – starting with a line to connect Malta to Corfu. The whole Mediterranean telegraphic project was, from its earliest phase, perceived by the British government to be of paramount importance, as it would link the metropolis to the colonial administrations on the spot in each domain through Malta (PP. 1857-58, 370-80). In 1856, the British Treasury agreed to finance a direct Malta-to-Corfu submerged cable, while it also expressed interest in the laying of a direct telegraphic cable to India through eastern Ottoman territory. With this in mind, the British government used its influence on the Sublime Porte'to facilitate any attempts which the East India Company may think it desirable to make with a view of ascertaining the practicality of that route' (PP. 1857-58, LX, 717-19) Financial groups in Manchester, London, Liverpool and Glasgow lobbied the British government in support of this Mediterranean telegraph network (Redford 1956, 154; Porter 1994, 148). Finally, in 1859-60, an independent submarine telegraph cable was laid from Falmouth to Gibraltar and Malta and directly to Alexandria, becoming fully operational in 1861. Considering this imperial telegraphic line to be of paramount strategic and commercial importance, the Indian government agreed to contribute two-fifths of its total cost (PP. 1863, XXXI, 177). By the mid-1860s, the Indian authorities also financed the laying of a Persian Gulf Line (Harris 1969, 174) that would connect the British Mediterranean cable with the Red Sea to India (Owen 1981, 54, 165). In this imperial scheme Aden, occupied by the British in 1838, became another hub in the British strategic lines of communication to India, together with Malta.

Conjointly with the telegraph and the steamship, railways were laid to connect the coastal Mediterranean ports with the Red Sea (Wagstaff, 1985, 236) in this way facilitating and further accelerating this imperial linkage at a time when the Suez Canal was being constructed – from 1856 to 1869 – by De Lesseps's Company. At first the British government was not in favour of such a project, partly because of this predominant French interest (Kershlag 1964, 125). As an alternative to the canal, they proposed a scheme that would link Alexandria to Suez by railway (Pine 1973, 235). Yet, conscious of the enormous impact – on shipping, commerce and imperial strategic projections – which this canal was going to have, British commercial firms and shipping companies such as P&O lobbied intensively for a change in the government's course of action. As pressures mounted, the British government agreed to start negotiating for a share in the Suez, and this led to an agreement with De Lessep's company in 1864. Nonetheless, the British would only acquire a good measure of control in the Suez Company in 1875, six years after the official opening of the Canal itself.

3) The Suez Effect

With the construction of the Suez Canal, the Mediterranean route to India emerged as one of crucial importance to British imperial communications (Chamberlain 1995, 138-41). By this time, Malta and Gibraltar were transformed from regional trade entrepôts to key ports of call and coaling stations, made ready to operate as main hubs on an imperial highway gravitating towards, and passing via, the Suez Canal to India (Zammit 1858, 25-26). Notably, and due to its position in the central Mediterranean, Malta became a centre of gravity for the refitting and coaling of ships coming from Gibraltar and bound to Alexandria and Suez. In contrast, as steamships became larger and gained speed, the need for frequent coal-bunkering stops diminished; (Headrick 2000) and Corfu, which at first was a main port of call, started to be bypassed. A comparative examination of the Ionian and Maltese port shipping statistics shows the impact which the development of the steamship had on the geostrategic value of each of the British outposts even before the opening of the Suez Canal. In 1827 the total vessels tonnage cleared in the Ionian Islands was much larger than that cleared in the Malta harbour. However, by 1842-43 – a time of rapid steamship innovation, port activity in Valletta already exceeded that in the Ionian Islands. Disregarding the dramatic rise during the Crimean War – which was due to the turbulent circumstances in the region, by 1857 the Malta port cleared 852,232 tons, while the Ionian Islands altogether, including Corfu, cleared 352,163 tons, making visible the gravitation of steamship traffic towards the former (Schembri 1867, 6). Consequently – as confirmed by a detailed examination of the schedules and shipping timetables/ advertisements published in the Malta and Gibraltar government gazettes[6] while the Malta-Gibraltar axis was deemed pivotal for

---

6) See G Ch. 1858-1869 and MGG. 1858-69.

steamships traversing the emerging imperial route to the Suez Canal towards the 'Orient', the Ionian Islands were gradually being marginalised from this same maritime route, leading to the decline of their strategic value.

At the same time, but in inverse proportion to this process of side-lining from the emergent British imperial highway, the Ionian Islands consolidated their position as ports of call for the neighbouring – mainly Austrian and Greek – shipping. Statistics clearly indicate a general elevation in the tonnage of Austrian vessels calling at the Ionian ports throughout the 1850s, with the Austrian Lloyd steamship company increasing its activities in Corfu (PP.1852-53, LXII, 202). As a result, the tonnage volume under the Austrian flag increased from 81,141 tons in 1833 to 293,577 in 1853. Greek shipping tonnage entering these same ports also soared from 69,653 in 1833, to 136,310 tons in 1853 (IIGG., 14 May 1862).

4) Selection of the Most Strategic: the Emerging Global Imperial Highway

In addition to the shifting geopolitical scenario in the region (which further reduced the strategic value of the Ionian Islands), endemic resistance to British occupation obstructed the development of the Septinsular Protectorate as a reliable and secure set of strategic outposts. The irredentist mission of the *MegalIdea* (Jacobato 1862; Dandolo 1862), had gained immediate and extensive support in the protectorate with the establishment of the Kingdom of Greece in 1821 (Napier 1821, 16-18). It came to form part of the Greek government's aspirations to enlarge its territory and create a unified nation and a larger internal market (Mouzelis 1978, 10-15; Hadjimichalis 1987, 124). As the Ionian Islands were sought after as an important part of this national enlargement (Lernimant 1861), the Greek government began negotiating for their annexation. Following Gladstone's Commission to the Protectorate in 1859 (IIGG. 14, 25 Dec. 1858) and, the British government consented to cede the Ionian Islands to Greece, but attempted to hold on to Corfu and to integrate the latter – considered the most strategic – with Malta and Gibraltar in the emerging British global imperial system (Shannon 1982, 370, 374).[7] This was purely a geostrategic scheme with which, as a contemporary observer, Karl Marx argued, Britain wanted to abandon the Protectorate:'but only after having cut the finest morsel by merging Corfu in the colonial domains' (Marx 1858, 227). Nevertheless, facing both Greek and domestic opposition to such a proposal, and finally accepting the Treasury's insistence that Corfu was becoming a heavy burden on the British taxpayer, the British government consented to the cession of all seven of the Ionian Islands as long as Corfu's principal fortification walls were demolished, thus neutralising the strategic capabilities of the island and leaving it in a state of secured'perpetual neutrality' (Xenos 1865, 1-15, 35-40). As part of the negotiated package, it was also agreed that the appointment of the Greek monarch had to have British approval, while the Greek government also abided by a declaration to not undertake any attacks

---

7) See also *The Edinburgh Review*, XCI (1852), pp.315-52 (348) that sought to reconstruct the ancient history of Corfu as separate from that of the other Ionian islands and to emphasise the contrasts between the Corfuites and the "[Ionian] yokefellows with whom they have been coupled [...] and they still retain the good old Hellenic hatred of their neighbours."

on Turkey (Eldridge 1969, 338) – which was under British protection. Moreover, British economic – trade and financial – interests in Greece were to be secured at a time when the Anglo-Ionian Bank was increasing its (already very heavy) loans to the Greek government (PP.1867, LXXIV, 12-13).

Under these conditions, with the cession of the Ionian Islands, British political influence and the financial hold on the new Greek Kingdom were strengthened at the same time as their release from the administration of an insubordinate population in a territory which was rapidly declining in strategic importance. Subsequently, for the remainder of the 19th century, Corfu was transformed from its previous position as a hub in an imperial network to a peripheral, neutralised island in the Adriatic 'backwater', further declining in significance with the opening of the Suez Canal in 1869. Instead, the Piraeus was stepped up as the key Greek port, mediating shipping traffic from the East and that from the Suez Canal.

From an imperial-geopolitical perspective, with the cession of the Ionian Islands the British were left with no secure strategic base east of Malta to secure their imperial lifeline through the Suez Canal which, as Jan Morris put it, was left 'like [an] exposed nerve in the anatomy of empire' (Morris 1975, 58). At this point, the British government considered various zones which could be utilised as *place d'armes* (Temperley 1931, 479) in defence of their all-maritime imperial route to India. Gallipoli, Lemnos, Mytilene, Crete, Rhodes, Vathi, Tristami di Scarpanto, Acre, Hafa and Alexandria were all recommended (Hill 1952, 270-272). While the latter was ruled out because of French susceptibilities in that area, (Cassell 1890, 244) other zones were considered to be too near Constantinople, and also eliminated. British eyes fell on Cyprus, which had been considered as having potential strategic value immediately after the Ionian Islands' cession (PP. 1865, LVII, 24).

The selection of Cyprus – which came under British control in 1878 (Annual Register 1879, 83) – was primarily dictated by the island's geographical location facing the Suez Canal. While guarding against Russian moves through the Dardanelles (Stephens 1966, 66), Cyprus was therefore also to secure the Suez Canal, through which passed British imperial lines of communication to India. As argued by Hamilton Lang, for Britain Cyprus was:

> 'An invaluable outpost for the defence of the Suez Canal [⋯] Masters of India, and determined at all costs to remain so, it is manifestly of the first importance that we should make sure of free and indisputable communication with our far-off empire. Planting one foot in Cyprus and the other in Malta we secure this.' (Cassell's 1890, 287).

The geostrategic imperialist scheme behind the occupation of Cyprus was voiced by Disraeli himself when stating that: 'In taking Cyprus, the movement is not Mediterranean: it is Indian. We have taken a step there which we think necessary for the maintenance of our Empire and for its resumption in peace' (Reddaway 1968, 9). In addition, even the more sceptical Gladstone believed that the control of Cyprus: 'was a sign of the vastness of the Empire, and a sign that, in the opinion of our Government that Empire is not yet vast enough.' (Gladstone 1978, 565). The occupation of Cyprus signalled the first visible step in the transformation of British imperial strategy in the Mediterranean from one of a mainly informal nature – operated from its chain of regional outposts – to one primarily motivated by the increasing centrality of the route to India. Certainly by this time, the imperial maritime route to India assumed the upper hand in British imperial strategy, and its security given top priority. The importance of this Mediterranean-Suez Canal Lifeline for British imperial logistics was underscored in 1878, with the rapid conveyance of 7,000 Indian troops to Malta (Annual Register 1878, 57, 59) to support Britain's stand during the negotiations at the Berlin Congress. This move indicated the speed and relative facility (Knowles 1924, 17) with which troops could now be deployed from one part to another of the Empire through this passage. As argued by W. Senior Nassau, at that juncture it became obvious for the British that: 'want of control over [the Suez Canal] might damage the whole [imperial system].' (Senior Nassau 1882, 191). This triggered further anxiety over French influence and intentions in this zone.

(Reproduced from I.C.A. Knowles, *The Economic Development of the Overseas Empire* (London, 1924).

Four years after the acquisition of Cyprus, escalating British unease led to a radical change from a policy of indirect influence and colonial penetration to sustained attempts at direct control over Egyptian territory. According to Gladstone, the salient motivation behind this move was: 'the position of that important country so important in the chain of our communications' (Platt 1968, 170). On 11th July 1882, the British Royal Navy bombarded Alexandria; immediately afterwards, Britain gained control over Egypt (Porter 1994, 111). With this acquisition, the British secured command of the Suez Canal and hence of their imperial lines of communication directed through this passage, which came to be represented as a *Thin Red Line* in imperial cartography and discourse.[8]

Epilogue

This imperial route − as illustrated in the map reproduced above − integrated Gibraltar-Malta-(Cyprus)-Alexandria, Port-Said, Suez and Aden within a geostrategic system which also linked the British possessions in the East including India, Burma, Malaya, Australia, and other British outposts in the Indian Ocean and the Pacific (Boyd 1985, 107). One main result of this direct 'Mediterranean Imperial Lifeline' was the reduction of distances when compared to the Cape route. The voyage from London to Bombay around the Cape was 10,667 nautical miles, with 13,180 miles to Hong Kong. Through the

---

[8] This created a historical interpretation based on a totalising geostrategic conception of the Mediterranean Lifeline to India, projected even onto the period before the opening of the Suez Canal (Knowles, 1924; Carnavaron 1897).

Suez Canal, the distance from London to Bombay and Hong Kong was reduced to 6,274 miles and to 9,799 miles respectively (P&O Pocket Book, 1879). As a result, the route around the Cape of Good Hope, where British-held ports were few and far between, diminished in importance (Fletcher 1958, 559; Christopher 1988, 46). In other words, the imperial coaling stations in the Atlantic, such as the British held island of St Helena, declined in importance (Grosse 1990, 329) in inverse proportion to the rise of what came to be known as the Mediterranean British *strategic lifeline of Empire.*

From the British imperial-geopolitical perspective, prevalent for most of the 19th century and lasting until the mid-20th century, the Mediterranean came to be conceived as a 'strategic corridor.' Gibraltar, Malta, Alexandria/Suez and Aden (Marston 1961, 64-65) became nodal, strategic hubs – riveting the British imperial vital lifeline that cut across the Middle Sea, with the Suez Canal as its spinal cord (Parkinson 1870, 23). It was by means of this imperial connectivity that these otherwise separate and distant islands, archipelagos and coastal ports – operating for the defence and maintenance of the British imperial system (Carnavaron 1897, 52-56) – achieved complete integration into the modern global economic system.

Bibliography

Anon. 1856. *How to Capture and Govern Gibraltar*. London: Murray.

Barber, James. 1845. *The Overland Guide Book. A Complete Vade-Macum for the Overland Traveller*. London: Lewis & Sons.

Bartlett, W.H. 1851. *Gleanings Pictorial and Antiquarian on the Overland Route*. London: Hall Virtue.

Bayly, C.A. 2004. *The Birth of the Modern World 1780-1914: Global Connections and Comparisons*. Oxford: Oxford University Press.

Benyon, J. 1991. "Overlord of Empire? British Proconsular Imperialism in Comparative Perspective." *The Journal of Imperial and Commonwealth History* XIX: 2.

Boyd, Andrew. 1985. *An Atlas of World Affairs*. London: Methuen.

Burns, Alan. 1954. *History of the British West Indies*. London: George Allen & Unwin.

Carnavaron, H.H.M. 1897. *The Defence of the Empire. A Selection from the letters and speeches of H.H.M. Fourth Earl of Carnavaron*. London: J.Murray.

Cassell's Illustrated History of the Russo-Turkish War of 1878 [E. Ollier]1890. London: Cassell Peter.

Cavalla, M. 1994. *Gib*. Gibraltar: D.G. Trico.

Chamberlain, Muriel, E. 1995. *"Pax Britannica"? British Foreign Policy, 1789-1914*. London-New York: Longman.

Checkland, S.G. 1971. *The Gladstones: A Family Bibliography, 1764-1851*. Cambridge: Cambridge University Press.

Chircop, John. 2002. "The Narrow Sea Complex: A Hidden Dimension in Maritime Maritime history." In *Resources and Infrastructures in the Maritime Economy, 1500-2000*, edited by Gordon Boyce and Richard Gorski, 43-61. St. John's Newfoundland: IMEHA.

Chircop, John. 2015. "Pax Britannica and Free Trade and 'Open Seas': Shifting British Informal Colonialism in North Africa." *Mediterranean Review* 8:1.

Chircop, John. 2016. "From Permeable Frontier to Strict Border Divisions. The Geostrategic Construction of the Mediterranean on the Ruins of the Ancient Narrow Seas." In *Borders and Conflicts in the Mediterranean basin*, edited by G .D'Angelo and J. Martino Ribiero, 51-66. Mediterranean Knowledge Series.

Consiglio, John, A. 1983. *Breve Storia Bancaria di Malta*. Torino: ATAM.

Christopher, A.J. 1988. *The British Empire at its Zenith*. London: Croom Helm.

Dandolo, A. 1862. *A` Sig. le Tres Honorables Vicomte Palmerston Premier Ministre De Sa Maejeste` Britannique et. etc. et. Letter respecteuse de A. Dandolo, member dernier du Parlemenet Ionien*. Corfu: Imprimerie 'Jonia'.

Das Gupta, J.B. editor. 2007. *Science, Technology, Imperialism and War*. New Delhi: CSC.

De Bosset, C.P. 1822. *Parga and the Ionian Islands*. London: Rodwell & Martin.

De Beauchamp, Alphonse. 1830. *The Life of Ali Pasha of Jannina*. London: S.&R Bentley.

Dedomenico, M. 1857. *Manuale del Commerciante ossia Repertorio delle Conoscenze utili, Necessarie ed Interessanti Nelle Opeazioni Commerciali Tanto nel Rapporto locale che Estero*. Malta : Tip. Vassallo.

Dennis, P. 1990. *Gibraltar and Its People*. London: Hutchins.

Dennis, P.W.S. n.d. Gibraltar [Mss Deposited in Garrison Library, Gibraltar.

Duffy, Michael. 1987. *Soldiers, Sugar and Sea power: The British Expeditions to the West Indies*. Oxford: Clarendon Press.

Eggleston, F. editor. 1933. *The peopleing of Australia. Further Studies*. Melbourne: Melbourne University Press.

Eldridge, C.C. 1968. "The Myth of mid-Victorian Separatism. The cession of the Bay Islands and the Ionian Islands in the early 1860s." *Victorian Studies. A Quarterly Journal of the Humanities* XII/1 : 331-346.

Fletcher, H.E. 1958. "The Suez and World Shipping in 1869-1914." *The Journal of Economic History* XVII: 550-565.

Ford, R. [1845]. *A Handbook for Travellers in Spain and Readers at home, describing the Country and Cities, the Natives and their Manners, the Antiquities, Religion, Legends, Fine Arts, Literature, Sports and Gastronomy, with Notes on Spanish History in 1845* [repr. 1966. London: Centaur Press].

Garrat, G.R.M. 1940. *One Hundred Years of Submarine Cables*. London: Lincoln.

Gladstone, W.E. 1878. "England's Mission." *Nineteenth Century* 4/9: 565-67.

Grosse, J. *St.Helena 1502-1938*. 1990. London: Nelon.

Hadjimichalis, Costis. 1987. *Uneven Development and Regionalism: State, Territory and Class in Southern Europe*. Kent: Croom Helm.

Harris, C.P. "The Persian Gulf Submarine Telegraph of 1864." *Geographical Journal* 135:170-175.

Headrick, D.R. 1981. *The Tools of Empire. Technological and European Imperialism in the Nineteenth Century*. New York-Oxford: Oxford University Press.

Headrick, D.R. 1988. *When Information Came of Age: Technologies of Kowledge in the Age of Reason and Revolution*. Oxford: Oxford University Press.

Hill, G. 1952. *A History of Cyprus*. Volume 5. Cambridge: Cambridge University Press.

Holden's Triennial Directory for 1809, 1810, 1811. 1811. London: J. Davenport.

Howes, WW. 1991. *The Gibraltarians. The Origin and Revolution of the People of Gibraltar*. Gibraltar: Med. Sun Publishing.

Hunter, Mark, C. 2008. "Policing the Seas: relations and the Equatorial Atlantic 1819-1865." *Research in Maritime History* 36: 21-44.

Jacobato, Elia, Zerbo. 1862. *Doyos Ektoniteys yiotoi Proedroi tis iv-voilis tis Eitansoy*. Corfu: Tipo. Ermis.

Kasaba, R., Keyder, C and Tabak, F. 1986. "Eastern Mediterranean Port Cities and their Bourgeoisies: Merchants, Political Projects and Nation States." F. *Braudel Review* X/1 : 121-135.

Kershlag, Z.Y. 1964. *Introduction to the Modern Economic History of the*

Middle East. London: E.J. Brill.

Kennedy, Paul. 1991. *The Rise and Fall of British Naval Mastery.* London: Fontana.

Kirkwall, Viscount (G.M.H. Fitzmaurice). 1864. *Four Years on the Ionian Islands, their political and social conditions within a history of the British Protectorate.* London: Chapman & Hall.

Knowles, L.C.A., 1924. *The Economic Development of the Overseas Empire.* London: Routledge & Sons.

Lernimant, F. 1861. "Le Government des Illes Ioniennes" [deposited at the Anagnostiki Etaira Library, Corfu].

Mac Gregor, J. 1848. *Commercial Tariffs and Regulation, Resources and Trade of the Several States of Europe and America. Part VIII.* London: Whiting. Mac Cullogh, J.R. 1852. *Dictionary, practical, Theoretical and Historical of Commerce and Commercial Navigation.* London: Longman.

MacMillan, Alistair editor.. 1915. *Malta and Gibraltar Illustrated. Historical and Descriptive. Commercial and Industrial. Facts, Figures and Resources.* London: W.H.&L Collingridge.

Magee, G.B., and Thompson, A.S. 2011. *Empire and Globalization. Networks of People, Goods and Capital in the British World, 1850-1914.* Cambridge: Cambridge University Press.

Marston, E. 1961. *Britain's Imperial role in the Red Sea Area, 1800-1879.* Connecticut: She String Press.

Marx, Karl. "Questions on the Ionian Islands." [London, December 1859] 1981. In *On Colonialism* by Karl Marx and Frederick Engels. Moscow: Progress Publishers.

Montgomery-Martin, R. 1843. *History of the Colonies of the British Empire, comprising the area, agriculture, commerce of each colony. "Possessions of Europe."* Vol. 5. London: J. Cochrane.

Morris, Jan. 1975. *Pax Britannica. The Climax of Empire.* London: Faber & Faber.

Mouzelis, Nicos. 1978. *Modern Greece: Facets of Underdevelopment.* New York: Holmes & Meier.

Napier, Charles, J. 1821. *War in Greece.* London: Ridgway.

Napier, Charles, J. 1883. *The Colonies: treating of their values generally and of the Ionian Islands in particular*. London: Thomas & William Boone.

Owen, Roger. 1981. *The Middle East in the World Economy, 1800-1914*. London-New York: Methuen.

Parkinson, J.C. 1870. *The Ocean Telegraph to India: A Narrative and a Diary*. London-Edinburgh: Blackwell.

[P & 0] *Peninsular & Oriental Pocket Book*. 1879. London: n.p.

Platt, D.C.M. 1968. *Finance, Trade and politics in British Policy*. Oxford: Clarendon Press.

Pine, L.G. 1973. *The Middle Sea: A Short History of the Mediterranean*. Devon: David & Charles Newton Abbot.

Porter, Bernard. 1984. *The Lion's Share: A Short History of British Imperialism 1850-1983*. London-New York: Longman.

Porter, A.N. 1994. *Atlas of British Overseas Expansion*. London: Routledge.

Potter, S.J., 2007. "Webs, Networks and Systems: Globalization and the Mass Media in the Nineteenth and Twentieth Century British Empire." *Journal of British Studies* 46/33: 621-46.

Price, Charles, A. 1954. *Malta and the Maltese. A Study in Nineteenth Century Migration*. Melbourne: Georgian House.

Reddaway, J. 1968. *Burdened with Cyprus: The British Connection*. London-Nicosia: Weidenfeld & Nicolson.

Redford, Arthur. 1856. *Manchester Merchants and Foreign Trade, 1850-1939*. Manchester: Manchester University Press.

Relazione dei Direttori della Compania "The Mediterranean Gas Comp. Relativamente alla Provvista di Gas in Malta." n.d. : Tip. Malta.

Richmond, H. 1946. *Statesmen and Sea Power*. Oxford: Clarendon Press.

Ross, A. 1969. *The Ionian Islands, Zakynthos to Corfu*. London: Faber & Faber.

Sammut, J. 1992. *From Scudo to Sterling, 1798-1887*. Malta: Central Bank.

Senior Nassau, W. 1882. *Conversations and Journal in Egypt and Malta. volume* 1. London: Sampson Low.

Shannon, Richard. 1982. *Gladstone 1809-1865. Volume 2*. London: Hamilton.

Schembri, Antonio. 1867. *Osservazioni Statistiche Sulle Pironavi in Malta,*

Secondo, Terzo e Quarto Trimestre degli Anni 1858 al 1866. Malta: Albion Press.

Stephens, R. 1966. *Cyprus: A place of Arms. Power, Politics and Ethnic Conflict in the Eastern Mediterranean.* London: Pall Mall.

Stranack, Ian. 1990. *The Andrew and the Onions: The Story of the Royal Navy in Bermuda 1785-1975.* Bermuda: Maritime Museum Press.

Sweet-Scott, Bickham. 1954. *A Political and Economic Survey 1939-1953.* London-New York: Oxford University Press.

Temperley, H. "Further Evidence of Disraeli and Cyprus." *The English Historical Review* XLVI/ 46: 272-79.

Wagstaff, J.M. 1985. *The Evolution of Middle Eastern Landscapes: An Outline to AD. 1840.* London-Sydney: Croom Helm.

Wardle, C.A. 1948. "The Post Office Packets". In *The Trade Winds: A Study of British Overseas Trade during the French Wars, 1793-1815*, edited by C.N. Parkinson, 278-298. London: George & Unwin.

Wheeler, William. 1851. *The Letters of Private Wheeler, 1809-1828.* London: Michael Joseph.

Williams, J., Blow. 1972. *British Commercial policy and Trade Expansion 1750-1850.* Oxford: Oxford University Press.

Xenos, Stefanos. 1865. *East and West. A Diplomatic History of the Annexation of the Ionian Islands to the Kingdom of Greece.* London: Trubner.

Zammit, George, F. 1858. *Alla Camera di Commercio: Memoria sulla Canalizzazione dell'Istmo di Suez.* Malta: Camera di Commercio.

Contemporary newspapers and periodicals:
Annual Register 1832; 1878, 1879.
[Il] Corriere Mercantile 1854-1857
[The] Edinburgh Review 1852 XCI.
Gazzetta degli Stati Uniti delle Isole Jonie [IIGG] 1830-1835; 1843-1862.
Gibraltar Chronicle [G.Ch] 1815-1830; 1856 -1870.
[The] Illustrated London News 1878.
Malta Government Gazette [MGG.] *1815-1820; 1854-57.*
Malta Times [MT] 1855-1857.

Contemporary Published Official Reports:

An Act to Extend the Priveleges of the trade of Malta to the Port of Gibraltar (4 March 1817). A collection of the General Public Statutes in the Fifty-Seven year of the Region of the Reign of H.M. King George the Third. 1817. London: George Eyre & Andrew Straham.

Capitolo XXIX. Statuto per regolare il Commercio tra Malta e Sue Dipendenze e le Colonie di Sua Maesta` nell'America ed altresi tra Malta ed il Regno Unito, 23 Marzo 1815. London: HMS.

Report [1834] from the Select Committee on the Colonial Military Expenditure. Ordered by the House of Commons. London: HMS.

Ionian Islands Blue Books of Statistics [IIBB] 1830-1835.

British Parliamentary Papers [PP.]

"Copy of Despatch no.2.Lord High Comm. Ward." *PP.1852-53, LXII* (202).

"Report of the Committee on Contract Packets." *PP.1853, XCV*, Comm. Paper 1660 (141).

"Correspondence respecting the Establishment of telegraphic Communications in the Mediterranean with India." *PP.1857-58, LX* (370-380).

"Treasury Minute on the Telegraphic Communication." *PP.1857-58, LX* (717-719).

"Return of the Total Expenses of Laying the Telegraph Cable between Malta and Alexandria." *PP.1863, XXXI* (177).

"Extracts from Commercial reports of Belgian Consul General (Smyrna)." *PP.1865, LVII* (24).

"Consul General Saunders (Corfu) to Earl Russell." *PP.1867, LXXIV* (12-13).

Unpublished documents in Archives:

The National Archives [TNA], *Kew London:*

Maitland/Bathurst, 13 June 1814, CO.158/25.

Maitland/Bathurst, 16 Apr. 1815, CO. 158/26.

Goulburn/Maitland, 4 Aug. 1818, FO. 42/17.

Napier/Adam/, 13 Mar. 1826, CO. 136/1309.

Adam/Napier, 22 July 1826, CO.136/110.
Adam/Hay, 1 Apr. 1830, CO.136/56.
National Archives, Rabat [NAR.] *Malta:*
Maitland/Bathurst, 23 Oct.1817, "Disp. To S/S 1813-1824."
Bouverie/Marquess of Normanby, 3 June 1839, "Disp. To S/S 1838-39."
Bouverie/ Russell, 31 Oct. 1839, "Disp. to S/S/ 1839."

에필로그_윤용수

문화 간 접촉은 그 주체들 간의 지리적, 생태적, 역사적, 문화적, 감정적 요인과 시대적 상황 등이 복합적으로 작용하는 매우 복잡한 과정이다. 그리고 상기의 변수들 중 어떤 변수가 주도적으로 작용하는가에 따라 접촉의 결과도 다양한 양상을 띄게 된다.

문화 접촉의 동기로는 상업 교역, 전쟁으로 인한 정치·군사적 정복과 집단 이주 등을 들 수 있다. 일반적으로 교역 등의 상거래가 유발시키는 문화 간 접촉은 양자 간 이해 관계가 일치하는 선에서 진행 양상이 비교적 자연스럽게 일어나지만, 전쟁과 정복으로 인한 문화 간 접촉은 강제적이며 급진적이기 때문에 그 저항의 정도도 크고 부자연스럽다 할 수 있다.

집단 이주에 의한 문화 접촉은 이주민들이 새로운 땅에서 차지하는 사회적 위치와 역할에 따라 기층 문화를 지배하기도 하고 동화되기도 한다.

문화간 접촉에 대한 지배 계층의 인식도 중요한 변수가 될 것이다. 외래 문명을 적극적으로 수용(17세기 일본) 또는 배척(19세기 조선)하는 지도자의 인식과 정책(개방성의 정도)은 외래 문화 접촉 및 수용의 경과 및 양태를 결정짓는 중요한 변수가 될 것이다.

그러나 문화 간 접촉은 정도의 차이는 있을 수 있겠지만 변화를 유발시킨다는 점에서는 동일하고, 야기된 변화가 해당 사회의 발전 또는 퇴보를 불러 온다는 점은 분명한 것 같다.

상기의 요인들에 의해 유발된 문화 간 접촉은 지중해 사회에서도 쉽게 발견할 수 있고 이러한 접촉은 지중해의 역사를 형성하는 중요한 요인이 되었다.

지중해 지역은 다양한 민족과 국가들이 지중해를 중심으로 자리 잡고 상호교류를 통해 인류 문명을 함께 발전 시켜온 열린 공간이다. 지중해 문명의 역사 발전은 인류 문명의 시원(始原)으로 간주되는 오리엔트 문명을 시작으로 그리스·헬레니즘문명→로마문명→비잔틴문명→이슬람문명→르네상스와 투르크문명→근대 제국주의 시대로 계승·발전해 왔다. 역사 발전 단계는 각 단계가 분절적으로 구분되어 있는 것이 아니라, 각 문명들이 상호 긴밀하게 연관되어 있으며, 후대 문명이 전(前) 시대의 문명을 수용·계승·발전시켜 나갔다는 연속성의 특징을 갖고 있다.

이런 측면에서 지중해의 문명 교류와 발전 과정은 상호 교차적이며 복합적 순환 구조를 갖고 있다 하겠다. 지중해 지역은 지중해를 가운데 두고 기독교 문명과 이슬람 문명권이 서로 시소게임을 하며 지중해 문명을 발전시켜 온 것이다. 개별 문명의 지층에는 원래의 토착 문화와 함께 다양한 이문화적 요소들이 퇴적되어 각 문명의 정체성을 구성하고 있다 하겠다.

지중해의 기존 문명은 후발 문명에게 지중해 문명의 주도권을 넘겨 주면서, 자신이 이룩한 문화적 성취와 업적을 후발 문명에게 고스란히 넘겨 주었고, 이를 인수한 후발 문명 역시 같은 과정을 반복했다.

이러한 역사적 사실을 거시·통시적인 시각에서(달에서 지구를 보듯이) 조망해 보면 유럽중심주의 시각에서 서술된 지중해의 역사와 큰 차이점을 발견할 수 있다. 지중해 역사에 대한 재해석이 필요한 이유다.

거대사적인 관점에서 지중해 문명을 재해석하려는 시도는 어쩌면 왜곡되었을 가능성이 있는 인류의 역사를 곧게 세우려는 시도이며, 지나간 역사에 대해 인류가 보다 솔직해 지려는 노력이다. 또한 인류가 공존공영하며 발전하는 새로운 미래를 준비하기 위해서 필요한 작업이기도 하다.

21세기 인류 문명은 이 땅에 살아온 모든 사람들의 공로와 기여로 만들어진 것이다. 인류 문명의 주역은 때로는 서구가, 때로는 동양이 주도하였지만 그 주체가 바뀌었을 뿐 발전이 중단되지는 않았다. 즉, 인류 문명과 문화적 성취는 인류 전체의 것이며 함께 공유, 발전시켜 온 것이다.

인류 문명의 발달은 특정 민족과 국가에 의해 주도될 수 있었지만, 인류 역사 전체를 조망해 보면 상호간 영향을 주고받아 왔으며 궁극적으로는 상호간의 협력과 조화를 통해 공존공영해 왔음을 알 수 있다.

따라서 역사는 그 어느 민족과 국가에게도 항구적인 문화적 패권을 허용하지 않았다. 천년 제국 로마는 그 문화적 성취와 패권을 자신들이 야만인이라 무시하던 아랍인들에게 넘겨 주었다. 아랍·무슬림들의 학문적 성취는 서양 르네상스의 지적 기반이 되었고, 아랍·이슬람 세계의 부흥은 나폴레옹의 이집트 침공으로 시작되었다. 이렇듯 지중해의 동서세계는 역사적으로 서로에게 의지하고 있고 상대를 통해 발전해 왔다.

더구나 국경과 민족의 개념이 희박해지고, 교류와 혼종이 시대정신으로 자리 매김하고 있는 21세기에는 타자에 대한 열린 마음과 자세가 무엇보다 요구되는 시대다. 즉, 우리는 인류 모두가 손잡고 함께 살아갈 방안을 모색해야 하는 시대에 살고 있으며 이러한 시대 정신을 가장 잘 구현할 수 있는 현장이 지중해라 믿는다. 따라서 지중해 문명교류학은 지중해 지역 자체에 대한 연구를 넘어 인류의 미래와 상생을 함께 고민하는 글로벌학(Global Studies)으로서 자리매김할 것이다. 지중해학에 대한 지속적인 관심과 노력이 필요한 이유가 여기에 있다.

보론 1. 디지털 인문학과 지역정보학_강지훈·문상호

1) 학문분야에서의 ICT융합

정보화 시대와 맞물려 최근에는 이른바 '융합'의 시대가 도래하면서 다양한 분야에서 정보기술의 융합연구 및 활용방안이 구체화되고 있다. 학문분야도 예외가 아니며 특히 인문학이나 지역학을 연구하기위한 방안으로 정보기술을 활용하는 연구가 매우 활발히 진행되고 있다. 이와 관련하여 최근에는 디지털 인문학(Digital Humanities)이나 지역정보학(Area Informatics) 등의 분과가 주목받고 있다. 위 두 분야 모두 학문연구나 교육, 정보나 지식의 공유, 확산 등을 위해 정보기술을 활용하는 것에 대한 연구이다.

디지털 인문학은 인문·지역학 연구를 위한 기존 연구 방법에 대한 대안으로 주목받고 있으며 인문콘텐츠 또는 인문학적 지식과 정보기술이 융합된 형태의 인문·지역연구를 위한 새로운 방법론을 의미한다(김바로 2014: 229-254). 디지털 인문학은 컴퓨터를 활용하여 인문학과 관련된 정보나 지식을 수집·저장하고 이 자료들을 정보기술을 활용하여 분석·가공하여 보다 효율적으로 인문학 연구나 교육 등에 활용할 수 있다. 또한 이러한 정보나 지식들을 효과적으로 사회공유·확산하는 등의 폭넓은 활동을 뜻한다.

지역학은 일정 또는 특정한 지역의 지리, 역사, 문화 등을 종합적으로 연구하는 학문이다. 지역 연구 중에서도 해외지역 연구는 해외의 특정 지역에 대해 종교, 정치, 역사, 인종, 언어 등 해당 지역의 전반적인 문화를 종합적으로 연구하는 학문 분야이다. 그 중에서 지중해 지역은 지리적으로 유럽과 북아프리카, 서아시아가 지중해를 중심으로 인접해 있고 국가 간 교류로 인해 다양한 문화권이 혼종되어 있는 지역이다. 또한 인류문명사에 있어 역사적으로 중요한 부분을 차지하는 지역이기에 해외뿐만 아니라 국내에서도 이를 학문적으로 연구하는 연구자들이 적지 않다(강지훈, 이동열, 유영중, 문상호 2016 : 223-231).

이와 관련하여 부산외국어대학교의 지중해지역원은 2007년 한국연구재단 인문한국(HK)지원사업에 선정되어 지중해지역을 전문적으로 연구하는 해외지역 전문 연구 기관이다. 이에 따라 지중해지역원에서는 지역전문가들에 의해 다양한 방법으로 해당 지역에 대한 연구가 진행 중이다. 또한 연구의 효율성을 높이기 위해 연구방법론에 대한 연구도 진행 중인데 그 구체적인 사례가 바로 지역연구를 위해 정보기술을 활용하는 것에 대한 연구이다.

본 연구에서는 정보기술을 활용하여 인문학/지역학을 연구하는 방안에 대해 알아본다. 세부적으로 지중해지역을 대상으로 이 지역을 연구하기 위한 정보기술 활용에 대한 구체적인 연구 사례를 소개한다.

2) 디지털 인문학과 지역정보학

(1) 디지털 인문학

학제 간 융합연구(Interdisciplinary Studies)는 학문 간의 경계를 넘나드는 협업 연구를 통해 새로운 연구 방향이나 방법, 정보나 지식을 도출해 내고자 하는 시도이다. 이에 따라 최근에는 인문학·지역학 등 다양한 학문과 정보통신기술이 융합된 형태인 ICT(Information and Communications Technologies) 융합과 관련된 연구가 활발히 진행 중이다[강지훈, 이동열, 문상호. 2016]. 디지털 인문학이란 정보기술(Information Technology)의 도움을 받아 새로운 방식으로 수행하는 인문학 연구와 교육, 그리고 이와 관계된 창조적인 저작활동을 지칭하는 말이다. 이것은 전통적인 인문학의 주제를 계승하면서 연구 방법 면에서 디지털 기술을 활용하는 연구, 그리고 예전에는 가능하지 않았지만 컴퓨터를 사용함으로써 시도할 수 있게 된 새로운 성격의 인문학 연구를 포함한다[김현. 2013].

디지털 인문학에 대한 다양한 정의가 내려지고 있지만 '이것이 디지털 인문학이다' 라고 단정 짓기는 어렵다. 디지털 인문학은 '디지털을 활용해 수행하는 인문학에 대한 모든 행위' 라고도 할 수 있을 정도로 그 범위가 방대하기 때문이다. 다음 그림은 디지털 인문학에 대한 개념을 나타낸다.

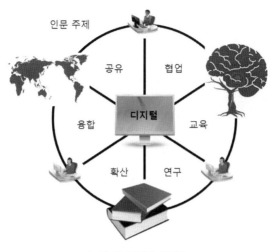

인문 주제

공유　협업

디지털

융합　교육

확산　연구

[그림 1] 디지털 인문학

(2) 지역정보학

지역정보학은 다양한 분야의 데이터를 정량적이고 객관적으로 통합하고 분석하기 위한 지역 연구의 새로운 정보 패러다임이다(Shoichiro Hara 2010 : 214-228). 또한 정보기술을 활용한 지역학 연구, 교육, 공유, 확산 등의 수행이라고 할 수 있다. 지역정보학은 특정 지역의 지리, 역사, 문화 등을 종합적으로 연구하는 지역학의 특성을 기반으로 한다. 따라서 다양한 정보기술 중에서도 GIS나 전자문화지도 등 지역에 대한 정보를 효과적으로 표현할 수 있는 '지도(Map, Atlas)' 기반의 정보기술을 활용하는 사례가 많다. 그 이유는 지도 자체가 지역 연구에 필요한 공간데이터를 기본적으로 제공하기 때문이다. 특히 전자문화지도의 경우 시공간데이터를 기본으로 다양한 주제데이터를 연계하여 제공하는 정보기술로 지역 연구에 특화된 연구지원시스템으로 분류할 수 있다. 본 연구에서는 지역연구 수행을 위한 지역정보학의 구체적인 방안에 대해 알아본다. 특히 지중해지역을 중심으로 해당지역

연구를 위해 정보기술을 활용하는 방안을 살펴보며 세부적으로 지도 기반의 정보기술과 시각화를 활용한 정보기술로 분류하여 살펴본다.

3) 정보기술을 활용한 지중해지역 연구[1]

(1) 지도기반 정보기술

지도는 특정 지역을 연구하기 위한 대표적인 매개체이다. 그 이유는 앞서 언급했듯이 지도 자체가 기본적으로 공간에 대한 정보를 제공하고 이를 가공하여 다양한 데이터와 함께 연계하여 공간정보와 함께 통합적인 정보를 제공할 수 있기 때문이다. 이를 위한 대표적인 정보기술로서 전자문화지도, GIS 등을 꼽을 수 있다.

① 전자문화지도

지도는 다양한 정보를 공간상에 시각적으로 표현함으로써 특정 지역에 대한 정보를 쉽고 빠르게 전달할 수 있는 도구로 활용이 가능하다. 디지털 환경에서 지도는 보다 효과적으로 주제를 관찰하고, 표현할 수 있는 수단이 될 수 있다. 지도 기반의 인문학 관련 시스템은 최근 이슈가 되는 디지털 인문학의 대표적인 유형으로, 국내외적으로 전자문화지도와 연계된 시스템에 관한 다양한 사례들이 있다. 이는 전자문화지도가 문화에 영향을 미치는 다양한 요인들을 시간이나 지역을 연계하여 표현할 수 있고, 또한 문화정보의 시각화를 통해 사용자의 이해성 및 활용성을 높일 수 있기 때문이다. 따라서 전자문화지도를 통해 특정 지역의 문화에 대한 체계적이고 통합적인 이해가 가능해진다(문상호 2014 : 2161-2168). 다음 그림은 전자문화지도의 개념을 나타낸다.

---

1) 본 절은 지중해지역원 인문총서 『디지털 인문학의 이해』(파주, 한국학술정보, 2016)를 일부 수정 보완한 것이다. 각 연구에 대한 요약 및 핵심 내용, 구축 결과를 간략히 서술하며 세부 내용은 지중해지역원 인문총서 『디지털 인문학의 이해』를 참고할 것을 일러둔다.

[그림 2] 전자문화지도의 개념

② 전자문화지도 사례

ECAI(Electronic Cultural Atlas Initiative, 세계전자문화지도협의회)
는 전자문화지도 전용·저작도구인 TimeMap 소프트웨어를 통해 표준
화된 메타데이터 모델을 활용하도록 한다. 사용자들은 웹 기반의
ECAI에 시공간 및 주제(문화) 데이터를 표준화된 플랫폼으로 등록하
고 이를 공유 및 확산한다2).

국내의 전자문화지도 관련 연구 중, 조선시대 전자문화지도는 고려
대학교 민족문화연구원에서 제작하였으며 조선시대의 한반도 지리정
보를 기반으로 다양한 민속 문화를 데이터베이스화 하여 시간, 공간,
주제 별로 연계하여 제공하는 조선시대 문화 연구를 위한 전자문화지
도 시스템이다3).

한국향토문화전자대전은 전국의 향토문화 자료를 총체적으로 발굴·
분석하여 디지털화한 시스템이다. 이 시스템에서는 시·군·구별 디
지털향토문화대전을 통합·구축하여 향토문화에 대한 총체적인 정보
를 제공함으로써, 지식기반 사회의 토대를 마련하고 지역의 균형 발전
과 지역경제 활성화에 기여하고자 하는 목적으로 구축되었다4). 다음은

---

2) http://ecai.org (검색일자 : 2016년 11월 5일)

3) http://www.atlaskorea.org (검색일자 : 2016년 10월 2일)

4) http://www.grandculture.net (검색일자 : 2016년 5월 8일)

국내에서 수행된 전자문화지도에 관한 그림이다.

조선시대 전자문화지도

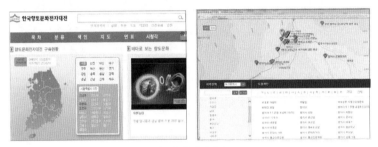

향토문화전자대전

[그림 3] 조선시대 전자문화지도 시스템 및 한국향토문화전자대전

　해외에서도 다양한 형태로 전자문화지도에 대한 연구가 진행되어왔
으며 해외에서 수행된 전자문화지도 구축 사례는 다음 그림과 같다.
왼쪽부터 (a)세계 종교·사상 전자문화지도 시스템, (b)중국·히말라
야 종교 지도, (c)인류학논문 전자문화지도, (d)미국에서 노예해방전쟁
시각화 프로젝트(Visualizing Emancipation Project) 를 나타낸다.

(a) BBC 세계 종교·사상 전자문화지도5)

(b) 중국·히말라야 종교 지도6)

(c) 인류학논문 전자문화지도7)

(d) 미국 노예해방전쟁 전자문화지도8)

[그림 4] 해외 전자문화지도 사례

③ 지중해지역연구를 위한 전자문화지도 구축 및 활용 사례
가. 해외지역연구를 위한 전자문화지도 구축 -지중해지역연구를
    중심으로-

해외지역연구는 해외의 특정지역 또는 국가의 정치, 경제, 사회, 문화
등 제반 분야를 종합적이고 체계적으로 연구하는 학문이다[박광섭.
2006.]. 이제까지의 해외지역연구 결과의 공유 및 확산을 위하여 논문,

---

5) http://www.bbc.co.uk/religion/tools/civilisations/index.shtml (검색일자 : 2016년 10월 7일)

6) http://ecai.org/chinareligion/ (검색일자 : 2016년 9월 5일)

7) http://anthromap.lib.berkeley.edu/index.htm (검색일자 : 2016년 9월 5일)

8) http://dsl.richmond.edu/emancipation (검색일자 : 2016년 12월 5일)

저서 등과 같은 출판물과 발표, 강의, 세미나 등의 오프라인 형태로 수행하는 것이 일반적이었다. 그러나 이러한 방식은 접근 및 활용성이 떨어진다는 단점이 있으며, 이를 해결하기 위한 해결책으로 관련 웹사이트를 구축하여 온라인상으로 결과물을 확산시키는 방법이 보편화되고 있다. 이방법은 기존 오프라인 방식에 비하여 시간적, 공간적 제약을 극복하여 사용자가 쉽게 연구결과물을 접근할 수는 있지만, 많은 결과물이 단순 나열되는 형태로 제시되어 있어 유기적인 연계성을 파악하기가 어려운 점이 있다(강지훈, 문상호, 유영중 2013: 1174-1180). 본 사례에서는 이러한 문제점을 해결하기 위해 전자문화지도를 활용한다. 전자문화지도는 주제, 시간, 공간데이터를 연계하는데 효율적인 특성을 가지며 지도를 기반으로 시각적인 정보를 표현하므로 사용자의 이해를 높이는데 도움이 된다.

● 개발 환경

구분	사양
운영체제(OS)	Windows 7
데이터베이스관리시스템(DBMS)	Mysql 5.0
웹 어플리케이션 서버(WAS)	Apache-Tomcat 7.0.29
프로그래밍 언어	JAVA, JSP(Java Server Page)
저작 소프트웨어	TimeMap TMWin, TimeMap Web Application

● 지중해지역 연구를 위한 주제 설계

주제 \ 양태		관념	인물	사건	사물
교류	국가/민족	국가, 관념, 사상	왕, 권력가, 중요 인물	국가중요 사건	국가주요 사물
	종교/전쟁	종교사상	성인, 신화, 인물, 장군	종교전쟁, 영토전쟁	종교서적, 유적,유물
	학술/교육	학술교육사상	철학자, 교육자, 학술가	언어 및 교육 관련 사건	학술서적
	문학/언어	언어사상	문학가, 작가	문화,	문학서적,

				학술관련사건	주요작품
교류	생활/관습/법률	신화, 신앙, 의식	법률가	법,생활 주요사건	건물,음식
	정치/사회/경제	정치, 경제사상	정치인, 경제인, 행정가	근대화, 산업화 등의 사건	기술품, 관련서적
	예술	신화,사상	미술가, 건축가, 예술가	미술, 건축, 주요사건	예술작품
	관련 도서 및 학술 자료	제목, 저자, 주제			

● **구현 화면 일부**

메인화면   정보제공화면

[그림 5] 지중해지역연구를 위한 전자문화지도

나. 구글어스 기반의 전자문화지도 구축

본 구축 사례에서는 전자문화지도 구축을 위해 구글어스를 이용하였으며, 구글어스는 입체적인 지도를 제공하므로 평면 기반의 지도나 비트맵 지도에 비해 입체감, 거리감 등에 대해 현실성을 높일 수 있다. 전자문화지도 구축을 위한 주제로는 십자군 전쟁을 대상으로 한다. 십자군이라는 주제는 지중해 지역연구에 매우 중요한 역사적 사건이며 이에 대한 분석을 통해 다양한 연구결과가 나오고 있다. 본 연구에서는 십자군을 지도위에서 분석해보고 시기별, 지역별로 어떤 사건들이 발생했는지를 연계하여 파악할 수 있다.

● 십자군 전자문화지도 주제 설계

주제(테마)		시대	공간
내용	표현		
십자군 이동 경로	선(line)		
십자군 관련 국가	면(polygon)	11세기~13세기	지중해지역
주요 사건	점(point)		

● 정보표현을 위한 설계 방안

공간타입	테마	내용	정보유형
점	주요사건	십자군 전쟁 중 발생한 주요사건을 지도 위에 점으로 표현	html, 링크, 텍스트, 이미지, 동영상
선	주요경로	8회에 걸쳐 이루어진 십자군의 주요 경로를 지도 위에 선으로 표현	html, 링크, 텍스트, 이미지, 동영상
면	범위, 국가영역 및 종교 범위	십자군 세력의 범위 및 십자군을 통해 형성된 종교의 범위를 지도 위에 면으로 표현	html, 링크, 텍스트, 이미지, 동영상

● 메타데이터 설계

제목(title)	표현방법(type)	내용(contents)	자료 종류	주요 국가	주요 도시
제1차 십자군	선	1096~1099년에 걸쳐 이루어진 제1차 십자군 원정 주요 경로	텍스트, 이미지	로마,	쾰른, 빈, 소피아 등
제1차 십자군 영역	면	1차 십자군 원정으로 인해 성립된 십자군 영역	텍스트, 이미지	시라아, 팔레스타인	
예루살렘 탈환	점	제5차 십자군원정을 통해 예루살렘을 탈환	텍스트, 이미지	이스라엘	예루살렘
종교범위	면	기독교, 그리스 정교, 이슬람교 등 종교 범위 변화	텍스트, 이미지	북지중해 국가, 북아프리카	
……	……	……	……	……	……

● **구현 화면 일부**

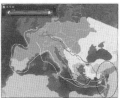
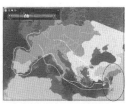

메인화면   시간값에 따른 데이터 변화

정보 제공을 위한 콘텐츠 유형

[그림 6] 구글어스 기반의 십자군 전자문화지도

다. 연구자 중심의 지중해전자문화지도(MECA) 설계 및 구현

본 구축 사례에서는 지중해 지역 연구에 활용하기 위한 목적으로
구축된 연구자 중심의 디지털 인문학 기반의 지중해전자문화지도
(Mediterranean Electronic Cultural Atlas, MECA)에 대하여 살펴본다.
MECA는 지중해지역과 관련된 논문이나 연구결과물들을 발행 시기,
공간, 주제별로 제공하는 사용자 반응형 웹 시스템이다. 관련분야의
연구자는 논문에 대한 정보를 다양한 필터링을 통해 검색할 수 있으며
지도위에서 시각적으로 제공받는다. 이를 통해 시기별, 지역별, 주제별
논문 동향 파악 등에 활용할 수 있고 이를 연구에 활용하기도 한다.

● 개발환경

항목	소프트웨어
운영체제	Linux
프로그래밍 언어	HTML, PHP, JavaScript, AJAX, JQuery, Google Maps API, CSS
데이터베이스	Mysql 5.x 이상

● 주제, 시간, 공간 설계

주제(학문분류)		시간	공간
중분류	소분류	논문발행 시기	공간
인문학	일반어문학, 아랍어문학, 프랑스어문학, 스페인어문학, 이탈리아어문학, 그리스어문학, 터키어문학, 이스라엘어문학, 기타제어문학, 유럽역사, 아랍역사, 이스라엘역사, 역사이론, 이슬람철학, 유대철학, 종교학, 민속학, 기타인문과학	1997～2015	지중해 지역
사회과학	인류학, 법학, 정치/외교학, 행정학, 경제학, 경영학, 지역개발, 관광학, 무역학, 사회복지학, 사회학, 신문/방송학, 교육학, 인문지리학, 기타사회과학		
예술체육	예술체육학		
복합학	여성학, 복합합		

● 데이터베이스 설계

Table name: Article				Table name: Article_Category	
Field	Data Type	Field	Data Type	Field	Data Type
Al_no	tinyint(11)	Al_keyword	text	Ac_id	tinyint(4)
Al_code	varchar(20)	Al_language	varchar(20)	Al_code	varchar(50)
Al_publishing	varchar(225)	Al_century	tinyint(4)	Al_en1	varchar(100)
Al_journal	varchar(225)	Al_year	varchar(20)	Al_en2	varchar(100)
Al_vol	tinyint(4)	Al_country	tinyint(225)	Al_ko1	varchar(100)
Al_num	tinyint(4)	Al_url	text	Al_ko2	varchar(100)
Al_title	text	Al_latitude	varchar(50)		
Al_abstract	text	Al_longitude	varchar(50)		
Al_author	varchar(225)	Al_date	date		

● 구현 화면 일부

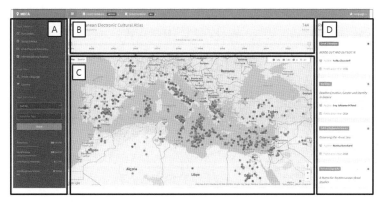

메인화면 및 사용자 인터페이스

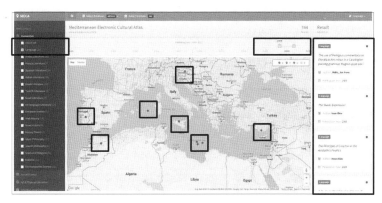

검색 기능 및 검색 결과

[그림 7] 지중해전자문화지도(Electronic Cultural Atlas: MECA)

라. 도서『지중해 여정 Mediterranean Passages』의 전자문화지도 구현

본 구축 사례에서는 디지털 인문학 시스템을 실제 설계하고 구현하기 위한 방법론으로 종이와 텍스트(Text)로 이루어진 도서를 디지털화된 전자문화지도로 구성하는 방법에 대해 알아본다. 세부적으로 지중해지역과 관련된 도서 정보를 일괄적으로 정리해서 제공하는 도서『

지중해 여정*Mediterranean Passages*』를 대상으로 시스템을 구현한다(강지훈, 김희정 2015: 61-76). 전자문화지도는 주제, 시간, 공간이라는 세 가지 값이 연계된 정보를 시각적으로 사용자에게 제공하므로 같은 내용이라 하더라도 책을 통해서는 제공받기 어려운 정보를 시스템을 통해 하나의 화면에서 쉽게 검색하고 상호 연계된 의미 있는 정보를 시각적으로 제공받을 수 있다.

● 주제, 시간, 공간 설계

주제별 분류	챕터별 분류	시간	공간
COMMERCE	CHAPTER 1. Ancient Diasporas		
CONVERSION AND TRANSLATION	CHAPTER 2. (Mare Nostrum): Mare Nostrum: Our Sea		
EXILE AND DEATH	CHAPTER 3. (Barzakh): Barzakh: The Waters Between		
HOSPITALITY	Art Gallery	B.C 1200~2001	지중해 지역
IMPERIALISM AND COLONIZATION	CHAPTER 4. Grand Tours		
Slavery AND CAPTIVITY	CHAPTER 5. Epic Encounters		
TOURISM AND PILGRIMAGE	CHAPTER 6. A Global Pond		
WAR			
WOMEN			

● 구현 화면 일부

메인화면 레이아웃

주제선택 및 시간선택 화면

주제, 시간 값에 따른 데이터 표시

[그림 8] 『지중해 여정 Mediterranean Passages』 전자문화지도

마. 주제별 중첩기능

본 구축사례에서는 주제별 중첩 기능을 활용한 전자문화지도의 설계 및 구현을 위한 구체적인 사례로 이스라엘·팔레스타인 간 국제적 및 지리적 관계를 대상으로 한다. 이스라엘·팔레스타인은 과거부터 현재에 이르기까지 다양한 요인에 따른 국가 간 충돌과 문제점을 가지고 있다(Segal R. and Weizman E 2013: 1-191). 이러한 다양한 요인들을 주제 레이어로 표현하여 레이어들 간의 중첩을 통해 새로운 지식 발견이나 효율적인 분석이 가능할 것이다.

● 주제, 시간, 공간 설계

주제별 레이어	주제별 중첩 예시	
	중첩	중첩결과 분석
A.팔레스타인무장단체 공격	A+D+F	이스라엘 무장단체의 공격은 자원 매장지를 중심으로 이루어짐
B.이스라엘·팔레스타인 국경선	B+C	이스라엘 정착촌이 팔레스타인 국경선내에 위치함
C.이스라엘 정착촌	B+D+E+F	이스라엘은 팔레스타인 국경선내의 자원 매장지를 활용하고 있음
D.석유자원 E.수자원	A+C	이스라엘 정착촌에 대한 팔레스타인 무장단체의 직접적인 공격은 없음
F.천연가스 수송관	B+E	수자원의 대부분이 이스라엘에 위치하고 있음

● 이스라엘·팔레스타인 분쟁 전자문화지도 시스템을 위한 레이어 정의 및 설계

레이어명	주제	공간 타입	속성	공통속성
pla_attack	팔레스타인 무장단체 공격	점(point)	dead(사상자), place_name(장소), type(공격유형)	id, x_locat, y_locat, start, end, seq
border_line	국경선	면(area)	reason(근거/사유)	
isr_settle	이스라엘 정착촌	점(point)	population(인구), size(m3)	
oil_res	석유자원	점(point)	barrel(배럴), money(경제가치)	
water_res	수자원	면(area)	ton(톤), usefor(사용처)	
gas_line	천연가스 수송관	선(line)	size(수송량), money(경제가치)	

● 구현 화면 일부

이스라엘 정착촌 레이어

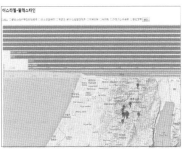
이스라엘 정착촌 레이어(1980년대)

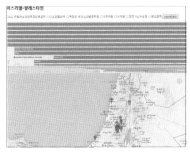
이스라엘 정착촌 팔레스타인 무장단체 공격

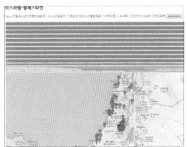
이스라엘 정착촌 팔레스타인 무장단체
공격(2000년대)

[그림 9] 주제별 중첩기능을 활용한 전자문화지도

(2) 정보시각화

정보시각화는 자료나 정보를 텍스트 외에 도표, 지도, 이미지, 멀티
미디어 등을 활용해 시각적인 형태로 표현하는 것이며, 이를 통하여
해당 정보에 대한 사용자 직관성이나 이해성을 높일 수 있다. 직관적
인 이해는 노력으로 원하는 정보를 얻을 수 있다는 의미이며, 이는 목
적 달성의 효율성을 높이는 방법이기도 하다. 즉, 연구자는 학문 연구
를 위한 방법으로 시각화된 시스템의 활용을 통해 연구를 효율적으로

수행할 수 있다.

① 정보시각화 활용 방안

지중해지역 연구를 중심으로 연구 유형별 인문·지역연구를 위한 정보시각화 활용 예시는 다음 표와 같다. 세부적으로 활용 예시를 위한 사례로 지중해지역에 대하여 이미 연구가 이루어졌거나 앞으로 이루어질 수 있는 연구들을 중심으로 활용 예를 제안하였다. 그리고 연구 활용 방안에서는 연구 과정에서 구체적으로 어떻게 정보시각화를 활용할 수 있는 지를 기술하였다(강지훈, 이동열, 문상호 2015: 59-68).

[표 1] 지역연구를 위한 정보시각화 활용 예시

정보시각화		연구 주제 예시	연구 활용 방안
표현 방법	유형		
프로세스형	이미지	로마 미술의 종교적 의미 연구	미술작품 관련 이미지 분석
		중세시대 기독교 건축 양식 연구	건축 관련 이미지 분석
위치형 타임라인형	전자문화지도 멀티미디어	시대별 지중해지역 종교 분포도 분석을 통한 종교 전쟁 연구	시공간정보와 연계해서 동적으로 변화하는 종교 분포 관련 전자문화지도를 활용해 종교 분포도 분석 및 종교 전쟁과의 연계성 분석
		이슬람 이민자 이동 및 경로 분석을 통한 시리아 내전 연구	시리아 내전으로 인해 발생되는 이슬람 이민자들의 이동 경로를 전자문화지도를 활용하여 사건별/시기별/지역별 분석
비교형	연결망	이슬람 지도자(칼리파) 및 주요 인물 간 혈연, 지연 및 정치적 관계 분석을 통한 이슬람 확산 연구	이슬람 주요 인물 및 사건들의 연결망을 활용하여 주요 인물, 사건 기반의 연관성 분석을 통한 이슬람 확산 파악 가능
		알렉산드로스 대왕의 제국 정복 연구	알렉산드로스 대왕의 제국 정복 관련 연결망을 통한 인물 간 관계와 주요 전쟁(사건) 등의 연관성 분석

프로세스형	멀티미디어	고대 로마 건축물(파괴된) 구조 연구	고대 로마 건축물 복원 3D를 활용하여 건축물 재건 과정의 이해를 통한 건축물 구조 연구 가능
		블루모스크, 아야소피아 건축 양식 비교를 통한 기독교/이슬람 간 정복 연구	VR 파노라마를 통한 관련 건축물의 비교 분석을 통한 해당 건축물에 대한 심층 분석
통계형	다이어그램	지중해지역 문화, 문명 교류의 형태 분석을 통한 지중해 문명 교류의 유형화 도출 연구	전쟁, 화합, 전이, 정복 등의 교류 형태에 따른 지중해지역 관련 자료 및 정보의 통계 분석을 통한 유형화 도출의 기본 자료 활용

② 지중해지역연구를 위한 정보시각화 구축 및 활용 사례

가. 동시출현 키워드 분석을 통한 네트워크 시각화 분석

일반적으로 지역학 연구를 수행하는데 있어 연구 동향을 파악하는 것은 매우 중요하다. 그러나 지역학의 연구 분야는 매우 다양하기 때문에, 모든 지역학 연구 분야의연구가 동시에 진행되는 것은 매우 어렵다. 이로 인해 지역학 연구는 시대에 따라 연구 분야 및 연구 동향이 변화하고 있으며, 지역학의 연구 동향을 이해하려는 관심이 꾸준히 증가되고 있다. 본 장에서는 국내의 지중해지역 연구를 대상으로 하여 동시 출현 키워드를 기반으로 연구 동향을 분석한다. 이를 위하여 국내 지중해지역 연구의 대표 학술지인 『지중해지역연구』에 게재된 논문들을 대상으로 논문 유형 분석 및 키워드를 추출하여 정제 과정을 거쳐 동시 출현 키워드를 생성하였다. 세부적으로 논문의 유형 분석을 통해 기본적인 동향 분석을 수행하였으며, 논문의 동시 출현 키워드를 이용하여 단순 정량 분석보다 심층적인 분석을 수행하고, 동시출현 키워드를 통해 생성된 네트워크 그래프 형태의 시각화를 통해 분석을 수행하였다.

● 『지중해지역연구』기초 분석

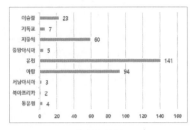

지역별 분석

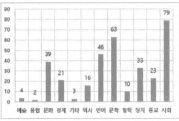

주제별 분석

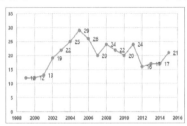

연도별 분석

● 『지중해지역연구』의 동시 출현 키워드(상위 3개)

연도	상위 1		빈도	상위 2		빈도	상위 3		빈도
1999	Language	Arabic	7	Arab	Poem	3	Language	Grammar	2
2000	Islam	Economy	3	Europe	Literature	2	Language	Europe	2
2001	Language	Literature	5	Islam	Culture	3	Islam	Politics	3
2002	Language	Literature	7	Europe	Literature	5	Language	Arabic	4
2003	Mediterranean	Society	6	Mediterranean	Women	4	Mediterranean	Modernization	4
2004	Islam	Women	9	Socialism	Nationalism	4	Society	Europe	3
2005	Arab	War	4	Islam	Civilization	2	Literature	Europe	2
2006	Literature	Arab	5	Literature	Europe	3	Literature	Women	2
2007	Islam	Fundamentalism	3	Islam	Economy	3	Islam	Europe	3
2008	Literature	Mediterranean	5	Mediterranean	Society	5	Fascism	Modernity	4
2009	Arab	FTA	3	EU	Law	3	Language	Grammar	2
2010	Culture	Levant	4	History	Europe	2	EU	Ratification	2
2011	Islam	Christian	5	Mediterranean	Area	5	Mediterranean	History	4
2012	Language	Spain	2	Islam	Jew	2	Mediterranean	Regional	2
2013	Islam	Politics	3	Diaspora	Identity	2	Mediterranean	Immigrant	2
2014	Language	Europe	4	Mediterranean	Religion	4	Islam	Quran	2
2015	Economy	Greek	3	Arabic	Language	3	Mediterranean	Religion	3

● 5년 단위를 기준으로 한 『지중해지역연구』의 동시 출현 키워드 (상위 3개)

연도	상위 1		빈도	상위 2		빈도	상위 3		빈도
1999 ~ 2005	Language	Literature	12	Language	Arabic	11	Islam	Women	9
							Europe	Literature	
2006 ~ 2010	Mediterranean	Area	5	Mediterranean	Literature	5	Literature	Arab	5
				Society	Mediterranean		Islam	Christian	
2011 ~ 2015	Mediterranean	Regional	6	Mediterranean	Area	5	Islam	Christian	5

● 구현 화면 일부

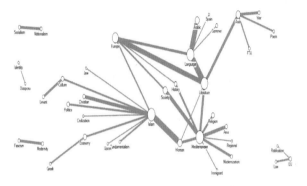

동시 출현 키워드 기반의 네트워크 그래프

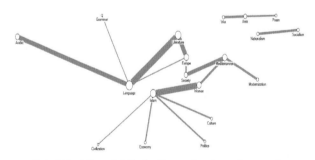

동시 출현 키워드 기반의 네트워크 그래프 (1999년~2005년)

[그림 10] 키워드 분석 자료의 네트워크 시각화

나. 객체 간 연관 관계 분석을 위한 정보시각화 연구 -이슬람 압바스 왕조를 중심으로-

본 구현사례는 웹 기반의 인터렉티브 시각화 기술 D3를 활용하여 특정 정보를 시각화 한다. 세부적으로 서로 연관된 객체들은 노드와 연결선을 활용해 관련성을 부여함으로써 객체들 간의 직관적이고 구체적인 연관관계 분석이 가능하다.

시각화의 주제는 이슬람 연구를 위한 자료로 활용이 가능한 이슬람의 압바스 왕조를 대상으로 한다. 압바스 왕조를 구성하는 인물과 그 관계에 대한 이해는 이슬람 연구나 교육을 위한 필수 자료 또는 지식으로 판단하고 이를 효율적으로 연구나 교육에 활용하고, 또 이해하기 위한 방안으로 웹 기반의 동적 시각화 기술인 D3 정보시각화 기술을 활용하여 압바스 왕조의 구성도를 나타내고자 한다(강지훈, 윤용수 2016: 533-540).

● 범례 설계

노드 색상	범례 명칭	설명
Green	Non Caliph	압바스 왕조 계보도에서 칼리프가 아닌 인물
Yellow	Caliph genealogy of Abbasid of Baghdad	바그다드 압바스 왕조 칼리프 계보
Red	Caliph genealogy of Abbasid of Cairo	카이로 압바스 왕조
Purple	Related Theme	관련 주제(사건, 개념 등)

● 구현 화면 일부

메인화면(계보도의 일부)   마우스 오버(Over) 화면

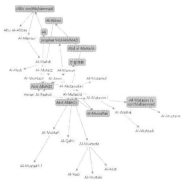

개체 이동 화면

[그림 12] 압바스왕조에 대한 웹 기반 인터렉티브 시각화

4) 미래를 위한 노력

다양한 분야에서 정보기술의 활용은 선택이 아닌 필수가 되었다. 이
와 관련하여 학문을 연구하는 방안으로 정보기술을 활용하는 사례 또

한 늘고 있으며 대표적으로 디지털 인문학, 지역정보학과 같은 구체적인 사례가 이를 증명하고 있다. 본 연구에서는 지역연구 수행을 위해 정보기술을 활용하는 방안에 대해 알아보았다. 세부적으로 해외지역 중에서도 지중해지역을 대상으로 정보기술을 접목시켜 이 지역을 연구하는 방법을 알아보고 이에 활용되는 정보기술로 전자문화지도 및 정보시각화와 관련된 연구를 수행했다.

본 글에서 소개한 정보기술 외에도 다양한 정보기술들이 학술 연구를 위한 방법으로 활용되고 있으며 이를 개발하는 등의 연구 또한 활발히 진행되는 추세이다. 예를 들어 추상적인 개념이나 관계를 명시적으로 나타낼 수 있는 '온톨로지'나 대량의 정형적, 비정형 데이터로부터 가치나 정보를 추출하는 빅데이터, 데이터마이닝 또는 노드나 멀티미디어 등을 활용한 다양한 시각화 등의 정보기술들이 학문분야와 접목되고 있다.

향후 기존의 기술들을 기반으로 새롭게 부각되는 기술, 가령 인공지능과 같은 고차원적인 정보기술들 간의 융/혼합을 통해 학문 연구 분야의 새로운 패러다임이 구축될 것이다. 이를 위해 학문 분야 연구자들은 정보기술의 활용에 어려움이 없도록 디지털 문식을 넓히고 이를 익숙하게 다루는 등 새로운 변화에 대비하는 자세가 필요할 것으로 생각된다.

참고문헌

강지훈, 윤용수. 2016. "객체 간 연관관계 분석을 위한 웹 기반 정보시각화 연구 -이슬람 압바스왕조를 중심으로-". 『예술인문사회융합멀티미디어논문지』. 제6권. 제12호. 인문사회과학기술융합학회. pp. 533-540.

강지훈, 이동열, 유영중, 문상호. 2016. "연구자 중심의 지중해전자문화지도(MECA) 설계 및 구현". 『예술인문사회융합멀티미디어논문지』. 제6권. 제1호. 인문사회과학기술융합학회. pp. 223-231.

강지훈, 이동열, 문상호. 2016. "디지털 인문학 시스템의 효율적 개발을 위한 방법에 관한 연구". 『예술인문사회융합멀티미디어논문지』. 제6권. 제7호. 인문사회과학기술융합학회. pp. 391-399.

강지훈, 김희정. 2015. "디지털 인문학과 전자문화지도 -도서 『지중해여정 Mediterranean Passages』의 전자문화지도 구현-". 『지중해지역연구』. 제17권. 제2호. 지중해지역원. pp.61-76.

강지훈, 이동열, 문상호. 2015. "인문·지역연구에서의 정보시각화 활용 방안 연구". 『예술인문사회융합멀티미디어논문지』. 제5권. 제5호. 인문사회과학기술융합학회. pp. 59-68.

강지훈, 문상호, 유영중. 2013. "해외지역연구를 위한 전자문화지도의 설계 및 구현". 『한국정보통신학회논문지』.제17권. 제5호. 한국정보통신학회. pp. 1174-1180.

김바로. 2014. "디지털 인문학 동향". 『인문콘텐츠』. 제33호. 인문콘텐츠학회. pp. 229-254.

김현. 2013. "디지털 인문학 - 인문학과 문화콘텐츠의 상생 구도에 관한 구상". 『인문콘텐츠』. 제29호. 인문콘텐츠학회. pp. 9-26.

문상호. 2014. "전자문화지도에 대한 비교연구". 『한국정보통신학회논문지』. 제18권. 제9호. 한국정보통신학회. pp. 2161-2168.

Shoichiro Hara. 2010. "Area Informatics ‐ Concept and Status ‐". Volume 6259 of the series Lecture Notes in Computer Science pp. 214-228

http://ecai.org
http://www.atlaskorea.org
http://www.grandculture.net
http://www.bbc.co.uk/religion/tools/civilisations/index.shtml

http://ecai.org/chinareligion/
http://anthromap.lib.berkeley.edu/index.htm
http://dsl.richmond.edu/emancipation

박광섭. 2006. 『해외지역 연구의 이해』. 대경출판사.
Segal R. and Weizman E. 2003. A Civilian Occupation: The Politics of Israeli Architecture. Verso.

보론 2. 한국의 지중해지역 연구동향과 쟁점*_최춘식

1) 지중해 연구의 출범

한국에서 지중해지역을 대상으로 전문적이고 학술적인 연구가 가능하게 된 데는 1997년 12월에 설정된 부산외국어대학교 <지중해연구소>가 2007년에 인문한국지원사업(HK) 해외지역연구 사업을 수주한 것이 계기가 되었다. '국내 유일의 지중해 지역연구 전문 기관'이라는 정체성을 강조하고 있는 <지중해연구소>는 2007년부터 HK사업에 뛰어들면서 그 명칭을 <지중해지역원>으로 바꾸고 본격적으로 '지중해지역 문명 간 교류 유형'의 아젠다를 연구수행하고 있다. 동시에 <지중해지역원>은 지중해를 지역학 연구의 대상으로 구체화시켜 관광과 유적지 탐사의 대상이 아니라 진정한 학제간 학문의 특성을 지닌 독립된 지중해학(*Mediterranean Studies*)의 틀로 만들고 나아가 지중해지역 전문가를 양성하는 국내 유일의 전문 연구기관으로 성장하고 있다. 이를 위해 <지중해지역원>은 한글 버전으로 출판되는 『지중해지역연구』

---

* 이 글은 "한국의 지중해지역 연구 동향과 쟁점"("The Tendencies and Issues of Mediterranean Studies in Korea". *Mediterranean review*, 18권 4호)을 번역, 수정한 것임.

와 영문판 *The Mediterranean Review*라는 2개의 한국연구재단 등재학술지를 연 4회와 2회씩 각각 발간하고 있다.

*The Mediterranean Review*는 Scopus 등재를 목표로 해외의 지중해 전문 연구학자들의 논문을 집중적으로 게재함으로써 지중해지역연구의 학술적 수준을 세계적으로 끌어올리는 데 지대한 역할을 하고 있다. 한편,『지중해지역연구』는 지중해 지역 전반의 정치 경제, 사회, 문화, 법률, 역사, 어문학 등의 지역연구를 목적으로 발간되는 국내 유일의 지중해지역 전문연구 학술지로 자리매김하고 있다. 지중해문명 교류에 대한 순수이론적인 논의를 포함, 동향 분석, 사례연구, 지역의 정책분석 등의 응용연구가 국내외 지중해 관련 학계로부터 주목받고 있다. <지중해지역원>의 다양한 해외학술활동과 더불어 국내 지중해지역연구의 넓이와 깊이는 날로 그 전문성을 높여가고 있다.

본 글의 목적은 1999년 2월에 발간된 제 1권부터 2015년 11월 30일자 제 17권 4호에 이르기까지『지중해지역연구』에 게재된 총 327편의 논문을 연구대상으로 한국의 지중해지역연구 동향과 쟁점을 살펴보는데 있다. 이를 위해 지중해지역의 권역별, 국가별 연구현황과 동향 그리고 주제적인 측면에서 어떤 이슈들이 중점적으로 논의되었는지를 살펴볼 것이다. 아울러 지중해지역연구가 궁극적으로 지향하고 있는 지중해학의 가능성을 쟁점 담론으로 상정하고자 한다.

2) 지중해 권역 및 개별국가 연구동향

지난 16년간『지중해지역연구』에 실린 분석대상 논문 327편 가운데 지중해지역 개별 국가나 권역의 사정과 역사, 문화 등과 관련된 논문은 총 316편이다. 이는 지중해지역에 관한 연구가 지역학을 기반으로 개별 국가 내지 지중해 권역의 문제를 다루는데 집중하고 있음을 보여준다. 원래 학제간 연구를 기본으로 인문 사회과학을 동시에 수용하는 지역학은 개별 국가나 지역의 실상에 가장 접근된 것이어야 하며, 동시에 현지의 문화와 언어를 바탕으로 해당 국가나 지역의 사회와 인간을 탐구하고 이를 세계 속에 재위치 시켜야 할 당위와 소임을 가지고 있다. 『지중해지역연구』의 지역 기반 연구와 그 성과는 이런 측면에서 주목받아야 할 것으로 평가할 수 있다.

『지중해지역연구』가 논구한 개별 국가나 권역을 보다 세밀하게 들여다보면 무엇보다 북아프리카를 포함한 중동 아랍 지역에 대한 연구나 관심이 가장 집중되어 있음을 알 수 있다. 지중해지역 국가나 권역을 다룬 316편의 논문 중 북아프리카 지역 사정을 다룬 논문 25편을 포함한 중동·아랍 지역 관련 논문이 총 118편이나 차지한다는 점과, 이를 전체 논문 비중으로 환산했을 때 37.3%나 차지하는 결과가 이를 뒷받침하고 있다. 이는 21세기 지구촌 문제의 핵심이자 근원 중의 하나인 이 지역에 대한 관심과 논의가 우리나라에서 그 어느 지역보다 높아지고 있다는 것의 반증일 것이다. 특히 국내 학술지 중에서 독자적이고도 전문적으로 아랍 중동지역 연구에 매진하는 저널들이 상당수 있음에도 불구하고[1] 『지중해지역연구』를 통해 아랍 중동 지역 연구가 두드러진 양상을 보이는 것은 이 지역 연구가 해당 지역만의 문제라기보다 지중해 전역의 사회문화적·정치경제적 이슈들, 교섭과 충돌과 관련된 논의와 탐구의 대상이라는 인식이 강하게 깔려있다.

한편, 서지중해 권역의 개별국가 사정을 다룬 논문은 스페인 관련 53편, 이태리 38편, 그리스 28편, 프랑스 18편, 포르투갈 6편 등으로 집계되고 있으며, 이외에 EU 관련 논문 5편 등, 비교적 높은 비중을 차지하고 있다.[2] 이들 서지중해 권역 개별국가 사정을 연구한 글들은

---

1) 국내에서 발간되는 중동 아랍지역 전문 학술서로는 ① 한국중동학회가 발간하는 『한국중동학회논총』, ② 한국이슬람학회의 『한국이슬람학회논총』, 그리고 ③ 한국 아랍어 아랍문학회의 『아랍어와 아랍문학』, ④ 명지대 중동문제연구소가 간행하는 『중동문제연구』, ⑤ 한국외대 중동연구소가 간행하는 『중동연구』등 5종이 있다.

2) 스페인 관련 연구 논문이 서지중해권역 타 국가에 비해 상대적으로 많은 비중을 차지하는 것은

당연히 지중해 지역과의 관련성 아래 개별국가의 지중해성을 천착하고 있다. 이들을 통계적 편의를 위해 서지중해 권역으로 통합시켰을 때, 그 비중은 무려 46.8%로 나타난다. 이 경우, 권역 비중으로 서로 비교했을 때 아랍 중동권역보다는 연구 비중이 훨씬 높은 것으로 보이지만, 어디까지나 이들 국가들에 대한 연구는 국가적, 민족적 정체성과 단일성에 근거해 개별국가 별로 동향 분석하는데 집중되었다.

한편, 동지중해 권역의 중심에 자리 잡은 터키에 대한 연구논문이 18편, 키프로스와 몰타, 그리고 크로아티아를 다룬 논문이 각 1편씩으로 타 권역에 비해 상대적으로 낮은 비중을 차지하고 있는 것으로 나타났으며, 이외 개별국가나 권역을 넘어서 지중해지역 일반을 다룬 논문이 28편으로 집계되었다.

위의 논의를 종합하면, 우리나라 지중해지역연구의 국가나 권역별 연구 동향은 대체로 중동 아랍 지역과 서지중해, 그리고 터키 등의 동지중해 지역을 중심으로 수행되고 있음이 확인되었다. 말하자면 이들 지역의 연구가 우리나라 지중해지역연구의 중점 대상지역인 것이다.

<표 1>을 통해서도 드러나지만, 결과적으로 현재의 국내 지중해지역연구는 중동 아랍 지역과 서지중해 유럽 권에 집중되어 있으며, 동지중해권과 기타 관련지역에 대한 연구는 상대적으로 희소한 편이다. 이는 국내의 해당 지역 연구자풀이 크지 않은 것과, 관련 대학 학과나 연구소가 상대적으로 희소한 것에서도 그 원인을 찾을 수 있을 것이다.

국내의 스페인 관련 학술지가 고려대 스페인라틴아메리카연구소가 간행하는 『스페인라틴아메리카연구』와 한국 스페인어문학회가 간행하는 『스페인어문학』등 2종에 불과해 국내 스페인 관련 연구자들의 논문발표 지면이 적은 것과 연관이 있어 보인다.

<표 1> 지중해 권역 & 국가별 연구논문 동향 (1999년~2015년)

권역 또는 개별 국가		빈도	비율	비고
중동 아랍 권역		118	37.3	북아프리카권 포함
서지중해권역	스페인	53	16.8	
	이태리	38	12	
	그리스	28	8.9	
	프랑스	18	5.7	
	포르투칼	6	1.9	
	EU	5	1.6	
동지중해권역	터키	18	5.7	
	키프로스	1	0.3	
	몰타	1	0.3	
	크로아티아	2	0.6	
지중해 지역 일반		28	8.9	
권역&국가 외 기타일반		11		권역&국가 316편
계		327	100	

3) 지중해지역연구의 주제별 연구동향

지난 16년간 『지중해지역연구』에 수록된 논문 327편의 키워드를 토대로 '문학, (언)어학, 정치, 종교·사상, 사회·문화, 경제, 여성, 역사, 예술(영화), 문명(교류)학, 융복합'이라는 하위 주제로 분류, 분석한 결과, 지중해지역의 문학 연구 논문이 총 70편으로 21.4%의 비중을 차지하고 있는 것으로 나타났다. (언)어학 연구 논문도 53편으로 분석되면서 어문학 분야의 연구도 활발한 것으로 확인되었다. 이는 국내의 여타 지역연구 상황과 마찬가지로 지중해권역이나 그 개별국가의 어문학 전공자가 다른 학문 전공자보다 훨씬 많은 것과 관련이 깊다.

그 다음으로, 지중해 지역의 종교·사상을 다룬 논문이 36편, 해당 지역 사회·문화를 연구한 논문도 36편으로 동일한 비중을 차지하고 있었다. 이는 어문학 분야를 제외하고 지중해지역이 갖는 역사적, 종교적 특성과 이를 기반으로 하는 다양한 사회적 의제들이 연구자들의 관심과 관련이 있음을 반증한다. 그리고 그 뒤를 이어 지중해지역의 정치적 상황을 연구한 논문이 34편이나 차지하고 있다.

지중해지역에서 많은 관심을 갖는 또 다른 영역은 여성이다. 그것이 서구의 관점이든, 비서구의 관점이든지 간에 지중해지역, 특히 아랍 중동권에서 여성의 인권과 관련된 사회적 의제들이 역사적으로 중요한 의미를 가지고 있기 때문이다. 이런 점에서『지중해지역연구』에 여성과 관련된 연구 논문이 30편이나 차지한다는 것은 주목할 필요가 있다.

그 뒤를 이어 지중해지역의 역사를 천착한 논문이 24편, 경제를 다룬 논문이 13편으로 검색되었다. 아쉬운 점은『지중해지역연구』가 인류문명의 용광로로 명명되는 지중해지역의 문명과 관련하여 그 교류나 충돌 등을 이론적으로 연구하려는 노력이 상대적으로 미흡하다는 점이다. 비록 상기한 24편의 역사 관련 논문에서 문명과 그 교류에 관한 논의가 언급되었다 하더라도, 327편의 논문 가운데 12편만이 지중해의 문명교류학과 관련을 가진다는 것은 어쩌면 지중해 문명에 대한 논의와 해석이 우리 사회에서 아주 얇은 층위를 형성하고 있다는 평가가 가능한 지점이다. 이는 해당영역 연구자의 과소함과 대학 내 전공학과 내지 전문연구소가 전무한 점과도 연관이 있을 것이다. 우리가 쟁점으로 삼는 지중해학의 가능성과 연결했을 때 더 많은 논의가 필요한 대목이다. 또 이와 동시에 우려스러운 것은 영화를 포함한 지중해지역 예술을 다룬 논문도 10편에 불과하다는 사실인데, 이 또한 연구자의 한계와 지역연구의 기초가 부실한 우리 학문의 편중성과 관련이 있을 것이다.

한편으로, 현재의 학제간 연구가 하나의 추세로 자리잡는 가운데 주목할 만한 점은 지중해지역의 여러 사정을 연구하는데 있어 이를 IT나 디지털 인문학의 방법으로 접근 하려는, 이른바 융복합 연구가 9편이나 눈에 띈다는 사실이다. 예를 들어 지중해 문명교류의 전자문화지도 설계와 같은 연구는 십자군에 대한 문명충돌의 지난한 해석을 대신하여 문명교류의 여정이라는 관점에서 새롭게 조명하고 그 결과를 전자문화지도를 통해 문화의 확산 및 해석 그리고 인문·지역 연구를 위한 연구 방법으로 활용하고자 하였으며 이를 위해 인문학과 공학간의 학제 간 융합 연구로 얻어진 결과물을 전자문화지도로 나타낼 수 있는 방안을 설계한 전형적인 융복합적 연구 결과로 평가된다(김정하, 강지훈 2013: 26).

아래 <표 2>는 지중해 지역연구의 주제별 연구 동향을 나타낸 것이다.

<표 2> 지중해지역 주제별 연구 동향: (1999~2015)

연구주제	빈도	비율 %
문학	70	21.4
(언)어학	53	16.2
종교 사상	36	11
사회 문화	36	11
정치	34	10.3
여성	30	9.2
역사	24	7.3
경제	13	4
문명교류	12	3.7
예술	10	3.1
융복합	9	2.8
계	327	100

4) 쟁점: 지중해학의 가능성

『지중해지역연구』는 '지중해를 시간성과 공간성을 지닌 문명교류의 보편적 장소로 환원시킴으로써 모든 종류의 패권적 체제와 이론에 대항하고 다양한 문명들의 상생과 대화의 장을 마련하는 데 그 발간의 터를 두고 있으며 그 궁극의 학술적 지향점은 지중해학 *Mediterranean Studies*의 정립'에 있다.3) 많은 논란이 예상되는 이 생경한 지중해학이란

> 지중해를 지역단위로 한 지역연구이되(…) 과연 지중해가 지역단위로의 보편타당성을 지니고 있는가? 다원적인 문명과 각이한 정치경제 사회제도로 뒤엉켜 통일성을 바탕으로 하는 지역연구의 한 단위나 대상이 될 수 있는가? 그토록 다종다양한 분과학문을 아우르고 있는 지중해 연구가 다학문적이면서도 종합적인 성격을 띤 지역연구학으로 집성될 수 있을 것인가? 등 요컨대 지역단위로서의 지중해가 지니고 있는 특수성을 보편성으로 승화시켜 지중해학이라는 새로운 학문을 일구어내게 하는 당위성과 가능성은 있는가?"(정수일 2003: 22)

라는 문제제기와 함께 정수일에 의해 그 단초가 제시되었다. "지역학 연구 전반에서 하나의 새로운 분야를 개척하는 개창적 의미가 있는" 이 지중해학은 "특히 지중해와 같이 다양성을 가진 지역을 지역연구 단위로 설정하는 문제에서 하나의 전범을 제공해 줄 수 있다"(정수일 2003: 22).

정수일은 더 나아가 지중해문명을 지중해학의 핵심 키워드로 제시하고 지중해 지역의 정치, 경제, 사회, 문화 등의 제반분야를 종합적으로 연구하되 여기에는 "지중해문명의 다원성이나 상관성에서 오는 지중해학만의 특징도 제대로 반영되어야한다"(정수일 2003.: 17)고 주장

---

5) http://www.ims.or.kr/KOR/sub/?D=IMSresh&ID=7&SID=63

한다. 그에 의하면 지중해문명은,

> '로마의 호수'에서 '비잔틴의 바다'로, '이슬람의 호수'로, '유럽의
> 바다'로, '터키의 바다'로, 다시 '유럽의 바다'로, 그리고 오늘은
> '유럽-이슬람의 바다'로 그 주역이 엇바뀌어 왔으며, 그 과정에서
> 문명의 주체도 오리엔트문명에서 에게 해 문명으로, 그리스 로마문
> 명으로, 비잔틴문명으로, 이슬람문명으로, 서구 기독교문명으로 출
> 몰을 거듭해 왔다. 실로 지중해야말로 시공간적으로 기복무상하고
> 다종다기한 다면체이다(정수일 2003: 22)

정수일은 지중해문명을 "한마디로 지중해 일원에서 다원적인 여러
문명들의 융합에 의해 생성 발달된 복합적 해양문명"(정수일 2001:
4)으로 제시하고 이를 "유럽계와 오리엔트계 문명의 아말감식 복합문
명"으로 정의한다(정수일 2003: 4). 따라서 지중해문명의 정체성은 바
로 "다원적인 계열문명의 융합에 의한 복합성"이며 동시에 다원적 상
관성의 속성으로 뻗어나갔다는 것이며, 이것이 지중해세계의 일체성
을 형성하고 있다고 주장함으로써 "지중해로 하여금 지역연구의 세계
단위로서의 입지를 갖게 하고 있다"(정수일 2003: 8). 나아가 "지중해
문명 자체가 다원적이고 상관적이기 때문에 그 전개과정에 대한 추적
도 반드시 구래의 유럽중심주의적 편견에서 벗어나 다방면적으로, 그리
고 상호관련 속에서 진행되어야" 함을 역설하고 있다(정수일 2003: 8).

정수일이 제시한 지중해학의 설계와 당위는 문명적 다원성과 상관
성, 그리고 그 일체성을 기반으로 한 지중해문명의 정체성에 대한 지
구적 관점에서의 해석에 근거해 지중해를 하나의 지역연구단위로 설
정할 수 있는 이론적인 터를 만들어냈다는데 그 의의가 있을 것이다.
나아가 지중해문명을 서구중심주의에서 포획하고 있는 근현대 문명
해석의 흐름을 경계하려는 분명한 논지를 보이고 있다는 점에서 충분
히 논쟁적이라 할 수 있다.

한편, 지중해학의 학문적 담론 가능성을 모색하면서 지역단위에 대한 개념을 더 확장하는 동시에 지역학 연구방법론에 대한 논의를 펼치고 있는 또 하나의 글인 "지역연구 패러다임을 통해 본 지중해학"에 주목할 필요가 있다(하병주 2011: 247~272). 일찍이 『지중해지역연구』와는 무관하게 지중해학의 인문학적 담론을 형성한 박상진의 노력이 돋보였지만(박상진 2002: 129~147), 하병주는 정수일과 같이 『지중해지역연구』를 통해서 지중해학의 가능성을 '지역단위 설정의 문제'와 관련지우면서 모색하고 있다. 그는 지역학의 오랜 과제인 '지역*Area*'에 대한 개념을 논구하면서 "하나의 '지역'은 일 국가이거나 하나의 문화영역이거나 하나의 생태적 단위이거나 혹은 그러한 하위 단위로 정의된다"는 웨글리의 '지역*Area*'에 대한 정의를 원용하고 있다(하병주 2011: 261).

그에 의하면 역사적으로 다양하고 복합적인 지역이면서 현재의 국제환경에서 합목적적인 이유로 생명력을 유지하고 있는 지역단위인 '중동' 지역의 사례와 같이 지중해지역도 글로벌 시대에 전통적인 지역단위의 틀에서 벗어날 필요성과, 다양한 기준을 통해 하나의 지역단위로 이해되어야 한다고 주장하고 있다.

> 전술한 바와 같이 지중해지역의 광범위함, 모자이크, 인종집단 및 언어군, 문명의 발상지와 학문의 발생지, 3대종교의 탄생지라는 지중해의 특성이 이 지역의 다양성과 복합성을 충분히 설명하고 있다 (………) 이러한 지중해는 시간성과 공간성을 내포한 문명교류의 보편적 장소로 환원되어야 하는 것이다. 그러므로 이 지역은 단순한 지중해 패권의 해석에서 탈피하여 다양한 지역문명들의 상호 교차와 공존의 패러다임이 형성될 수 있는 문명의 교류 장소로서 자리매김하여야 할 것이다.

더 나아가 지역학의 학문성에 대해 하병주는 1) 해당 지역의 대표 언어에 대한 지식을 전제로, 2) 역사에 대한 해석과 이해를 목표로 하며 3) 기술과학이라기 보다 인식과학의 특성을 가지고 있어야 하고 4) 주제별 연구의 성격과 5) 학문적 세분화보다 통합화의 경향을 나타내며 6) 학제적 연구의 특성과 7) 홀리즘의 특성을 지녀야 하고 8) 학문적 이론으로서 기능해야 한다는 등의 8가지 접근방법론을 피력하고 이를 지중해학에 적용해야 한다고 주장한다. 말하자면 "국민국가의 장벽을 넘어서는 의미있는 연구 대상 지역 단위로서의 역할이 기대되는 지중해 지역단위"(하병주 2011: 266)에 근거하여 지역연구의 범용적 기준의 적용을 통한 지중해학의 정립을 역설하고 있는 셈이다. 지역학의 여러 패러다임을 설파하면서 그 관성 가운데 지중해학의 학문적 담론 가능성을 주장하는 그의 논리는 정수일이 제시한 지중해학의 구체적 방향성과 더불어 많은 시사점을 던져주고 있다.

그렇다면 지역단위 설정과 지역연구의 방법론을 어느 정도는 확보한 모양새를 갖춘 지중해학의 기저를 이루는 지중해성은 실제로 어떤 실체를 갖고 있는가? 그리고 그 실체는 지중해지역연구에서 어떻게 변용되고 적응되고 있는가? 이에 대한 연구는 한국의 지중해학이 궁극적으로 지향해야 할 당위이자 소임일 것이다.

이와 관련하여 권덕영의 "'동아지중해론'과 고대 황해의 지중해적 성격"은 특별한 주목을 요한다(권덕영 2011: 27~55). 일본 학계에서 처음 제기된 '동아지중해론'의 문제와 한계를 지적하고 "그 대안으로 동아시아 해역에서 문화 교류가 가장 활발하게 이루어진 고대 황해의 지중해적 성격을 찾아보고자 한"(권덕영 2011: 29) 그의 글은 일단 지중해를 지리적 지중해와 인문적 지중해로 구분하여 지중해적 특성, 즉 지중해성을 규정하고 이 둘의 교합적 특성으로 나타나는 지중해성은 장차 황해가 '황해지중해'로서 문화적 상관성과 다양성을 확보하는데 결정적인 근거가 된다.

그에 의하면 지리적 지중해의 특성은 다음과 같다.

대양에 부속된 일종의 내해로서 전체적으로 육지에 둘러싸였으면
서도 한두 곳의 좁은 통로 곧 해협을 통해 대양과 연결된 바다이다.
게다가 지중해는 바깥 바다와 통하는 해협의 폭이 안쪽 바다에 비
하여 협소하고, 대양의 해류가 침투하지 못함으로써 해류가 존재하
지 않는다. 그 결과 해수는 해류나 조석에 의해서가 아니라 염분
농도와 수온의 차이로 인하여 대양과 해수 순환이 이루어질 수밖에
없다. 지리학 혹은 해양학에선 이러한 몇 가지 조건을 갖추어야만
비로소 '지중해'라 칭한다.

그런가하면 지중해의 인문적 특성은 브뤼네(Brunet)의 지중해 공간
모형 분석을 근거로 문화융합을 통한 문화권 형성에 있다(정인철 2003:
156~157).

지중해 주변지역의 문화가 어떤 형태로든 지중해를 매개로 교류한
다는 사실을 알 수 있다. 그것을 지중해의 문화적 상관성이라 칭할
수 있거니와, 문화의 다양성과 상관성 그리고 문화적 융합을 통한
문화권 형성은 지중해의 인문학적 특성이라 할 수 있다.

그리고 이 지중해성을 근거로 동해, "황해, 동중국해, 남중국해를 아
우르는 동아지중해는 '지리적 지중해'와 '인문적 지중해성' 어느 것도
갖추었다고 할 수 없고,(…) '동아시아 해역' 혹은 '동아시아 연해'로
칭하는 것이 온당하다"(권덕영 2011: 43)고 한 다음, 오히려 황해의
지중해성에 주목한다.

황해를 둘러싼 이른바 동아시아세계는 지역에 따른 문명의 격차,
중화사상의 확장, 북방 유목민의 동북지방 점거에 따른 역사적 갈
등, 황해로 유입되는 강가의 문명도시 형성 등이 복합적으로 작용

하여 황해는 고대 동아시아 교류와 교섭의 통로가 되고 교역의 장이 되었다. 이러한 황해공간에서 각기 독자적인 문화를 가지고 있던 중국과 한반도 그리고 일본의 다양한 문화는 교류를 통해 상호영향을 주고받았다. 특히 중국의 문화가 황해를 통해 한반도와 일본으로 전파되어 이른바 한자문화권과 유교문화권 그리고 불교문화권이 형성되었다. 이런 점에서 황해는 지중해적 성격을 강하게 띤 바다라 할 수 있다.

권덕영에 의하면, 황해는 지리적 지중해성도 내포하고 있다. 비록 남쪽이 넓게 트였기 때문에 전형적인 지중해 지형과는 일치하지 않지만 동아시아의 다른 해역에 비해 대양으로부터 해류의 영향을 덜 받고, 주위 바다에 비하여 염분의 농도가 매우 낮아서 황해의 저농도 해수가 상대적으로 고염도를 가진 동중국해의 물과 염분의 농도 차이때문에 자연적으로 순환할 수밖에 없는 특성을 보이며 이는 해양학적으로 지중해의 특성을 그대로 보여주고 있다는 것이다. 이런 지리적 지중해성으로 인해 황해는 고대 동아시아 세계에서 <정치교섭과 문화교류의 통로>, <경제교역의 열린 공간>이 될 수 있었으며 이를 기반으로 중국과 한반도, 일본을 중심으로 한 동아시아문화권이 형성될 수 있었던 것이다. 이런 관점에서 "황해를 '준 동아지중해'(semi-East Asian Mediterranean Sea) 또는 '황해지중해'(Yellow sea Mediterranean)라 해도 좋을 듯싶다."(권덕영 2011: 53)라고 까지 제안하고 있다.

권덕영의 이 '황해지중해론'은 한국의 지중해지역연구를 유럽 지중해라는 <그들의 바다>로 바라보고 탐색하는 것에서 한 걸음 더 나아가 <우리들의 바다>로 그 관점을 확장하고, 지중해적 특성과 다양성을 우리의 삶과 역사 속으로 끌어오려는 노력의 일환이다. 이는 장차 우리의 지중해지역연구가 지향해야 할 방향이자 성과로서 지중해학 담론의 가능성을 열어준 하나의 쟁점으로 평가되어야 할 것이다.

보론 3. 지중해지역의 평화공존을 위한 지중해연합 (UfM)의 기능과 역할_하병주

1) 프롤로그

지중해지역을 중심으로 유럽, 서아시아, 북아프리카 등 3대륙의 43개국이 결성한 지중해연합(UfM: The Union for the Mediterranean)이 2008년 7월 13일 공식 출범하였다. 프랑스 파리에서 개최된 지중해연합 정상회의에는 유럽연합(EU) 27개국과 서아시아, 북아프리카, 동유럽 국가 16개국 정상과 지도자들이 참석하였다. 지중해연합은 지중해의 남북 간 경제협력을 통해 지역안전과 평화정착을 목적으로 한 1995년 바르셀로나 프로세스(The Barcelona Process)를 계승하고자 하였다. 현재 지중해연합은 유럽연합 28개국과 동남지중해연안(서아시아, 북아프리카, 동유럽 지역) 15개국으로 구성되어 있으며 총인구는 약 8억에 이른다.

회원국 규모는 회원자격이 지중해연안 국가에 국한되어 있었으나 타 유럽국가의 이견이 수용되어 전 유럽국가로 확대되면서 최초보다 커졌다. 결과적으로 지중해연합은 이슬람, 유대교, 기독교 등 다양한 문화와 종교가 교차하는 문화적 다양성으로 아울러졌다.

지중해연합 출범 정상회의에서 참여국들은 대량살상무기(WMD)가 없는 지중해지역을 추구한다는 선언을 채택하였다. 이 공동선언에서 "상호적이고 효과적으로 확인 가능한 대량살상무기가 없는 중동지중해지역을 추구할 것"과 이러한 화생방 무기와 수송수단의 "확산을 막기 위해 실용적인 조치를 고려할 것"이라고 천명하였다(연합뉴스 2008/07/14).

지중해연합의 구상은 니콜라 사르코지(Nicolas Sarkozy) 프랑스 대통령(2007-2012 재임)이 2007년 당시 대선 캠페인 때 제시한 바 있었다. 그는 '강한 유럽'을 강조하면서 터키의 EU 가입을 미루었으며, 대안으로 지중해연합 구상을 제안하였던 것이다. 사르코지는 "지중해연합이 중동평화, 이스라엘 팔레스타인 간의 평화 구축에도 도움이 될 것"이라고 주장하였다. 이는 '지중해 연안 국가들뿐 아니라 인류에 중요한 일'이라는 의미를 가지고 있었다. 그는 지중해연합의 출범을 계기로 미국과 영국이 주도하여 온 중동외교의 중심이 유럽 쪽으로 이동하리라 생각하였던 것이다. 이에 사르코지는 EU 순회의장으로서 유럽의 현안을 이끌어가는 것 외에 중동 지중해 지역에 평화를 정착시키기 위한 새로운 기반을 마련했다는 평가를 받기도 하였다.

하지만 지중해연합의 구상에 대한 초기 거대담론은 실제로는 축소되었다. 오히려 바르셀로나 프로세스 때보다 정치적 목적이 후퇴한 것 같은 모습으로 출발하였다. 이는 지중해연합 결성과 함께 논의된 결과에서도 확인되고 있다. 당시 정상회의에서는 민감한 정치적 주제를 유보하고 대신 1) 지중해 환경보호 2) 육상 및 해상 교통로 확보 3) 시민 안전 개선 4) 지중해 태양광 발전 계획 등 대체에너지 개발 5) 슬로베니아에 유로 지중해 대학 설립 6) 중소기업 지원 기구 설립 등을 논의(연합뉴스 2008/07/14)하는 것으로 마무리 되었던 것이다.

그럼에도 지중해연합의 출범이 단순히 사르코지의 정치적 야심에 의한 산물로 비하시킬 수도 없다. 그동안의 유럽 및 남 지중해 국가 간 다양한 노력의 결과와 그 집대성임에는 틀림없다. 오히려 지중해연합의 유연한 출발에도 불구하고 향후 이 지역의 평화를 위한 새로운 지정학적 재설정에 그 역할이 충분히 기대되는 것이다. 이를 위해서는 현 지중해연합의 태동 배경, 조직 및 기능 등을 고찰하고 그 역할과 미래 비전을 조망해 볼 필요가 있는데, 그 이유는 지중해연합 본연의 설립 목적을 가늠할 수 있기 때문이다. 국제기구의 분석에는 전통적인 국제관계이론 중 현실주의와 이상주의이론의 틀이 요구된다. 지중해연합이 급변하는 국제환경에서 어떠한 지향점에 위치하고 있는지, 실제 지중해 지역문명들의 다양성이 지역적 경제번영과 평화공존의 체제로 발전할 수 있는지 그 가능성을 확인하는 것이 필요하기 때문이다.

2) 탈냉전시대 지중해지역의 협력 관계 변화와 발전

(1) 메나(MENA) 체제 이니셔티브

소비에트연방의 해체로 구체화 된 탈냉전시대의 시작과 함께 중동평화과정 로드맵에도 큰 변화가 나타났다. 1991년 마드리드평화회의가 개최됨으로써 그동안 극도의 반목 관계였던 팔레스타인과 이스라엘 양자 간에 서로 공식적인 대표권을 인정하는 극적인 계기가 마련되었다. 팔레스타인과 요르단은 이스라엘과 함께 평화협정을 성공적으로 체결하였던 것이다. 이러한 성과의 결과로 1994년 아라파트(Yasser Arafat: 1929-2004), 라빈(Yitzhak Rabin: 1922-95), 페레스(Shimon Peres: 1923-2016) 등 세 명의 정치지도자는 노벨평화상을 수상받기도 하였다. 같은 해 팔레스타인은 자치정부(PA: The Palestine Authority)를 수립하였으며, 정부 수반으로는 아라파트가 취임하였다.

이를 계기로 서아시아 및 북아프리카(WANA, 중동북아프리카)[1] 권

---

1) 지중해 지역의 동쪽과 남쪽은 대륙별 기준으로는 서아시아와 북아프리카(WANA: The West

역 국가들은 세계 주요국들과 함께 상호 경제교류와 협력을 확대하여 '평화를 위한 경제발전'이라는 새로운 프로세스를 마련하고자 하는 환경이 조성되었다.

마침내 1994년 10월 모로코 카사블랑카에서 중동 및 북아프리카 전역이 참여하는 경제정상회의가 전격 개최되었다. 이 회의는 '제 1차 MENA 경제정상회의(MENA: The Middle East and North Africa Economic Summit)' 혹은 '카사블랑카 정상회의'로 명명되었다. 이 정상회의는 모로코 왕 하산 2세(King Hassan II: 1929-1999)의 초청형식으로 미국과 러시아의 지지와 후원 하에 61개국 대표와 세계 각 국가에서 1,114명의 경제인들이 참석[2]하는 전대미문의 사건이었다(하병주 1997: 4-9).

이 포괄 정상회의는 이 지역 최초의 경제정상회담이었으며, MENA 경제공동체 창설 구상을 내용으로 하는 '카사블랑카 선언'을 채택하였다. 이를 통해 중동 및 북아프리카 지역에 포괄경제협력권을 조성하기 위한 공동 노력을 합의하였던 것으로 이해된다. 이는 제2차 세계대전 후 유럽의 경제재건 계획인 '마셜플랜'에 비견되는 미증유의 사건으로 지칭되기도 하였다.

제 2차 정상회의는 이듬해 10월에 요르단 암만에서 순조롭게 개최되었다. 암만 MENA 경제정상회의는 제1차 회의에서 논의된 의제의 실현을 위해 중동 및 북아프리카 지역에 민간부문의 투자확대 촉진과 그리고 공공부문과 민간부문 간 유대관계를 강화하여 지역협력과 개발을 강화한다는 의제를 논의한 과정이었다. 정상들은 암만선언을 통해서 중동평화과정이 진전될 수 있도록 최선의 노력을 기울일 것을 천명하

Asia & North Africa) 지역으로 정의되고 있다. 그럼에도 MENA 정상회의 개최 시 언론에서 주로 통용되고 있는 협의의 중동(The Middle East)지역과 북아프리카(North Africa) 지역을 합친 'MENA (The Middle East & North Africa)' 용어가 채택되어, 본고에서도 부득이 WANA 대신 MENA를 사용하여 그 지역체제명을 따르고자 하였다.

2) 이는 한국에서도 중동평화 경제체제 구축 프로그램에 적극 참여하기 시작하는 계기가 되었다. 상세한 내용은 하 병주 2008 참조.

였다. 이들은 카사블랑카 선언 후 1995년 이집트 타바에서 미국, 이스라엘, 요르단, 팔레스타인 등의 외무장관들 간 경제협력 관련 타바선언과 GCC의 (對) 이스라엘 경제보이콧 부분 철회(1994년)에 대해 적극 환영하였기도 하였다.

MENA 암만선언의 결과로 1) 중동 및 북아프리카 경제협력개발은행을 카이로에 설립함 2) 지역관광위원회(Regional Tourist Board)의 설치 3) 지역상공회의체 설립 4) 정상회의 사무국(The Executive Secretariat for the Summit)을 라바트에 개설함 등 구체적인 결과를 도출하기도 하였다.

제3차 MENA 회의는 1996년 11월 이집트 카이로에서 개최되었다. 이 회의는 제 1, 2차와는 달리 각국 행정수반과 정부 및 민간 대표단, 기업인 등이 참여하는 포괄적 실무개방회의의 특성을 지녔다. 전체 참가인이 전 세계 36개국 정부대표와 8백 50여개 기업체, 2천 여 명의 경제인과 1천 여 명의 취재진 등 총 3천 5백 여 명에 달하는 역대 대규모 모임이었다.

이러한 기대와는 달리 이스라엘 수상에 네탄야후(Benjamin Netanyahu: 1949~)가 취임하면서 이스라엘은 대 아랍 강경노선을 취하기 시작하였다. 특히 네탄야후가 서해안지역에서 유대인 정착촌 건설 확대 등을 강행함으로써 아랍권을 비롯한 국제사회의 지탄이 극도로 높아졌으며, 이는 중동지역 환경을 급속히 경직시키는 계기가 되었다.

이러한 국제환경에도 불구하고 제4차 MENA회의가 카타르의 도하에서 1997년 11월에 개최되었다. 이 회의에서도 전체 2,000여명의 참석 규모로 개최되었지만, 이집트, 사우디아라비아, 모로코 등이 이스라엘에 대해 강경한 입장을 고수하기 시작하였다. 이스라엘과 아랍권의 급격한 관계 악화는 이 회의의 지속을 회의적인 국면으로 전환시켰으며, 결국 도하회의는 차기 개최에 대한 합의 없이 종료되었다. 이는 당시 미국의 대통령 선거 시기와도 맞물려 MENA의 개선 가능성을 더욱 희박하게 하였다. 그럼에도 이러한 노력은 유럽 지중해 지역에서의 평화로드맵을 위한 경제협력체 구성에 주요한 역할을 하였으며 경제환경을 통한 평화체제 구축의 가능성을 확인한 계기가 되었다.

(2) 바르셀로나 프로세스

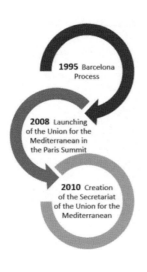

지중해연합 출범 당시 스페인은 이미 1995년 EU와 지중해 인접 국가들 간에 채택된 '바르셀로나 프로세스'의 협력채널 등을 지적하면서 불편한 의향을 드러낸 바 있다. 이는 지중해연합이 이미 바르셀로나 프로세스를 기반으로 하고 있다는 사실이 재확인되는 결과로 반전되어 연합의 성공적인 출발을 가능하게 하였다. 바르셀로나 프로세스란 1995년 11월 27일과 28일 사이에 바르셀로나에서 EU 15개국과 지중해 연안지역 12개국이 참가한 '유럽지중해회의(The Euro-Mediterranean Conference)' 혹은 통상 '유럽지중해공동협력'으로 지칭된 것이다. 지중해 12개국은 모로코, 튀니지, 이집트, 이스라엘, 요르단, 팔레스타인 자치정부, 레바논, 시리아, 터키, 사이프러스, 몰타이며 리비아는 옵서버로 참가하였다(i2). 이는 MENA 체제의 성공적인 출발과 함께 유럽은 전통적인 동남지중해권과의 관계를 보다 구체화 하고자 하는 계기를 마련한 것으로 평가된다.

EU국가들은 남지중해 국가들과 전통적인 유대관계를 바탕으로 활발히 진출하고 있었으며, 모로코도 2000년 3월 발효한 EU와의 연합협정(Association Agreement) 등을 기반으로 EU경제체제와의 협력 체제를 추구하여 왔다. 1996년 2월 유럽지중해 연합협정(EMAA: The Euro-Mediterranean

Association Agreement) 체결로 모로코는 유럽지중해 경제지대(EMEA: The Euro-Mediterranean Economic Area)를 구성하게 되었다.

다음해 4월 유럽과 아랍국가 간 가장 규모가 큰 '중동평화과정을 위한 두바이 유럽아랍회의(The Dubai Euro-Arab Conference for the Peace Process)'가 중동에서 개최되었다. 이와 같은 규모의 회의가 걸프지역에서 개최된 것은 처음이었다. 이러한 적극적인 활동은 중동평화과정에서 유럽의 중재 역할이 강조되는 계기가 되었다.

바르셀로나 프로세스에서 논의된 주요분야는 첫째, 정치 및 안보 공동협력 둘째, 경제 및 재정협력 셋째, 사회, 문화, 인간사 문제의 협력 등으로 정리될 수 있다.3)

첫째, 정치 및 안보 공동협력 분야에서는 평화와 안정의 공동 지대수립을 위한 몇 가지 원칙이 천명되었으며 주요 키워드는 아래와 같다.

- 표현의 자유를 포함한 인권과 근본적인 자유 존중
- 자결권과 평등권 인정
- 각 국가의 내부문제에 대한 불간섭 원칙주의
- 평화적 수단에 의한 분쟁 해결 노결
- 강력한 반테러리즘 협력
- 국제협정 준수와 비핵화, 생화학무기, 테러리즘 제거를 통한 지역 안보 강화
- 중동지역의 핵과, 생화학 무기 그리고 발사체 등의 비무장화 노력

---

3) For the final version 2 rev. 1 of the Barcelona Declaration.

[표 1] EU와 지중해 연안 국가 간 FTA 현황

	체결	발효	비고
모리타니	부분체결		Economic Partnership Agreement
모로코	1996	2000	EMAA
튀니지	1995	1998	EMAA
알제리	2002	2005	EMAA
이집트	2001	2004	EMAA
요르단	1997	2002	EMAA
레바논	2002	2006	EMAA
팔레스타인(SP)	1997	1997	EMAA
이스라엘	1995	2000	EMAA
터키	1995	1995	Customs Union

경제 및 재정 공동협력 부문에 있어서는 번영을 서로 공유할 수 있는 지역을 수립하는 데 그 목표를 두고 있었다. 이 목적 달성을 위해 크게 3가지 장기계획을 수립하였다. 첫째, 사회 경제 발전의 지속성 향상; 둘째, 고용증대와 유럽지중해 지역에서의 발전 간극을 줄이면서 지역민의 생활환경 개선; 셋째, 지역 협력과 통합 촉진 등이다. 사회, 문화 및 인간사 협력을 위해 인적 자원의 개발과 시민사회 간 문화와 교류에 대한 이해 촉진을 추구한다는 것이다.

이와 같이 MENA 체제와 바르셀로나 프로세스를 계기로 시작된 노력은 <표1>에서 보듯이, EU와 지중해 국가 간 FTA가 연차적으로 체결 및 발효됨으로서, 그 동안의 유럽지중해 경제지대(EMEA) 조성을 위한 노력의 결과가 나타나고 있음을 의미한다. 이는 향후 지중해연합 구성에 주요한 기저로서 작용한다.

3) 지중해연합의 조직과 기능

(1) 지중해연합의 조직

2008년 설립된 지중해연합(UfM)은 국가 간의 지역국제기구로서 EU 28개국과 동남지중해권 15개국으로 구성되어 있으며4), 전체 인구는 약 8억 명에 이른다. 지중해연합 기구는 2인대표제(Co-Presidency)로서 EU와 동남부 지중해권에서 각각 1명씩 2명이 공동의장직을 수행하며 내부에 상임위원회(Senior Officials)와 상설사무국(Secretariat of the UfM)을 설치하고 있다. 사무국은 2008년 마르세유에서 정상 간 합의한 결과에 따라 지중해연합과 스페인 정부와의 협정을 통해 2010년 5월 바르셀로나에 설치되었다.

지중해연합 사무국은 사무총장(Secretary General), 부사무총장(Deputy Secretaries General)을 중심으로 분야별 관련 부서를 두고 있다. 사무국 내 활동 업무는 수자원 및 환경부(Environment & Water: 현재 Water & Environment로 변경됨), 교통 및 도시발전(Transport & Urban Development), 비즈니스발전(Business Development), 사회 및 민정문제(Social & Civil Affairs), 고등교육 및 연구(Higher Education & Research) 그리고 에너지(Energy: 현재 Energy & Climate Action으로 변경됨) 등 6개의 부서로 구성되어있다.

---

4) 지중해연합(MfU) 회원국은 총43개국으로서 유럽연합(EU) 28개국(Austria, Belgium, Bulgaria, Croatia, Cyprus, Czech Republic, Denmark, Estonia, Finland, France, Germany, Greece, Hungary, Ireland, Italy, Latvia, Lithuania, Luxemburg, Malta, Netherlands, Poland, Portugal, Romania, Slovakia, Slovenia, Spain, Sweden, UK), 동유럽지역 4개국(Albania, Bosnia and Herzegovina, Montenegro, Monaco), 지중해권 아랍국가 9개국(Egypt, Jordan, Lebanon Mauritania, Tunisia, Algeria, Morocco, Palestine, Syria), 지중해권 비아랍 중동국가 2개국(Israel, Turkey) 등이다. Syria는 2011년 12월 1일 회원자격이 중지되었으며, Libya는 현재 옵서버자격이며 아랍연맹(The League of Arab States)도 기구로서 참여하기로 하였다.

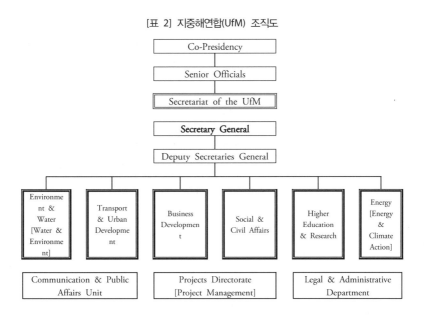

[표 2] 지중해연합(UfM) 조직도

| Co-Presidency |
| Senior Officials |
| Secretariat of the UfM |
| **Secretary General** |
| Deputy Secretaries General |

| Environment & Water [Water & Environment] | Transport & Urban Development | Business Development | Social & Civil Affairs | Higher Education & Research | Energy [Energy & Climate Action] |

| Communication & Public Affairs Unit | Projects Directorate [Project Management] | Legal & Administrative Department |

사무총장의 지위에 대한 규정은 2010년 3월 지중해연합 회원국의 상임위원회에서 결정되었다. 현 사무총장은 제3대로서 모로코 외교관리인 파트하 알라흐 알시질마시(Fathallah Sijilmassi: 임기 2012년 3월부터)가 재직 중이다.

(2) 지중해연합의 기능과 활동

지중해연합의 가장 중요한 목적은 포괄적 지역 통합에 있다. 이를 위한 노력은 유럽지중해 국가 간 협력과 지역통합의 강화, 역동적인 청소년의 사회경제 도약, 경제성장과 경쟁력에 대한 잠재력 확충, 청년 실업을 해소하기 위한 성장과 사회경제발전의 장해 제거에 집중되고 있다.

이는 공동소유, 다양한 지정학적 결합, 특정 지역협력 프로젝트 등 세 가지 실질적인 접근법에 기인하고 있으며 해당 지역에 대한 전략적 프로젝트와 선도적 발의, 여성의 사회경제 권리 함양, 청년 고용 확대와 성장, 지속적인 발전 등을 포함한다.

이를 토대로 지중해연합은 아래와 같은 전략적 목적을 분명히 설정하고 있다.

첫째, 에너지 재생과 효율성의 확대

둘째, 기후변화의 도전에 대응

셋째, 지중해지역의 지속적인 발전을 위한 수자원 및 환경 프로젝트의 확충

넷째, 중소기업(SMEs) 지원을 통한 고용 창출

다섯째, 대륙 해양 간 교통과 유동성 확대

여섯째, 도시 프로젝트의 지속가능한 혁신 추구

일곱째, 교육을 통한 학생의 유동성과 고용 개선

여덟째, 성평등과 여성의 사회경제적 권리 확충

지중해연합은 위의 목적을 구체화하기 위하여 우선 상세 분야를 재선정하고 있다. 그러한 분야는 여성의 사회 역할 강화를 시작으로 교통, 에너지, 산업협력, 환경 및 기후변화, 디지털 경제 등으로 분류하고 있다. 그동안 지중해연합은 이와 관련한 나름의 성과 보고서를 제시하고 있으며, 회원 간 혹은 지원국과의 국제회의 등을 통해 분야별 다양한 프로젝트를 수행하고 있다. 그럼에도 이러한 지중해연합의 조직과 실제 활동 분야는 순수 경제 사회 문화적 협력체로서의 역할에만 극한되고 있다. 이는 지중해연합의 지역 안보 및 정치적 역할이 사실상 전무하다는 사실을 반증한다.

4) 지중해연합의 역할과 비전

(1) 지중해연합 출범 전 유럽의 딜레마와 개입 노력[5]

유럽은 그동안 유럽지중해 공동체 수립에 정치적 노력을 집중하여 왔다. 지중해권을 중심으로 한 새로운 움직임은 오랜 역사적 경험이 축적된 결과였다. 근세 유럽이 통합되어 나가면서 기존의 유럽 각 국가와 남지중해 인접국가들의 기존 관계에 변화의 움직임이 있었다.

EU와 팔레스타인 지역의 관계는 또 다른 의미를 함유하고 있다. 이 지역은 중동평화 구축이라는 정치적 최대 현안과 이를 위한 경제개발 및 발전의 필요성의 복합적인 요인을 안고 있다. EU와 이 지역과의 관계 발전은 미국 등 세계 강대국들과의 공조에 병행되었다. 이는 MENA 체제로서 정리될 수 있으며, EU와 걸프아랍국가(GCC)의 관계는 석유 에너지와 오일 머니라는 분명한 요인에서 비롯되었다.

EU와 지중해권의 협력을 위한 포괄적 전략은 몇 가지로 정리될 수 있다. 첫째는 유럽 지중해 자유무역 지대를 창설하여 유럽 상품 및 용역 시장을 확보하자는 것이다. 이는 일방적인 시장 확보로 점철되는 식민지 정책에 비해 진일보한 것으로 보인다. 둘째는 자유무역지대의 조성과 동시에 이 지역에 교육 부문과 산업 인프라 확충을 위한 대응 원조를 한다는 것이다. 남지중해권 아랍국가들의 생산성을 확대시켜 유럽으로의 이민을 줄여나가고자 하는 것이다.

더욱 중요한 것은 EU 지역 안보문제의 정책 변화에 있다. 소련체제 붕괴 후 새로운 국제질서에 대응하려는 주요한 의미를 내포하고 있다. 호전적인 이슬람원리주의의 정치적 확산을 우려하고 있었던 것이다. 냉전체제 종식에 이어 전후 반세기 동안 유럽 공동의 적이었던 공산주의가 소멸되면서, 새로운 불안 요인으로 인식되고 있었다. 이는 동남 지중해 권에서 유래된 이슬람원리주의를 탈냉전 시대에 유럽안보를 위협하는 요인으로 간주한 것이다.

반 이슬람원리주의는 유럽의 안보전략에도 영향을 미치고 있다. 유

---

5) 이과 관련 상세한 내용은 Hah 1997 참조.

럽 군단의 헬무트 빌만(Helmut Bilman) 사령관은 1994년 스페인의 엘 파이스(El Pais)지와 가진 기자회견에서 유럽안보에 대한 위협의 축이 남쪽으로 이동하고 있다는 것은 명백한 사실이라고 주장하였다. 그는 동남지중해권의 과격파 이슬람 세력에 대한 경계의 필요성을 강조하였다. 이미 북대서양조약기구(NATO)는 탈냉전시대의 새로운 전략개념을 검토하면서 동남지중해권 이슬람 지역으로의 핵확산 위험과 대량살상무기 보유 가능성에 대한 대응책이 필요함을 인정하였다(Joffé 1994: 257).

과격 이슬람원리주의는 지중해를 넘는 경우 유럽 전역에 거주하고 있는 이슬람계 이민자들에게 쉽게 확산 될 여지가 충분하였다. 당시 EU의 천만 외국인 근로자들 중 북아프리카 국적 보유자의 근로자가 약 2백 5십만 명으로 집계되었다. 이는 북아프리카 지역국가들이 1970년에서 1990년까지 평균 GDP 성장률이 1.5%에서 2%에 불과한데서 쉽게 짐작할 수 있다. 인구 증가율은 2.5% 내외였고, 실제로 인구증가율 대비 최소 5-7%의 GDP 성장률이 필요한 것으로 파악되었다. 1970년대 오일파동 이후 모로코, 알제리, 튀니지 등은 수 십억 달러의 외채를 안게 되었다. 이에 1980년대에 IMF에서는 특별 조치를 취하는 상황에 이르렀다(하병주 2001: 264). '바르셀로나 프로세스'는 바로 이러한 지역적 경제난국을 누그러뜨리려는 일환이기도 하였다.

이와 같이 유럽은 개별국가 및 EU라는 공동체를 통해 아랍권과의 관계를 정치, 경제, 안보차원에서 동시에 접근해 가고 있었다. 이는 동남지중해 아랍권과의 네트워크를 통한 유기적 상호 보완체제를 구축하여 지역 균형을 유지하려는 대안적 방안이었다.

(2) 지중해연합의 구성과 지역국제 환경

사르코지는 이러한 유럽 지중해 간 노력의 일환으로 대통령 취임 후 지중해연합 구상을 적극적으로 추진하였으며, 이를 계기로 탈냉전 시대에 대중동외교의 주역을 자처하였다. 사르코지 대통령은 2008년 당시 알아사드(Hafez al-Assad: 1930~2000) 시리아 대통령(재임: 1971~2000), 미셸 술레이만(Michel Suleiman: 1948-) 레바논 대통령(재임: 2008~2014) 과 회동하여 양국의 외교관계 복원 환경을 만들어 내는 등 나름대로 성과를 거두었다. 에후드 올메르트(Ehud Olmert: 1945~) 이스라엘 총리 (재임: 2006~2009)와 마흐무드 압바스(Mahmoud Abbas: 1935~) 팔레스타인 자치정부 수반(재임: 2005~) 간 회담을 주선해 중동평화협상에 새로운 전기를 마련하고자 하였다. 그는 이번 정상회의를 통해서 "지중해 연안 국가들이 증오와 전쟁 보다는 서로 사랑하는 법을 배우는 것"이라는 명제를 부여 하였다(연합뉴스 2008/07/14).

출범당시에 적잖은 반대에 부딪치기도 하였다. 당시 프랑스를 방문했던 무아마르 카다피(Muammar Gaddafi: 1942~2011) 리비아 국가원수 (재임: 1969-2011)는 아랍과 아프리카의 단결을 저해하는 신식민주의의 구상이라고 비난하며 지중해연합 구상에 불참 의사를 밝히기도 하였다. 터키의 경우에도 이 회의에 참석은 하였지만, EU 가입을 추진하는 자신들의 정책수행에 장애가 될 수 있다는 우려를 표명한 바 있다.

그럼에도 지중해연합의 출범은 향후, 지중해의 고대 문명과 교역의 황금기를 되살리는 시금석이 될 수도 있다는 장밋빛 전망도 있었던 것이 사실이다. 세계 주요 경제 분석에서 유럽연합 회원국과 지중해 연안 국가가 궁극적으로 통합된다면, 이 지역은 유럽, 서아시아, 북아프리카를 아우르는 지정학적 입지조건을 갖춘 물류 및 제조의 허브로 전망된다.

지중해연합이 '평화를 향해 나아가는 로드맵'이라는 의미와 함께 이스라엘의 참여가 지중해 연안 국가들 사이에 상호이해를 넓힐 수 있는 계기가 될 수 있다는 점도 부각되었다. 그럼에도 이는 오히려 장애요인이 될 수 있다는 우려도 있었다. 지중해연합에 이슬람, 유대교, 기독교가 혼재되어 오히려 뚜렷한 성과를 내기 힘들 것이라는 비관적 의견도 있었다. 특히 이러한 환경으로인해 이스라엘과 팔레스타인 사이의 갈등, 아랍국가 내의 국가 간 라이벌 의식, 비EU 회원국들의 소외 등이 그 주요 요인으로 작용할 수 있다는 것이다.

당시 남지중해, 즉 북아프리카와 동지중해인 서아시아 지역은 복잡한 지정학적 문제에도 불구하고 경제 성장이 어느 정도 활발히 전개되고 있었다. 이 지역에 유입된 해외 직접 투자도 세계 2, 3위권을 기록하고 있었다. 금융, 통신, 소매, 건설 등 다양한 분야에서도 투자가 확대되고 있음이 확인되고 있다(한국일보 2008/07/12). 그럼에도 이 지역의 정치적 불안정과 열악한 산업기반시설, 저학력과 높은 실업률 등 상존하는 문제점이 많은 것이 사실이었다. 가다피의 불참에서도 보듯이 지중해연합을 새로운 제국주의의 구상으로 의심하는 시각도 있는 것이다.

따라서 지중해연합의 성공여부는 이와 같은 장애요인의 효율적인 완화와 제거의 성공 여부에 있다. 프랑스를 비롯한 EU 국가들이 공정하게 자국 농산물 시장의 문호 개방과, EU 역내 국가 간의 기득권을 완화해 비EU 국가들의 신뢰와 협력을 얻느냐가 주요한 변수로 작용할 것이다.

지중해연합은 선언문에서도 천명하였듯이 1995년 EU의 바르셀로나 프로세스를 분명히 계승하고자 하였다. 당시 바르셀로나 프로세스를 통해서 유럽 자금으로 중동 경제개발 확대 등을 통해 불법이민 및 테러문제를 해결하려한 유럽의 이니셔티브였었다. 지중해연합 출범시 다양한 선언적 천명이 있었지만 실질적으로는 비정치적인 문제들이 집중적으로 논의되었다. 이는 지중해연합 구성의 프로퍼갠더는 연합의 성공적인 진수식에만 집착하였던 것이다. 결국 지중해연합의 성공적인 출범회의에도 불구하고 그 결과는 보다 우호적인 문제만을 논의하는 한계를 드러냈다.

5) 에필로그

예상과 달리 지중해연합의 첫 정상회의는 성공적으로 끝났다. 그렇지만 회의에 참석한 정상들의 밝은 표정이 중동 평화라는 난제를 푸는 열쇠가 될 수 있느냐는 또 다른 문제다. 중동 지중해의 현실을 살펴보면, 올메르트 이스라엘 총리는 부패 스캔들로 인해 정치적 기반이 매우 불안하였으며, 결국 2009년 베냐민 네타냐후(Benjamin Netanyahu: 2009-현재임) 전 총리(1996-1999재임)가 다시 선출되었다. 그는 전총리보다 팔레스타인에 적대적이었고, 압바스 팔레스타인 자치정부 수반도 정치적 입지가 그다지 넓지 않았다. 팔레스타인 하마스 단체는 여전히 압바스 수반에게는 힘겨운 대상이었다. 지중해연합의 모태인 EU와 지중해국가 간의 협력체인 '바르셀로나 프로세스'의 경우도 마찬가지였다. 1995년 협력체 탄생 직후 중동 지중해의 평화는 곧바로 실현될 것 같았다. 그러나 이스라엘-팔레스타인 간 분쟁으로 인해 제대로 역할을 하지 못했던 것도 사실이다.

더욱이 지중해연합의 이니셔티브를 가진 사르코지 대통령은 임기를 마쳤으며, 프랑스의 프랑수아 올랑드(François Hollande: 2012-2017) 대통령 역시 이 연합의 중요성을 인지하고 있지 못하였다. 당시 40여 개국 정상들이 파리에서 귀국하자마자 지중해연합을 잊어버릴 수 있다는 우려의 소리도 이러한 맥락에서 이해될 수 있었다. 향후 지중해연합이 이 지역 내 주요 협력체로 자리 잡으려면 중동지중해 평화에 대한 전략과 경제 협력에 대한 구체적 결과물이 나와야 한다.

지중해연합의 성공적인 순항을 위해서는 무엇보다 지역 협력과 통합에 주목하여야 한다. 이는 지역민의 실질적인 수혜가 확인 될 수 있는 견고한 프로젝트를 선 시행하여야 한다는 의미이다. 또한 이 지역의 정치 경제 협력 차원에서도 GCC의 참여를 적극적으로 독려하여야 한다. 이는 아랍권 전체의 경제개발에 주요한 코어이기 때문이다. 무엇보다

이 지역이 직면하고 있는 도전과 기회를 수용하여 해결하여야 한다는 것이다.

이를 위해 지역안전보장과 발전에 노력하여야 한다. 지중해연합 결성의 가장 중요한 목표인 지역 내 안전 확보 문제를 계속 유보하는 것은 오히려 이 지역의 불완전성을 확대하는 결과가 되기 쉽다. 이 지역 내 국가들은 이 문제를 정확히 인지하여 단계별 로드맵을 수립해 나가야 하다.

둘째는 지역 내 대화의 적극적인 활성화이다. 국제사회의 급변은 오히려 지역 내 국가 간 상설 대화 채널의 필요성을 더욱 절실하게 만든다. 지중해연합을 통한 대화채널 상시화가 선 과제인 것이다. 이를 통해 지중해연합의 국가들은 기존의 지정학적 야욕(Geopolitical Ambitions)을 불식시키는 노력을 기울여야한다. 전통적으로 지중해지역 특히 동지중해지역은 마킨더(Mackinder)를 비롯해 세계의 심장부(Heartland Theory)로서의 영토적 확장 대상에 상시 포함되어 있었다. 남북(North-South) 경제축의 고착화와 이에 대한 환상을 불식해 나가야 한다. 결론적으로 국제지역기구의 성공여부가 이상주의적인 제도 운용보다는 현실주의에 입각한 강대국(패권국가)의 실질적이고 적극적 참여를 필요로 한다는 것은 이미 검증된 사실이다.

참고문헌

하병주. 1997. "냉전 종식 이후 아랍과 EU의 외교 관계." 『한국중동학회논총』 제18: 521-32.

하병주. 2001. "EU와 아랍국과의 협력관계를 통해 본 신지중해 네트워크." 『21세기 정치학회보』 제11집 2호: 255-271.

하병주. 2008. "글로벌시대 한국과 중동의 관계 변화: 대중동권 참여활동의 시각(개입이론)을 통하여." 『지중해지역연구』 제10권 4호:115-139.

연합뉴스.

Activity Report 2015, Union for the Mediterranean.

"European Union Survey." *Gulf Business: First Anniversary Issue*. Vol. 2, Issue 1, May 1997.

Hah, Byoung Joo. 1997. "Foreign Relations between the Arab Countries and the EU after the End of 'Cold War'." *Korean Journal of Middle East Studies*. Vol. 18.

Hah, Byoung Joo. 2003. "Maghribi-EU Relations in the Mediterranean World: Its Perception and Understanding." *Journal of 21st Century Political Association*. Vol. 10, No. 2.

Joffe, E G H. Spring 1994. "Relations between the Middle East and the West." *The Middle East Journal*. Vol. 48, No. 2: 250-67.

Lenczowski, George. 1956. *The Middle East in World Affairs*. 2nd Ed. Ithaca, NY: Cornell University Press.

Marr, Phebe. Spring 1994. "The United States, Europe, and the Middle East: An Uneasy Triangle." *The Middle East Journal*. Vol. 48, No. 2: 212-25.

Roberson, B A. Spring 1994. "Islam and Europe: An Enigma or a Myth?" *The Middle East Journal*. Vol. 48, No. 2: 288-308.

Salame, Ghassan. 1988. "Inter-Arab Politics: The Return of Geography." *The Middle East: Ten Years after Camp David*. Edited by William B. Quandt. Washington, DC: The Brookings Institution: 319-53.

Salame, Ghassan. Spring 1994. "Torn between the Atlantic and the Mediterranean: Europe and the Middle East in the Post-Cold Era." *The Middle East*

Journal. Vol. 48, No. 2: 226-49.

Santer, Jacques. Summer 1996. "A People's Europe: The Future of the European Union." *Harvard International Review*: 46-49.

Serving the European Union: A Citizen's Guide to the Institutions of the European Union. 1996. Luxembourg: Office for Official Publications of the European Communities.

Wilson, Rodney. Spring 1994. "The Economic Relations of the Middle East: Toward Europe or within the Region?" *The Middle East Journal*. Vol. 48, No. 2: 268-87.

Ye'or, Bat. 2005. *Eurabia: The Euro-Arab Axis*. Madison: Fairleigh Dickinson University Press.

[i1] http://ufmsecretariat.org/

[i2] http://www.fco.gov.uk/reference/briefs/barcelona.html 97/9/25, 15:44.

찾아보기

윤용수

부산외국어대학교 지중해지역원 현(現)원장
한국외국어대학교 문학박사

권미란

부산외국어대학교 중남미 학부 교수
스페인 마드리드 국립대학교 신문학 박사

문상호

부산외국어대학교 컴퓨터공학과 교수
부산대학교 컴퓨터공학 박사

우덕찬

부산외국어대학교 러시아−터키중앙아시아학부 교수
하제테페(Hacettepe)대학교 역사학 박사

하병주

부산외국어대학교 아랍어과 교수
지중해지역원 전(前)원장, 에딘버러 대학교 정치학 박사

최춘식

부산외국어대학교 유럽학부 교수
지중해지역원 전(前)원장, 부산대학교 문학박사

무함마드 하산 모자파리(Mohammad Hassan Mozafari)

부산외국어대학교 지중해지역원 HK교수
밀리아 이슬라미아(Jamia Millia Islamia) 대학교 법학박사

세바스티안 뮐러(Sebastian Müller)

부산외국어대학교 지중해지역원 HK교수
독일, Freie Universität Berlin 대학교 고고학 박사

강지훈

부산외국어대학교 지중해지역원 HK연구교수
부산외국어대학교, 컴퓨터공학 박사

김정하

부산외국어대학교 지중해지역원 HK연구교수
시에나(Siena) 국립대학교 역사학 박사

김희정

부산외국어대학교 지중해지역원 HK연구교수
밀라노 가톨릭대학교 문학박사

박은지

부산외국어대학교 지중해지역원 HK연구교수
뉴캐슬대학교 영화학 박사

장니나

부산외국어대학교 지중해지역원 HK연구교수
파리8대학교 언어학 박사

John Chircop

Associate Professor, University of Malta; Chairman, Mediterranean Institute
University of Essex 역사학 박사

Tatsuro Futatsuyama ——————————————————————————————

Visiting Associate Professor, Center for Islamic Area Studies
Kyoto University

Yuen-Gen Liang ——————————————————————————————

Associate Professor, National Taiwan University
Princeton University 역사학 박사

지중해 문명교류학

초판인쇄 2017년 5월 17일
초판발행 2017년 5월 17일

지은이 지중해지역원
펴낸이 채종준
펴낸곳 한국학술정보㈜
주소 경기도 파주시 회동길 230(문발동)
전화 031) 908-3181(대표)
팩스 031) 908-3189
홈페이지 http://ebook.kstudy.com
전자우편 출판사업부 publish@kstudy.com
등록 제일산-115호(2000. 6. 19)

ISBN 978-89-268-7954-2 93920